U0555231

新时代 新挑战 新对策

——上海市房产经济学会优秀论文集（2015–2017）

上海市房产经济学会　编

文匯出版社

图书在版编目(CIP)数据

新时代　新挑战　新对策：上海市房产经济学会优秀论文集：2015—2017 / 上海市房产经济学会编. —上海：文汇出版社，2019.3

ISBN 978-7-5496-2803-2

Ⅰ.①新…　Ⅱ.①上…　Ⅲ.①地方经济—房地产经济—上海—文集—2015—2017　Ⅳ.①F299.275.1-53

中国版本图书馆 CIP 数据核字(2019)第 027772 号

新时代　新挑战　新对策

——上海市房产经济学会优秀论文集(2015—2017)

编　　者 / 上海市房产经济学会
主　　编 / 沈正超

责任编辑 / 陈今夫
特约编辑 / 周　明
封面装帧 / 李兵梅

出版发行 / 文匯出版社
上海市威海路 755 号
(邮政编码 200041)
经　　销 / 全国新华书店
排　　版 / 南京展望文化发展有限公司
印刷装订 / 启东市人民印刷有限公司
版　　次 / 2019 年 3 月第 1 版
印　　次 / 2019 年 3 月第 1 次印刷
开　　本 / 710 毫米×1000 毫米　1/16
字　　数 / 450 千字
印　　张 / 26.5

ISBN 978-7-5496-2803-2
定　　价 / 88.00 元

编辑委员会

以改革为动力推进房地产业高质量发展（代序）

刘志峰

习总书记在庆祝中国共产党成立 95 周年大会上告诫全党:“要不忘初心，走得再远、走到再光辉的未来，也不能忘记走过的过去，不能忘记为什么出发。”房地产业离开改善群众住房条件的初心，离开住房制度改革带来的活力，不可能有今天的成就。虽然国内外环境发生了很大变化，但回顾全国城镇住房制度改革的历史进程，有很多做法和经验仍值得学习和借鉴。住房制度改革，离不开一位伟人，就是我国改革开放的总设计师邓小平同志。

改革开放之初，小平同志复出工作不久，就住宅问题发表了重要谈话，开启了城镇住房制度改革的伟大历程。

1978 年 9 月，针对全国普遍存在的住房困难，加上当时的知青返城潮，全国城镇人均建筑面积 6.7 平方米，低于 1949 年底 8.3 平方米的水平。小平同志指出:“解决住房问题，能不能路子宽些，譬如允许私人建房或者私建公助，分期付款。把个人手中的钱动员出来，国家解决材料。建筑业是可以为国家增加收入、增加积累的一个重要产业部门。在长期规划中，必须把建筑业放在重要位置。”在小平同志 1978 年 9 月谈话后不久，国务院批转了国家建委关于加快城市住宅建设的报告，提出了调动国家、地方、企业和群众四个方面积极性，努力加快住宅建设的方针。1979 年国家选择西安、南宁、柳州、桂林、梧州五个城市，开展向职工出售新建住房的试点。由政府统一建设住房以土建成本价向居民出售。

1980 年 4 月 2 日，小平同志又指出:“关于住宅问题，要考虑城市建筑住宅、分配房屋的一系列政策。城镇居民个人可以购买房屋，也可以自己盖。不但新房可以出售，老房子也可以出售。可以一次付款，也可以分期付款，10 年、15 年付清。住宅出售后，房租恐怕要调整。要联系房价调整房租，使人们考虑到买房合算。因此要研究逐步提高房租。房租太低，人们就不买房子了。繁华的市中心和偏僻地方的房子，交通方便地区和不方便地区的房子，城区和郊区的房子，租金应该有所不同。将来房租提高了，对低工资的职工要给予补贴。这些政策要联系起来考虑。建房还可以鼓励公私合营或民建公助，也可以私人自己想办法。农村盖房要有新设计，不要老是小四合院，要发展楼房。平房改楼房，能节约耕地。盖什么样的楼房，要适合不同地区、不同居民的需要。”小平这次谈话后，1980 年 6 月中共中央国务院在批转《全国基本建设工作会议汇报提纲》中，正式提出实行住房商品化政策，准许私人建房、买房、拥有自己的住房，新建住房和原有住房都可以出售。1982 年国家选择郑州、常州、四平、沙市四个城市，开展新建住房补贴出售试点，由政府、单位、个人各负担房价三分之一。补贴出售的目的就是提高居民的支付能力，推进住房商品化。但由于国家长期实行低工资制度，职工支付能力总体不足，再加上住房福利制影响，公房出售进展缓慢。

为加强对城镇住房制度改革工作的领导，1986 年 1 月，国务院成立住房制度改革领导小组，下设办公室，负责领导和协调全国的房改工作。随后，国务院相继批准烟台、蚌埠、唐山等城市的房改方案，按照提租和补贴持平的原则，大幅提高租金，同时给予相应补贴。1988 年召开了第一次全国住房制度改革工作会议，形成了以提租补贴为核心的第一个全国性的住房制度改革方案。1991 年 10 月召开了第二次全国住房制度改革工作会议，确定了租、售、建并举，以提租为重点“多提少补”或“小步提租不补贴”的租金改革原则。1993 年 11 月召开了第三次全国住房制度改革工作会议，确定了“出售公房为重点，售、租、建并举”的方案。1994 年 7 月，国务院做出《关于加快城镇住房制度改革的决定》，即 43 号文。对房改的目的、内容、步骤都做了具体规定。与以往的方案相比，43 号文建立了城镇住房制度的基本框架，在处理国家、单位和个人利益方面迈出了重要的一步：一是明确了向职工出售公房是形成住房市场的必要前提，职工拥有私有住房对整个社会稳定意义重大，这就从根本上破除了卖房就是搞私有化的说法；二是明确了当时公房中，既有国有资产也有职工应得的相当高比例的实物性分配，因此公房出售价格可按一定折扣价格出售，给予个人产权，满足一定条件可依法进入市场，同时按照“因企制宜、方式多样、方案自选、民主决策、分类指导”的原则制定了具体措施，尤其是“三改四建”的实施，操作性强。决定颁布后，各方评价都非常高，改革成效也很大。但 43 号文提出的货币化改革没有取得突破，在存量住房逐步进入新体制的同时，新建住房又不断进入旧体制。

1997 年开始，为应对亚洲金融危机，保持经济平稳增长，迫切需要扩大内需，培育新的经济增长点。考虑到住宅产业关联度高、对投资和消费的拉动效应明显，而且经过多年的改革开放和经济发展，老百姓住房支付能力明显提高，改善住房的愿望又较为迫切，中央决定把加快住宅建设作为扩大内需、促进经济快速发展的重要举措。1998年3月全国两会最后一天召开的总理记者招待会上，新任总理朱镕基宣布“住房的建设将要成为中国经济新的增长点，但是我们必须把现行的福利分房政策改为货币化、商品化的住房政策，让人民群众自己买房子”。同年6月国务院召开了“深化城镇住房制度改革，加快住房建设”工作会议，会后印发了《关于进一步深化城镇住房制度改革，加快住房建设的通知》，即23号文，果断决定停止住房实物分配，逐步实行住房分配货币化。23号文的出台，标志着房改从新建住房出售、提租补贴、促进新老公房销售，进入到停止实物分房、全面培育住房市场的新阶段。住房实物分配制度退出了历史舞台。

在城镇住房制度改革四十周年之际，我们不能忘记，是小平同志的两次谈话，明确了房改的总体设想，打破了住房公有制思想的长期禁锢，开辟了解决城镇住房问题的新道路，为房改奠定了重要的理论基础。

40年来，在党中央、国务院坚强领导下，根据小平同志的讲话精神，我国城镇住房制度改革不断深化，在改善群众居住条件、促进城乡建设、拉动经济增长、扩大内需、增加就业等方面发挥了重要作用，基本解决了中国人“有房住”这一世界级难题。可以说，城镇住房制度改革取得了举世瞩目的成绩。

但也要看到，一方面，我国社会主要矛盾已经转化为人民日益增长的美好生活需要和不平衡不充分的发展之间的矛盾。住房发展在区域之间、城乡之间、各种不同的需求之间，差距仍然较大；另一方面，我国经济已由高速增长阶段转向高质量发展阶段，但我们自身仍存在一些与高质量发展不相适应的问题，尤其是房地产历史上积累的风险和矛盾正在逐步释放，出现了一些新情况、新问题。

一、房地产投资销售回落，市场出现波动

2018年前三季度，房地产整体发展平稳，但投资、销售增速出现回落。1—9月，开发投资88 665亿元，增速比1—8月回落0.2个百分点。商品房销售119 313万平方米，增速比1—8月回落1.1个百分点。尤其是销售的单月数据，今年9月比去年9月下跌3.6%。开发企业近期加快销售的效果不明显，所谓的“金九银十”也没出现。近期，部分城市的市场出现一定的波动，有的波动还比较大。

二、区域间不平衡不充分矛盾仍然存在

1—9月，经济基础好、产业配套全，人口处于净流入趋势的东部地区，商品

房销售虽然同比下降4.3%，但销售面积、销售额在全国的占比仍高达41%。经济相对落后、公共设施配套相对较弱的西部地区，商品房销售面积、销售额在全国的占比不到10%，增速双双回落。人口基本净流出的东北地区，商品房销售下降3.5%，降幅扩大0.3个百分点。住房区域之间、城市之间发展差距较大。住房市场仍处于“东强西弱”的局面；稳定住房供求关系的教育、医疗、交通、就业等资源也存在“东多西少”的状况，虽然数字在某一个季度、某一个月份会有变化，但总体上我们仍然要面对住房发展不平衡不充分不协调的矛盾。

三、土地流拍大幅增加，企业拿地审慎

1—8月，全国40个典型城市土地出让金下降14个百分点，为35%。一线城市流标流拍13宗，去年同期仅4宗；二线城市流拍238宗，去年同期仅106宗；流拍土地宗数增幅均超100%。土地购置收窄给房地产开发带来以下不确定性：一是去年进入市场的高价地如何开发，能不能顺利开工具有不确定性；二是已购入土地但受冬季环保治理和北方停工期的影响，对新开工项目具有不确定性；三是三四线城市随着土地购置收窄和货币化安置政策的调整，市场具有不确定性。

四、信贷政策继续收紧，企业融资遇到困难

央行将对地方政府隐性债务、房地产、环评不达标企业、产能过剩等四个领域采取严格的融资管控。1—9月份，开发企业的国内贷款18 041亿元，下降5.1%；利用外资43亿元，下降61.7%；个人按揭贷款17 522亿元，下降1.2%。开发企业利用自有资金开发的项目增加，前三季度企业自筹资金40 596亿元，增长11.4%。一些开发企业受结构性去杠杆影响，负债上升，可用现金和银行存款减少，风险抵御能力下降。

五、企业偿债进入高峰期，经营压力增加

2018年上半年126家上市开发企业中，资产负债率超过80%的35家，约占27.7%，剔除预收款后超过80%的仍有18家。截至7月底，除民间融资和金融机构贷款外，房企有息负债余额约20万亿元，2018年下半年至2021年三年半内为集中兑付期，规模分别为2.9万亿元、6.1万亿元、5.9万亿元和3.4万亿元。经营现金流净额有63家为负值，约占50%。

六、住房租金涨幅较快,租赁出现融资过热现象

截至9月底,我国租赁住房房租价格已连续上涨7个月。全国共有5个城市租赁价格指数同比上涨。其中,深圳同比涨幅最大,为2.81%,北京、南京同比涨幅分别为2.65%、2.05%。前三季度,全国专业化住房租赁机构在各地开设分店增速高达27%,规模扩张和融资速度加快,住房租赁金融化问题引发了一定的担忧。加快发展住房租赁为解决新移民、新就业人群的住房问题发挥了重要作用,但部分住房租赁机构为争夺房源推高租金,影响了整个住房租赁市场的健康发展。

七、发展方向不明确,企业预期不明朗

合理的住房消费是我国居民消费的重要部分,但因房价敏感,在制定鼓励消费政策时,哪个部门都不太愿意将住房消费纳入居民消费。目前住房已进入"住得绿色""住得健康""住得安全"的品质提升期,但在我们与百度合作调查的《美好居住生活白皮书》里,消费者对住宅质量通病问题的投诉今年增加了14%。由于实行严格的限价政策,制约了房地产开发中新技术、新材料、新工艺的推广应用。同时,加快发展住房租赁不能因前期出现一些问题而简单否定。简单否定,将导致"租售并举"的基本政策不稳定,正在发展的住房租赁市场也会受到影响。

当前,企业和企业家对市场的预期不明朗,发展的信心不坚定,主要与金融部门对房地产业采取严格的信贷和融资政策有关;与房价高位运行下住房购买力能否持续有关;与民营企业目前对落实基本经济制度面临的一些焦虑有关;与中美贸易摩擦引起的对经济下行的担忧有关,也与长效机制能否抓紧出台、配套政策能否尽快定型有关。

党中央、国务院非常重视房地产长效机制的出台,中央领导多次召集会议讨论部署,做出指示;住建部和有关部委正在按照"分类调控、因城施策"的原则,抓紧推进、加快落实。房地产长效机制的出台为时不远。

为此,开发企业既要把握宏观经济形势,也要坚定发展信心,加快推进房地产高质量发展。

(一)应对变化,提振信心

当前,我国经济总体保持稳中有进、稳中向好的基本态势,一系列稳定经济金融的政策措施接连出台、有序推进。对企业和企业家关心的基本经济制度问

题，党中央、国务院和有关领导也做了明确的指示。

习总书记最近在给民营企业家的回信里强调："改革开放40年来，民营企业蓬勃发展，成为推动经济社会发展的重要力量，任何否定、弱化民营经济的言论和做法都是错误的。希望广大民营企业家坚定发展信心，踏踏实实办好企业。"

李克强总理也明确表示："我国的基本经济制度以及社会主义市场经济早已写入宪法。民营经济和国有经济一样，都是社会主义市场经济的重要组成部分。民营经济的管理者、经营者和生产者，都是中国特色社会主义的建设者。对各类所有制企业一视同仁，这一点绝不会有任何变化。"

就房地产业而言，首先，要保持定力、坚定信心。近期一些媒体对万科、保利、恒大、龙湖、远洋等企业因发展需要的正常改名进行了报道，被认为开发企业都在"去地产化"，对自己的未来发展缺少了信心，这是片面的认识。外界怎么看不重要，重要的是我们自己要有信心。从大方向看，市场的机会有几点是明确的：一是工业化、信息化、城市化、国际化带来的机会，特别是城市更新和旧城改造带来的机会；二是人口老龄化形成的大健康消费需求，空间极大；三是先进的生活理念带来的绿色健康消费，有很大的潜力。其次，要选对对象，做对产品。做产品，也像谈恋爱一样，要选适合自己的对象。当前住房需求有不同层次、不同对象。针对新移民、新就业职工的需求，要尽量提供中小户型、中低价位的产品，他们基本不需要大户型；针对正在崛起的中等收入家庭和改善型需求，要提供高品质、多样化、个性化的产品，满足他们对消费升级的需求；针对长租需求，主要是长租公寓、青年公寓、人才公寓、园区公寓方面的产品，实现职住平衡。第三，要准确判断、做好前置。有些开发企业很少栽跟头，主要靠他们对自己所在的区域、所在的城市，所要做的项目有着准确的分析。前段时间听了浙江祥生地产的一场报告，当一二线城市高潮迭起时，他们来到了三四线城市；当三四线城市出现产品过剩时，他们又回到了自己身边。今年他们的项目70%集中在浙江，85%集中在长三角。祥生地产之所以能快定案，快定位，快销售，快回笼，主要是他们提出了"五前置"，即：团队、设计、合约、营销、金融前置，不打无准备之仗。如果企业在困难危机面前不做好充分的准备，不但你快不起来，还会因为你进入的城市错了，方向错了，定位错了，产品错了，就有可能一着不慎，满盘皆输。

（二）深化改革，创新机制

激发行业的活力和企业的创造力，要靠企业、企业家的改革创新。企业是改革创新的策源地，一个个企业的改革创新，才组成了国家的改革创新、社会的改革创新。企业家的改革创新精神体现在，他能发现一般人所无法发现的机会，能够运用一般人所不能运用的资源,能找到一般人所不能想象的办法,由此引入一种新的产品,新的质量技术,新的管理模式,新的生产方法。当前房地产改革创新应围绕三个层面:一是战略创新。为群众创造美好居住生活是房地产最大的发展战略。在战略上要顺应市场变化,从人口结构、功能需求出发,既注重房地产的居住功能也注重生活功能,满足群众日益增长的对美好生活的需求。二是产品创新。要抓住机遇苦练内功,集中精力做精品项目、品牌项目。好卖的产品,三分做深,三分做透,三分做新,只有做深、做透、做新的产品,才能得到消费者的认可,包括一些独特的资源和差异化的优势。三是产业链创新。与上下游产业加强合作、协同发展。如绿地集团在稳定房地产主营业务的同时,通过资源整合、兼并重组,把有效的产业链捏在一起共同发展。去年起,他们先后投资控股了原宝钢建设、贵州建工、江苏省建、天津建工、西安建工等建筑业企业,把建造商的施工优势和开发商的服务优势组织起来,在项目开发和材料采购中形成了更强的话语权。

(三) 提高效率,优化管理

当前我们面临的转型是全方位的,涉及国际贸易、经济、科技、社会、环境保护等方方面面。首先要不断完善企业的决策机制,将国家的"大气候"和企业的"小气候"结合起来考虑,在企业发展的关键时刻,说正确的话,办正确的事,做正确的选择和决策。二是提高效率效能,在组织架构上,要强身健体,减少冗员,优化流程,把机构重叠和浪费的资源减下去、压下来,建立一个与高质量发展相适应的人力资源团队和企业文化,为企业平衡发展提供组织保障。在经营上,要重点避免出现资金和杠杆方面的风险,房地产行业比其他行业的风险要高得多。如果金融方面出了问题,后果不堪设想。

(四) 依靠技术,提升品质

科技革命正在对房地产业产生重大影响,一系列新技术、新材料、新产品正在房地产业逐步应用,进入了实质性阶段。特别是以人工智能、BIM、大数据、移动互联网等为代表的信息技术,对房地产业的作用尤为重要。要依托科技创新推动行业创新,促进住宅产品升级换代。首先,要充分利用科学技术推进绿色健康住房的发展,加快发展百年住宅、健康住宅、绿色住区。其次,要依靠数字化改善生产,强化住宅开发的品质管理。第三,要依靠工业化提高精度,根治住宅的质量通病,补好短板。第四,要依靠信息化、智能化做好服务,将家政养老、社区医疗、居家看护等资源接入家庭,为社区居民提供便捷服务。第五,注重住房全寿命的资源能源节约和全方位服务,从儿童到青年,从中年到老年,建立覆盖全生命周期里不同人生阶段的居家生活，同时加强标准化建设，使住房全寿命周期都能按标准建设管理。

同时要研究新的住房标准，如小康住房标准、美好生活住房标准和其他房地产业态的专业标准，等等，用标准提升住房质量。

让我们继承和发扬小平同志的改革思想，按照党的十九大的要求，提振信心，克服困难，做好自己，为改革开放40周年交上优异的答卷！

目　　录

下编 房产经济研究报告选

上编

房产经济论文选

改革开放 40 年征文

上海市住房发展40年

庞 元

住房问题既是民生问题，也是发展问题，关系千家万户切身利益，关系人民安居乐业，关系经济社会发展全局，关系社会和谐稳定。上海历届市委、市政府始终高度关注群众的住房问题。改革开放以来，经过不懈努力，上海的住房发展取得了巨大成就，市民居住条件得到了显著改善。

一、不忘初心，持续改善民生

改革开放，为上海住房发展注入了强大的动力。40年砥砺奋进，40年春风化雨，上海人民用双手谱写了住房发展的壮丽诗篇。

回顾历史，住房一直是上海市民的"老大难"问题。解放初，全市450万人口，住房面积仅有2 359.4万平方米，其中，旧里、棚户、简屋占66.4%，人均居住面积约3.9平方米。刚解放，党和政府立即对上海市民，特别是工人的居住问题给予了高度关注。1950年至1979年，上海共新建住房2 009万平方米，是1843年上海开埠以来所建住宅总量的0.85倍，人均居住面积提高到了4.3平方米。广大市民的居住条件有所缓解，但缓解程度与市民的居住需求还有不少差距。

改革开放40年，上海住房发展迎来了"黄金期"。40年来，上海共新建住房6亿多平方米，特别是跨入新世纪以来，每年新建住房达2 000万平方米以上。居住房屋面积总量从1978年的0.44亿平方米增加至2016年的6.5亿平方米，增加了近15倍。同期，上海常住人口总量从1 104万人增加至2 419.7万人，增加了1.2倍。由于住房总量增速远远高于常住人口增速，因而在快速城镇化时期，上海居民的住房水平得到显著提升。至2017年底，城镇居民人均住房居住面积达到18.7平方米，基本实现了人均一间房。当然也有发展不平衡的问题，网络上有时称之为"被平均"，不患寡患不均。

在大力发展新建住房的同时，上海持续推进旧区改造和旧住房综合改造，不断改进既有住房的居住品质。1988年上海住房成套率仅为32%，2000年为74%，2016年提高至97%。旧里和简屋面积占居住房屋的比例由1978年的54.43%降至2016年的1.64%。

二、久久为功，培育和发展住房市场

在住房福利分配制度下，政府财政负担很重，虽然有关部门为解决本市居民居住困难做了大量工作，但住房问题依然较为突出。据1985年上海市区住房普查的资料显示，人均居住面积在2平方米以下的特困户有15 221户，4平方米以下为21.6万户。因此，发展住房建设，进行住房分配制度改革迫在眉睫。伴随着我国从计划经济向市场经济体制的转轨，上海的住房制度改革也拉开了序幕。

1979—1990年是上海住房分配制度改革的探索起步阶段，这个阶段主要是对商品住房有偿供应的探索。当时人们普遍认为住房分配是一种社会福利，十一届三中全会以后，上海理论界开始对住房的商品属性进行了探索。1979年，上海建设了一批侨汇房并进行出售试点，迈开了住房商品化供应的步伐，也是对住房统一分配制度的突破。由于政府统建统配的住房分配制度受制于财政资金，1980年本市开始逐步探索企事业单位自筹资金，自建住房，其中一部分以优惠价出售给职工。随着企事业单位成为住房供应主体，住房分配模式也逐步走向"有偿"，通过探索"鸳鸯楼"、联建公助、住宅合作社等有偿供应方式，进一步提高了住房分配效率，增加了住房供应。

1991年，上海市确立"建立公积金、提租发补贴、买房配债券、买房给优惠、建立房委会"的"五位一体"房改方案，开始全面推行住房制度改革。其中，首创住房公积金制度不仅扩大了住房建设资金来源，增加了住房建设，而且通过公积金缴存，提高了职工购房支付能力，扩大了住房市场需求。买房给优惠则鼓励家庭购买住房，有利于推动住房商品化步伐。提租发补贴有利于抑制不合理的住房需求，鼓励家庭购买住房，此后上海又几次调整了公有住房租金。配房买债券有利于开拓住房建设资金来源，加快住房建设。为了促进新体制与旧体制的衔接，上海市进行了公有住房出售试点，1994年全面推开。1996年，上海房地产市场出现需求不足，新建商品住房空置等现象，为了提高居民住房购买力，扩大商品住房的需求面，市政府颁布《搞活房地产二、三级市场若干规定》，进行已购公房上市试点，1998年底在全市范围推开。

1998年7月，国务院发布《关于进一步深化城镇住房制度改革加快住房建设的通知》。12 月，上海市出台相关文件，明确停止住房实物分配，实行住房分配货币化，住房制度改革进一步深化。这一改革扭转了广大市民的住房消费观念，有利于扩大住房市场需求，促进房地产市场发展。

住房分配制度改革期间，土地使用制度改革也在逐步推进。从 1988 年本市首次通过公开招标出让土地以来，到 2001 年 7 月，本市决定对经营性土地普遍实行土地使用权招标拍卖。土地使用权出让方式由协议批租转向招标拍卖为主，提高了土地的市场化程度和使用效率。

住房分配制度改革以后，上海逐步建立了房地产市场。2003 年起，上海市房地产市场出现了过热的趋势，在坚持市场化改革方向的同时，政府根据市场发展情况采取市场调控手段，明确“以居住为主、以市民消费为主、以普通商品住房为主”的原则。通过采取期房限转措施、停止住房转按揭、查处捂盘惜售行为等方式，加强房地产市场监管，规范房地产市场交易行为，进一步优化市场环境。针对房价过快上涨的现象，本市出台限购、限贷、限售等多项调控政策，抑制投资投机需求，鼓励合理的自住需求。2017 年以来，本市加快培育和发展住房租赁市场，建立租购并举的住房制度，满足不同群体的住房租赁需求。

三、念兹在兹，建立和完善住房保障体系

全面停止住房实物分配后，上海积极探索解决居民住房困难的新途径，聚焦最基本住房需求，从 2000 年起对本市城镇户籍的低收入住房困难家庭实施廉租住房制度。进入新世纪以来，随着房价上涨和人口流入，对住房保障提出新的要求。针对这些情况，市委、市政府实施了一系列住房保障制度创新，经过 10 多年探索，形成了廉租住房、共有产权保障住房、公共租赁住房、征收安置房“四位一体”的住房保障体系。

发挥廉租住房“托底保障”作用，确保城镇户籍低收入住房困难家庭“应保尽保”。2000 年上海开始推行廉租住房制度，在准入上实行住房和经济“双困”标准，在保障方式上实行“以租金补贴为主、实物配租为辅”的保障机制。并根据实际情况，适时调整收入、财产准入标准，调整廉租住房租金补贴标准。

聚焦“夹心层”，实施共有产权保障住房。随着住房价格上涨，部分“夹心层”群体既不满足廉租住房准入标准，又买不起商品住房。为解决这部分中低收入群体的住房困难，本市推行共有产权保障住房制度。“共有产权”机制是上海共有产权保障住房的特色所在，政府和购房人根据出资额确定产权比例，房价与产

权比例一同打折。这一制度安排对购房人来说,可以使其获得房屋增值收益,为今后改善住房条件积累资金;对政府来说,可以减少直接投资压力,将投入转化为产权份额,有利于避免国有资产的流失。此外,“共有产权”模式还有利于压缩获利空间,减少套利行为。在准入标准上,实行“双困”标准,其中经济标准已根据市场情况连续 4 次放宽。在申请审核上,上海建立了以信息化手段为依托的居民住房状况和经济状况核对新机制。通过准入条件、审核机制、轮候供房方面的设置,确保供应分配公平公正。目前,上海共有产权保障住房历年累计签约家庭达 9.2 万户,2016 年累计受理约 3.9 万户。

缓解来沪常住人口居住困难,发展公共租赁住房。为解决来沪常住人口住房困难,上海积极发展公共租赁住房,在准入要求上不限本市户籍,不设收入线,租赁价格按略低于市场租金水平确定,实行有限期租赁,同时鼓励用人单位采取租赁补贴、集体租赁公租房等方式尽责。公共租赁住房制度有效缓解了外来常住人口的阶段性居住困难,成为健全本市住房保障体系的重要一环。

改善旧城区居民住房条件,提供征收安置房。上海市自 2002 年启动建设动迁安置房,由政府提供优惠政策,定向供应旧区改造和市政重大工程项目的动迁居民。随着上海启动大型居住社区建设,旧区改造动迁安置房也进入了依托大型居住社区发展的新阶段。

改革开放 40 年来,经过不断探索,上海已基本明确“一个定位、两大体系、三个为主、四位一体”和租购并举的住房制度框架。坚持“房子是用来住的、不是用来炒的”定位,兼顾住房供应的效率与住房分配的公平,构建住房市场体系和保障体系“两大体系”,深化“以居住为主、以市民消费为主、以普通商品房为主”的房地产市场体系和廉租住房、共有产权保障住房(经济适用住房)、公共租赁住房(含单位租赁房)及征收安置住房“四位一体”的住房保障体系。同时,通过租赁市场的培育和发展,建立并完善租购并举的住房制度。

站在中国特色社会主义新时代的起点上,上海的住房发展还面临许多新挑战,还存在发展不平衡不充分等问题。市委、市政府已经明确,当前和今后一段时期住房工作主要对象是两类人群:一是上海户籍人口中的住房困难群众,二是对上海发展做出贡献的非户籍常住人口,尤其是各类人才特别是青年人才。上海土地资源十分稀缺,又是人口净流入的超大城市,从方法路径上,如何解决好两类人群的住房问题:在土地的增量市场,住房用地供应的占比还需进一步提高,同时盘活存量土地,在住房用地中,出租房、共有产权保障房、租赁住房、中小户型普通商品房的比例还要大幅提高；在四位一体住房保障体系中，动迁安置房占比过多、入住率不高的问题，也要调整结构。房地产市场平稳健康发展的长效机制需要加快建立，让我们的户籍居民和来沪常住人口，共享住房制度改革的成果。

（作者单位：上海市房产经济学会）

上海住房制度改革40年

孟　星

一、上海住房制度改革的启动

我国住房制度改革的最初动因是住房短缺。据1977年底统计，全国190个城市平均每人居住面积仅为3.6平方米，比解放初期的4.5平方米下降0.9平方米，缺房户共323万户，占居民总户数的17%。住房短缺问题是伴随着工业化、城市化的发展以及人口数量的增加而出现的具普遍性的问题。恩格斯曾在其《论住宅问题》一文中指出：一个国家从工场手工业和小生产向大工业过渡，并且这个过渡还由于情况极其顺利而加速的时期，多半也就是住房短缺的时期。中华人民共和国成立以来，尤其是改革开放后我国城市化快速发展，城镇居民对住房的需求不断增加。传统体制下的住房制度缺乏供给激励，住房的生产建设远远不能满足城镇居民日益增长的住房需求。

传统体制下的住房制度主要表现为两个特点：一是住房投资建设的全面公共性；二是住房分配的实物福利性。住房投资建设的全面公共性是指城市住房主要由国家投资建设，住房建设资金的90%来源于政府拨款，少量靠政府自筹。由于中华人民共和国成立后很长一段时间我国存在重生产、轻消费的观念，住房投资被认为是非生产性投资，从1958年到1977年的20年里，住房基本建设投资规模逐年削减。据统计，1952—1978年，城镇住房投资仅占同期GNP 0.78%。住房投资的不足直接导致住房供给的不足，1950年至1965年国家投资建设住宅的面积达到2.6亿多平方米，而1966年至1976年这11年，全国平均每年竣工面积只有约1 800万平方米。住房分配的实物福利性是指住房建好后，由单位无偿分配给职工居住，仅象征性地收取租金。20世纪50年代中期，房租约占职工家庭收入的15%，之后比例不断下降，到1981年全国平均房租只占职工家庭收入的1.39%。住房的低租金导致住房建设资金无法得到良性循环，不仅无法回收资金建造更多的住房，也缺少必要的资金进行住房的维修与管理，许多住房因年久失修影响居民居住质量。

上海当时作为特大城市,职工住房问题更为突出。解放后,上海人口不断增长,尤其是到20世纪70年代末,因50年代生育高峰期出生的人口陆续进入婚育年龄以及大批知青返沪,人口更是增加迅速,对住房的需求也快速增加。而在传统住房制度下,上海的住房投资严重不足,住房建设无法跟上人口增长的速度。1978年上海市人均住房面积为全国最低,据1981年上海市房地局与新华社上海分社对上海住房问题调查的数据,上海人均居住面积4平方米以下困难户有44.5万户,有40万达到结婚年龄的青年无房,其中2.8万多女青年的年龄超过30岁。居住拥挤、结婚无房、居住质量差是当时上海城市的突出矛盾。

严重的住房短缺问题需要对其背后的住房制度进行改革,尤其对上海而言,住房紧张的状况已成为上海城市最重要的社会问题,改革传统住房制度的要求更为迫切。1978年,中央召开城市住宅建设会议,会议上传达了邓小平关于允许私人建房或私建公助等住房改革的设想,被认为是我国住房制度改革启动的标志。上海在中央住房制度改革的部署下,为解决城市的居住矛盾,也开始了四十年的住房制度改革历程。

二、上海住房制度改革历程回顾

从1978年启动住房制度改革至今,以中央颁布的重要政策以及实施的重要举措为时间节点,我国住房制度改革大体经历了公房出售、提租补贴、推广公积金制度、取消福利分房、建立与完善住房保障制度以及建立租售并举的住房制度等阶段。上海根据中央住房制度改革的部署并结合上海实际情况,在许多方面最先试点,为全国其他城市住房改革起了示范作用,为促进我国住房制度改革提供了上海经验,也走出了一条具有上海特色的住房改革之路。根据不同时期上海所采取的主要改革措施,大体可将上海住房制度改革分为以下几个阶段:

(一) 住房投资机制改革(1978—1989)

这一阶段改革主要围绕住房建设资金紧张问题,改变过去住房主要由政府投资的局面。1979年10月上海市建委发布《关于在三年调整时期加快住宅建设解决居住困难的报告》,实行住宅建设和城市改造相结合,国家统建和企业自建相结合,新建和挖潜相结合,逐步改善人民群众居住条件。1980年3月,上海住宅建设工作会议提出"多渠道集资、多层次建房"原则,"每年从国家统建住宅中拨出一部分房屋,按质论价,出售给工厂企业、团体或个人,实行住房商品化试点"。为调动各单位建房的积极性,1981年1月上海市政府颁发文件规定各单位的自建住宅,采取谁建造、谁分配的原则。1982年市府进一步明确所有企业单位有解决自己职工居住困难责任。对于无独立建房能力的单位则将他们联合起来实施所谓“联建公助”和“合作建房”，并在建材供应和市政配套等方面给予资助，以三分之一成本价出售给职工。1984年5月上海市政府出台《上海市出售商品住房管理办法(试行)》，为了更多地筹集资金建造住宅，规定商品住宅建设自筹资金不足的，可向建设银行申请低息贷款。商品住宅出售后回收的资金，返回原筹资单位，继续用于住宅建设。1986年7月，上海组建了全国第一个住宅合作社“新欣住宅合作社”。住宅困难的职工可自愿参加合作社，建房资金由社员承担总造价的三分之一，其余资金由社员所在单位资助和向有关部门贷款，住房的建造、分配和管理由合作社负责。此外在这一阶段，上海也根据全国部署开展补贴出售公房以及提租补贴的试点。由于各地出现的贱价出售公房以及住房补贴缺乏资金来源，这两项改革同样开展得并不顺利。

(二) 建立住房公积金制度(1990—1993)

1990年时任上海市市长朱镕基带队赴新加坡考察，认为上海住房制度改革的核心是资金问题，可以借鉴新加坡的公积金制度。1991年，上海建立住房公积金制度，为解决房改中的资金难题提供了一条出路。1991年2月，上海市人民政府制定《上海市住房制度改革实施方案》，提出上海住房制度改革的具体方案为推行公积金、提租发补贴、配房买债券、买房给优惠、建立房委会，推行公积金被放在上海住房制度改革具体方案的首要位置。推行公积金的具体规定包括公积金缴交对象与范围、公积金缴交额、公积金来源及管理等内容。公积金的建立对提高上海职工购房能力以及扩大住房建设资金融通具有重要意义，也为在全国全面推行公积金制度打下了基础。

(三) 已购公房上市试点(1994—1998)

1994年7月国务院出台《关于深化城镇住房制度改革的决定》，明确了城镇住房制度改革的根本目的，即建立与社会主义市场经济体制相适应的新的城镇住房制度，实现住房商品化、社会化，满足城镇居民不断增长的住房需求。就全国而言，这一时期住房改革的主要内容是在上海试点的基础上全面推行住房公积金制度，公积金制度被认为是城镇住房制度改革的重要内容和中心环节，并被写入1997年党的十五大报告。就上海而言，这一时期改革重点则放在已购公房上市试点上。

自20世纪80年代初实行公房出售以来，各地频频出现贱价销售风，中央也先后几次发文叫停公房出售。1994年以来，全国继续稳步推进公房出售。上海也分别于1994年、1995年与1996年出台关于公房出售的方案，推进并不断完善出售公房的改革。已出售的公房一般五年后才获准上市，为解决商品房空置问题以及促进住房存量市场的发展，上海积极探索二、三级市场联动机制，建立所谓“1＋1＋1”模式，即居民购买商品房资金由居民存款、银行贷款与房改房上市后所得资金等三部分构成。通过将已购公房上市从而提高居民购买新房的能力，并最终促进土地一级市场的发展。1996 年 6 月，市房地局、市财政局、市地税局出台《上海市职工所购公有住房上市出售的试行办法》，上海开始在长宁区、浦东新区、青浦县开展已购公房上市的试点。1997 年 6 月出台《上海市扩大职工所购公有住房上市出售试点的实施意见》，逐步扩大试点范围。1998 年 7 月国务院出台《关于进一步深化城镇住房制度改革加快住房建设的通知》，提出停止住房实物分配，逐步实行住房分配货币化。这一政策的颁布，标志着我国住房福利分配制度的结束，进一步促进了住房市场化的发展。1998 年底已购公房上市在全市全面推开，对于 1994 年上海房改以来没有购买公房的，采取“两步并作一步走”，即办理完购买公房手续获取产权后即可上市交易。

（四）城镇廉租住房试点（1999—2005）

1998 年国务院颁布的文件中还提出对不同收入家庭实行不同的住房供应政策，最低收入家庭租赁由政府或单位提供的廉租住房，中低收入家庭购买经济适用住房，其他收入高的家庭购买、租赁市场价商品住房。1999 年 4 月市建设党委、市建委批准成立上海市廉租住房管理办公室，着手研究制定廉租住房政策与实施计划。2000 年上海市人民政府制定《上海市城镇廉租住房试行办法》：向符合城镇居民最低生活保障标准且住房困难的家庭，提供租金补贴或者以低廉的租金配租具有社会保障性质的普通住房。随后市房地局出台《上海市城镇廉租住房试点实施意见》，上海廉租住房制度正式启动。首先在长宁、闸北两区试点，2001 年底，廉租住房制度在上海全市范围推行，年内落实解决了 1 307 户低收入家庭住房。2002 全年受理 4 181 户，登记 3 730 户，配租 3 501 户。2003 年廉租房认定标准从人均居住面积 5 平方米提高到 7 平方米，受益困难家庭累计达到 7 724 户。2003 年，因为上海市廉租房制度惠及的受益面比较大，在全国具有一定的示范意义，获国家建设部颁发的“中国人居环境示范奖”。至 2005 年末，享受廉租住房政策的家庭达到 18 074 户。

（五）建设“四位一体”的住房保障体系（2006—2012）

2006 年十六届六中全会上提出共享改革模式，让更多的人包括低收入群体共享改革的成果。2007 年 8 月国务院出台《关于解决城市低收入家庭住房困难的若干意见》，提出：以城市低收入家庭为对象，进一步建立健全城市廉租住房制度，改进和规范经济适用住房制度，加大棚户区、旧住宅区改造力度，力争到“十一五”期末，使低收入家庭住房条件得到明显改善，农民工等其他城市住房困难群体的居住条件逐步改善。这是我国出台的第一个专门针对低收入群体的住房政策，在我国住房保障制度建设历程中同样具有里程碑意义。2007年12月上海市政府制定《上海市人民政府贯彻国务院关于解决低收入家庭住房困难若干实施意见》，提出进一步健全廉租住房制度、建立健全经济适用住房制度、改善来沪务工人员的居住条件以及完善相关配套政策等。2008年1月又出台《上海市解决城市低收入家庭住房困难发展规划(2008—2012)》，提出至2012年廉租住房基本实现“应保尽保”，享受经济适用住房政策的家庭累计达到30万户。规划期内，累计筹集和建设廉租住房、经济适用住房约2 000万平方米。2009年上海推出共有产权住房试点，将住房保障范围从低收入家庭扩大到中低收入家庭。2010年9月上海市政府发布《发展公共租赁住房的实施意见》，进一步扩大住房保障政策覆盖面，将非户籍人口也纳入了保障范围。至此，上海形成了“四位一体”的住房保障体系。2012年“四位一体”住房保障体系不断完善，全年新开工建设和筹措各类保障性住房16.7万套，1 292万平方米；竣工9.75万套，687万平方米。

（六）建立市场配置和政府保障相结合的住房制度(2013年至今)

十八大报告提出要建立市场配置和政府保障相结合的住房制度。2013年习近平总书记在中共中央政治局第十次集体学习时强调应坚持住房市场化改革方向，满足多层次住房需求，同时针对一部分群众因劳动技能不适应、就业不充分、收入水平低等原因而面临的住房困难，政府必须“补好位”，为困难群众提供基本住房保障。2016年习近平总书记提出“房子是用来住的，不是用来炒的”思想，并提出以建立购租并举的住房制度为主要方向，十九大报告再次提出坚持房子是用来住的，不是用来炒的定位，并提出加快建立多主体供给、多渠道保障、租购并举的住房制度，让全体人民住有所居。根据十八大以来的中央精神，上海在积极采取各种调控手段促进住房市场健康发展的同时，也不断完善住房保障制度。2014年3月修订《上海市居住房屋租赁管理办法》，加强住房租赁管理，规范租赁行为，促进住房租赁市场健康发展。2014年4月住建部《关于做好2014年住房保障工作的通知》要求：探索发展共有产权住房，确定北京、上海、深圳、成都、淮安、黄石为共有产权住房试点城市。2014年5月出台《关于保障性住房房源管理的若干规定》，以进一步完善“四位一体”的住房保障体系，提高保障性住房使用效率，促进保障性住房供需平衡。2016年上海市政府公布《上海市共有产权保障住房管理办法》，规范共有产权保障住房管理。同年出台《关于进一步完善本市住房市场体系和保障体系促进房地产市场平稳健康发展的若干意见》，提出加大住房用地供应力度、从严执行住房限购政策、推进廉租住房和公共租赁住房并轨运行、多渠道筹措人才公寓住房等。2017 年 7 月上海发布《住房发展“十三五”规划》，明确了“十三五”时期住房发展的指导思想，即坚持房住不炒的定位，聚焦住房市场体系和保障体系，深化以居住为主、市民消费为主、普通商品住房为主，优化“四位一体”住房保障体系，完善购租并举住房体系。并提出未来住房发展的总体目标与具体目标。总体目标是实现住有所居，进一步完善住房市场和保障两大体系。具体目标是保证商品住房供应稳中有升，保障性住房确保供应，租赁住房供应大幅增加，培育发展住房租赁市场。2017 年 9 月住建部发布《关于支持北京市、上海市开展共有产权住房试点的意见》，以制度创新为核心，在建设模式、产权划分、使用管理、产权转让等方面进行大胆探索，力争形成可复制、可推广的试点经验。

三、上海住房制度改革取得的成就与存在的问题

四十年的住房制度改革，对上海居民的居住条件、住房市场规模、促进地方经济增长以及增加地方财政收入等方面都发挥了重要作用。主要表现在以下几个方面：

首先，居民居住条件得到很大改善。改革开放前，上海人均住房面积全国最低，居住条件很差。经过四十年的住房制度改革，上海市民的居住条件已得到极大改善。1978 年，市区人均居住面积为 4.5 平方米，目前已提高到人均 18.1 平方米。1978 年上海居民住房成套率仅为 30%左右，截至 2017 年底居民住宅成套率已达 97.3%。

其次，基本建立起以市场配置住房资源为主的住房制度，住房市场规模不断扩大。经过四十年的住房制度改革，上海住房市场从无到有并不断完善。由原来的实物福利住房制度转变为社会主义市场经济的住房制度，市场在住房分配中起决定性的作用。2016 年上海住宅用地出让 93 幅，出让面积 406.7 万平方米，占出让总面积的约 45%。虽然土地出让面积总量自 2006 年以来呈不断下降趋势，但住宅用地出让比重总体呈增加趋势，工业仓储用地占出让面积的比重呈不断下降趋势(图 1)，反映了土地出让结构日趋合理以及上海市政府对住房问题的重视。住宅投资额从 1978 年的 2.67 亿元增加到 2016 年的 1 979.9 亿元，占全社会固定资产投资总额比重从 9.6%提高到 29.3%。2016 年住房施工

面积为 17 733.3 万平方米，约为 80 年代初住房施工面积的四倍。住宅竣工面积从 1978 年的 199.6 万平方米增加到 2016 年的 1 558 万平方米。2016 年住房销售面积 2 019.8 万平方米，约为 90 年代住房销售面积的 4 倍，住宅销售额达 5 233.29 亿元，为 90 年代住宅销售额的约 40 倍。上海城镇投资占 GDP 的比重在 1978 年约为 1%，近十多年来一直稳定在约 7%，根据 Berns 和 Grebler (1976)应用 SHTO 值的分析，从理论上来说，上海的城镇住房投资已发展到中等发达国家水平。

再次，上海住房保障制度不断完善，中低收入家庭的居住条件也不断改善，上海“四位一体”、购租并举的住房保障体系不断健全。截至“十二五”期末，上海廉租住房历年累计受益家庭达 11 万户，共有产权保障住房累计签约购房约 6.6 万户，公共租赁住房累计供应 8.77 万套。利用公积金支持住房保障制度建设与完善，累计发放共有产权住房个人公积金贷款 104 亿元，支持购房家庭占共有产权住房签约户数的 58%。利用公积金结余资金贷款支持保障性住房项目 15 个。

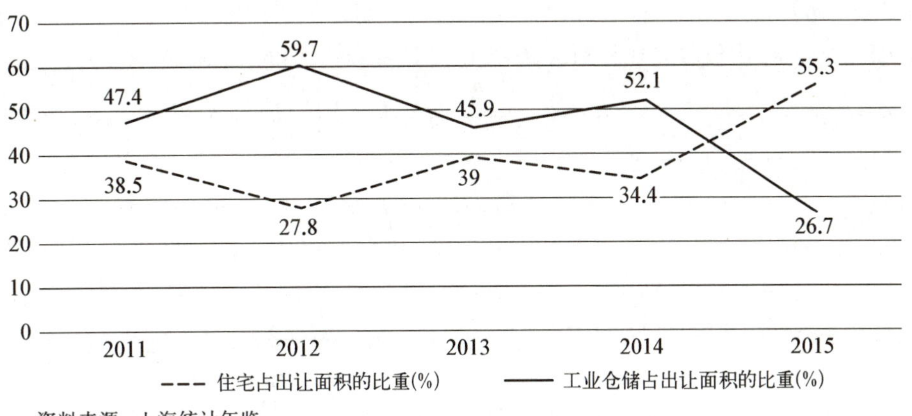

资料来源：上海统计年鉴

图 1　住宅及工业仓储用地占出让面积比重

最后，通过住房市场化的改革，不仅住房投资得到良性循环，通过住房增量房与存量房市场的发展，也带动了土地一级市场的发展，从而增加了地方财政收入，促进了地方城市基础设施资金的良性循环。1978 年上海财政收入仅为 169.2 亿元，2016 年增加到 6 406.1 亿元。改革开放前 20 多年，上海城市基础设施投资额共约 60 亿元，2017 年约为 1 705 亿元，大规模的基础设施建设投入使市民的居住环境不断得以改善。此外，通过住房制度改革促进了房地产业的发展，房地产业尤其是住宅产业具有基础产业、先导产业以及支柱产业的特点，其发展对于拉动地方经济增长也具有重要意义。1978 年上海生产总值为 272.8 亿元，2016 年达 28 178.7 亿元。自确立社会主义市场经济体制以来，上海 GDP 在长达十多年的时间里呈两位数速度增长，这段时间也是所谓房地产业发展的黄金时期。上海人均生产总值从 1978 年的 1 445 美元增加到 2017 年的近 2 万美元，逼近现代经济体标准。2017 年人均可支配收入 58 988 元，居全国第一。

当然上海在住房制度改革过程中也存在诸多问题，甚至也曾经因这些问题导致社会上对住房制度改革产生质疑之声。反思改革，重视改革中的问题对继续深化住房制度改革无疑是非常必要的。这些问题主要表现在：

首先，房价上涨过快。1998 年以来，伴随着住房实物福利分配制度的取消，上海住房价格也在不断上涨。2001 年，上海住宅平均销售价格为 3 659 元/平方米，2016 年则增加到 25 910 元/平方米。尤其在 2003 年、2004 年、2007 年、2009 年、2013 年、2015 年等几个年份房价上涨幅度比较大，分别较上年上涨 23.5%、28%、15.2%、51.1%、16.7%与 31%，这几年的房价涨幅均大大超过居民可支配收入以及 GDP 增速（图 2）。从近十年的房价收入比指标来看，2009—2010 年以及 2015—2016 年房价收入比相对较高，反映了这些年份房价水平较高（图 3）。

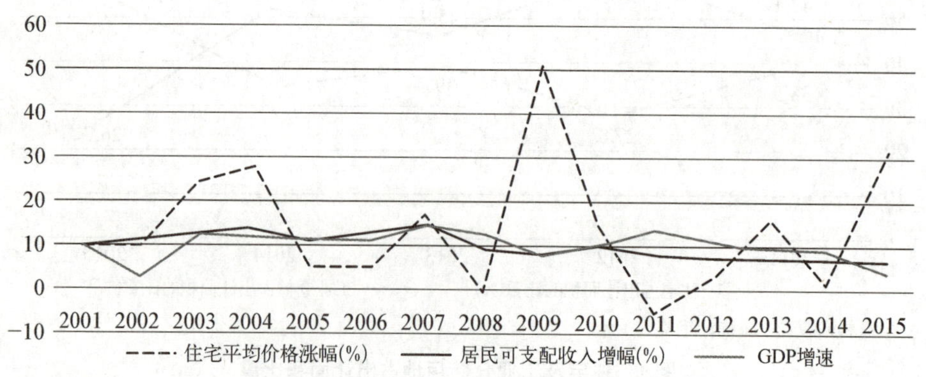

资料来源：上海统计年鉴数据，其中住宅平均价格涨幅以及居民可支配收入增幅根据上海统计年鉴数据整理计算

图 2　住宅平均价格涨幅

其次，住宅市场波动比较大，呈大起大落态势。从上海房价涨幅走势图中可清楚地看到这一特点，房价的大起大落，不利于住房市场的健康发展，也不利于上海经济的稳定增长。从上海房价变化的实际情况来看，造成房价波动的主要原因包括住房的过度投机、金融危机以及宏观调控政策因素的影响等。除此之

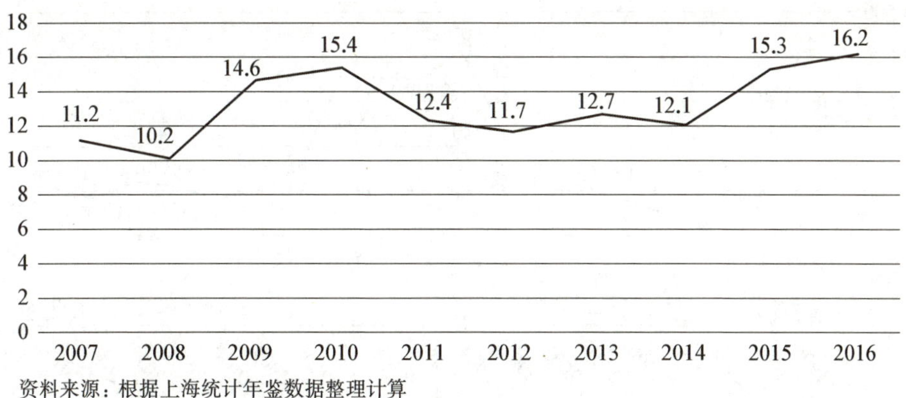

资料来源：根据上海统计年鉴数据整理计算

图 3　上海房价收入比

外，上海的旧区改造规模与速度也通过增加住房被动需求从而对住房市场产生影响。从图中可以看出，近十年以来，2002 年、2006 年、2008 年分别形成了住宅拆迁规模的高峰，而其后一年即 2003 年、2007 年以及 2009 年则恰恰分别是上海房价涨幅比较高的年份(图 4)。

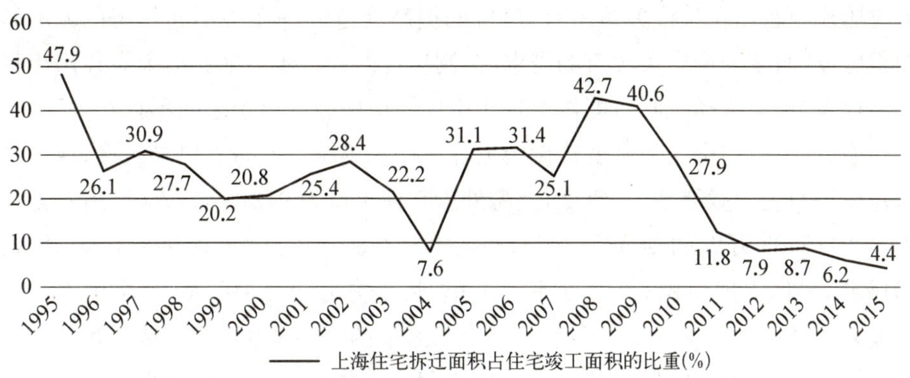

资料来源：根据上海统计年鉴数据整理计算

图 4　上海住宅拆迁面积占住宅竣工面积的比重

此外，住宅拆迁面积与竣工面积多次出现背离情况(图 5)，一定程度上将加剧住房市场供不应求或供过于求态势，从而影响住房市场的稳定。

再次，住房租赁市场未完善。住房市场化改革以来，我们长期将住房市场化理解为住房自有化，追求的是“居者有其产”而非“住有所居”。通过公房出售以及新建商品房主要采取出售的方式使我国住房自有率比较高，根据中国社科院的数据，2015 年我国家庭住房自有率约 95%，超过欧美发达国家水平，说明我国

资料来源：上海统计年鉴

图 5 上海住宅拆迁与住宅竣工面积

城市居民大多通过购房而非租房解决居住问题。住房买卖与住房租赁是两个不同的市场，房价是在住房买卖市场中决定的，而租金是在住房租赁市场中决定，鼓励买房的政策将增加住房买卖市场的需求从而促进房价的上涨。从售与租在解决居住问题存在替代关系来看，房价的提高将造成许多买不起住房的家庭转而租房，从而减少住房买卖市场需求，抑制房价的进一步上涨。但上海住房市场上不存在“租买选择机制”，即住房资产市场与住房服务市场之间不存在关联性。

最后，上海住房保障制度建设中也存在许多难题。上海人口导入多，保障住房建设压力大。截至 2017 年底，上海外来常住人口为 972.69 万人，已占到常住人口 2 418.33 万人的约 40%。与此相对应的是，上海的土地供应极为紧张，2016 年，城区土地面积 6 340.5 平方公里，每平方公里 3 816 人，是全国人口密度最大的城市。人均仅 200 多平方米用于工作、生活、学习等的土地面积。相对于其他城市，上海市的保障住房建设压力很大。住房保障融资困难大。由于土地成本、建筑成本及相关市政公建配套成本不断提高，保障住房建设需要相当多的资金支持。目前上海的保障住房融资渠道主要包括政府地方债、保险资金、社保资金、公积金沉淀资金以及企业共建等。由于保障房领域利润空间较小，无法吸引到大量资金。虽然政策曾多次强调要引导社会资本进入保障房建设领域，但是房地产企业参与的积极性并不高。

四、未来上海住房制度改革方向

未来上海住房制度改革方向一是要根据上海实际情况，设计符合上海市情的住房制度。上海是中国目前经济最发达的城市，对外来人口有比较大的吸引力。上海外来常住人口从 2000 年的 299 万人增加到 2016 年的 980 万人，年均增长 40 万人左右。人口的增加导致对住房的需求增加，但上海的土地面积较小，在四个直辖市中，上海土地面积低于北京与重庆，仅占全国土地面积的 0.1%。而市中心土地面积仅占全市土地面积的 4.6%。根据《上海市城市总体规划(2017—2035 年)》，到 2035 年建设用地总规模不超过 3 200 平方公里，而目前上海建设用地规模已接近这一水平，未来建设用地可以增加的空间很小。再加上上海本身耕地资源少，根据《上海市第三次农业普查主要数据公报》，上海耕地面积仅为 19.08 万公顷，建设用地的后备资源非常少。因此，从长期来看，上海的住房供应无法满足市民不断增加的住房需求。虽然目前上海城市规划中提出控制人口总量，但上海老龄化程度比较大，2016 年上海户籍 60 岁以上老年人口已占全市户籍人口的 32%。外来人口以中青年为主，一定程度上可以缓解人口老龄化现象。因此从增加上海未来城市活力的角度，引进年轻的外来人口是一个有效的措施。二是从上海城市定位而言。根据上海城市规划，未来上海将建设成为卓越的全球城市、具有世界影响力的社会主义现代化国际大都市。所谓全球城市，“往往是跨国公司和国际机构集中地、世界主要的金融中心和贸易中心、区域级的交通信息枢纽、国际文化的交流中心、具有独特人文精神的城市”。因此上海不仅是中国的上海，更是世界的上海，伴随着上海市场交易网络的不断扩大，地理上的集中将促进城市地价以及房价的上涨。这便是世界许多国际性大都市房价高的原因。

因此根据上海城市定位以及上海人口与土地资源状况，未来上海住房制度应该围绕住房租赁着重在以下几个方面进行改革。

(一) 建设发达的住房租赁市场

十九大报告提出要建立租购并举的住房市场，较以往突出了住房租赁的重要性。住房租赁市场的建设对于人口流入多、住房需求大的上海而言具有更重要的意义。许多国际性大都市租房比例都比较高，以德国为例，首都柏林的住房租赁比例达 90%，汉堡为 80%。德国大城市租赁比例之所以高主要有以下几个原因：一是租赁房源多，房租比较便宜。德国租赁房源多元化，大部分来自私人出租，约占 77%，政府及非营利组织出租占 12%，私人机构出租占 10%左右。租金透明，网上可查租金是否合理、公平，如果房租偏高，维护承租人利益的第三方机构承租者协会将介入。此外德国政府也对租金实行管制，控制租金的上涨，一般三年内租金上涨不能超过 20%。二是因为购房贷款条件比较苛刻，许多购房人难以满足，一定程度上抑制了购房需求。三是因为德国的房产税也对购房人不利，买房居住的成本比较高。四是因为房价比较高，越来越多的年轻人无法依靠自己的经济实力实现购房。租房也并非德国人偏好，同样为无奈之举。但德国人尤其是年轻人面对高房价并未表现出焦虑，因为房屋租金相比其他地方比较便宜，租房同样可解决居住问题。如汉堡房价比伦敦要高，但租金却比英国便宜。五是因为德国房价比较稳定，2000年以来的十年间，英国房价几乎涨了一倍，但德国房价仅上涨了2%—3%。房价的快速上涨将产生房价上涨的预期，导致住房投资或投机性需求增加，因此在比较长时期保持房价的稳定可抑制住房投资或投机性需求。

从德国大城市住房租赁特点来看，其发达的住房租赁市场与较高的租赁比例是多个因素共同作用的结果，即依靠增加租赁房源、控制租金、房产税改革、培育维护承租人利益的第三方机构以及控制房价上涨等多个方面实现的。在增加市场租赁房源方面，政府可优先供地给建造出租房的开发商以及采取优惠政策吸引机构投资人投资于私人租赁部门。此外从扩大住房租赁需求角度，可考虑将产权房的某些特征赋予租赁房，如比较长的租期、居住安全保证以及允许对住房进行改造等，从而改变居民对于住房租赁的观念。

（二）建设更加完善的以租赁为主的住房保障制度

住房保障应保持动态平衡，根据一个国家的经济发展水平、政府的财政承受能力、居民的可支配收入以及消费结构等状况变化而随之变化。从上海经济现状以及资源情况来看，住房保障水平过高和保障范围过大都不太现实，应当如大多数国家一样主要以城市低收入家庭为住房保障对象，在住房保障形式上应以租赁房为主。在增加租赁型保障房房源方面，除了由政府提供部分保障房源外，可借鉴欧洲国家经验，培育非营利机构主体。此外可通过规划手段保证保障房供应，如美国通过放宽规划条件强制或鼓励开发商将部分所开发的住房出租给低收入群体，英国则要求房产开发必须获得规划许可，而获得规划许可的前提是开发商须承担对当地社区的义务，如提供一定比例的保障性住房，以市场价的70%—85%出售给社会租赁机构。另外可通过提供补贴的方式促进保障房的供应，补贴分为供给补贴与需求补贴两种方式。供给补贴即由政府对私营租赁部门提供税收或利率补贴，鼓励其向低收入家庭提供低成本保障性住房。从国外经验看，二战后因住房短缺，西方国家政府大多采取供给补贴的方式。目前上海也存在保障房供应不足的问题，可从通过供给补贴的方式增加保障房供应。但供给补贴政府的财政负担比较重，保障房集中建设也导致城市贫困人口的集中居住，并对住房市场产生比较大的影响。因此，在保障房供求趋于平衡时，西方许多国家则转为采取以需求补贴为主的做法，即采取住房津贴、房租补贴等方式。根据国外通行的做法，上海也可根据保障房供求的态势，灵活运用两种补贴方式，实现供给补贴与需求补贴方式的优势互补。另外，可借鉴国外在保障房退出机制上的所谓梯度租金设计，上海也规定了保障房的准入门槛，当被保障者收入提高以及住房不困难的情况下则被要求退出，以保证低收入居住困难家庭的住房需求，也保证居住公平。但这样做尤其对集中建设的保障房项目采取这样的做法容易产生贫困聚集的问题。采取梯度租金的做法即随着低收入家庭收入提高，并不要求他们退出，而是要求他们支付更高租金的方式，从而避免贫困聚集的问题。

（三）促进金融对住房市场与住房保障的支持

住房制度改革以来，住房金融对于促进住房市场的发展发挥了积极作用。2017 年中央经济工作会议提出促进形成金融和房地产的良性循环，在防范泡沫风险、支持租赁市场以及创新金融产品等方面促进住房市场与住房保障的健康发展。针对上海住房投机性比较强以及未来要大力促进住房租赁市场的目的，可借鉴发达国家的经验，一是采取差别化政策，抑制投机性购房需求，对刚需及改善型需求予以支持。适当提高购房贷款门槛，抑制购房需求，相应增加租房需求。二是促进房地产投资信托基金 REITs 市场的发展。我国从 2004 年已开始涉及 REITs 理念，目前加快了试点的步伐。2018 年 4 月 25 日，证监会和住建部发布《关于推进住房租赁资产证券化相关工作的通知》，支持住房租赁企业发行权益类资产证券化产品，试点发行房地产投资信托基金。REITs 的特点主要表现在具有很强的流动性、可吸收众多中小投资人的资金、实现专业化管理以及实现多元化组合投资等方面。对于住房租赁而言，REITs 可在筹集用于发展住房租赁市场所需要的资金、通过专业化运营管理规范住房租赁市场、培育专业租赁机构、提供优质的租赁住房等方面发挥积极的作用。此外，REITs 可为保障房的建设提供融资，一定程度上解决上海住房保障建设资金不足的问题。

（四）农村住房市场化

2017 年上海被列入第一批利用集体建设用地建设租赁住房的试点城市。建设租赁房的试点方案明确须利用集体建设用地的存量土地，一般在租赁住房需求比较大、集体经济组织有建设意愿以及有资金来源等的地方开展试点，集体经济组织可以自行开发运营，也可以通过联营、入股等方式。对上海而言，利用农村集体建设用地建设租赁住房，一方面可以增加上海集体经济组织成员的财产性收入，另一方面在增加上海租赁房源、满足外来人口住房的需求、抑制租金以及房价上涨等方面都具有重要的现实意义。

城乡统一的住房市场是市场经济的一个重要方面，目前我国农村的土地还未市场化，虽然农民拥有住房所有权，从法律上来说对住房拥有处分权，但由于房地一致原则，造成事实上农民的住房在市场上无法转让、无法抵押等，即使在集体经济组织内部由于碍于情面也很难实现抵押权。现在集体建设用地入市试点既是对住房现实问题的解决，也是未来农民住房市场化的第一步。未来农民可以购买或租赁城镇居民的住房，城镇居民也可购买或租赁农民的住房，整个社会的住房资源都可以得到优化配置。当然农村住房市场化改革不可一蹴而就，前提需要农村社会保障制度的完善以及住房价格在较长时期内保持比较稳定的状态。

（作者单位：华东师范大学）

改革开放背景下的上海住房发展

严　荣

住房问题既是民生问题，也是发展问题；既是城市发展永恒的主题，又是持久的难题。改革开放以来，上海积极谋划和推动住房发展各项事业，在住房解困、住房制度改革、房地产市场培育、住房保障、旧区和旧住房改造、房地产市场调控、物业管理等领域进行了许多积极探索，有效改善了市民居住条件，显著提升了居住品质。回顾发展历程，总结有益经验，直面当前形势，致力于继续推进上海住房发展，实现让全体市民住有所居的目标。

一、上海住房发展的主要状况

改革开放以来，经过不懈努力，上海在城市常住人口快速增加的背景下，不断改善市民的居住条件。40 年来，上海的住房总量持续增加，住房交易较为活跃，住宅投资由快速扩张逐渐趋于平稳增长。改革开放为上海住房发展奠定了良好基础，这既体现在住房体系渐趋成熟、住房管理不断完善、居住品质逐步提升等定性的方面，也表现在住房总量、居住水平、住宅投资及住房交易等量化指标方面。

1. 住房总量持续增加，居住水平不断提高。1980 年上海市的居住房屋面积为 4 403 万平方米，2017 年增长至 66 581 万平方米[①]，增加了 14 倍多。从不同时期看，1981 年至 1990 年的年均增速为 10.22%，1991 年至 2000 年的年均增速为 13.44%，2001 年至 2010 年的年均增速为 15.23%，2011 年至 2017 年的年均增速为 3.78%。可见，在经过大规模建设住房的历史阶段后，“十二五”期间住房总量的增速有了明显回落，进入了中低速增长期。

过去 30 多年，也是上海常住人口规模不断扩张的时期。1980 年，上海市的常住人口规模为 1 152 万人，其中户籍人口数量是 1 147 万人。到了 2017 年，上

① 如无特别说明，各项数据都来自《上海统计年鉴》历年卷。

海市的常住人口规模增长至 2 418.33 万人，是 1980 年全市人口规模的 2.1 倍左右。2017 年的户籍人口数量是 1 445.65 万人，仅比 1980 年增加了 299 万人。而外来常住人口从 1980 年的 5.48 万人增加至 2017 年的 972.68 万人，足足增加了 177 倍。从不同时期看，1981 年至 1990 年年均增加外来常住人口 4.52 万人，1991 年至 2000 年年均增加 26.28 万人，2001 年至 2010 年年均增加 57.69 万人，2011 年至 2017 年年均增加 11.76 万人。

尽管城市人口在不断增长，但由于各个时期住房总量的增速更快，因而市民的居住水平有显著提高。根据统计数据，1950 年上海市区居民的人均住房建筑面积为 5.7 平方米，到 1980 年虽然有所提高，但也只有 7.32 平方米。之后，随着住房总量快速增加，上海市民的人均住房建筑面积也出现了快速增加。2000 年，人均住房建筑面积突破了 20 平方米，到 2017 年达到了 36.7 平方米。从不同时期看，1981 年至 1990 年年均增加 0.44 平方米，1991 年至 2000 年年均增加 0.88 平方米，2001 年至 2010 年年均增加 1.41 平方米，2011 年至 2017 年年均增加 0.3 平方米。

2. 住宅投资增速趋稳，住房交易比较活跃。住房总量规模的扩张得益于住宅投资额的不断增加。1998 年住宅投资额为 404.96 亿元，2015 年达到 1 813.32 亿元。如果不考虑通货膨胀因素，名义规模增加了 3.48 倍。值得注意的是，在 1998 年全面推进城镇住房制度改革以来，住宅投资增速波动很大。增速最大的年份是 2010 年，当年全社会固定资产投资增速是 0.84%，而住宅投资增速达到了 33.61%。增速最小的年份是 1998 年，当年全社会固定资产投资增速为−0.65%，而住宅投资的增速更是为−11.62%。这两个时期的背景都是金融危机。近些年来，住宅投资增速的波动有所趋稳。“十二五”期间，住宅投资增速的极差为 9.92 个百分点，而“十一五”期间的极差达到 42.39 个百分点，“十五”期间的极差也达到 31.39 个百分点。

上海的住房交易市场一直较为活跃。新建商品住房销售方面，“十五”期间(2001—2005)年均销量是 2 359.64 万平方米，“十一五”期间略有增长，年均为 2 494.78 万平方米，“十二五”期间有所下降，年均为 1 774.45 万平方米。受供需两侧的影响，上海的新建商品住房销售量总体将呈现逐渐下降的态势。与此同时，存量住房成交量稳步上升。到 2015 年，全市存量住房成交量达到 2 647.83 万平方米，是当年新建商品住房销售量的 1.3 倍。这种趋势还将有所强化，同时也意味着上海已经初步进入了“存量房时代”。

不过，从 1999 年到 2015 年，上海存量住宅的平均周转率(二手住房成交量与当年存量住房总量之比）只有 3.67%，比国际大都市的一般水平（6%左右）低不少①。而且，“十二五”期间的平均周转率只有 2.82%，比“十一五”期间的 3.51%还有所降低。其中原因可能在于相比“十一五”时期，“十二五”时期一直在实施房地产市场调控措施，尤其是限购、限贷等政策对二手住房市场的活跃度有所影响。

3. 房地产开发投资占比趋高，非居投资增幅明显。从投资角度看，有两个比例需引起关注：一个是房地产开发投资占全社会固定资产投资的比例在近些年来逐渐上升；另一个是住宅投资占房地产开发投资的比例有所下降。这“一升一降”不仅反映了经济运行中存在一些问题，而且对房地产市场平稳运行也将产生压力。

首先，“十二五”期间，房地产开发投资占全社会固定资产投资的比例上升了 11.8 个百分点。“十一五”期间，该比例的年均值为 31.02%，意味着在全社会固定资产投资中，房地产开发投资大约占三分之一。但是，在 2009 年之后，该比例陡然上升，从该年的 27.8%上升至次年的 37.2%，一年内提高了近 10 个百分点，随后一直呈不断上升态势。到 2015 年，该比例上升至 54.6%，意味着全社会固定资产投资中有一半多是在房地产领域。

其次，“十二五”期间，住宅投资占房地产开发投资的比例下降了 12.1 个百分点。“十一五”期间，该比例的年均值为 63.22%，意味着在房地产开发投资中，住宅投资大约占三分之二。但是，在 2011 年之后，该比例快速下降，从该年的 64.4%下降至次年的 61%，一年内下降了 3 个百分点，而且随后一直在下降。到 2015 年，该比例降至 52.3%。与此同时，办公楼的投资占房地产开发投资的比例从 2006 年的 9.7%逐步上升至 2015 年的 18.9%，几乎翻了一倍；商业营业用房投资占房地产开发投资的比例从 2006 年的 12.2%上升至 2015 年的 13.5%，略有提高。

住房总量、居住水平、交易数量及结构、投资规模及比例等，既反映了上海住房发展的基本状况，又是进一步推进住房发展的基础。

二、上海住房发展的主要经验

回顾改革开放以来上海住房发展的历程。至少有三方面经验值得总结。

---

① 吉野直行等：《亚洲新兴经济体的住房挑战：政策选择与解决方案》，严荣译，社会科学文献出版社 2017 年，第 104—105 页。

1. 坚持直面不同发展阶段的重点矛盾和问题，注重建立健全体系。住房发展在不同阶段会遇到不同的突出矛盾和问题，因而，一方面必须直面这些矛盾和问题，另一方面要注重体系建设，使不同阶段的发展策略具有连贯性和延续性。

改革开放之初，上海在住房方面首先面临的是绝对短缺问题，其深层次原因是福利分房体制以及由此带来的资金短缺。经过慎重研究，上海在20世纪80年代末探索出国有土地使用权的有偿转让体制。“八五”期间，上海以公积金制度改革和旧公房出售为主推进住房制度改革。“九五”期间，重点推进旧改动迁和安居工程建设，逐步缓解了住房绝对短缺状况，同时改善了城市面貌。“十五”期间，重点推进房地产市场培育和发展，逐步形成了“三个为主”（以居住为主、以市民消费为主、以普通商品住房为主）的住房发展指导思想。“十一五”期间，注重改善居住困难家庭的居住条件，逐步形成了“四位一体”（包括廉租住房、共有产权保障住房、公共租赁住房、动迁安置住房）的住房保障体系。“十二五”期间，将住房保障作为改善民生的重中之重，建立健全了“两个体系”（即住房市场体系和住房保障体系）、“三个为主”“四位一体”的住房发展理念。

2. 敢于先行先试，在改善民生的同时，为全国住房发展提供可复制、可推广的经验。在深入推进住房制度改革的过程中，上海始终敢于先行先试。这主要是由于作为人口高度集聚的特大型城市，面临着紧迫的住房问题，迫使上海必须勇于探索。

比如，上海较早建立了国有土地使用权有偿转让的制度。1986年11月，上海市成立了土地批租领导小组，1987年12月上海市政府颁布了《上海市土地使用权有偿转让办法》，1988年3月上海通过国际招标，成功出让了虹桥26号地块，以此为契机，上海市明确今后凡利用外资建造的房地产以及向境外企业单位和个人出售的房地产，其用地均应纳入土地出让的范围。

再比如，上海在全国最早建立了住房公积金制度。1991年5月，上海市人大常委会通过了《上海市住房制度改革实施方案》，确立了“建立公积金、提租发补贴、配房买债券、买房给优惠和建立房委会”五位一体的房改方案。在这个房改方案中，建立住房公积金制度，是上海借鉴新加坡中央公积金制度经验，引入到房改领域的一项创新举措。住房公积金制度以及这个方案的出台，为上海以及后来全国深化城镇住房制度改革确定了实践参照。自1991年5月在全国创新建立住房公积金制度以来，在支持职工家庭购房、支持保障房建设供应、管理公共资产、推动房地产市场发展等方面都发挥了显著的积极作用。

3. 将住房发展融入城市发展的大局中，服务于百姓安居和城市可持续发展。推进住房发展涉及土地、金融、财税、建设、城市管理等各个方面，同样，住房发展也会对城市发展的各个方面产生显著影响。在改革开放的40年里，上海始终将住房发展融入整个城市发展的大局中，致力于服务全体市民的住有所居和城市的可持续发展。

以旧区改造和城市更新为例，上海一直注重提升居住品质和城市实力。20世纪90年代初，城市中心城区存在成片危房和棚户简屋，既严重影响市民居住品质，也严重影响城市发展。对此，上海市采取减免或缓缴土地出让金、税费优惠、财政补贴、鼓励市场主体参与等一系列政策措施，全力推进"365危棚简屋改造"。进入新世纪，上海市进一步聚焦中心城区成片二级旧里以下房屋，启动新一轮旧区改造。在明显改善市民居住条件后，上海市开始探索兼顾旧区改造与历史风貌保护的可行路径，实施了包括成套改造、拆除重建和厨卫设施改造等在内的一系列措施。随着住房发展进入新阶段，上海市适时调整优化了旧区改造和城市更新的指导思想，从过去"拆、改、留，以拆除为主"转变为"留、改、拆，以保留保护为主"，注重保护历史风貌，传承历史文脉。

三、上海住房发展的主要形势

进一步推进上海的住房发展，面临不少约束条件，比如资源紧约束、房价趋高以及人口结构变迁等。

1. 住房供应仍显不足，资源约束趋紧。对于某个城市住房供应的充足状况，国际上一般用套户比作为衡量指标之一，而且一般认为当套户比达到1.1时[①]，供应相对较为充足。由于相关统计只公布了上海住房总量的面积规模，而且外来常住人口的家庭户与户籍人口的家庭户有一定差异，因而要计算上海的套户比，须依据一些假设和推算。基于经验对存量住房套型面积以及外来常住人口家庭户规模的设定，我们大致估算了1990年以来上海的套户比变动情况。总体上，上海的套户比在逐渐上升，说明供需紧张局面在逐步得到缓解，但是相比国际经验，上海的住房供应仍显不足。根据国家统计局公布的相关数据，可以测算出全国城镇的套户比约为1.14[②]，因而可以认为全国城镇住房供需已基本平

---

① 吉野直行等：《亚洲新兴经济体的住房挑战：政策选择与解决方案》，严荣译，社会科学文献出版社2017年，第69页。

② 作者根据2015年全国城镇人口(77 116万人)和人均住房建筑面积(33平方米/人)计算出全国城镇住房总面积约为254.48亿平方米，按90平方米/套测算，约合28 275.87万套住房。该年全国平均家庭户规模为3.1人/户，可计算出全国城镇家庭户约为24 876.13万户。由此可以计算出全国城镇家庭户数与住房套数之比约为1∶1.14。

衡。只是在一些超大城市和特大城市，由于人口高度聚集，住房供应仍显不足。

但是，上海新增住房供应将面临资源紧约束，其中尤其是土地资源日渐稀缺。从近几年的统计数据看，住宅用地出让面积的波动以及溢价率的变动对二手存量住房交易均价的影响非常明显。大致的情形是，每当住宅用地出让面积大幅增加时，二手存量住房交易均价的涨幅有所回落；每当溢价率有所上升时，二手存量住房交易均价的涨幅就有所放大。这说明土地交易市场对住房市场产生的影响不仅非常显著，而且被市场主体所感知到，从而进一步对住房市场的预期产生影响。

2. 房价波动幅度较大，需防大起大落。房价不断上涨，而且增幅波动较大，是上海住房市场平稳发展必须面对的现实形势。“十二五”期间，新建商品住房的销售均价年均增长15.43%，比“十一五”期间的年均增速提高了1个百分点左右。

从新建商品住房销售均价的季度同比数据看，“十二五”期间共有11个季度的同比涨幅是两位数，占这五年间季度总数的55%，同时也有6个季度的同比涨幅是负数。季度同比涨幅最高的高达41.06%，最低的则为－13.07%，波动非常明显。而且，存量商品住房销售均价的季度同比波动也有所增大。

房价波动不仅受到社会高度关注，而且对国民经济运行影响甚大，因而如何确保房地产市场平稳发展，防止大起大落，是非常重要且紧迫的问题。

3. 人口结构发生深刻变化，需提前谋划。在人口方面，上海面临的主要形势包括户籍人口老龄化比例快速提高，户籍家庭规模日渐小型化，外来常住人口流入速度有所减缓，全市人口机械增长率逐渐下降。人口老龄化方面，户籍人口中60岁及以上年龄的人口占比从2005年的19.58%逐渐攀升至2015年的30.21%，年均提高1个百分点左右。与此同时，户籍家庭规模从2004年的2.8人下降至2015年的2.69人，渐趋小型化。人口老龄化和家庭小型化都对上海住房发展提出了许多新挑战。

“十二五”期间，上海人口机械增长率（是反映城市人口因迁入和迁出等社会因素引起人口增减变化的指标）为4.43‰，比“十一五”期间下降3.69个千分点，比“十五”期间下降3.34个千分点。从统计数据看，2015年，上海流入人口规模依然位居全国各城市的首位，比第二位的北京多出156万。

四、上海住房发展的主要趋势

党的十九大报告指出，中国特色社会主义进入新时代，我国社会主要矛盾已经转化为人民日益增长的美好生活需要和不平衡不充分的发展之间的矛盾。未来几年是上海住房市场发展的关键时期。一方面，根据国际大都市住房发展历史所展示的一些共性规律，上海将继续巩固“存量房时代”的特征，套户比仍将低于全国平均水平，房价走势仍将是城市居民最关心的问题之一；另一方面，通过积极有为地采取一系列措施，上海的住房发展又将展示出一些新趋势，包括推进住房市场的转型发展，健全购租并举住房体系，完善住房政策以增强城市竞争力等。

1. 住房市场仍处于发展周期。随着国民经济发展步入新常态，尤其是房地产业发展告别所谓的“黄金时代”，一些市场分析人士认为，包括上海在内的国内一线城市住房市场已经进入了停滞阶段。如果从资本投机角度看，这种观点有一定合理性。但是从保障和改善市民居住条件的角度看，我们认为，上海的住房市场仍处于发展周期。这种判断可以从实际需求和国际对比两个方面做一些分析。

首先，从实际需求看，上海的住房发展需要聚力补短板。前面已经讲到过，上海的套户比低于全国平均水平，住房供应仍显不足。除此之外，上海还有大约9万户居民需要拎马桶，有数十万户居民面临住房困难问题，有数百万年轻人在承受过高的租金，有数量众多的老旧建筑需要更新改造。俗语说，“小康不小康，关键看住房”。在全面实现小康的奋斗征程中，这些群众对体面住房的需求就是上海住房市场发展的坚实基础。

其次，从国际比较看，上海的住房发展仍有一定差距。通过对比纽约、伦敦、东京、新加坡和中国香港等国际大都市，我们发现，上海的住房总量规模较大，但人均住房建筑面积仍偏低。2014 年，纽约市的住房总量是 3.68 亿平方米(约340 万套)，伦敦市 3.04 亿平方米(约 345 万套)，东京市 5.21 亿平方米(647 万套)，新加坡 1.66 亿平方米(187 万套)，中国香港 1.09 亿平方米(191 万套)，上海有 6.11 亿平方米。在人均住房建筑面积方面，纽约市是 43.34 平方米/人，伦敦是 35.6 平方米/人，东京是 39.83 平方米/人，新加坡是 30.35 平方米/人，中国香港是 15.05 平方米/人①。如果按同口径计算的话，上海的人均住房建筑面积仅比中国香港高，比其他几个国际大都市的人均居住水平都低。从这个角度看，上海的住房发展仍有不少差距。

2. 健全购租并举的住房体系。住房租赁市场是当前上海住房发展面临的

---

① 严荣：《上海住房发展的背景与趋势》，《上海房地》2018 年第 1 期。

短板之一，因而《上海市住房发展“十三五”规划》重点聚焦了住房租赁市场的培育和发展问题。在推进《规划》实施的过程中，上海的购租并举住房体系建设将取得初步成效。

首先，“购租失衡”局面将有所改变。在快速发展过程中，房地产业出现了较为严重的“购租失衡”现象，这既与住房发展阶段有关，又与相关制度设计密切相关。在贯彻落实国家有关发展住房租赁市场相关政策的基础上，结合住房发展实际，上海应从土地供应、市场主体培育、服务配套、税收优惠等方面采取一系列举措，使“购租失衡”局面得到一定程度改变。比如，近期上海已连续推出若干幅“只租不售”地块以建设租赁住房，而且作为全国利用集体建设用地建设租赁住房的试点城市之一，将积极探索相关试点。

在发展过程中应该注意一个问题，即相比国际大都市，上海的住宅用地占建设用地的比例偏低，工业用地的占比偏高。按同口径测算，纽约的住宅用地占建设用地比例为 39.46%，伦敦为 36.32%，东京为 46.48%[①]，上海只有 29.06%。所以，在促进住房供应的同时，应加快调整土地利用结构，增加住房用地的比例。

其次，租赁将成为一种适宜的居住选择。在很长一段时间里，相比购买住房，租赁住房是一种无奈的选择，只有在支付能力严重不足之时才会选择租房。第六次全国人口普查的数据也显示，选择租房的居民主要是学历较低、收入较低、就业不稳定的人群。但是，近些年来长租公寓企业快速扩张的现象表明，超大城市的租赁需求非常旺盛。问题在于，原有的租赁住房供应模式难以满足人们对高品质租赁住房的需求，这不仅体现在租赁关系当事人之间的疑忌，还表现为出租住房的居住条件相对较差。为此，随着相对集中建造的租赁住房逐步进入市场，由于公共配套相对齐全，租约关系相对更为稳定，租赁将会成为一种较为适宜的居住选择。

3. 完善住房政策，增强城市竞争力。在致力于保障和改善民生的基础上，住房政策还应服务于增强城市竞争力。相对完善的住房政策，不仅在宏观上能促进资源有效利用，而且在微观层面能优化资源配置。一个城市如果房价过高，不仅会反映到经济结构和产业发展的失衡上，也会表现为人们对住房问题的焦虑以及在住房消费上的过度支出。可以说，缺乏完善的住房政策，城市竞争力是难以持续的。

但是，面向城市竞争力的住房政策不等于向特定群体提供购房优惠或补贴。

---

① 石忆邵等：《国际大都市建设用地规模与结构比较研究》，中国建筑工业出版社 2010 年。

近来，一些城市为了增强对人才的吸引力，在住房政策方面采取了一些优惠或补贴政策。比如，有城市规定，具有一定学历或获得一定职称的人才选择落户，能得到若干数额的购房补贴或折扣；另有城市规定，具有一定学历的高校毕业生可以领取若干数额的租房补贴。根据目前的理论和实证研究，这些措施不仅政策成本很高，一般很难持续，而且有效性不强，表现为补贴对象的效用变化比例较低。当然，作为一种招才引资措施，城市政府也许希望通过住房补贴吸引人才，从而能在产业发展和人才集聚中获得更大收益。但这不是面向城市竞争力的住房政策的真正含义。

客观上说，上海迫切需要增强对人才的吸引力，但更应该通过制度创新，探索形成适合超大城市实际的住房发展模式，以此增强城市竞争力。比如，上海自2009年以来一直坚持探索推行共有产权保障住房制度，目前该制度主要面向户籍中低收入住房困难家庭。而从增强城市竞争力的角度看，可以考虑将政策覆盖范围拓宽至各类人才，让这些人才能在上海安居立业。对于在全市重点发展行业或岗位的“关键就业者”(key workers)，也可以借鉴欧洲一些国家的做法，在公租房轮候方面予以优先。如果用人单位对所需人才提供购房或租房补贴，应该予以鼓励和支持。

除此之外，上海应形成面向城市竞争力的住房政策战略。这种战略是一种远景，与五年规划相比更强调战略性和前瞻性，而非发展指标和工作任务。比如，“上海2035”确立了建设卓越的全球城市的发展愿景，那么围绕这种愿景应该需要什么样的住房政策予以配套？在确定战略思路后，再通过若干个五年规划推进实施，将会使住房政策在目标明确的前提下呈现出延续性和连贯性。

（作者单位：上海市房地产科学研究院）

继续深化住房制度改革的重点问题研究

崔光灿

住房制度改革是我国改革开放的重要组成部分，在取得显著成就的情况下，本身也是一个不断深化的过程。随着社会经济的阶段性矛盾变化，住房供求矛盾变化，住房市场内外部条件变化，住房制度的基本目标、措施都要有新的调整。在当前时代背景下，需要梳理住房制度改革的重要经验，并围绕解决住房发展不平衡不充分问题，明确深化住房制度改革的重点，使住房制度更好地体现坚持以人民为中心的发展思想，通过增加住房的可获得性、可支付性、可预期性，更多更公平地惠及全体人民，不断增强人民在住房领域的获得感、幸福感、安全感。

一、住房制度改革是不断探索与深化的过程

早在 1978 年 9 月，针对当时的住房困难问题，改革开放的总设计师邓小平就提出，解决住房问题能不能路子宽些，标志着我国住房制度改革的起步。40 年来，我国住房制度改革成效显著，住房建设快速发展，基本解决了广大人民的住房困难。2016 年人均住房达到 36.6 平方米，有效满足了市民的住房需求，我国的住房总量矛盾基本解决。但改革过程中，具体的住房制度设计、住房政策完善是一个不断深化的过程，改革的重点也在不断演进。

住房制度改革起点于解决住房绝对短缺问题。为加快住房建设，改革由政府与单位统一建设分配的福利住房制度，建立与市场经济相应的建设供应机制，1994 年国务院发布了《关于深化城镇住房制度改革的决定》，把建立分层次的住房供应体系，建立市场和保障相结合的住房新体制作为住房制度改革的重要目标。从住房制度改革的手段看，主要是经历了公房提租、公房出售、停止实物分房等，并最终形成了货币化分配为主的新型住房供应制度。1998 年《国务院关于进一步深化城镇住房制度改革加快住房建设的通知》指出，“深化城镇住房制度改革的目标是：停止住房实物分配，逐步实行住房分配货币化；建立和完善以经济适用住房为主的多层次城镇住房供应体系；发展住房金融，培育和规范住房

交易市场”。住房分配货币化改革的基本思路是，通过将住房支出逐步纳入工资收入，并配以金融信贷、经济适用住房建设等，支持大家购买住房。2000 年后，全国各地基本停止了实物分房，市场化购房成为市民解决住房问题的基本渠道。但由于房价不断上涨，居民购房支付能力不足问题越来越明显。为此，2007 年，国务院发布《关于解决城市低收入家庭住房困难的若干意见》，明确提出“把解决城市低收入家庭住房困难作为维护群众利益的重要工作和住房制度改革的重要内容，作为政府公共服务的一项重要职责”。从各地的实施情况看，分别结合自身的特点采用多种住房保障形式，一方面完善原有的廉租住房、经济适用住房制度，另一方面不断探索新的公共租赁住房、限价房、共有产权住房等政策，各级各地政府住房保障责任意识不断强化，住房保障制度不断完善，住房保障范围不断扩大。2010 年后，在住房市场不断调控的过程中，开始探索房地产健康发展的长效机制，研究市场与保障相结合的住房制度。2017 年党的十九大在报告中提出“坚持房子是用来住的、不是用来炒的定位，加快建立多主体供给、多渠道保障、租购并举的住房制度，让全体人民住有所居”，再次确定了我国住房发展的模式和目标。

二、住房制度改革中的几个重大理论与实践突破

（一）理论认识提高与市场实践推动并进

1. 确定住房商品属性，推进住房市场化供应。改革开放之初，关于“住宅商品化”问题在全社会展开讨论，为住房从福利制向商品化过渡作了理论上的准备。住房是否具有商品属性的认识，决定着住房是否可以“买卖”，住房是否可通过市场化机制供应的基础，也是社会主义市场经济体制建设在住房领域如何推进的重要理论前提。通过理论认识逐步达成共识，也以住房商品的形式在实践中加快了探索，改变由政府和单位提供“福利住房”的单一供应渠道，逐步鼓励社会、市场多渠道供应。如上海通过建造“鸳鸯楼”为大龄适婚青年提供结婚临时用房的同时，积极开展“联建公助”和“合作建房”的探索，努力拓宽建设资金和建造渠道。

2. 确定公有住房可以“出售”，形成统一的住房市场。1991 年 6 月，国务院发出了《关于积极稳妥地推进城镇住房制度改革的通知》，提出分步提租、交纳租赁保证金、新房新制度、集资合作建房、出售公房等多种形式推进房改的思路。1993 年 11 月，国务院房改领导小组在北京召开了第三次房改工作会议，改变了第二次房改会议确定的思路，代之以“以出售公房为重点，售、租、建并举”的新方

案。公有住房出售加速了商品住房市场的形成,提高了居民的住房自有率。出售公有住房是以成本价加优惠折扣的办法把公有住房出售给已租住或获得新公有住房的住户,住户购房后即拥有房屋的完全产权。公有住房出售从 1992 年实施以来,不同城市的进展不同,但主要集中在 2000 年前后,到 2003 年,全国 80%以上的可售住房出售给了职工。

3. 确定了住房分配货币化,有效激发了市场活力。1998 年 7 月 3 日发布《国务院关于进一步深化城镇住房制度改革加快住房建设的通知》(国发〔1998〕23 号)。通知进一步确定了深化城镇住房制度改革的目标是:停止住房实物分配,逐步实行住房分配货币化;建立和完善以经济适用住房为主的多层次城镇住房供应体系;发展住房金融,培育和规范住房交易市场。同时决定,1998 年下半年开始停止住房实物分配,逐步实行住房分配货币化。至此,我国已实行了近四十年的住房实物分配制度从政策上退出历史舞台。

4. 重新认识住房的"居住"属性,弥补市场的不足。在住房制度改革市场化推进过程中,住房价格不断上涨。一方面中低收入者的住房支付能力不足问题不断呈现,发现住房需要作为公共产品供应给保障家庭,完全依赖市场不能解决所有住房问题。另一方面,由于住房作为"资产"的属性受到重视,住房被作为投资、投机品,住房财富分配的不平衡现象突出。认识到住房需要更多地回归"居住"属性,用于满足人民的居住需求。

(二) 形成了若干有效的住房发展机制

1. 政府主导,充分发挥市场配置资源作用的住房建设机制。我们必须处理好住房建设中企业主体地位的发挥与政府规划计划引导之间的关系。目前实行的是政府从土地供应、住房发展规划、住房供应方式等方面进行干预市场,引导不同主体有效建设供应住房的机制。这一机制在加快住房建设中起到了重要的作用,也将是未来住房供应的最主要形式,但过分依赖这一机制,也会有市场供需矛盾容易产生,市场波动容易加大的可能。

2. 民生为先,分层次、多渠道解决住房困难的住房保障机制。我国在不同阶段,针对不同类型住房困难家庭设计了一系列住房保障政策,包括廉租住房制度、经济适用住房制度、公共租赁住房制度等。一方面这些政策有效地解决了中低收入家庭的住房困难,成为我国住房供应体系中重要的基础。另一方面,一些具体政策在实施中也存在许多问题,如保障房的福利依赖行为,分配的公平性问题,使用的效率问题等。因此,需要结合不同保障对象的特征,设计出有效的住房保障政策。

3. 注重长远，家庭自助与政府资助相结合的共有产权住房制度。共有产权住房在我国经过短期的实践，逐步成为与市场机制相结合，有利于促进家庭经济地位提升的政策。共有产权住房在不同城市有不同的实践方式，有的作为保障性住房，有的作为政策性商品住房，主要是解决“夹心层”的住房困难，也起到有效的作用。同时，由于许多城市的政策都在探索中发展，对建设机制、供应方式，特别是后期上市管理，还需要更深化的政策研究。

4. 强化居住，政府支持下市场化住房租赁市场发展机制。我国近期大力发展住房租赁市场，是租赁住房市场供应主体多元的有益探索。在我国住房市场发展过程中，租赁住房同样快速发展，在有些大中城市，租赁住房供应占比快速上升，有效解决了市民的居住需求。但目前的租赁市场以私人分散供应为主，租赁居住缺乏稳定性和规范性，需要通过政策引导，发展机构运营的长期租赁市场，形成新租赁住房供应体系。

三、继续深化住房制度改革需要把握若干重点

（一）住房制度改革的重点仍是完善住房供应方式，不存在“二次房改”

住房制度改革涉及“打破”一个“旧制度”，即福利分房制度，但这一制度如前所述还没有彻底解决，还留有一些公有住房。同时要“建立”一个新制度，这个制度以前主要考虑是货币化补贴，但没有到位。现实问题是许多人仅依靠工资不能购买到商品住房，于是出现了新的矛盾。

从住房制度改革过程看，设计一个什么样的住房供应体系始终没有完全明确，从最早的公有住房出售到经济适用住房建设，后来的廉租住房、公共租赁住房、限价房，各地实施了相似但不同的住房供应政策。总体上是围绕着低收入家庭或住房支付能力不足的家庭实施不同的住房供应，大多数家庭通过市场化商品住房解决住房问题。所以从这个角度看，不是“二次房改”问题。1998 年《国务院关于进一步深化城镇住房制度改革加快住房建设的通知》中明确的“分类供应制度”，这一改革的基本思路与总体目标是与社会主义市场经济的改革方向相适用的住房制度改革，必须继续坚持而不能走回头路，更不存在“二次房改”的社会经济基础。

但当初设计的住房制度改革措施需要不断完善。基于当时的背景，住房制度改革中许多具体政策的制定还不可能完善，政策执行过程中产生的问题还不可能预见，如经济适用住房建设供应过程中问题，市场化住房价格问题等。针对具体问题，我国于 2003 年以后不断完善针对住房为主的房地产市场调控政策，

并于2007年以后,加大了保障性住房的建设和供应力度,完善住房保障政策。这些都是住房制度改革的深化和完善,是1998年住房制度改革目标的继续实现。中国共产党十八大提出要建立市场配置和政府保障相结合的住房制度,加强保障性住房建设和管理,满足困难家庭基本需求。十九大提出加快建立多主体供给、多渠道保障、租购并举的住房制度,让全体人民住有所居。这些都是对住房供应体系的框架与原则的完善。所以,下一步如何完善住房供应体系仍是深化住房制度改革的重点,通过不同的住房供应方式,满足不同人群的住房需求,最终实现"住有所居"还是一个不断探索完善的过程。

（二）多渠道解决新市民住房问题是当前住房制度改革的突破点

相对而言,具有城镇户籍的老市民,多数家庭已通过住房制度改革、动拆迁、住房保障或购买商品住房等,较早解决了基本住房问题。但新市民,由于进城时间短,工作与收入不稳定等原因,多数还没有解决基本住房问题。近年来,新市民的住房问题更加突出,一是房价不断大幅上涨,无论是购房还是租房的成本都在增加,新市民的住房可支付能力在下降。另一方面居住的稳定性较差,大部分城市租赁住房市场不发达、不规范,对承租人权益的保护不够。所以,在我国城镇化过程中,无论是购房渠道还是租房渠道,都还没有成为新市民解决长期居住问题的途径,而无法长期稳定居住的新市民很难真正实现市民化。

新市民由于收入、年龄、职业等存在明显的差异,不可能简单地通过一种方式支持其解决住房问题,需要分类、分层实施不同政策。城市政府需要根据人口、产业规划,明确对不同新市民住房关注的重点。

对于普通进城务工人员,首先要解决居住安全问题,同时考虑其可支付问题。其中居住安全问题主要包括居住的消防安全、卫生安全,以及合法居住。因为这部分人口收入相对较低,更容易为节约支出而选择有安全隐患的低成本居所。所以城市管理中,要规范与支持并重。并积极创造条件,多渠道增加低成本、规范的住房。如对于依托于单位的建筑工人、制造工人,应鼓励政府或企业通过建设职工宿舍的形式,解决安全、规范阶段性住房问题。对于大量的第三产业的服务人员,由于他们居住分散、总体支付能力有限,应发展城市租赁住房,特别是普通租赁住房解决这部分人的住房问题。关键是对这部分群体要留有一定的城市生存空间,而不是通过动迁等一味地"挤压"其生存空间,要规范和引导,使他们的基本住房权益得到保障。

对于新就业的大学毕业生,主要解决阶段性稳定性及可支付性。新就业的大学毕业生,一般积蓄少,在住房市场上经验不足,需要一个安全、稳定的居住空间。考虑他们会长期在城镇“扎根”,并作为城镇发展的动力,首先在前期需要对他们租赁支持,通过公共租赁住房或租赁补贴,减少前期的住房支出,使他们有稳定的居住的环境,能在城市稳定生活。

对于工作一段时期后的部分新市民,如果他们收入增长较快,且未来收入预期稳定,可解决购房的可支付性问题,支持部分家庭拥有产权住房。使他们通过购房解决长期安居问题,并起到“有恒产者有恒心”的作用。

针对新市民的住房政策,关键在于所有打算在城市合法、稳定居住和就业的人口,在住房可获得性、可支付性上要有稳定的预期,使他们可以长期稳定地在城镇居住,实现人的城镇化。

(三) 从强调“住房自有率”到重视“住房自住率”

住房自有率也被称为住房私有率,是住房的产权结构,其本身可以反映住房市场结构或住房的“私有化”程度,但不能反映居民的居住状况好坏,更不能说明住房是否公平。

关于我国住房自有率是否过高在社会上引起过不少争论,一种观点认为我国住房自有率已远远高于其他发达国家,这是一种不合理现象,应发展住房租赁市场,鼓励更多的家庭租房。在此,可以考虑一个更有价值的指标,就是“住房自住率”,即自己拥有住房又自住的比例,这一比例越高应该说居住的稳定性越高。

在我国前一阶段存在大量投资投机性购房,住房空置严重,使用效率不高的情况下,我国应该同时鼓励住房租赁市场发展和住房自住率提高,这两者是不矛盾的。提高住房自住率,是解决住房回归居住功能问题,不要将住房作为投资品,特别是不要将住房大量空置,等待升值。同时,发展租赁市场,也是为了提高住房的使用效率,同时提高承租户的稳定性。

从 2000 年到 2010 年是我国住房市场快速发展的时期。从住房自住率来看,不仅没有上升,反而下降,全国从 2000 年的 72%,下降到 69.8%。除西藏比较特殊外,住房自住率比较低区域有北京、上海、浙江、福建和广东几个省市,都不到 60%,浙江、福建和广东有明显的下降。提高住房的自住率,本身就是减少住房投资、投机需求,具体可有许多措施,包括税收的调节等。

(四) 处理好住房制度改革中政府与市场的关系

在深化住房制度改革过程中,要把握好“经济体制改革的核心问题”,“处理好政府和市场的关系,必须更加尊重市场规律,更好发挥政府作用”。

更加尊重市场规律,就是在住房供应过程中更加重视发挥通过市场机制配置资源的作用,在房地产市场调控中更要主动把握市场规律,促进房地产市场的健康持续发展。在保障性住房供应中，同样可以更好地利用市场机制，无论是政府建设经营或支持社会机构建设和经营保障性住房，以及通过提供租赁补贴利用社会住房，都要充分考虑与市场供应的衔接。住房供应对象是分离的，并不意味着住房供应两大体系是割裂的，不相容的。

更好发挥政府的作用，政府要做好住房发展规划，并落实具体措施。一方面要促进房地产市场规范、健康发展，另一方面政府在“市场失灵”时做好市场的补充。英国曾是世界上住房市场化程度最高国家之一，同时也是实施住房保障最早的国家。虽然对国家为什么干预住房在理论上还缺乏统一的认识，但多数国家都不同程度的干预住房市场，而不是仅靠市场来解决居民的住房问题。在住房分类供应过程中，处理好市场化供应与保障性供应出现的阶段性不平衡和矛盾，如房价上涨过快与居民的支付能力矛盾，保障性住房建设与中低收入家庭的住房需求矛盾等，这些矛盾产生的原因既有住房供应政策本身不完善，也有住房需求的动态变化。这也说明住房供应政策体系的建立不可能是“一劳永逸”的，也需要不断的动态调整，需要政府的不断干预。

（五）处理好住房发展与城市发展的关系

国际经验表明，住房问题更多是工业化和城市化过程中的问题，我国未来还有相当长的一段时期走中国特色新型工业化、信息化、城镇化、农业现代化道路，将会带来产业人口流动、城镇住房需求持续增长等问题。

随着产业人口向城镇继续转移，城镇常住人口的数量将会不断增加，城镇住房政策将逐步转向重点关注新进常住人口的住房，包括住房租赁市场的干预、住房居住安全的管理、提高其住房自有率的支持等，并根据人群特征进一步细化住房政策，如农民工住房、青年“夹心层”住房等，使更多的常住人口“扎根”城镇，实现社会和谐。但在大中城市中，这一转变不能是简单的将住房保障范围扩大到常住人口，而必须是住房政策与产业政策、城镇化政策的有机统一，必须考虑与城市的产业结构升级、城市可持续发展相适应的住房供应。住房与城市的其他基础设施一样，承载力是有限的，任何一个城市都不可能持续的“膨胀”，大型城市住房资源将会呈现长期的“紧缺”，这要求不同城市的住房政策必须差异化。

在城市住房资源有限情况下，对住房需求的调控可成为一个长期的住房政策，住房水平的提高不可能是无限的，这就意味着不仅要减少住房的投机需求，即长期空置仅作为资产投资的需求，也要调控“过度的自住需求”，通过市场机制、税收政策等提高大面积住房消费的持有成本，引导合理的住房消费观念。

(六)处理好住房供应中市场与保障两大体系的关系

住房供应体系作为住房发展目标的具体实现,既反映了一个国家的基本经济制度,也受城镇化过程、住房供需关系等影响。一般将住房供应的方式划分为市场化供应和保障供应,其中市场化供应的住房供应给谁,以什么价格供应,完全由市场机制决定,居民根据自己的住房支付能力,到市场上购买或租赁合适的住房。这是我国住房制度改革以来的主要住房供应方式。

住房的保障性住房供应和市场化住房供应,这两者要有一个界面,其主要思路应是对住房消费能力不足的住房困难家庭,实施不同程度、不同方式的住房保障政策,对具有住房消费能力的住房困难家庭,政府加强房地产市场调控和管理,通过市场解决这部分家庭的住房问题。这两者虽是相互补充的关系,但不是相互替代的关系,现实中必须注意两者的协调。

一是要避免两大体系之间的冲突,即如果住房保障的范围过大,覆盖面过宽,就可能产生住房保障过度,使本来可以通过市场机制解决的住房问题由政府来承担,这样可能造成对现有住房市场的冲击。同样,如果过分重视发展市场化供应,而忽视了一部分居民由于就业技能不足,家庭客观困难等造成的住房困难,将会使住房保障供应明显不足,产生社会矛盾。

二是两大体系虽然是相"分割"的,但这种分割又是相对的,对于住房保障中有能力提高自身收入的人群又必须有一个从保障到市场的上升通道。在住房保障家庭因收入提高等退出住房保障时,必须能够顺利地进入市场,通过市场解决住房困难。对于租金补贴的家庭退出住房保障后,应有相应的市场化租赁住房能够使该类家庭承受,对于产权型保障住房的享受家庭应该有相应的市场化住房可以衔接。

(作者单位:上海师范大学)

上海区属房管集团创新发展 20 年

唐忠义

2018 年是一个特殊的年份，我国改革开放经历了 40 个年头。在纪念本市区属房地集团发展 20 周年之际，我们更怀着一份特殊的情怀：正是在改革开放春风的沐浴下，上海的房地产业得到了复苏和振兴；也正是在改革开放动力的驱使下，上海率先进行了土地使用制度改革和住房制度改革，推动了上海房地产市场的发展和兴旺，促进了广大市民群众居住生活质量的不断提高；也正是因为有了房地产市场的土壤，造就了本市区属房管集团蓬勃发展的今天。一路走来，上海房管人感慨万千：看今朝，我们感到骄傲、我们感到自豪；看未来，我们还要继续发奋，我们期待更大的发展。

（一）

对于房屋管理行业，20 世纪 90 年代是一个极不平凡的年代。

1988 年，上海试点土地批租，为探索土地使用制度改革迈出了重要的一步，更为 90 年代全面推行土地使用权出让撒下了改革发展的种子，为住房商品化、市场化奠定了重要的基础。

1989 年上海酝酿住房制度改革。在经过反复研究、反复论证的基础上，1991 年 10 月形成了房改的方案，并全面实施：推行公积金、提租发补贴、配房买债券、买房给优惠、成立房委会。随着房改的不断深化，住房的商品属性逐渐显化，住房市场应运而生。1998 年后全面停止福利分房，促使住房的建设、分配以及日常养护管理全面走向市场，房地产市场迅速发展，住房消费方式和管理模式由计划经济迈向了市场经济。传统烙印最深的、计划经济色彩最浓的房屋管理行业走在了全市各行各业改革的前列。

随着商品房市场逐步发展和成套公有住房的出售，住房的市场份额不断扩大，计划经济体制下的房屋管理方式面临一次又一次的挑战，体制机制在一系列变革中脱胎换骨。

1994年上海房地管理体制改革,市房产管理局、市土地管理局"撤二建一",成立上海市房屋土地管理局,以更大的力度培育和发展房地产市场,加强房地产市场的调控和管理。与此同时,公有房屋经营管理和行政管理实行分离,全面推行物业管理制度,培育物业管理企业,公有住房日常养护等经营管理,纳入物业管理市场。在此背景下,传统的"房管所"体制实施重大改革,转制为"房地办事处"和"物业管理公司",实行政企分开,市级层面成立"上海市公房经营管理办公室",从管产业转变为管资产、管市场、管民生保障。

1995年12月,市政府出台《关于进行盘活工商企业国有房地产试点的实施意见》(沪府发〔1995〕60号),一方面通过房屋和土地资产的注入,扩大一百、华联、友谊、新亚、石油、锦江、仪电等大型国有企业(集团)公司总资产,降低企业资产负债率,加快建立现代企业制度;另一方面改革直管公房经营管理模式,变直接管理为间接管理,将国有房产中非居住用房和居住用房的产权、财权、经营权捆绑在一起(包括了经营性的和非经营性的房屋、包括了质量较好的和质量不好的房屋),授权给区房管部门所属的房地集团经营,将资产增值率、房屋完好率、住房成套率、维修服务优质率作为授权经营后的考核内容。在汹涌的改革浪潮下,催生了区属房地集团的快速发展。实践证明,这一改革举措,不仅激活了各大企业集团的改革发展,培育了市场,更激活了房屋管理自身体制的改革发展,转变了政府的职能,面向市民群众的住房管理水平和服务质量得到了较大的提升。

1996年,市政府批转市房地局等六部门《关于搞好本市房地产二三级市场的若干规定》(沪府发〔1996〕30号),就商品房买卖、房屋租赁、交易税费、抵押贷款等提出了综合性的改革措施,着力于培育发展上海房地产市场;1997年,本市职工所购公有住房可提前上市交换;1999年1月市政府发布《上海市公有住房差价交换试行办法》(沪府发〔1999〕4号),引导租住在不可出售公房的居民通过市场解决住房问题。一系列以市场为取向的改革举措,犹如一缕缕春风和阳光,为初生的区属房地集团注入了发展活力。可以说这一时期,是区属房地集团的初创期。

新黄浦集团于1994年率先成立,随后永业集团、宝房集团、虹房集团、西部集团等相继成立,直到1999年嘉房置业挂牌,全市共成立了15个区属房地集团,覆盖所有中心城区和近郊区。据不完全统计,当时市房屋土地管理局共向14家区属房地集团(新松江除外)和原上房集团(市属房地集团)授权经营直管公房面积近5 000万平方米,约为275亿元(按当时的评估价值)。

区属房地集团的成立，是伴随着土地使用制度改革和住房制度改革的不断深化、是伴随着物业管理的探索兴起和发展成熟，是伴随着公有房屋资产授权经营改革，是伴随着房屋管理体制政企分开体制转换。区属房地集团既是改革开放、房地产市场发展的产物，同时又为促进房地产市场发展、完善市场经济条件下的房屋管理、改善本市住房管理服务质量发挥了重要的作用，作出了重要的贡献，上海房地产发展历史将永远铭记这段难忘的历程。

区属房地集团从成立的那一天起，就承载着满满的社会责任，并且在发展中秉承房管行业“为民、便民、利民”的服务宗旨。当居民遇到急、难、愁问题的时候，是区属房地集团冲在最前沿，为居民挡风遮雨、排忧解难。1999 年，各区属房管集团成立了房屋应急维修中心，为居民百姓提供 24 小时房屋应急维修服务，围绕民生，房管服务机制又一次取得突破和创新。一支支活跃在大街小巷的千人橙色房修队伍，成为“打得进、叫得应、修得好、管得牢”的房屋维修品牌。在这个行业曾涌现出徐虎(西部集团)、王海斌(徐房集团)、蒋华云(南房集团)等一批批家喻户晓的劳动模范和先进人物，被人们亲切地称为 90 年代的活雷锋。“辛苦我一人，方便千万家”曾经激励了一代人。

2000 年后，随着房地产市场的迅速发展，区属房地集团发展有了更宽阔的舞台。

区属房地集团不满足于直管公房授权经营管理，也不满足于以直管公房、售后公房为主体的居住物业管理，主营业务向房地产开发、商业地产经营、城市建设和区域经济发展等领域延伸扩展，在市场竞争中寻求突破与发展。随着房地产市场进入快速发展的轨道，在不断升温的需求推动下，呈现出一拨又一拨商品住房消费热潮。区属房地产集团在此壮大，以开发为主体的多种经营使集团的资产规模、市场份额、运作水平、竞争能力、企业品牌影响力日益提高，有的借壳上市、有的向海外拓展、有的跻身上海房地产 50 强……

但我们也看到部分区属房地集团由此蜕变。在市场竞争中、在利益驱动下，企业经营方向发生了变化，公司股权结构发生了变化，初创时期服务宗旨发生了变化，有的国有企业转制为民营企业，有的主营业务与公房资产授权经营管理脱钩了，有的不再经营直管公房或售后公房等中低端的物业管理。特别是随着企业的转制和错综复杂的客观原因，有的集团直管公房授权经营关系名不副实，保值增值责任难以落实；有的集团重开发轻管理、重市场经营轻民生服务等现象较为突出；有的集团把物业管理视作企业发展的包袱、经营业务的鸡肋，长期处于经营亏损而缺乏机制创新。

(二)

社会在进步,时代在发展,区属房地集团转型发展是新时代要求。再回首是为了再出发、再奋斗、再辉煌。

而今,上海住房已走过高速发展的20年,住房规模、居住条件、消费理念与当年不可同日而语。但是,“进入新时代,我国社会主要矛盾已经转化为人民日益增长的美好生活需要和不平衡不充分的发展之间的矛盾”,住房问题仍然是困扰广大市民群众生活的“堵点”“难点”和“痛点”。区属房地集团如何永立潮头、继续为上海房管事业的发展、为千百万上海市民居住生活造福作出贡献?今天我们论坛的主题就是“传承与创新”。

“加快建立多主体供给、多渠道保障、租购并举的住房制度,让全体人民住有所居。”是十九大确定的方向和目标。根据《上海市住房发展“十三五”规划》,到2020年,要基本形成符合市情、购租并举的住房体系,实现住房总量平稳增长、住房价格总体稳定、住房困难有效缓解、住房结构有所优化、居住条件明显改善、管理能级显著提升的住房发展目标。今后几年的首要任务,将进一步完善“分层次、多渠道、成系统”的住房市场和住房保障两大体系:以政府为主提供基本住房保障,以市场为主满足多样性住房需求,保障和改善市民基本居住条件。

为落实十九大的总体部署和“十三五”住房发展规划所确定的各项任务,去年以来市政府相继发文推出和提出了一系列政策措施与工作要求,区属房地集团的发展将面临新的挑战、新的机遇。

第一,完善租购并举住房市场体系

在房地产市场发展过程中,最先起来的是商品房交易,以新建的、销售型的住房为主,逐渐地存量住房超过了新建住房。但是租赁住房的发展始终没有起来,重销售轻租赁的现象延续至今。造成市场结构不合理有种种原因,其中有税负过重的问题、有供地方式单一的问题,也有消费观念的问题。从当前来讲,租购并举就是要重点发展住房租赁市场,要完善相关政策制度,激发市场活力;要增加租赁住房供应,改善供应结构;要培育市场主体,发展自持租赁经营;要满足市场需求,拓展市场化的长租产品。2017年,市政府办公厅印发《关于加快培育和发展本市住房租赁市场的实施意见》的通知(沪府办〔2017〕49号),引导租赁市场的发展。在培育发展住房租赁市场过程中,区属房管集团有条件、有责任发挥市场的引领作用,并有着得天独厚的优势。

第二，完善“四位一体”住房保障运行机制

“十二五”以来，大力推进住房保障制度建设和保障性安居住房建设，取得了很大的成效。上海住房保障体系的特征是“四位一体”、租购并举，广覆盖、多渠道解决中低收入家庭住房困难问题。“十三五”，住房保障制度还要进一步完善，保障性住房建设、运营要可持续稳步推进，其中很重要的一点是，如何更好地发挥市场机制的作用、发挥国有企业的作用。从目前来看，保障性住房的建设任务依然繁重，供不应求的局面还未根本扭转，同时保障性住房市场化筹措机制还未真正建立。“十三五”，保障性住房新增供应 55 万套是规划预期目标，我们希望区属房管集团能成为保障性住房建设、筹措、运营的稳定器、压舱石。

第三，建立“留改拆并举、以保留保护为主”的旧区改造和旧住房改造机制

上海将在加大历史建筑保留保护的要求下，仍然需要继续加大旧区改造和旧住房改造的力度，以满足人民群众改善居住条件的强烈愿望。在此形势下，保留保护的要求更高了，但改造速度和既定的改造任务不能减，依赖传统的拆除改造为主的方式将不可持续，改造资金将成为更加突出的瓶颈问题，需要通过制度创新、机制创新、方法创新，去破解难题。上海面临的旧区改造和旧住房改造任务十分艰巨，可从四组数据来体会：

一是，据 2015 年底的统计，上海中心城区还有成片二级旧里以下住房 400 万平方米(约 20 万户)，且都是难啃的骨头，这还不包括中心城区零星的和郊区城镇的二级旧里以下住房。“十三五”规划的约束性指标是，改造完成 240 万平方米，也就是每年平均完成 48 万平方米。2016 年和 2017 年分别完成 54 万平方米和 48 万平方米，今年计划完成 40 万平方米，明年后年将面临更大的挑战。

二是，据 2014 年的面上排查，上海存在安全隐患的老旧住房近 1 700 万平方米，其中危险房屋和严重损坏房屋有 320 万平方米，2020 年前要全面完成安全隐患处置工作。

三是，据最近调查摸底，上海大约还有 18 万户居民，还没有用上抽水马桶；另外还有约 16 万户居民是合用卫生设施。为此市委、市政府高度重视，正在抓紧研究制定相应的改造政策和推进措施。

四是，城中村是城市建设和发展中遗留的问题，是脏乱差、外来无业人员的集聚地，是城市管理的痛点，城中村改造被纳入国家棚户区改造任务。据 2014 年不完全调查统计，上海有城中村近 200 个，截至目前已启动城中村改造项目 47 个，涉及既有城中村约三分之一。也就是说，还有 120 多个城中村正等待着改造。

除此之外，上海还有大量的一级旧里、20 世纪五六十年代的老工房需要改造，甚至 70 年代的新工房其房龄也将满 50 年了。既有老旧居住小区普遍存在的居住配套标准偏低、公共空间不足、养老助残设施缺乏、小区停车难等问题，需要逐步改善居住生活环境。在历史建筑保护中，旧区改造和旧住房改造中，区属房管集团应该成为一支中坚力量。

8 月 13 日，市政府举办由各区政府负责人参加的"坚持'留改拆'并举、深化城市有机更新、切实加强历史风貌保护、加快改善市民居住条件"专题培训班，市长应勇作开班动员讲话，要求充分认识做好"留改拆"工作的重要性、紧迫性和艰巨性，要统筹考虑、分类施策、着力推进，既要刻不容缓加大历史风貌保护力度，传承历史文脉，留住城市记忆，又要坚定不移加快推进旧区改造，千方百计改善市民居住条件，全力打好"留改拆"攻坚战。

第四，持续推进住宅小区综合管理，提高物业管理服务水平

在房管领域里，物业管理始终是一个诟病较多的行业。从纵向来看，与 20 年以前相比，物业管理行业取得了很大的发展，管理水平有很大的提高，但物业管理服务质量始终不能满足市民群众日益增长的美好生活需要。一些老的深层次问题还没有根本解决，新的矛盾、新的问题又凸显出来。提高物业管理服务质量，要从社会治理上着眼，要从体制机制上入手，理顺关系、明确定位，同时要发挥区属房管集团生力军的作用。过去三年(2015—2017)已经历了一轮住宅小区综合管理三年行动计划，新一轮的三年行动计划已经拉开帷幕，今年 2 月份，市政府办公厅印发了《上海市住宅小区建设"美丽家园"三年行动计划(2018—2020)》(沪府办发〔2018〕8 号)。提出的主要目标：

一是提升住宅小区运行安全水平，让小区更安全。计划完成各类旧住房修缮改造 3 000 万平方米；开展老旧住房、老旧住宅电梯、高层住宅消防安全隐患排查和处置工作；推进住宅小区安防监控系统改造更新；开展既有住宅小区电动自行车充电设施配建工作。

二是改善住宅小区公共管理秩序，让小区更有序。创建"无违建小区"，开展规范化管理，培育品牌物业服务企业，建立具备专业素养的住宅小区项目经理队伍等。

三是促进住宅小区环境整洁，让小区更干净。基本实现住宅小区垃圾分类，开展雨污分流整治工程和二次供水设施改造，全面推行住宅小区公共区域清洁维护标准等。

事实上，要真正实现这些目标，必须在体制上进一步完善，在机制上进一步

理顺，在制度上要有所突破，实现目标任重道远！

第五，完善居住和非居住全覆盖的房屋管理体制，以及直管公房管理机制

20 世纪 90 年代以来，上海房屋管理体制经历了多次调整。远的不说，就以最近几年为例，2015 年底建管委与房管局合并，2017 年 6 月，新的房管局又成立，反反复复，其目的都是为了加强房屋管理，在苦苦寻找更好的管理模式。新的房管局成立，其中有一点特别强调，就是要加强全市房屋的统一管理，不仅是居住房屋，非居住房屋也要管起来，这是城市安全运行的重要内容之一。新局成立后，我们就此开展了专题的研究，分析了居住房屋和非居房屋不同的管理特点，以及不同用途、不同行业非居房屋管理的主要特征和存在的主要问题，从专业监管和行业管理的角度提出了加强管理的对策措施。同时，旨在加强本市直管公房管理的调研正在不断深化过程中。所有这些，对于区属房管集团，将会承担新的使命、新的任务，特别是在公有房屋授权经营管理和物业管理中如何担当更大的社会责任，需要在实践中探索与深化。

为了进一步加强房屋管理，市委市政府明确提出，区房管集团作为区属功能性国有企业，要以房屋经营服务为主业，回归公益性、强化专业性。2017 年 9 月，市政府颁布了《关于促进本市区属房管集团转型发展的指导意见》，要求各区，按功能性、公共性、专业性的要求健全区属房管集团建制，确保每个区至少要有一个区属国有企业，成为以房屋管理为主营业务的、以接受区政府委托为基本功能的、以承担非营利性公共服务项目为工作要求的房管集团。转型发展的方向将突出六个方面：

一是协同推进住房保障工作。承担保障性住房建设和筹措，公共租赁住房日常运营管理；接受并按规定管理商品房开发项目配建的保障性住房；按要求实施保障性住房物业服务。

二是加强公有房屋管理。做好直管公有房屋授权经营管理，确保公有房屋的安全使用和公房资产的保值增值；公有住房和售后房住宅小区物业服务，协助区房屋管理部门推进住宅小区综合治理。

三是开展租赁住房建设、住房代理经租、住房自持租赁经营、房产中介服务等，在发展机构化、规模化租赁企业，规范房地产中介服务等方面，发挥房屋管理专业性集团的引领作用。

四是接受区政府委托，实施国有土地上房屋征收补偿安置和公共性项目的房屋动迁工作；承接建筑物（构筑物）拆除工程。

五是发挥专业优势，积极参与旧区改造、旧住房综合改造、住房修缮工程，培养房屋修缮技能工匠；拓展居住物业服务、房屋修缮养护等业务，开展市场化房屋维修服务。

六是承担托底保障任务，包括居住房屋或住宅小区应急维修、房屋使用安全排查和应急处置、防汛防台房屋抢险救助、无人管理小区应急托底管理、白蚁防治等。

按照市委、市政府的要求，区属房管集团正在加快转型发展的步伐，并已初见成效。

面对新形势、新要求、新任务，不忘初心，方得始终。“牢记使命，敢于担当”是上海房管人的精神所在，更是区属房管集团的精神所在，让我们共同期待区属房管集团转型发展、更加辉煌的明天！

（作者单位：上海市房屋管理局）

上海物业管理创新转型研究

吴鸿根

改革开放40年，上海物业管理行业从传统的计划经济体制到有中国特色的市场经济体制，从原有房管所模式到提供专业化、社会化、市场化的物业服务，从服务单一的物业管理到多种经营的延伸服务，发生了翻天覆地的变化，在法律法规建设、物业行业发展、企业规模数量、从业人员增加、经营模式拓展、管理服务能力、行业品牌形象等方面取得了突出成绩，为推动上海城市管理、改善人居环境、增加住房消费、解决就业问题、促进经济发展、维护社会稳定做出了重要贡献。本文将在回望上海物业管理行业发展成就的基础上，研究分析制约行业创新转型亟须破解的瓶颈难题，对深化行业改革推动上海物业管理可持续发展作出理性思考。

一、上海物业管理行业在改革开放中兴起

改革开放前，由于受计划经济体制影响，上海房屋管理实行的是集分配、管理、维修等职能于一体的公有住房运作模式。1978年12月，党的十一届三中全会吹响了我国改革开放的号角，上海住房制度和房管体制改革进入快车道，物业管理在改革开放大潮中应运而生，新兴的物业管理行业由此诞生。

（一）学习香港经验，深圳引入物业管理

1980年8月26日，我国改革开放后第一个经济特区在深圳设立。同年8月，深圳首个涉外房地产开发项目——东湖丽苑开建。作为经济特区的深圳，学习借鉴海内外房管经验，第一次从香港引入物业管理，并在新建的东湖丽苑小区实施。1981年3月10日，全国第一家涉外商品房管理专业公司——深圳物业管理公司成立，开创了我国物业管理的先河。1993年6月28日，深圳又在全国率先成立物业管理行业协会，这标志着新兴的物业管理行业的兴起。

（二）适应房改需要，上海推行物业管理

1979年，上海开始酝酿探索住房制度改革，尝试新的住房建设和供应机制。

1985 年 7 月 2 日，上海打破沿袭 33 年的房地合一的行政管理建制，首次将房地产管理局拆分为土地管理局和房产管理局。新组建的房管局改革传统的住房制度，积极开展住房商品化试点，试行公有住房出售，逐步形成了房屋产权的多元化。1988 年 8 月，市政府在黄浦区开展旧公房出售试点。1991 年 5 月，上海正式出台住房制度改革实施方案。

随着住房制度改革的深入，原有房管所模式已很难适应房屋产权多元化的需要，推行专业化、社会化、市场化的物业管理势在必行。1991 年 11 月 23 日，上海第一家沪港合资的安居乐物业公司（古北物业公司前身）成立，从而告别长达近 40 年的行政性、福利性的房管形式，开启全新的物业管理模式。1994 年 12 月 28 日，拥有 112 家会员单位的上海市物业管理行业协会成立。至 1995 年，上海物业服务企业已发展到 867 家，管理房屋建筑面积 6 197 万平方米，占全市房屋总量的 28%。为适应房管体制改革需要，上海有重点、有计划、有步骤地将事业单位的房管所转制为社会化、专业化、企业化的物业公司。1996 年底，全市 150 余家房管所转制为物业公司。

二、上海物业管理行业成长发展成就回顾

改革开放中诞生的上海物业管理行业，得益于上海经济的高速增长。27 年来，上海物业管理行业的法制建设不断加强，市场环境趋于完善，产业规模日益扩大，服务内涵得到拓展，转型升级初见成效，商业经营有所创新，涌现了科瑞、东湖、高地、明华、陆家嘴、古北、浦江、锐翔上房、上实、德律风等一批在全国颇有知名度的物业服务企业。

（一）企业数量增加产业规模扩大

上海物业管理起步比深圳晚了 10 年，但上海物业管理行业借力沪上城市建设和房地产业迅速发展优势，以改革创新推进物业管理转型升级，企业数量明显增加、产业规模不断扩大，走上了企业化、社会化、市场化、规范化、集约化的发展之路。据 2017 年《上海统计年鉴》数据，截至 2016 年，上海共有各类房屋建筑面积 12.77 亿平方米，比 1978 年增加了 11.9 亿平方米。其中居住房屋建筑面积 6.55 亿平方米，比 1978 年增加 6.14 亿平方米；非居住房屋建筑面积 6.22 亿平方米，比 1978 年增加 5.77 亿平方米。《2018 年上海物业管理行业发展报告》显示，全市房屋物业管理覆盖率为 80.3%。其中居住房屋的物业管理覆盖率达到 97.33%，非居住房屋的物业管理覆盖率为 60.94%。2017 年，全市共有物业服务企业 3 529 家，比 2014 年增加 899 家，比 1995 年增加 2 662 家；从业人员数量

达到 87.55 万，其中在编人数 59.57 万，比 2014 年增加 18.54 万。上海浦江物业公司、上海锐翔上房物业公司分别在香港证券交易所和深圳证券交易所新三板上市，锐翔上房、东湖物业公司跻身全国物业服务企业前 20 名。

（二）非居大幅上升，物管水平提高

改革开放 40 年来，上海非居住物业总量大幅提升，在行业转型发展中占据举足轻重的地位。2017 年《上海统计年鉴》资料表明，至 2016 年底，全市商业、办公、园区、公众、学校、医院等非居住房屋建筑面积达到 6.22 亿平方米，占沪上房屋建筑面积的 48.71%，比 1978 年增加 5.77 亿平方米。随着非居住物业的快速发展，上海从事非居物业管理的企业数量增加，产业规模日渐扩大。据《2018 年上海物业管理行业发展报告》统计，全市由物业服务企业管理的非居住房屋建筑面积比 2014 年增加 4 800 万平方米，科瑞、高地、明华、锐翔上房等物业服务企业管辖的非居房屋建筑面积逾 70%。

上海非居住物业总量的增加，对物业管理提出了更高要求。东湖、科瑞、高地、明华、锐翔上房等物业服务企业，借助参与上海世博会场馆管理，培养造就了经营管理能力较强、专业技术较为过硬、综合业务素质较好的团队；学习借鉴海内外物业企业的先进经验和成熟做法，向专业化、多元化、定制化和智能化方向发展；拓展物业服务内涵，探索多种经营模式，延伸非居产业链条，优化结构提质增效，盈利能力稳步提高，非居住产业市场占有率、行业品牌社会知名度和创新转型能力逐年增强。

（三）拓展服务内涵，改善居住质量

上海物业管理行业延续优良传统，传承行业精神，承载社会责任，秉承“为民、便民、利民”的服务宗旨，实施住宅小区综合治理三年行动计划，开展诚信承诺企业创建，组织物业服务质量提升年活动，开展劳动竞赛和技能比武，评选最美物业人，引导物业人员提高服务技能，注重服务品质提升，改善居民居住质量，全力破解公共安全、居住环境、房屋维修等急、难、愁问题，物业服务满意度明显提高。据《2018 年上海物业管理行业发展报告》统计，全行业已有诚信承诺企业 794 家，占会员企业的 54.12%，其中三星级诚信承诺企业 187 家，占会员企业的 12.75%。全市住宅小区物业满意度为 75.86 分。

上海物业管理行业加强高素质物业维修队伍建设，分布在各区房管集团所属房屋维修应急中心的 1 000 多名维修人员，为住户提供 24 小时房屋应急维修服务，树立了“打得进、叫得应、修得好、管得牢”的房屋维修品牌。永业集团还成立了上海首家社区综合抢险和管理平台——黄浦区卢湾（房屋）应急管理中心，利用公房应急处置平台，整合房屋、市政、绿化等应急抢险力量，构建全覆盖、全过程、全天候、智能化、标准化、高效化的应急管理指挥中心。据统计，2017 年，上海 962121 物业服务热线共受理各类诉求 157.49 万件，其中物业报修、投诉件数比上年分别减少 14％、44％。

(四) 寻求创新突破，促进服务转型

上海物业管理行业立足遍布全市的 1.2 万个住宅小区，从满足居民需求出发，利用社区资源，寻找商业机会，拓展物业服务，创建经营模式，力促传统服务业向现代服务业转化。

上海物业管理行业在寻求创新突破、促进服务转型中，科瑞、万科、锐翔上房、上实、仙霞等物业服务企业，尝试开展延伸服务、跨界经营，助推物业服务与"互联网＋"融合，创建了一批新的社区商业运作平台，努力为居民营造安全、舒适、便利的现代化、智慧化的生活环境。上海万科物业公司加强社区资源整合与经营性业务拓展，开展幸福驿站建设，开办"第五食堂""万物仓"等业务。上海锐翔上房物业公司联合有关物业企业，签订互联网社区生活服务合作协议，共同探索新的社区生活服务方式。仙霞物业公司开发的"慧生活"物业服务平台，集"智慧型互联、管家式体验、互动性平台"于一体，通过平台展示与输出，积极打造居家养老、家政服务等新业务，为居民呈现新型智慧社区版图。

(五) 经营收入递增，行业利润增长

上海物业管理行业在做好基础服务的同时，试行新的社区商业经营模式，将业务延伸至居家养老、家政服务、设施管理、房屋经租等产业，并拓展多元经营渠道，开展资产管理、经营等衍生服务，全行业经营收入稳步增长，经济利润大幅提升。2016 年，东湖、陆家嘴、德律风、科瑞、上实等 13 家物业服务企业的营业收入超过 5 亿元，东湖物业公司利润总额突破亿元。据《2018 年上海物业管理行业发展报告》统计，2017 年，全行业营业收入为 909 亿元，同比增加 4.6％，占上海 GDP 总量的 3.02％，比 2014 年增加 0.51 个百分点。营业收入比 2014 年增加 317.65 亿元，增幅达到 53.72％；利润总额为 73.67 亿元，占营业收入的 8.1％，比 2014 年增加 60.13 亿元，增幅达到 444.09％；实现净利润 55.3 亿元。据上海物业管理行业协会对 238 家企业的抽样调查，2016 年纳税总额为 12.67 亿元，占营业收入的 6.36％。

(六) 培育物业人才，造就专业团队

上海物业管理行业的发展对人才培养提出了更高要求。科瑞、东湖、高地、明华、陆家嘴、古北、浦江、锐翔上房、上实等知名企业，在人才培养和储备方面独辟蹊径，一批适应行业发展需要的中青年经营管理、工程技术和高技能人才脱颖而出。据《2018 年上海物业管理行业发展报告》分析，至 2017 年底，全行业 59.57 万名在编人员平均年龄为 42.6 岁，同比下降 1.4 岁。其中 40 岁以下人员占到 38.33%，大专以上文化程度人数超过 18%，比 2014 年增加 4.4 个百分点；中高级职称人数占 3.46%，其中高级职称人数达 270 名，比 2014 年增加 83 名；高级工、技师、高级技师占 0.39%，其中技师、高级技师 280 名，比 2014 年增加 80 名。

三、上海物业管理行业转型发展难点研究

上海物业管理行业在快速发展的同时，累积问题日益凸显，矛盾纠纷增多，行业发展所依赖的法制建设、社会舆论、市场经济、行业合作、企业经营等环境尚不完善，与政府和居民的期望还有距离。

（一）行业持续发展缺乏战略思考

改革开放给上海物业管理行业的发展带来了生机。27 年来，上海物业管理行业在创新体制机制、经营模式、管理方法、服务方式等方面积累了不少经验，经济社会效益显著。但在行业长远发展、法律体系构建、社区商业经营、管理服务升级、人才梯队培养等方面，尚有一些亟待破解的难题：如何深化行业改革，突破原有体制机制障碍，加速物业管理市场化进程；探索和创新管理服务模式，推动物业管理行业转型升级；整合行业优势资源，增强企业综合竞争能力，拓展海外物业管理市场，力保行业盈利水平持续提升；优化现有人才培养机制，建立适应行业可持续发展需要的人才培养机制。要从根本上解决这些难题，应加快制定行业发展规划，从战略高度确立行业发展定位和目标，为上海物业管理行业创新转型和持续发展提供强大动力和战略支撑。

（二）法律法规体系尚待健全完善

改革开放以来，与物业管理行业相关的《物权法》《物业管理条例》《上海市居住物业管理条例》等法律法规陆续颁布，加快了行业法律法规体系建设步伐。当然，物业管理行业法制建设滞后于行业发展，物业管理法律法规体系尚不完善，也是不争的事实。以非居住物业为例，由非居住房屋管理引发的矛盾呈上升趋势，而我国目前还没有一部适用非居住物业管理的法律法规。非居住物业管理中遇到的新问题和新矛盾，物业服务企业只能参照居住物业管理法规解决，因而针对性不强，难以得到彻底解决。另外，面对保障性住房物业管理出现的矛盾和纠纷，因《物权法》《物业管理条例》《上海市居住物业管理条例》等现有法律法规

很少涉及，物业服务企业只能套用直管售后公房或商品房管理办法。由于缺少法律法规体系支撑，导致物业管理与法律法规之间的不相适应，加上法律、法规与司法解释之间的不配套，可操作性较弱，无法为行业发展提供法律保障。

（三）企业规模不大，发展空间受限

上海物业服务企业数量不少，但总体规模偏小，一些企业各自为政，专做自己擅长的物业，企业形不成规模，能跻身全国前20名的企业不多。据中国物业管理协会《2015年物业管理行业发展报告》统计，在全国综合实力前20名企业中，上海仅有锐翔上房和东湖物业公司入选且排名垫底，数量落后广东（10家）、北京（3家）。上海在全国影响力较大的物业服务企业也是屈指可数。正因为上海企业规模不大，在全国的影响力有限，使得沪上物业服务企业的品牌效应不足，市场拓展能力不强，较难同行业内的标杆企业竞争，发展空间受到限制。

（四）运营成本增加，面临生存压力

受宏观经济形势影响，上海物业管理行业的经营成本不断增加，全行业平均利润率增长缓慢，部分物业服务企业经营出现亏损，面临着严峻的生存压力。

上海职工最低月工资从1993年的210元调至2018年的2 420元，致使人工成本居高不下。调查显示，全行业主营收入中的人工成本占到七成左右。以浦东一家物业服务企业为例，该企业现有保洁保安人员194名。由于上海职工最低工资调整，公司多支出从业人员工资46.56万元，社保缴纳基数增加了55万元。两者相加，公司全年多负担费用101.56万元。还不包括春节、国庆等国定假日及汛期加班、高温补贴等费用，令这家经营较为困难的企业举步维艰。

企业人工成本递增、运营费用不断上升，而物业收费却偏离市场，维持在较低的价格水平上，与企业服务成本变动不挂钩，未形成良性有序的价格机制。抽样调查显示，参与调查的95家物业服务企业，全年经营成本40.86亿元，占企业经营收入的88.31%，而人工成本又占总成本的69.1%。2017年，上海物业管理行业从业人员工资收入虽有提高，但平均月薪仅为3 898元。月收入低于3 000元的从业人员占35.54%。本市一房管集团近三年来有20多名业务骨干因物业服务企业收入偏低而跳槽。

物业企业经营困难，从业人员收入偏低，业务骨干流失严重。据上海市物业管理行业协会统计，沪上物业管理行业从业人员流动率高达22%。业务骨干辞职致使服务质量下降，住户以服务不到位而拒绝缴费，造成物业费收缴率逐年下降。全市物业费平均收缴率不足八成，不少物业服务企业生存压力较大。

（五）市场经营、社会管理难以结合

改革开放40年，上海已初步建立与市场经济相适应的物业管理体制。但部分物业服务企业由房管所转制而来，从业人员受行政性、福利性管理模式影响较深，市场竞争和服务意识淡薄，固守着传统的经营理念和管理方式，缺乏生存危机感和创新动力。

探索住宅小区物业管理与市场化经营融合，走出一条社会管理市场经营结合的物业管理新路，这是行业转型升级迫切需要解决的问题。要破解物业服务和市场经营难题，只有解决物业服务和市场经营矛盾，通过物业市场招标、政府购买服务成果、开展物业延伸服务等多种形式，倒逼物业服务企业转变经营方式，逐步走向市场。如果光靠调整收费、财政补贴、减免税收，会使物业服务企业和从业人员缺乏市场竞争意识，经营服务观念淡薄，无法扭转企业经营亏损窘境。

（六）人员趋于老化，业务骨干不足

上海市物业管理行业从业人员平均年龄，由2016年的44岁下降至2017年的42.6岁，但总体趋于老化。《2018年上海市物业管理行业发展报告》显示，30岁以下的从业人员仅占16.96%，50岁以上的从业人员则占到35.44%。业务骨干不足也是制约行业创新发展的难题之一。统计表明，在编的从业人员中，初中以下文化程度占了52.1%，大专以上文化程度仅占15.6%；具有初级以上职称的从业人员占比7.9%，其中中高级职称人数分别占3.42%和0.05%；初级以上技工仅占4.07%，中级技工占0.8%；高级工、技师、高级技师仅占0.39%。整个行业具有高级职称、技师、高级技师的从业人员仅为550名。从业人员趋于老化、业务骨干严重不足，高层次人才匮乏，特别是支撑行业转型发展的创新型人才更是稀缺。

四、对上海物业管理行业创新转型的再思考

习近平总书记指出，要总结经验，乘势而上，在新起点上推动改革开放实现新突破。改革开放让新兴的物业管理行业从无到有、从小到大，不断成长。尽管行业发展势头良好，但劳动密集型的性质决定了企业经营和盈利空间狭窄，限制了行业向更高层次发展。因此，要以改革开放40年为契机，深化上海物业管理行业改革发展，力促上海物业管理行业由传统服务业向现代服务业转型。

（一）深化行业改革加快转型发展

面对进一步深化改革开放的大背景，上海物业管理行业要认真总结27年的

发展经验，深度思考物业管理行业改革创新、转型发展的重大意义，规划行业未来5年战略目标和发展定位，在法律体系建设、企业规模扩张、物业延伸服务、创新商业模式、试行跨界经营、实施集成管理等方面寻求突破；以改革精神和创新意识，拓展物业管理思路，探寻新的经营机制和发展模式，促进物业管理行业的转型升级；找寻社区潜在商机，推进物业管理延伸服务，为行业转型发展培育新的经济增长点，建立适合行业创新转型的经营机制；把握新型城镇化建设和上海新一轮发展带来的机遇，坚持产业经营、资产经营、品牌经营相结合，整合现有物业服务企业的运行机制、组织架构、资源配置，力推传统物业管理向现代服务业升级。

（二）加强法制建设构建法律体系

上海物业管理行业的创新转型，必须要有健全的法律体系作保证。要根据行业发展需要，借鉴新加坡、中国香港等城市的经验和做法，加强物业管理法制建设，建立系统而又科学的法律法规体系，为物业管理行业可持续发展营造良好的法制环境。要全面总结《中华人民共和国物权法》《物业管理条例》施行过程中的成效和不足，开展立法前期调研，听取各方意见，尽快启动《物业管理法》的制定；修订《中华人民共和国物权法》《物业管理条例》《上海市居住物业管理条例》等与行业发展相适应的法律法规，充实保障性住房物业管理、非居住物业管理等方面的内容，完善住宅小区停车收费等相关条款；出台一批与行业持续发展配套的政策，健全完善物业管理法律、法规和政策，构建物业管理法律体系。

（三）实施品牌战略探索资本运作

上海国际金融中心建设给物业管理行业的持续发展带来新的机遇。上海物业管理行业要扬自身之长，整合内外资源，调整产业结构，参与市场竞争；实施品牌战略，汲取海内外知名物业企业的服务理念和成功经验，努力培育2—3家在国内有较大影响的物业服务品牌，创建有上海地域特征、海派管理特色的物业服务品牌；推行物业走出去战略，优化行业资源配置，启动科瑞、东湖、高地、明华、陆家嘴、古北、浦江、锐翔上房、上实等龙头企业联手组建松散型物业集团的可行性研究，扩大企业规模，探索资本运作，形成集约化、规模化、专业化运营模式，将拓展目标瞄准海外物业市场；实行引进来策略，从新加坡、中国香港、深圳等海内外城市的标杆物业企业中，寻找合适的业务合作伙伴，通过借“船”借“脑”等多种形式，提高上海物业管理行业的品牌影响力，力争未来5年有1—2家企业进入资本市场、2—3家企业跻身全国前10强。

（四）立足社区资源，延伸物业服务

上海市物业管理行业要在积极创新服务方式，总结推广延伸服务经验的基础上，以满足社区居民需求为出发点，推出内容更丰富、形式更多样、更贴近住户的物业增值服务，塑造物业延伸服务专业、可信的品牌形象。要针对社区老年居民多的特点，发挥优势，融入社区，依托街镇，聚合分散在小区的保修、保安、保洁、保绿、家政、医疗、文化、教育等资源，以政府和个人购买服务成果的形式，参与居家养老服务，为社区居民提供房屋修理、小家电维修、生活护理、家政清洁、餐饮配送、精神慰藉等服务，打造"家庭式"居家养老服务模式；代行小区费用收缴职能，实现社区公共费用收缴电子化、连锁化、联盟化、集成化；试行房屋代理经租和经纪业务服务，给居民买卖租赁房屋提供政策咨询、贷款抵押、办理手续等服务；推行多种经营服务。与有线电视、网络通信等部门合作，对物业企业的维修电工开展业务培训，授权物业企业实行小区 24 小时应急维修；借力智慧城市建设，用大数据将相邻或附近小区的停车场地资源，串联成大的停车区域，通过智能化实施停车管理；建立社区电子商务平台，尝试在小区放置自动售货机、银行柜员机，引入农业合作社进小区销售平价新鲜蔬菜，设立实体或网络微型家用品超市，创新社区商业经营模式，以破解小区物业服务成本收不抵支难题。

（五）改变经营方式，创新社区商业

要利用物业服务企业熟悉社区住户的优势，整合住宅小区设施设备维护、相关供应商渠道、楼道广告推广等资源，打通社区物业服务产业链条，产生聚合效应和规模效应，构筑新型物业服务生态圈；创新物业管理理念，实现网络技术和物业服务信息资源深度融合，贯通线上线下客户需求服务链，借助互联网为居民推出居家养老、社区医疗、家装维修、教育培训、文化旅游等新的便民服务项目，构建既满足居民需求、又适应市场需要的社区商业服务模式，增强物业服务企业的盈利能力。

（六）实施英才计划，优化队伍结构

要全力推进行业人才队伍建设，实施"5＋5"英才培育计划，优化人才队伍结构。未来 5 年内，上海物业管理行业要根据转型发展需要，选拔 500 名优秀的中青年经营管理人员和技术骨干，参加创新专题培训、组织港深交流学习、聘请专家导师带教、分赴标杆企业挂职；依托同济大学、华东师范大学、上海财经大学、上海师范大学等高校，举办物业人员高级研修班，培养 500 名行业急需的高级项目经理、商业经营、"互联网＋"等紧缺人才；社会引进、行业自培相结合，培育

500 名熟悉市场、擅长经营、有一定创新精神的中青年后备人才；以翁国强物业管理、刘玉华电梯技能等大师工作室为基地，培养孵化 500 名具有工匠精神的高素质技能人才；走进同济大学、华东师范大学等重点高校，选聘储备 500 名优秀应届毕业生，加紧建设一支数量适度、结构合理、素质较高的物业管理团队，为上海物业管理行业的转型发展提供人才支撑。

（作者单位：浦东房地产集团）

深化我国住房公积金制度改革的思考

沈正超

1991年5月，上海市人大常委会通过了“建立公积金、提租发补贴、配房买债券、买房给优惠、建立房委会”五位一体的房改方案。方案借鉴新加坡中央公积金制度经验，提出建立住房公积金制度，为上海以及后来全国深化城镇住房制度改革提供了全新的思路。

1994年，国务院在总结上海等部分城市经验的基础上，充分肯定了住房公积金制度在筹措建房资金、推动城市住房建设发展和促进住房分配机制转换中的重要作用，出台了《关于深化城镇住房制度改革的决定》并决定在全国推行。1999年，国务院颁布《住房公积金管理条例》将住房公积金制度纳入了法制化轨道。至此，住房公积金制度在改革中不断完善。

一、住房公积金制度的历史贡献

我国的住房公积金制度是国际经验和中国国情相结合的制度创新。二十多年来，为推进我国城镇住房制度改革，促进市民住房条件的改善做出了历史性贡献。

（一）建立了由国家、单位和个人共同分担的住房货币化分配和建房筹资新机制

住房制度改革的目标是要实现住房资源配置由行政向市场、由实物向货币的转变。住房公积金制度的建立，打破了长期以来住房由国家和单位统包的格局，通过国家支持一部分、单位补贴一部分、个人合理负担一部分，形成三位一体共同分担的货币化分配和建房筹资新机制，为城市住房建设开辟了新的筹资渠道。据有关资料，截至1999年，全国共发放住宅建设贷款1 500亿元，建成住房3亿多平方米，有效解决了城市解困建房筹资困难的问题。

（二）建立了以提高个人支付能力为目的的住房资金积累机制，为住房消费者奠定了物质基础

住房制度改革前，职工的工资收入中没有住房含量。公积金制度建立以后，

以住房工资形式建立个人账户，专项储蓄，定向使用，日积月累，增强了职工家庭住房消费能力。以上海为例，1994—1998年，在公有住房出售时，全市180万个购买公有住房的家庭中，有三分之二约120万个家庭使用了住房公积金。住房公积金成为当时职工购买自住公有住房的主要支付手段，为日后住房市场的发展奠定了基础。

（三）政策性住房金融带动和促进了我国住房金融服务业的发展

住房公积金制度的建立，开创了我国个人购房贷款的先河。据有关资料，上海于1992年5月发放了全国第一笔住房公积金个人购房贷款，以后，个贷规模不断扩大，并带动了商业银行个人购房贷款业务的发展。据有关资料，截至2014年6月底，全国累计发放公积金个人住房贷款3.89万亿元，全国各商业银行个人住房贷款规模更达到15.6万亿元。

二、住房公积金制度存在的问题

近年来，随着我国社会经济快速发展，住房公积金制度逐步暴露出不少问题，面临严峻挑战。

（一）缴存覆盖面小

国务院《住房公积金管理条例》规定，住房公积金指由国家机关、国有企业、城镇企业、外商投资企业、城镇私营企业及其在职职工缴存的长期住房储金。事实上，目前各地公积金主要由国家机关、事业单位、国有企业职工缴存，绝大多数非公企业没有建立公积金制度。据有关资料，截至2014年6月底全国公积金缴存人数1.07亿人，相比养老保险人数少1.4亿人，实际未交公积金的职工人数可能更多，缴存覆盖面不足百分之五十。

（二）提取使用政策限制过严，公平性较差

《住房公积金管理条例》规定，购买、建造、翻修、大修自住住房等六类情况可以提取使用住房公积金，但实际执行中，除离退休提取政策比较刚性之外，其余各项提取政策限制都比较严格。对于无力购买住房的低收入职工，长期缴存无法使用。相反，收入较高的职工通过购房享受公积金贷款优惠，存在“穷帮富”的不合理现象。

（三）资金管理分散，风险高、效率低，贬值问题突出

由于我国公积金资金以城市为单位自行管理、独立运作，所以东部地区城市使用率较高，流动性紧张；中西部城市使用率较低，流动性过剩。调查统计，截至2014年9月，全国公积金缴存余额35 781亿元，个贷余额24 561亿元，结余资

金 11 220 亿元。这些资金全部以普通存款形式存于商业银行，其利率比同期 CPI 低约 2 个百分点，资金贬值问题突出。

（四）增值受益分配错位

公积金增值收益主要产生于存、贷款利息收入。按照《物权法》，由公积金运作产生的增值收入应属于交存职工。但按国家财政部门的规定，增值收益除提留公积金贷款风险准备金和公积金中心管理费外，其余作为“城市廉租房建设补充资金”上缴财政，导致增值收益分配错位，缴存职工利益受损。

除此之外，住房公积金制度运行还存在一系列体制、机制、行政执法和监管等方面的问题，需要通过深化改革加以解决。

三、深化我国住房公积金制度改革的思考

《关于全面深化改革若干重大问题的决定》指出：“健全符合国情的住房保障和供应体系，建立公开规范的住房公积金制度，改进住房公积金提取、使用、监管机制。”这为深化住房公积金制度改革指明了方向。

（一）站在新时期我国经济发展的高点，明确深化住房公积金制度改革的目标和任务

到 2020 年全面建成小康社会的目标，开启了我国经济社会发展新的历史时期。必须看到，改革开放 40 年来，我国城镇住房制度改革取得了巨大成就，市民的居住条件有了很大改善。但是，随着新型城镇化进程的加快，城市居住又面临了新的问题和矛盾。李克强总理在十二届全国人大二次会议政府工作报告中提出，新型城镇化要解决好进城常住农业转移人口的住房问题、城镇棚户区和城中村改造、中西部地区就近城镇化等“三个一亿人”的问题。这些问题的解决，既有利于社会稳定，也有利于形成新的住房消费增长点，稳定城市中长期住房需求，促进房地产市场的健康发展，进而带动整个社会经济发展，意义十分重大。

按照《关于全面深化改革若干重大问题的决定》要求，我们认为，深化住房公积金制度改革应以培育和提高住房消费能力、加快新型城镇化进程、促进房地产市场健康发展，促进缴存职工住房条件的改善为目标。按照这一目标，深化公积金制度改革的主要任务是创新改革完善住房公积金管理体制、机制，完善住房公积金缴存、提取、使用和收益分配政策，完善立法，强化社会监督，建立适应我国社会经济发展的公开规范的住房公积金制度。

（二）努力创新住房公积金管理模式，建立全国统一的公积金运行机制

深化住房公积金制度改革必须打破城市藩篱，逐步建立全国统一的住房公

积金运行机制。

一是建立基于全国公积金联网系统的个人缴存转移机制。目前以城市为主体的独立运作模式，固化了城市职工就业的流动，不符合未来城市用工制度的改革方向。必须加快建立全国公积金联网系统，在此基础上建立职工缴存转移接续机制。职工就业、生活在不同城市，其公积金缴存关系也应随之转移。

二是建立缴存职工跨城市住房消费支持机制。职工就业在不同城市间流动、就业与户籍分离是今后职工生活的常态，必然带来跨城市住房消费的新常态。住房公积金使用制度改革必须适应这一新常态。城市职工公积金缴存转移机制的建立，为职工跨城市住房消费支持机制的建立奠定了基础。一旦这一机制建立并运作起来，将推动职工账户资金的跨城市流动，为职工在就业或居住城市解决居住困难提供有效的资金支持。

三是建立全国公积金资金余缺调节机制。当前各地公积金资金运作中存在的流动性风险，应通过建立全国性的资金余缺调节机制加以克服。阶段性资金流动性紧张的城市可以通过市场化原则向流动性过剩的城市有偿调剂，达到全国公积金系统内部的资金平衡。鉴于全国性资金调节机制建设的复杂性，笔者认为，可以分步实施，先在省际城市间调节，条件成熟后再实现全国性的调剂。

四是建立个人损失补偿机制。现行公积金制度设计的一大缺陷是个人损失补偿机制缺失。由于公积金低存低贷的利率机制，低收入缴存职工因无法使用个人账户资金直至退休提取造成存款贬值的损失，应通过补偿机制予以弥补。弥补方式可以是调整账户存款利率，也可以是退休提取时按存款期国家利率调整情况一次性给予补偿。损失补偿机制的建立将大幅度减少缴存职工，特别是长期无法使用公积金的职工对公积金制度的质疑，从而提高职工缴存公积金的积极性。

（三）改革住房公积金管理体制，保障机制顺畅运行

总结二十多年来公积金制度运行的经验和教训，应从以下方面进一步改革公积金管理体制。

一是按照管运分离、权责明晰的原则，建立全国统一的公积金管理新体制。打破传统的条块分割各自为政的管理体制，是公积金体制改革的必由之路。笔者认为，应按照管运分离、权责明晰的原则建立全国统一的公积金管理体制。国家机构的主要职责应是负责制订全国住房公积金中长期发展规划；制订贯彻落实《住房公积金管理条例》的重大政策、制度；建立全国住房公积金管理信息系统，定期发布全国公积金管理信息；指导、调节各地公积金结余资金的运作；加强

对地方公积金管理的监督。各省（自治区、直辖市）设立公积金管理分支机构，负责辖区内公积金中长期规划和年度计划的制订、实施，组织指导各城市公积金管理和运作；集中统管各城市公积金结余资金。各城市公积金管理中心负责住房公积金归集、提取、使用的日常管理。

二是完善管委会决策机制，提高城市公积金中心专业管理水平。住房公积金管委会是城市公积金管理的决策机构，对城市住房公积金制度功能的发挥起决定性作用。应大力改进管委会决策方式，强化决策科学性；要建立决策前期的考察、调研、听证机制，增强决策透明度和有效性。要切实改变目前各地公积金管理中心专业管理粗放的现状，提高金融管理水平。从公积金中心的主要领导、部门负责人直至主要业务管理人员要定期进行专业培训和考核，提高专业管理能力。

三是建立公积金专业化、社会化监管体系，强化监督。公积金行业是一个资金密集、政策性强、廉政风险高发的行业，必须充分发挥社会化、专业化监管的作用，形成社会监督、行业监控、专业监管相结合的监管体系。国家、地方公积金管理部门应定期公开公积金管理、运行的信息，建立统一的资金监管系统，全程实时监控全国公积金资金运行。必要时，可以组建专职督察队伍，加强督查，及时发现和查处违法违规行为。

（四）进一步完善公积金缴存、提取、使用政策，更好地发挥公积金制度功能作用

一是进一步明确住房公积金的缴存范围，改变目前不少城市按职工户籍缴存公积金的状况，努力扩大公积金缴存覆盖面。所有城镇单位及其职工，不论其户籍情况如何，都应纳入住房公积金缴交范围。特别要解决好进城务工、长期在城市居住职工和非公企业职工的公积金缴交问题。有稳定收入来源的个体工商户、自由职业者也可以个人缴存。鉴于当前我国处于经济转型期，企业经营压力较大，应当允许困难的企业适当降低缴存比例或缓缴，待企业经营状况改善后再予以补缴。

党的十八大提出的关于农村土地改革和新农村建设的创新思路，为住房公积金制度发展提出了一个全新的命题。今后，随着我国农村土地经济和农业现代化的发展，特别是城乡一体化的发展，农民住宅问题需要走出一条全新的道路。笔者认为，要积极研究探索有稳定经济收入的农民缴存住房公积金的问题，若干年以后，住房公积金制度也成为我国农村住房保障制度的一个重要组成部分。

二是放宽公积金提取使用政策，支持住房消费。逐步放宽公积金提取使用政策，是公积金制度深化改革的大趋势。放宽提取使用政策，要坚持“放有度”的原则。所谓“度”，包括两个方面，一是政策的“度”。公积金是一项政策性金融制度，政策性金融的本质是对弱势群体的支持。因此，设计政策的“度”应向消费能力弱的缴存职工倾斜，使他们通过提取使用公积金增强住房消费能力，同时，通过“度”的把握使公积金制度的公平性得以体现。二是资金的“度”。公积金的“提取使用”是一个集合概念，既包括销户提取，又包括租赁提取、物业服务费提取、买房还款提取等。每一种提取政策的设计都有其价值取向，不能偏废。把握资金的“度”就是要使各类使用政策在公积金资金盘子许可的前提下得到较合理的安排，从而使不同收入的缴存职工都可以通过公积金使用政策，实现他们改善住房条件的梦。

三是坚持差别化个贷政策。发放个人购房贷款是公积金最重要的制度安排之一，必须长期坚持，不断完善。完善公积金个贷政策应始终坚持“差别化”政策特点。笔者认为，“差别化”应体现在三个方面：一是利率的差别化；二是首付比例的差别化；三是个贷最高额度的差别化。坚持差别化个贷政策，各地可视本地区职工基本住房状况、房地产市场需求和房价水平、城市公积金资金状况等实际情况，实事求是，灵活调整。坚持差别化个贷政策，有利于将有限的公积金资金用于支持自住和改善为目的的购房，真正发挥公积金“保基本、促改善”的功能特点。

四是创新公积金投融资功能，更好地发挥资金效益。通过深化改革，赋予住房公积金必要的投融资功能，是住房公积金制度创新的重要选择。住房公积金作为一项法定的强制性缴存的住房储金，具有来源稳定、归集量大、筹资成本低的特点。长期来，由于政策的限制，公积金除提取和发放贷款外，不能进行其他投融资活动，造成流动性过剩，资金闲置，资金使用效率和效益低下。完善公积金使用制度，必须赋予住房公积金参与保障性住房建设的投融资功能，充分利用公积金结余资金或增值资金，以直接投资或贷款融资方式支持保障性住房建设，达到扩大使用、提高效率、保值增值和促进城市保障性住房建设的目的。

老龄化，是我国城市化发展中面临的新问题。住房公积金应利用自身强大的筹资功能，探索将部分资金用于养老事业，发挥公积金在解决退休职工养老问题中新的历史贡献。笔者的构思是，有养老需求意愿的职工退休时继续保留公积金账户内的存款。公积金管理机构负责以不低于银行同期利率为职工保值增值。公积金管理机构按市政府养老发展规划，以积累的资金投资一定规模的养老资产。投资方式可以是直接投资养老地产，建成后委托专业机构管理运营，也可以投资政府定向发放的养老地产建设债券。退休职工达到一定年龄后有权申请，优先获得养老床位，并以其账户资金转移支付养老费用。公积金投资养老事业不以赢利为目的，但参照市场化管理方式进行运作，政府给予必要的政策扶持。

（五）加快《住房公积金条例》修订，为深化改革提供法治保障

国务院《住房公积金条例》1999 年颁布，2002 年进行了修订。十多年来，随着我国社会经济的发展，修订的立法背景发生了深刻的变化。现在修订应当吸收近年来全国对《住房公积金条例》修订的研究成果，应着重考虑以下几个方面：一是重新定位住房公积金制度的功能。要完善现行单纯把住房公积金作为"长期住房储金"的功能定位，由"储"变"用"，使之成为解决职工基本住房问题的保障资金。二是按照十八届三中全会《决定》要求，要在公积金管理的机制、体制上寻求创新和突破，以适应今后十年、二十年我国社会经济发展的需要。三是要加大完善政策力度，在归集、提取、使用等方面，要充分考虑未来城市职工住房消费的新形式、新需求，未雨绸缪，为公积金制度发展预设必要的法规空间。四是要加大执法力度，特别是要加大对缴存公积金的强制性力度和对违法提取使用公积金的处罚力度。五是要加大防腐倡廉的力度，特别是要加大对利用公积金寻租现象的管制和打击力度，真正把权力关进制度的笼子，确保住房公积金安全、健康、平稳运行。

（作者单位：上海市房产经济学会）

中国房地产业快速发展的驱动因素与可持续性研究

张永岳　胡金星

一、引言

自1978年改革开放以来，中国国内生产总值(GDP)持续40年以年均增长百分之十以上的速度增长，由1978年的3 645亿元持续快速增长到2017年的827 120亿元，并于2010年超过日本，成为世界第二大经济体。中国经济发展取得的成就被国内外学者称为“中国经济奇迹”(林毅夫，1999，2012；伊拉里奥诺夫，1999；江远山、郝宇青，2018)。这与中国房地产业复苏与快速发展有着密切的联系。统计资料显示，两者基本保持着同样的发展路径，而且房地产业呈现更为快速的发展速度。如图1，以房地产总投资为例，1986年完成房地产投资额仅为101亿元，而2017年完成房地产投资额已达到109 798.53亿元(右轴)，年均增长速度为25.30%，远超GDP的年均增长速度。

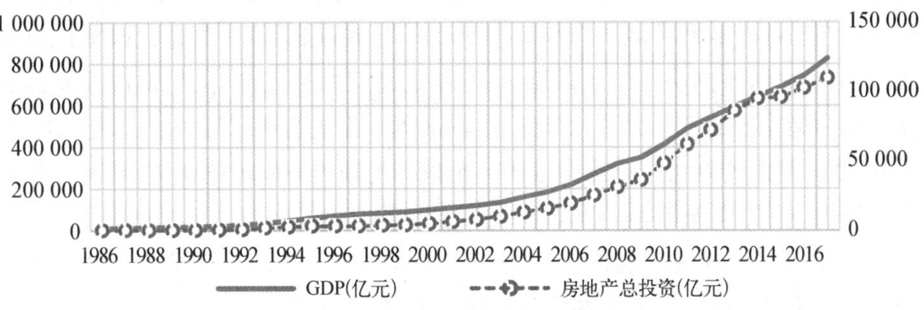

图1　1986年以来中国GDP与房地产投资额

在短短40年内，我国房地产业从无到有，从小到大，取得了快速持续的发展，其作用之全面，影响之深远，可被视为是中国及全球房地产业发展史中的一个奇迹。那么，这个奇迹是如何实现的？其动力机制是什么？随着我国经济进入新常态发展阶段、住房主要矛盾的变化以及由美国挑起的贸易战等内外部环境的巨大变化，我国房地产业发展能否延续？

从已有研究成果来看，有关房地产业发展的研究主要集中在房地产业对宏观经济的影响（杨朝军等，2006；满向昱等，2017），少数学者讨论了我国房地产业健康发展的影响因素与动力。如张永岳（2007）认为要正确认识房地产业发展的八大关系，认清房地产业的发展方向，才能推动整个中国房地产业持续稳定健康发展；王胜等（2008）认为驱动房地产业发展的因素主要是需求、供给和外部冲击（货币政策）；而马伟等（2014）认为消费、生产、信贷和调控四个子系统是房地产业健康发展的动力。这些研究具有建设性，但仍没有形成一致的观点，也没有对我国房地产业快速发展的现象及其动力因素展开深入的分析，难以为我国房地产业未来健康稳定发展提供理论与决策支持。

我国正处于经济与社会转型的关键阶段，亟须对我国改革开放 40 年来房地产业快速发展的成就与不足进行回顾与总结。本文以我国房地产业快速发展及其动力因素为研究重点，系统地梳理改革开放 40 年来我国房地产业发展取得的成就、历程与发展动力，并就未来房地产业实现可持续发展提出对策建议。

本文以下部分安排为：第二部分是对中国房地产业快速发展的统计分析；其次是分析中国房地产业发展奇迹的实现过程；接下来是归纳中国房地产业快速发展的动力因素；最后一部分是探讨中国房地产业实现可持续发展的思路与对策。

二、中国房地产业快速发展的统计分析

从 1956 年到 1978 年之间，中国实行计划经济制度，住房不是一种商品，因此不存在房地产业和房地产市场。直到改革开放以后，住房商品化改革试点正式启动。自此，中国房地产业保持了 40 年的持续快速发展，从房地产业复苏到发展成为最重要的产业之一，房地产市场从无到有成为全球最大的房地产市场，因此，中国房地产业可以认为是中国甚至世界房地产业发展的奇迹，具体表现在要素投入、产出、社会影响与国际比较等方面。

其一，要素投入保持持续高速增长。土地、资金、劳动力都是房地产业的关键生产要素，均保持了 40 年持续快速增长速度，见表 1。

其中，土地是房地产的基础。我国实行土地公有制度，在 1978 年改革之前，土地的供给主要是通过划拨方式实现的，直到 1988 年，国务院决定在全国城镇普遍实行收取土地使用费，开始试行土地使用权有偿转让，定期出让土地使用权。这为中国土地市场的形成与快速成长创造了良好的制度环境。以土地出让面积和土地出让金额为例，1999 年土地出让面积仅为 4.54 万公顷，2017 年达到

表 1　历年来房地产业关键生产要素的投入规模

	土地出让面积（万公顷）	土地出让金额（千亿元）	房地产开发投资额（亿元）	住宅投资额（亿元）	城镇房地产业就业人数（万）
1998			3 579. 58	2 117. 94	
1999	4. 54	0. 51	4 010. 17	2 637. 63	88. 03
2000	4. 86	0. 60	4 901. 73	3 318. 74	97. 19
2001	9. 04	1. 30	6 245. 48	4 278. 74	
2002	12. 42	2. 42	7 736. 42	5 267. 35	113. 40
2003	19. 36	5. 42	10 106. 12	6 782. 41	120. 23
2004	18. 15	6. 41	13 158. 25	8 836. 95	133. 43
2005	16. 56	5. 88	15 759. 30	10 768. 19	146. 51
2006	23. 30	8. 08	19 382. 46	13 611. 62	153. 95
2007	23. 50	12. 22	25 279. 65	18 010. 25	166. 47
2008	16. 59	10. 26	30 579. 82	22 081. 26	172. 68
2009	22. 08	17. 18	36 231. 71	25 618. 74	190. 92
2010	29. 37	27. 46	48 267. 07	34 038. 14	211. 63
2011	33. 39	31. 50	61 739. 78	44 308. 43	248. 58
2012	32. 28	26. 90	71 803. 79	49 374. 21	273. 71
2013	36. 70	42. 00	86 013. 38	58 950. 76	373. 73
2014	27. 18	33. 40	95 035. 61	64 352. 15	402. 24
2015	22. 14	29. 80	95 979. 00	64 595. 00	417. 34
2016	20. 82	35. 60	102 580. 61	68 703. 87	431. 74
2017	22. 54	49. 90	109 798. 53	75 147. 88	
年均增速	9. 31%	28. 94%	19. 74%	20. 66%	9. 8%

数据来源：历年《中国统计年鉴》

22. 54 万公顷，年均增长速度为 9. 31%；土地出让金额同期由 0. 05 万亿元快速增长到 4. 99 万亿元，年均增长速度达到 28. 94%。

房地产业是资金密集型产业，资金是房地产业发展的重要动力与支撑。在政府及银行等金融机构的支持下，我国房地产开发投资额持续增长，由 1998 年的 3 579. 58 亿元持续增长到 2017 年的 109 798. 53 亿元，年均增长速度达到 19. 74%。其中，住宅投资额是房地产开发投资额的重点，其占比一直在 60%以上，在 2008 年甚至达到 72%。

此外,劳动力也是影响任何产业发展的关键因素。随着土地与资金等要素的加大投入,房地产开发企业吸纳劳动力的规模也持续增长,1999 年为 88.03 万人,2016 年则达到 431.74 万人,其年均增长速度达到 9.8%。

其二,房地产业的产出规模保持持续快速增长。房地产业是从事房地产开发、经营、管理和服务的产业。与我国城镇化发展水平相对应,房地产开发是过去 40 年来我国房地产业的主要环节。在土地、资金与劳动力等生产要素快速增长的直接推动下,房地产新开工面积和竣工面积、销售面积和销售额等指标取得了快速持续的增长,见表 2。

表 2 1999 年来中国房地产业主要产出指标

	商品房新开工面积(万平方米)	竣工面积(万平方米)	销售面积(万平方米)	商品房销售额(亿元)
1999	21 410.83	14 556.53	22 579.41	2 987.87
2000	25 104.86	18 637.13	29 582.64	3 935.44
2001	29 867.36	22 411.90	37 394.18	4 862.75
2002	34 975.75	26 808.29	42 800.52	6 032.34
2003	41 464.06	33 717.63	54 707.53	7 955.66
2004	42 464.87	38 231.64	60 413.86	10 375.71
2005	53 417.04	55 486.22	68 064.44	17 576.13
2006	55 830.92	61 857.07	79 252.83	20 825.96
2007	60 606.68	77 354.72	95 401.53	29 889.12
2008	66 544.77	65 969.83	102 553.37	25 068.18
2009	72 677.43	94 755.00	116 422.05	44 355.17
2010	78 743.88	104 764.65	163 646.87	52 721.24
2011	92 619.94	109 366.75	191 236.87	58 588.86
2012	99 424.96	111 303.65	177 333.62	64 455.79
2013	101 434.99	130 550.59	201 207.84	81 428.28
2014	107 459.05	120 648.54	179 592.49	76 292.41
2015	100 039.10	128 494.97	154 453.68	87 280.84
2016	106 127.71	157 348.53	166 928.13	117 627.05
2017	101 486.41	169 407.82	178 653.77	133 701.31
年均增速	9.03%	14.6%	12.17%	25.05%

从房地产新开工面积和竣工面积来看，1999 年商品房新开工面积 21 410.83 万平方米，2017 年上升到 101 486.41 万平方米，年均增长速度达到 9.03%；商品房竣工面积同期则由 14 556.53 万平方米上升到 169 407.82 万平方米，年均增长速度达到 14.6%。从商品房销售面积和销售额来看，销售面积由 22 579.41 万平方米上升到 178 653.77 万平方米，年均增长速度达到 12.17%；商品房销售额由 2 987.87 亿元快速上升到 2017 年的 133 701.31 亿元，年均增长速度达到 25.05%。

其三，房地产业快速发展对我国社会经济影响深远。房地产业的快速发展对我国政府财政税收增长及居民住房条件改善等都起着重要作用。其中，房地产开发企业经营税金及附加是我国房地产开发企业经营主营业务应负担的营业税、消费税等，是政府财政收入的重要组成部分。我国房地产开发企业经营税收及附加总额自 1991 年以来呈出持续增长走势，特别是自 2004 年以来呈现出快速增长态势，由 1991 年的 20.56 亿元增长到 2016 年的 6 651.62 亿元。其增长速度年度间存在较大的波动，最高增速达到 133.08%，年均增长速度则为 26%。

其四，房地产业的快速发展极大改善了我国居民的居住条件。人均住宅建筑面积是反映居民住房条件的重要指标。在计划经济时代，对于非生产性的房地产及职工住宅，由国家统一负责、统一建房、统一分配使用。由于当时实行高积累低工资的制度以及“以租养房”的方针，导致资金无法实现良性循环，住房再生产步履维艰，城市职工的住房日益紧张(陈龙乾等，2003)，1981 年人均建筑面积仅有 4.1 平方米。随着城镇化进程的推进及房地产市场化改革的深化，在城市居民新增人口持续增加的背景下，我国城市居民人均住房建筑面积持续稳定增长，2016 年已达到 36.6 平方米，年均增长速度 6.45%(右轴)，城市居民的住房条件得到明显改善，见图 2。

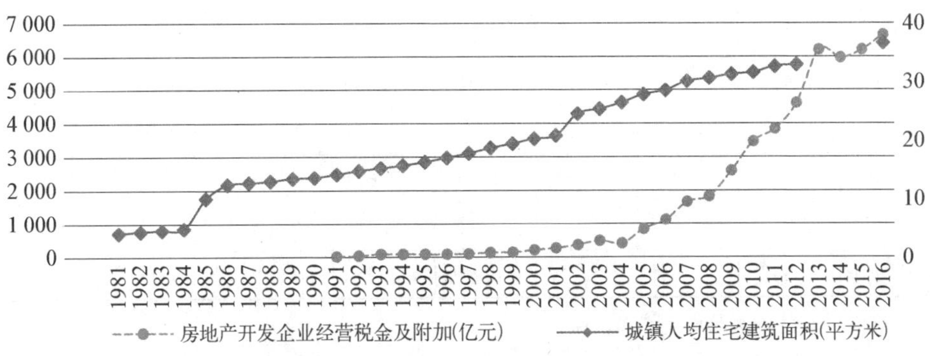

图 2　房地产业对社会经济的影响

其五，中国房地产业增长速度领先全球。房地产业是众多发达国家和发展中国家都存在的一个重要产业，但不同国家房地产业增长速度存在着较大的差异。由表3，从国别来看，在2001年至2017年期间，日本和德国等房地产业发展速度相对缓慢，其年均增长速度分别为0.8%和2.8%；美国和英国增长较快，分别达到4.6%和5.7%；中国和马来西亚等增长最快，年均增长速度分别达到16.1%和9.2%。从每年的增长速度看，除2008年外，中国房地产业增长速度均远远超过各国的平均增长速度；即使在2010年以来对房地产市场采取了限购限贷等多种宏观调控政策，中国房地产业仍保持着两位数的增长水平。

表3　不同国家房地产业增长速度的比较

	美国	德国	英国	日本	泰国	马来西亚	中国	平均值
2001	7.6%	5.4%	4.9%	−0.9%	−6.4%	11.8%	13.8%	5.2%
2002	6.2%	4.9%	5.2%	−0.8%	14.7%	1.7%	14.3%	6.6%
2003	4.5%	0.5%	6.4%	0.0%	8.5%	13.5%	15.5%	7.0%
2004	5.5%	0.1%	6.4%	1.0%	14.2%	−1.9%	14.2%	5.6%
2005	8.0%	2.8%	6.8%	1.5%	7.3%	39.3%	15.6%	11.6%
2006	3.2%	3.9%	6.7%	3.0%	11.0%	8.6%	23.3%	8.5%
2007	7.7%	6.7%	8.2%	1.6%	3.1%	14.7%	35.4%	11.1%
2008	2.9%	4.6%	13.8%	1.8%	−4.2%	5.2%	−1.1%	3.3%
2009	1.3%	0.2%	−9.4%	2.1%	3.2%	11.5%	32.5%	5.9%
2010	2.5%	0.1%	32.8%	0.4%	10.1%	−12.2%	27.1%	8.7%
2011	3.7%	5.4%	6.7%	0.0%	−2.0%	6.7%	13.2%	4.8%
2012	3.2%	−1.1%	15.3%	−0.3%	18.5%	9.8%	15.0%	8.7%
2013	3.4%	4.0%	2.0%	0.9%	1.9%	9.8%	12.4%	4.9%
2014	4.4%	0.2%	7.1%	0.4%	3.5%	9.9%	6.0%	4.5%
2015	4.8%	3.1%	6.3%	0.8%	3.3%	9.2%	10.0%	5.3%
2016	5.4%	3.1%	3.5%	1.0%	3.0%	9.3%	13.6%	5.5%
2017	4.9%	2.8%			6.4%	9.4%	12.3%	7.1%
平均值	4.6%	2.8%	7.7%	0.8%	5.7%	9.2%	16.1%	

数据来源：wind数据库，经作者整理

从上述描述统计可以看出，自1978年改革开放以来，中国房地产业呈现出高投入、高产出、社会影响大、增长速度快等显著特征，使得中国房地产业成为中国乃至世界房地产业发展的一个奇迹。

三、中国房地产业的奇迹是一个发展过程

自从改革开放以来，中国房地产业保持了40年持续快速发展的奇迹，这并非是一个直线上升的过程，而是在商品化、市场化、资本化和金融化的推动下经历了房地产业复苏、快速发展、加速发展和持续发展四个发展阶段演进而实现的，见图3。

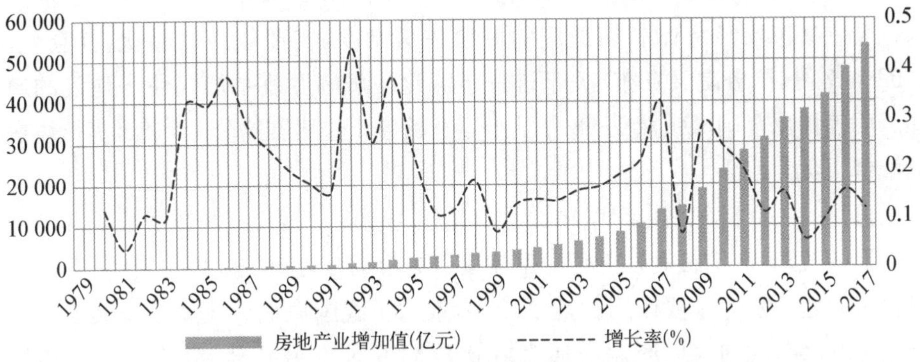

图3　历年来房地产业增加值及增长率

其一，改革开放后的第一个十年，住房商品化改革促进房地产业的复苏。1978年，针对我国城镇居民居住条件差等住房问题，邓小平第一次提出了城镇住房市场化改革的问题。1980年4月2日邓小平又作了关于住房问题的谈话，“关于住房问题，要考虑城市建筑住宅、分配房屋的一系列政策……”为中国全面改革住房制度指明了方向。1982年，基于国家、单位和个人三者共同负担的售房原则，国务院在郑州、常州等四个城市进行售房试点。1983年12月国务院颁布《城市私有房屋管理条例》，明确提出国家依法保护城市私有房屋的所有权。1986年，国务院住房制度改革小组成立。1987年11月，国务院批准深圳、上海、广州、天津等城市为土地使用制度改革试点城市，1988年4月12日第七届全国人大一次会议通过《宪法修正案》及同年12月通过《土地管理法修正案》，明确规定“土地使用权可以依照法律的规定转让”。

可见，20世纪80年代，在中央政府的直接推动下，住房的商品属性得到确认，出售公房成为启动住房商品化改革的重要内容，由此促进了房地产业的复苏。房地产业增加值由1979年的86.34亿元上升到1989年的566.23亿元。

同时,房地产业土地使用制度的改革,即由无偿划拨向有偿使用的转变,为中国房地产开发以及房地产业进一步复苏和发展提供了可持续的动力支持。

其二,20 世纪 90 年代,房地产市场化改革推动了房地产业的快速发展。住房商品化改革有效地促进了我国房地产业的复苏,但因受到住房制度、住房金融、住房分配体制等影响,中国整体房地产市场化的程度并不高,1990 年仅为 22.83%(曹振良、傅十和,1998)。为加快市场化进程,1991 年 10 月,全国第二次房改工作会议召开。1993 年 11 月全国第三次房改工作会议召开;同年,“安居工程”开始启动。1994 年全国开始实施住房公积金制度;同年 7 月,国务院下发了《关于深化城镇住房制度改革的决定》,明确提出改革的根本目的在于建立与社会主义市场经济体制相适应的城镇住房制度,实现住房商品化、社会化。1998 年 7 月,国务院又发布《关于进一步深化住房制度改革加快住房建设的通知》,明确指出全国城镇从 1998 年下半年开始停止住房实物分配,全面实行住房分配货币化。

可见,在 20 世纪 90 年代,中央政府对住房制度、住房金融、住房分配等进行了全面的改革,取消福利性无偿分配制度等为市场在有效分配住房资源、解决居民住房问题等发挥主要作用扫清了障碍,推动了我国房地产业持续发展。1990 年至 1999 年,我国房地产业增加值由 662.22 亿元上升到 3 681.79 亿元,年均增长率达 20.99%,但年增长率呈下滑趋势。

其三,进入 21 世纪后,特别是第一个十年,房地产资本化促进了房地产业加速发展。随着市场在分配住房资源中的主导地位逐步加强,住房的居住(消费)属性及居住需求规模促进了住房价格持续快速上涨趋势。由于购买住房具有相对较高的收益和较低的风险,使得住房日益成为投资者愿意投资的对象(Sagalyn,1990),住房的投资属性(即资本化)逐步显现与加强,房地产日益成为居民家庭资产的重要组成部分(廖海勇、陈璋,2015)。

在房地产的消费属性和投资属性的共同作用下,特别是在资本化的驱动下,住房投资属性增强,资本的涌入使得地价、房价出现快速上涨现象,房地产业进入加速发展阶段。房地产业增加值由 2000 年的 4 149.06 亿元快速上升到 2009 年的 18 966.87 亿元。从增长速度看,除 2008 年受全球经济危机影响外,房地产业增加值的增长速度呈快速上升趋势。

其四,近十年来,房地产泛金融化推动了房地产业持续发展。房地产资本化促进了房地产业的全面繁荣,但也导致房地产价格飞速上涨,城市中低收入群体住房问题日益严重,促使政府进一步加强宏观调控。2010 年 4 月 17 日国务院颁布《关于坚决遏制部分城市房价过快上涨的通知》并明确指出,地方政府可采取限购限贷政策干预与调控房地产市场。2012 年党的十八大以来,中央政府强调要抑制投机投资性需求,促进房地产市场持续健康发展,要建立房地产健康发展的长效机制,要推进房地产市场平稳健康发展,要在人口净流入的大中城市加快发展住房租赁市场,并积极鼓励发行住房租赁资产证券化产品。同时,在房地产作为投资品、抵押品等作用范围迅速扩大的推动下,房地产泛金融化趋势日益明显。如 2015 年 5 月万科联合鹏华基金推出国内首支公募 REITs,推动了我国商业不动产的金融化;2018 年 4 月碧桂园租赁住房 REITs 成功发行,等等。

房地产泛金融化使得房地产业在严格的宏观调控下仍取得了持续发展。房地产业增加值由 2010 年的 23 569.87 亿元快速上升到 2017 年的 53 850.7 亿元。尽管此间房地产业增加值的增长速度呈现出波动性且整体上呈现下降趋势,但年均增长率仍达到 12.52%。

当然,在中国房产业快速发展过程中,也产生和暴露了不少新的问题和矛盾。这些问题和矛盾已经引起国家和社会的高度重视,政府和行业在积极地采取有效措施去解决。从产业生命周期理论来看,我国房地产业增加值在过去保持了近 40 年快速增长,年均增长率达到 20%,至今仍处于可持续发展阶段。这在今后应该也是能够实现的。

四、中国房地产业快速发展的动力机制

中国房地产业在 40 年间保持持续快速发展,其驱动力既有时代机遇,更有政府的制度创新,以及生产要素、消费需求、企业及相关产业等的支撑。

其一,城镇化等外部因素为房地产业带来了巨大的发展机遇。国内外学者的研究表明,城镇化是一国经济增长的重要动力(Black & Henderson, 1999;朱孔来等,2011)。国外发达国家的城镇化进程都经历城镇化的初期阶段和加速阶段,并达到后期的成熟阶段。在 1978 年之前,我国的城镇化水平非常低。1953 年全国城镇总人口为 7 726 万人,城镇化水平为 13.26%,1978 年城镇化水平仅提高到 17.9%,仍处于城镇化的初期阶段。这给中国经济增长提供了难得的历史机遇,加快城镇化进程成为政府推动经济增长的重要抓手。

在政府的直接推动下,我国的城镇化水平持续提高,1996 年达到 30.48%,标志着中国城镇化进程已进入到加速发展阶段。与此同时,全国城镇空置商品住房面积也持续增加,1996 年为 4 662 万平方米,1997 年为 5 205 万平方米(顾云昌,2000)。1997 年 7 月亚洲金融危机爆发更是加剧了我国的经济风险。这

就需要以住房为主的房地产业与其相配套。在此背景下，1998 年 7 月 3 日国务院发布《关于进一步深化城镇住房制度改革、加快住房建设的通知》，决定停止住房实物分配，极大推动了房地产业的发展。2007 年 8 月，美国次贷危机开始影响美国、欧盟与日本等国的金融市场，为应对全球金融危机对我国的影响，中央政府实施 4 万亿投资计划，其结果为房地产业加速发展创造了条件，继续推动了我国城镇化进程。2017 年城镇化水平上升到 58.52%。每年增长一个百分点，即每年约有 1 300 万农村人口向城市转移，需要有相应的住房供给以满足其居住需求。因此，城镇化为我国房地产业的快速发展创造了巨大的发展机遇。

其二，政府主导的制度创新是房地产业复苏与发展的根本动力。制度是指一个社会的游戏规则，是为塑造人类的互动关系而人为设计的一些约束(Douglass, 1990)。现有研究表明，制度变迁有中央政府主导、地方政府主导和微观主体主导三种类型(黄少安，2000)。从中国的实践来看，中央政府和地方政府担当了房地产业制度创新的发起主体，担当“第一行动集团”(Douglass, 1990)，成为中国房地产业复苏的根本动力。

在 1978 年前，我国实行“统一管理、统一分配、以租养房”的住房实物分配制度，其结果是导致住房投资严重不足，房地产创造的增加值增长缓慢。1952 年为 14 亿元，1978 年仅为 79.86 亿元，年均增长 6.9%。1978 年，中央政府决定实施改革开放战略，并把住房作为改革的重点之一。1988 年 4 月，推动土地使用权制度改革；1994 年全国推广住房公积金制度；2007 年 8 月，中央政府开始强调解决城市低收入家庭住房困难问题。2017 年党的十九大报告又明确提出“坚持房子是用来住的、不是用来炒的定位，加快建立多主体供给、多渠道保障、租购并举的住房制度”，进一步强调要加快住房租赁市场的发展。此外，各地方政府还发布城市发展规划、园区发展规划，等等。中央政府和地方政府主导的住房制度、土地使用制度、住房金融制度等制度创新，为房地产业生产要素、需求、企业、产业支撑等创造了良好的条件，促进了房地产业的快速发展，其增加值由 1979 年的 86.34 亿元上升到 2017 年的 53 850.7 亿元，年均增长速度达到 18.45%。

其三，生产要素为房地产业快速发展奠定了基础与前提。生产要素是指用于生产方面的基础物质条件和要素投入，是产业竞争力的来源，也是任何一个产业最基本的竞争条件(Porter, 1990)。现有研究表明，增加土地供给能够有效抑制房价，而地价的上涨则会推动房价的上涨(甘霖、冯长春、王乾，2016)。房地产开发贷款(胡金星、张志开、邵翠樱，2018)和房地产投资(赖一飞、黄芮、唐松等，2014)等对房价有着正向的影响。人力资本与产业结构演进存在着较强的耦合关系(阳立高、龚世豪等,2018)。可见,对于房地产业而言,土地、资金和劳动力是影响房地产业健康发展的关键生产要素。

改革开放初期,政府通过土地使用制度创新、金融制度创新等,确保了土地供给的稳定性与持续性,降低了房地产开发的融资成本。房地产业的快速发展及高投资回报又不断吸引劳动力流入。从表1可以看出,我国土地、资金、劳动力的供给保持了40年的持续快速增长,这为我国房地产业快速发展奠定了基础与条件。

其四,需求因素是拉动房地产业快速发展的重要动力。需求是拉动产业发展的重要动力,产业发展和人们的需求具有强相关性,产业政策、宏观环境等因素通过产业需求共同影响产业的演进(霍国庆、王少永、李捷,2015)。对房地产业而言,住房具有消费和投资双重属性,相应的有刚性住房需求、改善性住房需求和投资投机需求持续拉动房地产业的发展。

随着我国城镇化进程的加快,城镇人口持续快速增加。在婚姻因素、家庭结构小型化因素、户籍制度与社会保障制度因素等的影响下,购买而不是租赁住房成为居民的主要选择,由此带来了巨大的刚性住房需求。随着人均收入水平的提高,改善性住房需求进一步推动房地产业的发展。近些年来,在房价预期等因素影响下,住房投资投机需求大量增加,并刺激自住性、改善性住房需求提前释放(郭克莎,2017),拉动了房地产业的持续快速发展。

其五,相关产业的支撑。房地产业的产业链较长,涉及钢铁业、建筑业、金融业、社会服务业等产业。房地产业一方面带动相关产业的发展,另一方面相关产业又为房地产业快速发展起着重要的支撑作用,特别是建筑业与金融业等。

建筑业是劳动密集型产业。随着城镇化战略的推进,大量农村人口向城市集聚,建筑业城镇单位就业人员平均工资与全员平均工资相比,其比值低于1,2004年以来总体上均小于0.8的水平。这为我国建筑业提供了大规模的低成本的劳动力,从而支撑着房地产业的发展。同时,金融业对房地产业的支持也逐步加大,2006年中国房地产开发企业国内贷款共计5 357亿元,2017年快速增长到25 242亿元。建筑业和金融业等相关产业的支撑确保了房地产业增长的持续性。

其六,企业发展战略的推动。产业是由企业构成的,企业发展战略决定了企业资源的布局,进而影响到经营利润。以万科为首的房地产开发企业采取专业化、跨区域等发展战略,使得房地产开发企业的营业利润相对较高,由1991年的27.52亿元快速增长到2016年的8 673.23亿元,年均增长速度达到25.87%。

高投资回报使得房地产开发企业数量持续稳定增长，由 1997 年的 21 286 家增加到 2016 年的 94 948 家，年均增长速度达到 8.19%。

从中国经济社会发展的实际历史轨迹看，改革开放以来，中国房地产业发展与国民经济的发展这两者，就总体而言保持了良性互动。在一些关键的历史节点上，房地产对整个经济的稳定及发展都起了十分重要的推进作用。1998 年，亚洲金融危机爆发后，中国应对危机的主要措施之一，就是全面深化推进住房制度改革，加大房地产业发展力度，把大力发展以住房建设为主体的房地产业作为重要的产业政策来实施。在亚洲金融风暴中，中国经济的出色表现，与此不无关系。2008 年，在美国次贷危机引发的全球金融危机背景下，在国家宏观政策的调控下，中国房地产业一方面加强了自身的风险防范，另一方面通过转型升级保持了稳定发展，从而为中国经济抵御金融危机冲击，保持稳定发展，做出了相应贡献。

可见，保持中国宏观经济与房地产业的良性互动，既能促进房地产业健康稳定发展，也有利于国民经济可持续发展。中国房地产业能够保持 40 年持续快速发展，得益于面对城镇化等发展机遇，中央和地方政府的住房制度创新，劳动力和资本等生产要素持续投入，多种需求的共同拉动以及相关产业支撑等。

五、中国房地产业可持续发展思考

党的十九大明确提出，中国经济社会的发展已进入新时代。尽管中国城镇化水平仍处于加速发展阶段，但由于中国房地产业增加值占 GDP 的比重仍低于美国、英国、德国等欧美发达国家，所以房地产业对经济增长的贡献仍有较大的提升空间。2017 年 10 月党的十九大报告中明确提出，“坚持房子是用来住的、不是用来炒的定位，加快建立多主体供给、多渠道保障、租购并举的住房制度，让全体人民住有所居”等，为中国房地产业的持续发展指出了正确的方向。具体而言，城镇化战略仍为中国房地产业发展提供巨大的发展机遇，但政府颁布实施的住房制度创新影响到了土地和资金供给，打击了投资和投机需求，影响到市场供给和需求的变化，促使更多房地产企业进行战略转型。因此，过去以房地产开发为核心的房地产业的发展速度必将进一步减缓，依靠资源投入来驱动房地产业发展的模式日益不可持续。

在此，我们借用柯布-道格拉斯生产函数模型 $Y=A(\mathrm{t})L^{\alpha}K^{\beta}\mu$ 作一简要分析：把 Y 视作为房地产业产值，这一产业以往的快速增长主要由生产资料劳动力 L 与资本 K 以及技术进步 A 共同决定的。然而，经验数据表明，在过去三十多年中，我国房地产业主要依靠劳动力和资金投入特别是金融支持下的大资本投入来实现快速发展的。但近年来，房地产业的劳动力增长已相对稳定，资金的边际效用呈现出递减趋势，因此，依靠技术进步 A 来驱动房地产业持续发展必然成为今后的主要发展趋势。具体而言，随着信息技术、人工智能技术和区块链技术等高新技术创新与扩散，产业发展模式转型及动力升级成为房地产业未来可持续发展的重要保障。与此同时，在深化改革中的制度创新与技术进步一起，将成为推动今后数十年我国房地产持续发展的主要动力。

其一，培育大数据和人工智能为房地产业发展的新动力。互联网等信息技术及人工智能(AI)技术的创新并向不同产业的快速扩散，日益冲击着包括房地产业等在内的产业的发展。同时，随着外部环境的不确定性加剧，缺乏大数据等信息支撑的政府主导的制度与政策创新给房地产市场供给、需求、相关产业及企业行为都带来了较大的不确定性，加剧了房地产业发展的风险。此外，部分机构或企业从市场需求出发，建立了房地产供给的大数据，但数据不全面，且缺乏房地产需求、相关产业、企业行为等方面的大数据。因此，要加快构建房地产大数据，并结合人工智能，培育它们成为房地产业发展的新的根本驱动力，并应用大数据支撑政府主导的制度创新，积极引导要素供给、需求升级、相关产业支撑与企业战略转型等。

其二，加快房地产制度创新。目前，我国住房租赁、房地产资产证券化等房地产服务业仍处于发展初期，缺乏相关制度与政策支持。因此，政府要在现有调控政策基础上，积极推进土地、金融、税收等房地产市场长效机制建设，稳定房地产市场预期，促进房地产市场健康发展。另一方面，政府要进一步颁布实施促进住房租赁市场、房地产资产证券化等服务业发展的制度创新，包括保护租户权益的住房立法、规范中介交易、鼓励金融创新、完善金融监管政策等，为土地、金融等关键资源合理流动、企业战略转型成功等创造良好的制度环境。

其三，促进房地产业向以房地产服务为核心的发展方向演进。随着中国更多城市建设任务的完成，房地产开发规模会逐步缩小，以房地产开发为核心的房地产业发展速度逐步放缓。同时，我国已建成的房地产面临着资产保值增值的需求，使得房地产资产管理与服务业务变得迫切且重要。此外，我国以房地产租赁、房地产资产证券化等房地产服务为核心的房地产业发展仍处于初步发展阶段。这给中国房地产业的新一轮快速发展提供了新的发展机遇与动力。为此，要积极推进住房租赁市场发展。促进住房租赁市场发展，使之成为中国房地产市场的第四级市场，意义重大。这既能够降低房价持续上涨的风险，能够为房地产企业创新和转型提供一个较好的市场机会，也是住房市场体系完善的必要环节和解决住房问题及房价问题的有力举措。同时,要积极推动房地产资产证券化市场的发展。自从2017年以来,我国租赁住房资产证券化产品开始推出,标志着住房资产证券化产业进入初步发展阶段,但与发达国家相比,仍有巨大的差距,且中国在此方面仍面临着相关制度缺乏、税收较高等因素的制约。因此,加快推进房地产资产证券化市场发展,既是房地产业进一步发展的客观要求,也会为促进住房租赁市场发展提供重要支撑。

其四,鼓励居民理性住房消费。政府通过限购限贷政策有效打击了投资和投机需求,但长期依靠行政手段难以实现长远目标,也难以为房地产业的持续发展创造良好环境。因此,政府要加强推进住房保障,满足城镇中低收入群体的基本的住房需求;要加强城市基础设施、公共服务设施和住宅建设,为市民提供更好的公共服务,促进消费群体不断扩大及消费结构不断升级;还要通过金融、财政税收等政策积极培育合理、健康、可持续的住房消费模式,提倡梯度住房消费模式,鼓励消费者或购房者根据自身年龄、收入来确定住房消费层次。

其五,优化公平的市场竞争环境,推动房地产企业转型升级。在限购限贷等调控政策的影响下,民营企业的土地资源和资金资源的获取能力受到较大约束,直接影响到房地产企业经营的可持续性,进而影响到房地产业的转型与健康发展。因此,政府要进一步优化与完善公平竞争环境。同时,房地产开发企业要加快战略转型,转变过去以短平快为主的商业模式,积极构建并优化以持有住房为主的商业模式,并基于持有战略,加大产品创新力度,不断发掘产品创新亮点,如长租公寓产品创新、房地产金融产品创新等,并提高房地产企业核心竞争力,促进房地产企业转型升级顺利进行。

应该看到,当前中国房地产业发展整体环境与以往有了重大的不同。一方面,中国的住房已从根本上解决了绝对短缺的问题,房地产市场已经形成规模,中国的房地产业已发展到相当高度。另一方面,中国的住房发展同样面临不平衡不充分的问题,中国的房地产市场尚未成熟,中国的房地产业也需迈向更高质量的发展。如果说改革开放后,以往中国房地产业发展是以量为主,以快速为特征,那么今后的中国房地产业发展必须以质为重,以稳健为好。为此,中国房地产的持续发展,就必须把房地产的发展模式从外延式发展调整到内涵式发展道路上来,在防范风险的前提下稳健前行,使其继续起到促进经济发展,提高居民居住水平,为中国人民美好生活服务的重大作用。

(作者单位:华东师范大学)

房地产业是经济产业更是民生产业

李国华

2003年中央决策层对"房地产业是支柱产业"的定位，是房地产业在改革发展过程中的重大历史事件，这一事件推进了房地产市场持续迅猛发展，也引发全社会对我国房地产业发展方向的深刻思考，从而促进住房制度改革向民生事业深化，加快建立和完善我国住房供应体系，使之更加符合中国特色社会主义的发展道路。

一、房地产市场迅猛发展是成为支柱产业的坚实基础

（一）土地使用制度改革、住房制度改革为房地产市场发展提供了制度保障

20世纪80年代末，我国开展的土地使用制度改革是一场涉及全局的重大改革。改革不仅冲破了土地无偿取得、无期限使用、不得流通的藩篱，而且明确土地使用权可以按照不同用途、不同年限、具体规划条件和其他规定由政府实行有偿出让，由此建立了土地一级市场。房地产开发商在一级市场获得的土地使用权，依法开发建设后可以销售、出租，由此建立了房地产二级市场。改革还明确了房产与地产在市场内的互相关系，即土地使用权有偿出让后依法开发建设的项目，其建筑物允许分层、按套销售，同一基地可以由多个房产主按比例共同占有土地使用权。一、二级市场的形成和一系列土地开发建设和转让的规定，奠定了房地产市场的基本格局。

1997年，亚洲金融危机爆发，国家经济出现通货紧缩，经济形势可谓内忧外患。中央提出要促进消费、扩大内需、推动生产，而房地产业在GDP中所占比重较大，产业关联度高，最有希望成为拉动中国经济增长的新动力。因此，随着住房制度改革发展，时任国务院副总理朱镕基要求将住房建设作为带动相关产业发展的新的消费热点和经济增长点。决策者睿智地用三把钥匙开启了房地产市场的大门，着力培育和发展房地产市场：一是下决心停止福利分房，切断职工对政府和单位分房的依赖，把职工的住房需求推向市场，通过住房分配的货币化，

提高个人住房消费的支付能力，以此增加住房市场的最终需求。二是进一步放开搞活房地产市场，把住房市场的巨大潜力释放出来，鼓励居民依托现有住房上市换购住房，以小换大，以旧换新，扩大居住面积，改善居住条件，打破政策限制，开放二级市场，迅速拓展住房的有效需求，促进住房消费热点的形成。三是加快发展包括住房公积金在内的住宅金融，充分发挥金融支持住房消费的助动力作用。在一系列政策推动下，房地产市场获得了迅猛发展，一些房地产开发企业逐渐形成品牌效应，由早期的“野蛮生长”逐步走向精细化，注重品牌化经营的房企开始占据市场主流。

（二）中央应对国内外错综复杂形势的果断决策

中央决策层对“房地产业是支柱产业”的判断，还有几个形势背景的因素不容忽视：一是 2001 年 12 月 25 日，中央电视台播出清华大学经济管理学教授魏杰题为《2002 年，房地产的冬天》的访谈，一石激起千层浪，业内反驳的声音也很强烈，大多数人士认为，房地产市场会在相当一段时间持续走热。这场争论表明社会对房地产市场发展认识分歧，亟须因势利导，统一认识。二是突如其来的“非典”疫情带来国民经济下滑，人们减少或停止购物、旅游和餐饮的消费，造成商业、旅游业、餐饮业、交通运输业等萧条，又顺着产业链上下左右扩展，导致 GDP 下降，失业率上升，迫使决策层对房地产带动经济的再次启动。三是 2003 年 6 月 13 日，央行为防范信贷风险，保持金融的持续稳定下发《关于进一步加强房地产信贷业务管理的通知》（银发〔2003〕121 号文），要求各商业银行严控开发贷款、严控土地储备贷款、严防建筑贷款垫资、加强个人住房贷款管理。一系列收紧政策出台，引起开发商的恐慌和社会的热议，迫切需要及时疏导并增强社会对房地产市场发展的信心。

为应对国内外错综复杂的形势，促进中国经济平稳持续发展，2003 年 8 月 12 日，国务院发布《国务院关于促进房地产市场持续健康发展的通知》（国发〔2003〕18 号）。文件指出，房地产业关联度高，带动性强，已经成为国民经济的支柱产业。促进房地产市场持续健康发展，是提高居民住房水平，改善居住质量，满足人民群众物质文化生活需要的基本要求；是促进消费扩大内需，拉动投资增长，保持国民经济持续快速健康发展的有力措施；是充分发挥人力资源优势，扩大社会就业的有效途径。实现房地产市场持续健康发展，对于全面建设小康社会，加快推进社会主义现代化具有十分重要的意义。该文第一次提出以住宅为主的房地产业已经成为国民经济的支柱产业，明确了房地产业在国民经济中的地位。

（三）房地产作为支柱产业的历史功绩

支柱产业，是指在国民经济中生产发展速度较快，对整个经济起引导和推动作用的先导性产业，其产业规模在国民经济中占有较大份额，并起着支撑作用的产业。这类产业往往由先导产业发展壮大，达到较大产业规模以后就成为支柱产业，支柱产业具有较强的连锁效应，对为其提供生产资料的各部门、所处地区的经济发展变化，有深刻而广泛的影响。一般而言，国民经济支柱产业有三个标准：一是产业具有持续旺盛的需求，二是产业能为国民经济提供较多的增加值和较多的财政收入，三是产业的关联度强，能带动众多相关产业发展。房地产市场的发展，充分显示了我国房地产业成为支柱产业的必然性。从1999年至2007年，我国房地产和住宅投资以每年百分之十几至二十几的高速度增长。我国城镇住宅建设面积，1997年第一次超过4亿平方米，1999年超过5亿平方米，2001年超过6亿平方米，此后继续保持高位运行。这一时段房地产和住宅的迅猛发展，主要表现为：一是我国GDP每年增长8%—11%，房地产业每年直接和间接拉动经济增长约2个百分点；二是许多城市新建的房地产，比此前城市拥有的房地产总量要高出三倍甚至更多，实现了城市"旧貌换新颜"；三是许多城市的财政收入有40%甚至更多来自房地产业，增强了城市的经济实力；四是房地产业发展带动了几十个相关产业的发展，比较广泛地增加了就业；五是城镇人均住房建筑面积由1995年的17平方米增加至2008年的28平方米，大幅度提高了居住水平。事实表明，房地产和住宅建设较好地发挥了新的经济增长点和消费热点的作用，成为名副其实的国民经济支柱产业，使中国经济安然度过了亚洲金融危机、"非典"疫情危机。在当时实体经济找不到出路、拉动内需找不到抓手之时，国务院顺应改革发展潮流及时作出"房地产是支柱产业"的正确判断，所产生的社会影响和效应是巨大的。

二、"房地产业是支柱产业"是一个动态变化的概念

"房地产业是支柱产业"的定位确定后，房地产市场得到快速的发展，但是也暴露出越来越多的问题：由于房地产投资增速过快，投资规模过大，与社会资源和国民经济发展不相适应；住房价格上涨过快，涨幅过大，与居民承受能力不相适应；住房供应结构与消费需求不相适应等。不少热点城市出现这样的情况：一边是住房建设不断发展，商品房以惊人的速度增加，一边是大部分居民只能望房兴叹；一边是开发商牟取暴利，一边是大部分居民买不起房，使不少人对"房地产业是支柱产业"产生疑惑。

在此期间，房地产的"泡沫论"与"支柱论"的纷争此起彼伏。国家统计局总经济师姚景源表示，虽然房价高涨带来了社会对于房地产泡沫的担忧，但房地产业作为我国经济重要的支柱产业，一点也不能动摇，不但不能动摇，还要进一步发展。中国人民大学土地管理系副教授曲卫东也认为，中国目前处于城市化进程的高峰期，房价上涨一定程度上是由供需来决定的。房地产业成为我国支柱产业已是不争的事实。房地产业作为国家支柱产业对国家的好处多多，因为只有高房价才能有高地价。现在地方财政50%以上的税收都交给了中央，如地方财政没钱，就可以通过土地出让获取出让金，这成为地方政府获取财政收入的一个重要来源。所以，高房价虽然对老百姓很不利，但却是解决政府财政困难一个非常有效的手段。

上述表述得到一些单位和专家的反驳。国家发展改革委员会宏观经济研究院经济形势分析课题组的一篇名为《宏观调控：重点调整过剩流动性的流向》的报告称，国内不断增大的流动性主要集中在房地产领域，为了改变这种现状，建议政府大幅度调整房地产发展政策，放弃房地产支柱地位，彻底改变房地产依赖型的经济模式。

有不少学者认为，自2003年房地产被正式定位为"支柱产业"以来，总体上我国房地产业呈现着"非理性繁荣"，一些地方与房地产相关的收入已占到地方当年财政收入的60%。地方财政对房地产业的依赖，反过来又刺激了地方政府的卖地冲动。"招拍挂"交易方式，最终形成价高者得、新"地王"不断涌现的局面。政府复杂而矛盾的角色，使得在面对解决百姓住房问题与土地财政问题上，倾向了后者，并最终推高房价，加重了民生负担。

中华全国律师协会发展战略委员会委员王才良律师认为，把房地产业作为支柱产业是弊大于利。如果不扭转房地产业是国民经济支柱产业的指导思想，地方政府就不会真心实意地抑制过高房价，打击炒买炒卖行为就不会积极主动，遏制开发商的不轨行为就会大打折扣。地方政府既要抑制过高房价，又担心影响支柱产业发展的顾虑，是他们不积极作为、过高房价得不到有效控制的根本原因。

笔者认为，如今审视这一历史事件，不能脱离当时的时代背景和历史条件，需要客观公正，更重要的是立足于现在的经济发展现状，深刻反思，引以为戒。自2003年提出"房地产业是支柱产业"迄今已过去了十五年，这些年我国政治、经济形势已经发生了很大的变化，今天需要以党的十九大精神为指导，从新视角、新思维角度来分析"房地产业是支柱产业"问题。

一是中国特色社会主义进入了新时代，这是我国发展新的历史方位。习近平总书记在十九大报告中作出的这一重大政治判断，对我们准确认识和把握中国特色社会主义发展阶段、发展现状、发展方向、发展要求具有十分重要的意义，也为党制定大政方针和行动纲领提供了根本依据。中国特色社会主义进入了新时代的本质上就是实现“强起来”的时代，就是要实现把我国建成现代化强国的目标。当前和今后一个时期，我们发展的主要任务是在继续推动发展的基础上，着力解决好发展不平衡不充分问题，大力提升发展质量和效益，更好满足人民在经济、政治文化、社会、生态等方面日益增长的需要，更好推动人的全面发展、社会全面进步。党中央的这一重大政治判断，使我们清晰看到，改革开放近四十年来，我国整体房地产市场供需关系已发生了重大变化，城镇居民住房极度短缺的时代已经过去，大多数城镇居民住房供需关系正趋于平衡。房地产业发展由过去四十年的高速增长解决了“有没有”问题后，现在转向根本解决“好不好”问题的高质量发展，这是新时代房地产业持续发展的一个重要特征。

二是我国经济已由高速增长阶段转向高质量发展阶段，正处在转变发展方式、优化经济结构、转换增长动力的攻关期。随着我国经济内外部条件的变化，我国原有主要依靠要素投入、外需拉动、投资拉动、规模扩张的模式，越来越受到制约，迫切需要转变发展方式、优化经济结构、转换增长动力。从经济周期演变的规律看，要保持我国经济健康发展，部分旧的支柱产业退出历史舞台是必然趋势，例如纺织业让位于钢铁业，钢铁业让位于汽车业，汽车业让位于信息业等。每个产业都有自身的生命周期、发展周期，因此任何一个支柱产业都是一个动态发展的过程。在新时期，产业能否成为支柱产业，关键是要看能否推动经济发展质量变革、效率变革、动力变革，提高全要素生产率。在新时期，无论房地产业是不是支柱产业，都必须将房地产业置于经济社会发展的总体格局之中，使之适应国民经济社会协调发展，而不是将房地产业作为保证经济增长和增加财政收入的工具。

三是十九大报告指出：“建设现代化经济体系，必须把发展经济的着力点放在实体经济上，加快建设制造强国，加快发展先进制造业，推动互联网、大数据、人工智能和实体经济深度融合，在中高端消费、创新引领、绿色低碳、共享经济、现代供应链、人力资本服务等领域培育新增长点、形成新动能。”如果说以前中国经济发展主要靠制造业以及房地产业，那么新时期的“新增长点”“新动能”（以下简称“新经济”）是指什么呢？首先，新经济是更符合中国未来资源禀赋结构的经济业态，新经济是高人力资本投入、高科技投入、轻资产的业态，是可持续较快发展、符合产业发展方向的业态。根据 2011 年《国务院办公厅关于加快发展高技术服务业的指导意见》、2012 年《国务院关于加快培育和发展战略性新兴产业的决定》、2015 年《中国制造 2025》所确定的新经济行业，分别是新一代信息技术与信息服务、新能源、新材料、新能源汽车、生命生物工程、节能环保、高端装备制造、金融和法律服务业，现代制造业（飞机制造、高铁装备制造、现代船舶制造、核电装备制造、特高压输变电装备制造）等，没有将房地产业列入新经济范畴，也不再提支柱产业。

其实，中国经济新旧动能转换大约从 2012 年即已开始，在 2011—2016 年间，中国经济增长逐步由第二产业（包括制造业和建筑业）主导转为由第三产业主导，中国经济已经从由快变量驱动的传统经济增长，转向由慢变量主导的新经济增长，这是我国经济已由高速增长阶段转向中高速发展阶段的原因。上海市从制定“十一五”规划起，再没有把房地产业作为支柱产业。2011 年，上海市委强调，要坚定不移地深入贯彻落实科学发展观，大力推进创新驱动、转型发展，下决心减少对重化工业增长的依赖、减少对房地产业发展的依赖、减少对加工型劳动密集型产业的依赖、减少对投资拉动的依赖，千方百计、想尽办法加快现代服务业和先进制造业的发展，脚踏实地从现实出发，走出一条科学发展的道路。

三、房地产业是经济产业更是民生产业

2011 年全国“两会”期间，民革中央提交提案，认为房地产业不具备长期作为国民经济支柱产业的必要条件，建议尽快将其定位为民生产业。提案指出，从世界各国经济发展方式转变看，在经济发展初期，大多注重房地产资本属性，将其作为拉动经济增长的支柱产业；而当经济发展到一定阶段，房地产民生属性开始受到关注，其支柱地位逐步被高科技产业和现代服务业等新兴产业取代。民革中央在提案中建议：“中央应尽早明确让房地产业回归到民生位置上来，并将这一理念体现在指导思想上，落实到国家大政方针上；房地产市场调控的目标和手段必须与民生紧密结合，财政、税收、信贷、住房、融资、土地等调控政策作用的发挥，要以是否保障和改善民生作为考量标准。”基于此，社会上对房地产业形成了两种有代表性的观点：一种观点认为，房地产是商品，属于经济范畴，房地产业需要按照市场经济的规律和原则来发展，不能以民生来压市场；另一种观点认为，房地产业直接关系人的生存和生活，属于民生范畴，不能以市场来排挤民生。

习近平总书记在党的十九大报告中强调：“坚持房子是用来住的，不是用来炒的定位，加快建立多主体供给、多渠道保障、租售并举的住房制度，让全体人民

住有所居。"这为住房制度改革指明了方向、路径、目标，也清晰表明了房地产业的根本目标和任务是实现全体人民住有所居。为什么要盖房子，为什么要买房子，人应该有房子住，这是最基本的要求，因此，房地产业首先的是民生产业。可惜在过去十多年，由于房地产政策过于"经济化"和功利化，房子偏离了"居住"的主题，房地产成了创收和稳增长的工具。现在将房地产业回归民生和社会政策的基本属性，这是一次重大的制度纠偏，无疑是中国房地产政策的巨大变化。

正确认识和把握房地产业的本质属性和社会定位，是促进房地产业持续健康发展的理论前提和社会基础。我国社会主义市场经济发展的实践证明，房地产业具有经济和民生的双重属性。在经济方面，房地产业直接或间接影响上下游几十个行业的发展。进入新世纪以来，我国房地产业增加值占 GDP 的比重由 2001 年的 1.97%上升到 2008 年的 4.23%。房地产业还是城镇化的物质载体，城镇化的推进需要以房地产业的发展为支撑。在民生方面，人们生存和生活的"衣食住行"四大基本需求中，"住"是之一。安居和乐业是社会和谐的两大前提，也是现阶段突出的社会问题、民生问题。事实上，即使西方市场经济国家，也很少将房地产业作为纯粹的经济产业来对待，而是将其与社会民生和社会福利问题紧密联系在一起。可见，房地产业兼有经济和民生的属性，是关系国计民生的基础性、战略性产业，它一方面要按照市场机制去进行生产和销售，另一方面又必须为普通民众提供基本的住房保障，承担起维护和促进经济和社会稳定发展的责任。这就要求我们既不能片面地将房地产业看作是按照市场机制运行的经济产业，也不能简单地将房地产业当作是社会福利事业，而是要正确把握和处理好房地产业的经济属性与民生属性之间的关系，让房地产业回归到"民生产业"的定位。如果现在要说房地产业还是支柱产业，那就是赋予其新的内涵，即不是将它作为拉动 GDP 增长的支柱产业，而是以保障民生为宗旨、以完善住房保障为重要内容、以实现住有所居为目标的"民生性支柱产业"。

笔者认为，要让房子回到那些需要住房的人手里，需要房地产制度的重构。而房地产政策从"经济政策"回归到"民生政策"，是制度重构的前提和基础。要让房子真正成为"住的"而不是"炒的"的关键，在于房地产制度的重构和长效机制的建立。早在 2013 年的一次中央政治局集体学习时，习近平总书记就提出了中国房地产长效机制和制度建设的框架体系，要处理好住房建设上的"四大关系"，包括：政府提供公共服务和市场化的关系、住房发展的经济功能和社会功能的关系、需要和可能的关系、住房保障和防止福利陷阱的关系。特别是提出了构建以政府为主提供基本保障、以市场为主满足多层次需求的住房供应体系，明确了市场和政府的边界。这为房地产制度的重构和长效机制的建立指明了方向。未来房地产制度建设和长效机制建立，要以居住功能为出发点，以市场和政府各自的定位为基准，在土地制度、住房信贷制度、税收制度、住房保障制度以及租售并举的交易制度等方面构建起合理的、能够满足老百姓基本居住需求的制度体系，成为真正的民生产业。

笔者还认为，真正需要讨论和研究房地产业是不是支柱产业的，是经济发展部门的职责，因为这个问题关系国民经济发展的方向、内涵、速度和效益，讨论和研究是为了决策经济发展布局、投资等实务问题。对于普通大众而言，说不说房地产业是支柱产业，其实并不重要，我们不说房地产业是支柱产业，并不会抹杀房地产业的地位和作用，更不会忽视房地产业的存在和发展。人们只要认准房地产业是个民生产业，即关注房地产业发展是否符合社会和民众的需求，民众是否能够放心买（租）房、方便买（租）房、安全使用住房以及宽心付房款（租金），那就是民众的最大愿望了。

（作者单位：上海市房产经济学会）

住宅与房地产研究论文

对上海"十三五"房地产发展规划研究的一些思考

张泓铭

当前，上海正在研究和编制"十三五"房地产发展规划。作者有机会接触上述话题的讨论，现谈谈对于房地产规划问题的思考。由于涉及问题较多，每个问题可能都不太深入，或许还有谬误，诚请读者指正。

一、关于房地产经济（及指标）同国民经济的关系

房地产经济同国民经济的关系，是编制房地产发展规划的起点。需要理清两者的关系。现在，有一个观点需要辨析，即房地产经济要为国民经济服务，所以房地产规划指标要服从国民经济规划指标的需要。

作者认为，房地产经济受国民经济制约，并为国民经济服务是对的。但是，房地产指标要服从国民经济指标的需要，前提是国民经济指标必须客观合理、准确。须知，确定房地产指标不是先看国民经济指标有多少，而是根据房地产发展的客观需要（市场和非市场两方面）和可能（各种约束条件），相对独立地确定各项规划指标。这样的房地产规划指标，只要是客观的，也许低于或高于国民经济规划指标的要求，也应该被接受，不用人为地去凑合国民经济规划指标。

从规划编制的技术角度看，国民经济总指标是要同房地产及其他产业各项指标碰头的、协调的，并达到数字平衡；但绝非谁服从谁、简单地凑合合拢；而是各自客观估计、预测，然后从个体到总体、总体到个体、理性的、反复的协调过程，乃至收口。

二、关于上海房地产市场的需求

房地产需求，是房地产规划指标的根本依据，是规划编制最重要的基础。我对上海房地产市场现状的基本认识是：经过近 30 年的改革和发展，上海房地产的需求（含住宅和非住宅）已经得到较大程度的满足，并彻底告别房地产绝对短

缺、饥饿性短缺的历史阶段。我对上海未来5年房地产需求的粗略判断是：在政局稳定、经济稳定的前提下，房地产需求持续的温和增长是必然的；出现瞬时或短暂的购买热潮也有可能，但也不可能出现过去常见的排浪式、海啸式的持续抢购；把未来上海房地产需求的浪潮式放大寄托在彻底放开限购政策上，是对上海房地产市场现状基本格局的漠视，是很主观的，完全不必要。

三、关于上海土地市场的发展

从需求的数量角度讲，土地市场的发展完全依赖于房屋（包括其他建筑物）需求的发展。所谓对土地的需求，并非是最终需求，而是派生的需求，是由房屋的需求派生的。在此重复现代经济学这些人所共知的观点，是隐含着一个诉求：对于土地供给数量的安排，绝对不要以短期的经济增长和财政的角度去考虑，只能以房屋需求的角度去安排。明白一点讲，如果从房屋需求的角度去考虑土地供给，所能带来的短期经济效应或许并不理想，甚至会影响财政指标，那也只能这样安排。前文说到，上海未来5年房地产需求只能是温和增长，那么，对于土地的需求最多也应该是温和增长。

对于土地的需求最多是温和增长，供给呢？可能只是零增长甚至负增长。其中，有一个硬约束，就是中央对上海城市建设用地的要求——零增长甚至负增长。不管这样要求的合理程度有多少，执行是必须的。从更积极意义的角度，即从上海经济发展方式转变的角度来看——大力提高土地的使用效率，土地供给的零增长甚至负增长应该成为上海的内在要求，并在规划中予以体现。

在上海土地市场的发展中，有一个因素可能也是要考虑的。中共十八届三中全会《关于全面深化改革若干重大问题的决定》指出：建立城乡统一的建设用地市场。允许农村集体经营性建设用地出让、租赁、入股，实行与国有土地同等入市、同权同价。这些改革是否能在“十三五”后期实施？它的实施不一定影响上海土地供给的总量，却影响供给来源的分配。这是土地规划尤其是房地产用地规划中要考虑的。

四、关于上海住宅、非住宅的发展

上海住宅的现状是，存量比较充裕：以上海全部常住人口而言，一部分富裕家庭（或官或民）有几套，甚至一批房屋并不罕见；绝大多数中等收入家庭或者经历过动迁的家庭（含农民）有两套住房已成常态，三套、四套也非稀奇。以上家庭自住有余并提供给租赁或出售，成为市场供给的半壁江山。而且，党的十八届三中全会关于建立城乡统一的建设用地市场改革的决定，可能会将农民房屋转化为市场供给。在存量如此充裕的情况下，疯狂的抢购住宅恐怕很难再度发生。基于以上现状，上海未来5年的住宅消费需求(非纯粹投资需求)只会温和地增长，而且是可持续的，其主要来源是：数量不太多的本地户籍家庭，20年来住房条件没有得到明显改善，其中有一定的比例随着收入增长和财富积累可以逐步进入改善阶段；数量较多的非本地户籍家庭，其中有一定的比例可以逐步进入购买阶段；在上述两个群体中，包含了就业期稍长的年轻人，有较大的购买冲动；房屋充裕阶层要求住宅品质不断提升，由此形成的需求会稳步增长。请特别留意，这些住宅需求的主要特点是在自用基础上的"逐步"释放，它同投资性需求的突然"爆发"释放是完全不一样的。

谈到非住宅，目前上海的供给总量比住宅更为宽松，而需求发展比过去明显放缓。可能在较长的一个时期中，非住宅供给不会有总量短缺。原因有三个方面，一是过去几年的盲目开发，导致总量绝对过量，尤其是商业营业用房；二是国民经济的减速，导致各种非住宅需求全体减速；三是互联网商务的迅速发展，减少对房屋的实体需求。后面两个原因，具有较强的持续性。未来5年，上海对于非住宅的需求，从总量上说还可能温和增长。增长的原因是：上海经济增速早几年就在国内率先回落，经过几年来调结构的艰苦努力，现在看到一点企稳的迹象，"十三五"期间可能缓慢趋升；金融服务业，有可能因人民币的进一步开放而发力；以旅游为核心的服务业链条，有可能因迪士尼乐园的建成开放和大世界游乐场的重新开放而发力；北京非首都功能的转移，有可能让上海意外获益；大众创业、万众创新可能到了初步成功的转型期；等等。当然，其中有不确定性，所以把增长定位于温和是妥当的。未来5年，上海对于非住宅的需求，在结构上还有不少文章可做。从地区上看，浦东的前滩和中南部、新虹桥商务区可能是需要重点关注的；从品种上看，中小尺度的经营性楼宇更令人期待。

五、关于上海住房保障的发展

上海的住房保障工作，在制度创新上、在数量拓展上，还有在管理的细化上，历来走在稳健的路上，甚至领先全国。当然，上海不会故步自封，未来仍有改善的空间。

首先，住房保障的方式有调整的可能。鉴于上海的市场、非市场住宅数量发展都比较好，供给相对充裕，结构相对完整，尤其是大量动迁房源不断地提供了中小套型住房，可以为住房弱势群体所用。所以，在住房保障的方式上，可以逐步减少实物保障的比重，加大货币化保障的力度，让受保障者通过市场获得保障房源。这样，不仅减少政府投资、建造和运行保障房实物所带来的种种困难，也推动住宅市场的良性循环。

其次，三种住房实物保障形式有统筹的必要。目前的廉租房、公租房、共有产权房(经济适用房)，三种实物形式是分别运行的。包括资金配备、房源筹措、租购、配后管理等都是分别进行的。这不利于人力、物力的统一调度和提高效率。为提高效率，需要新建立一个实体性的保障房机构(比如在现有各区公房管理公司、公租房管理中心的基础上充实提高)，把三种形式的保障房加上原来的老公房实物由此机构统一投资、筹措、租售、核算等，最后形成一种统一的保障性房源，但实物保障的方式只有两种，廉租房和廉价房。政府对此类专业保障房实物运行机构，要给予全免税的优惠。同时规定，此类机构的全部盈余应该全部用于住房保障。

第三，保障房实物租、售上的细化安排。在保障房租、售处理上，目前比较固化。对于被保障者来说，要么就是租，要么就是买，买的话就是一个比例。参考英国的经验，可考虑租赁者在一定年限以后向购买方式转化。即便是购买，可以全买可购买的部分，也可以降低比例灵活购买，保留部分租赁或同政府的共有产权。这样做，可以适应被保障者的多样性，也提高政府保障房资金的使用效率。

六、关于上海物业管理的发展

上海的物业管理有两个问题要继续努力解决，即管理质量和收费。有几个设想，可予一试。

一是对于物业管理收费的人力成本部分，政府定期发布指导性调整幅度。因为，人力成本是物业管理收费的主要部分，积累到一段时间的确需要提高的。具体到实施，需要物业公司同业委会双方共同商议决定的这个环节，以免一方滥用提价权。在法律层面上，应对严重欠交物业管理费的业主，设置交易障碍或不诚信记载的规定。

二是对于物业管理者的选择，要坚持走市场化的方法，让业委会自主竞聘选用，而非开发商指定(除了首度聘用)。为让这个过程顺利实施，可以引进第三方监督，如物业管理协会或业主委员会协会(见下文)等。

三是研究建立业主委员会协会。现在，代表各种利益的民间团体基本没有缺位，比如，管理房屋的物业管理公司有它的利益代表——物业管理协会；但是，代表业主利益的民间团体恰恰没有设立。这同房屋和业主的重要性显然是不吻合的。研究设立业主委员会协会，有很强的必要性和紧迫性，比如需要参与以上一、两项事务等。

四是鼓励物业管理公司同其他公司联合，利用互联网工具实行物业管理的O2O方式，以提高物业管理效率、降低成本，并开拓新的服务及收益门路。

七、关于上海房地产业的转型

房地产业转型，包括整个产业的转型和企业的转型，基本上属于市场的范畴和产业、企业自主权的范围。同时，政府规划也需要关注和导向。

房地产产业和企业，在转型方向和策略的选择上，一般会从中长期投资回报率的角度来考虑。这是自然的、正常的。作者以为，有若干理念是需要提醒的。总体的理念为：房地产业要从狂野增长向文明增长转型。具体包括四点：

稳健增长。这是指房地产企业经营增长的速度和效益两个方面。房地产业是万岁行业，值得长期坚守。但是，发展速度特快、很快，效益特高、很高的年代一去不复返了，投资回报的平均化年代已经到来了。心态要放平稳，步子要走稳健。

品质增长。这是指房地产产品的设计品位和建设质量两个方面。多年来，企业追求的重点是设计品位，一高再高。但是建设质量呢？大部分差强人意，包括一批知名企业也在起坏榜样。这同片面的速度和效益论相关。未来，要在建设质量提高的基础上追求效益下大功夫，事实上，未来可持续的买方市场也迫使企业不得不这样做。

绿色增长。房地产绿色增长的内容，一般可以包括省地、节能、环保三个方面，它既是稳健增长的实现方式之一，也是品质增长的必要内容。多年来，绿色房地产在大部分情况下，只是装点门面和营销噱头。未来，恐怕要真刀真枪干，才能成为实现超额利润或保住平均利润的利器。

创新增长。创新有大有小，每个企业都应该有创新意识。通过聚沙成塔、日积月累的小创新，企业也能取得经营成效，基本无风险，需要大力推广。这是一种形式的创新增长。作为转型的重要策略和方式而言，创新增长又是指企业经营重大的、方向性的转变。这种创新增长，搞好了收益极大，搞砸了风险也极大，对产业经济和地方经济都有影响，既需要眼光和魄力又需要谨慎。

八、关于上海房地产市场的调控

“调控”在经济学上是一个中性词，多年来在房地产市场问题上，却给“污名化”了。在对调控本义中性理解的基础上，作者提出一些看法。

党的十八届三中全会提出，经济调节包括了“市场决定和政府作用（调控）”两个方面。那是完全正确的，相当完整的。单单强调一个方面，都会有后患。这些，应该成为人们对于房地产市场调控的一个基本态度。

观察十多年来全国和上海房地产市场上上下下、政府调控起起伏伏的历程，似乎可以发现一个现象：对房地产期待越高、关注越多、变化就越频繁，房地产市场并不见得很稳定；反之，期待、关注、变化少一点，市场并不见得特别动荡。这似乎是无为而治的老调。其实，一切在于对于房地产在国民经济中地位和作用的认识和期望。房地产的地位和作用是客观存在的，但是，如果期望过分，必然加重它的责任。然后是，过分的关注、关照，过分的变化。关键是期望过分了，其背景当然是发展问题上的心理失衡——焦躁心理。

鉴于历史的经验，未来人们对于房地产的期望是否可以减少一点，给它的压力减轻一点，随之，期望值和市场实际的差距也少一点，需要的政府调控和变化也会少一点，这样市场的稳定就容易达成。如果这样的道理成立，则在未来的规划中，对房地产发展各项指标的设置，需要更加客观、更加实际、更加平和，较高的指标设置绝对需要避免。这样的想法，也同前文关于房地产经济（及指标）同国民经济的关系、关于未来上海房地产市场需求的阐述，内在是一致的。

九、关于上海旧区改造的发展

上海的旧区改造经历了二十多年的快速发展，成就巨大。未来，还有很大的改造空间，有几个方面在“十三五”期间可加以考虑。

首先，某个地块是否需要改造，要综合考虑民生、经济收益、城市观瞻三个方面的要求。当三个方面无法全优的情况下，把民生放在第一应该毫不犹豫。民生第一，不是不要算经济账，不是不要改造的赚头（平方米、利润和政府收支）的蛮干。经济账要算，改造的赚头也是要的，甚至城市观瞻也是要紧的。但那是在民生第一前提下的兼顾，而非倒过来。以此观点看，上海还有许许多多的旧城区亟待改造，尤其是闸北、杨浦、虹口。

其次，所谓纯净功能区的观念和做法，需要反思和调整。多年来，在中心城区改造中，商务功能区的观念过分强化，其做法是多建办公楼和商业用房，少建或不建住宅，即便安排建造住宅，也一律高档以便老城居民走开。其结果是，功能单一、形态单一、人群和就业结构失调、交通结构失调……改造后的综合成效并非最佳。改变的主要方向是非住宅和住宅要合理配比，中、高档住宅要合理配比。

再次，运用住房保障的政策和合作建房的办法，加快旧区改造。旧区改造有许多老大难问题，主要是账算不过来，或赚头不多，不好安排。在民生优先的前提下，是否可以借用住房保障的政策，政府不要赚头给予建设保障房一样的优惠，由开发商同当地居民合作建房，只取很少的赚头。这种做法，先在弱势群体居民占比高的零星小地块上试行，待有成功经验后扩大，也许可以成为加快旧区改造的有效方式和办法。

（作者单位：上海社科院部门经济研究所）

共有产权住房与马克思地租理论

严　荣

在推动住房制度调整与完善的进程中，一些地方结合实际情况将共有产权住房引入到住房保障和供应体系之中。对住房保障工作而言，共有产权住房是一种政策工具，旨在更有效地缓解部分中低收入群体的住房困难问题。从住房理论角度看，共有产权住房并不仅仅是对原有经济适用住房（“经适房”）政策的简单修补，而是回应了我国住房制度改革推进中面临的主要矛盾，回答了在社会主义市场经济中如何完善住房保障体系的问题，有着非常重要的理论和现实意义。从马克思主义有关土地和住房问题的视角展开分析，既有助于梳理共有产权住房的主要特征，又可以阐释共有产权住房的现实有效性。

一、共有产权住房兴起的背景

共有产权住房的兴起，既是对已有住房保障政策的调整和完善，更是在一定程度上回应了我国住房制度发展与完善过程中面临的一些主要矛盾。

1. 土地财政催生利益固化的藩篱。在城市化发展过程中，受多重体制和机制的影响，土地收入成为地方政府预算及非预算收入最主要的来源，因而被称为“土地财政”模式。在这种模式中，地方政府“利用大规模的土地出让收入和已征收的大量城市建设用地，通过财政担保和土地抵押的方式取得更大规模的金融贷款来投入城市建设……这样一来，土地收入——银行贷款——城市建设——征地之间形成了一个不断滚动增长的循环过程”。土地财政一方面推动了城市建设，另一方面也通过推高土地等要素价格而使房价不断上涨。更为严重的是，由于土地财政给地方政府、房地产开发企业等主体带来了巨大利益，从而催生了一些利益固化的藩篱，存在阻碍住房制度改革深入推进的既得利益动机。

2. 房价过快上涨制约着经济社会的健康发展。住房价格近些年来的上涨速度远远超过了普通居民的收入增速，突出表现为普通居民的住房可支付能力不断减弱。研究表明，“当前我国城市居民能承受的房价收入比的合理上限约在

4.38—6.78倍之间。放宽来说，当前我国城市居民能承受的房价收入比的最高限无论如何不应超过7倍”，但通过对35个大中城市的实证分析发现，“我国房价收入比明显大于7倍，达10倍左右”。房价过高与普通居民可支付能力日益减弱的局面，不仅形成了危及经济社会平稳健康发展的房地产泡沫，而且影响到普通居民的生活质量，引发大量社会问题。

3. 住房资源配置失衡扩大了社会收入差距。“根据第六次全国人口普查的数据，中国城市48%的家庭通过市场购买方式获得住房（其中17%的家庭购买原公有住房），23%的家庭租赁商品化住房，16%的家庭是自建住房，8%的家庭依靠住房保障（其中4%的家庭购买经适房）解决住房问题，另有4%的家庭通过其他方式获得住房资源”。这些数据反映出两方面问题，一是我国的住房保障覆盖率仍然较低，二是“特殊的历史身份”对住房资源的获得具有显著影响，如购买原公有住房、动迁配售安置房等。面对当前的住房资源配置格局，如果只以租赁方式扩大住房保障覆盖面，不仅不会缩小资源配置的差距，反而会成为进一步加剧社会贫富两极分化的扩大器，因为住房资源的所有权已经成为普通居民分享经济社会发展的最主要途径。“我国当前的住房问题，绝不仅仅是住房消费的不公，更多的是住房财富的分配不公，而且由住房财富分配不公进一步加剧了社会贫富两极分化，住房成为家庭财富的扩大器，住房制度成为社会两极分化的加速器”。

二、共有产权住房的概念与主要特征

在住房发展过程中，共有产权住房既有历史渊源，也有国外经验。比如，有研究者提出，“我国早期的合作社住房，或合作建房或集资建房以及传统意义上的经济适用住房，均可看作是共有产权住房的雏形”。在海外，英国自20世纪80年代以来较为广泛地采用了共有产权（shared ownership）方式，以促进住房自有率的提高和缓解中低收入家庭的购房压力。另外，澳大利亚、美国、加拿大等国也探索了不同模式的共有产权住房。

（一）共有产权住房的概念

“共有产权”是指两个以上的权利主体对同一财产享有所有权。共有人可以是自然人，也可以是法人，如夫妻共有财产、合伙财产、共同接受赠予等。我国《物权法》专门辟有一章规范“共有”的法律关系。其中，第93条规定：“不动产或者动产可以由两个以上单位、个人共有。共有包括按份共有和共同共有。”“按份共有”是指共有人对共有的不动产或者动产按照其份额享有所有权；“共同共有”

是指共有人对共有的不动产或者动产共同享有所有权。

当前我国一些地方探索推行的共有产权住房，除购房人外，共有人一般是住房保障机构。比如，上海市在推行共有产权保障房的过程中，在购房合同中约定房地产权利人与住房保障实施机构各自所持有的份额，并在房地产登记信息中予以载明。由于住房保障机构与购房人之间“并不存在法律上特殊的结合关系”，因而我国目前的共有产权住房是按份共有的模式，而不是共同共有的关系。以上海为例，在共有产权保障房出售时，参考周边普通商品住房房价，根据共有产权保障房中政府直接或间接的各种投入和购房人的投入所占的不同比例，设定政府和购房人不同比例的产权份额。

当然，共有产权住房的共有人并不必然是政府部门，既可以是各类法人，也可以是自然人。比如，在英国的政策实践中，除购房人外，共有产权住房的权利主体一般是住房协会（Housing Association），它是介于政府与市场主体之间的社会专业组织。通常，由符合条件的家庭向住房协会提出申请，根据其支付能力出资购买住房协会所拥有住房的一定份额的产权（25%—75%之间），并对剩余部分的产权支付优惠租金，从而形成购房人与住房协会按各自比例共同享有所有权的共有产权住房。

据此，可以将“共有产权住房”界定为两个以上的权利主体按份享有所有权的住房。其中，如果共有人是政府部门或其他公共组织，主要目的是为了缓解中低收入群体的购房支付能力不足问题，就是具有保障性质的共有产权住房。鉴于我国当前一些地方的政策实践是完善住房保障体系的探索，因而本文的分析对象是保障性的共有产权住房。

（二）共有产权住房的主要特征

相比其他住房政策工具，共有产权住房至少具有以下三方面特点。

*1. 政府与保障对象构成按份共有的关系，体现住房的权利束特征。*住房所有权不是简单的一项权利，而是一束权利，即包括占有、使用、收益和处分等在内的权利集合体。从权利束角度看，这些权能可以适当分离。共有产权住房以分割产权份额的方式体现了住房权利束的特征，在一定程度上兼顾了住房保障资源的消费和投资属性。一方面，具有一定支付能力的住房保障对象可以通过共有产权方式拥有属于自己的住房，既实现安居，又能分享产权住房所带来的收益；另一方面，政府或其他公共组织以共有权利人身份对共有产权住房的占有、使用、收益和处分都享有合法权利，能实质性地参与住房保障资源的使用和处分。

2. 政府的保障投入显性化，增强住房保障资源供应的可持续性。通过共有产权住房的合同约定，将当事人之间的产权比例、权责义务、收益分配等予以明确。这一方面将政府提供的各种直接或间接投入（如投入的市政、公用等配套资金，减免的土地出让金、行政事业性收费及其他税费等）显性化，避免国有资产的随意处置或流失，另一方面也能以产权份额方式使政府的各种投入实现流动性和收益性，从而增强政府的保障能力，提高住房保障效率。

3. 产权份额可以弹性调整，满足差异化的住房需求。传统的住房政策工具，要么鼓励购买完全产权的住房，要么倡导租赁完全没有产权的住房。但是，这种"有和无"的简单"二分法"既不适应住房需求的差异特性，也不利于住房资源的优化配置。由于共有产权在份额设计上可以大致实现连续性，住房保障机构和购房者可以在合同约定的框架下，相对自由地设定共有产权份额，从而满足了差异化的住房需求。比如，英国的共有产权住房已经允许动态调整，即购房人既可以根据自己的收入状况逐步购买住房协会的产权部分，也可以因收入下降等原因向住房协会申请降低自己所拥有的份额比重。

三、马克思地租理论的分析框架

结合马克思在《资本论》第三卷中关于级差地租和建筑地段的地租等相关论述，不仅可以厘清我国当前住房领域存在一些突出矛盾的根本症结，而且有助于深化对共有产权住房的认识。

（一）城市级差地租的实质

在《资本论》第三卷中，马克思非常清晰地阐明了地租的来源、本质特征和决定因素："一切地租都是剩余价值，是剩余劳动的产物"；"不论地租有什么独特形式，它的一切类型有一个共同点：地租的占有是土地所有权借以实现的经济形式，而地租又是以土地所有权，以某些个人对某些地块的所有权为前提"；"地租的量完全不是由地租的获得者决定的，而是由他没有参与、和他无关的社会劳动的发展决定的"。

对于级差地租，马克思认为由于土地有限，而且在质量和生产率方面存在差异，从而产生了级差地租。但是，作为生产条件，土地的质量优劣和生产率的差异只是产生级差地租的条件和基础，土地经营的垄断才是产生级差地租的原因。而且，只有当土地自然条件的差别与土地经营的垄断相结合时，才可能产生级差地租。进而，马克思区分了级差地租的两种形式：级差地租Ⅰ和级差地租Ⅱ。前者是指在地理位置较好，土壤较肥沃的土地上创造的超额利润转化的地租；后者是指在同一块土地上连续追加投资取得高于劣等地的劳动生产率而带来的超额利润所转化的地租。

尽管主要分析的是农业地租，但马克思在《资本论》第三卷第四十六章中开头就指明："凡是有地租存在的地方，都有级差地租，而且这种级差地租都遵循着和农业级差地租相同的规律。"因而，对于城市建设用地，其级差地租的实质在于建筑地段或连续追加投资形成的超额利润所转化的地租。

（二）城市级差地租的影响因素

1. 主要特征。虽然城市级差地租和农业级差地租都遵循相同的规律，但由于用途不同，马克思在论述中总结了三方面特征："这种地租的特征，首先是位置在这里对级差地租具有决定性的影响；其次是所有者的明显的完全的被动性，他的主动性只在于利用社会发展的进步，而对于这种进步，他并不像产业资本家那样有过什么贡献，冒过什么风险；最后，是垄断价格在许多情况下的优势……以及这种土地所有权所产生的巨大权力。"从城市级差地租的角度，可以将马克思的上述论述归纳成几个要点：地理位置具有决定性作用；城市级差地租不应由土地所有者或土地使用权拥有者独享，而应由全社会成员共享；土地垄断价格是城市级差地租的主要来源。

2. 增长因素。在论述建筑地段的地租上涨时，马克思认为："不仅人口的增加，以及随之而来的住宅需要的增大，而且固定资本的发展（这种固定资本或者合并在土地中，或者扎根在土地中，建立在土地上，如所有工业建筑物、铁路、货栈、工厂建筑物、船坞，等等），都必然会提高建筑地段的地租。"可见，需求增加和固定投资是推高地租的重要因素。

3. 限制因素。马克思认为，土地是"一般的劳动资料，因为它给劳动者提供立足之地，给他的过程提供活动场所"，"空间是一切生产和一切人类活动所需要的要素"。由于这种基本居住需求，"会提高土地作为空间和地基的价值，而对土地的各种可用作建筑材料的要素的需求，同时也会因此增加"。但是，这种增加不能是无限制的。"在这里，社会上一部分人向另一部分人要求一种贡赋，作为后者在地球上居住的权利的代价，因为土地所有权本来就包含土地所有者剥削土地，剥削地下资源，剥削空气，从而剥削生命的维持和发展的权利"。这种"生命的维持和发展的权利"是社会生产关系的重要内容，"一旦生产关系达到必须改变外壳的程度，这种权利和一切以它为依据的交易的物质源泉，即一种有经济上和历史上存在理由的、从社会生活的生产过程中产生的源泉，就会消失"。

(三)城市级差地租的理论模型

基于上述对马克思有关城市级差地租的回顾性叙述,在此尝试着用数理形式概括性地表述有关原理和机制,使之更为简单明了。

假定P为“一般的调节市场的生产价格”,r为绝对地租,那么

$$P+r=f\{k, c(y), h, z\} \qquad (1)$$

其中,k是“旧租地上的追加投资”,c(y)是受收入水平影响的消费者的需求和支付能力,h是土地所有者之间的竞争,z是人们谋求维持和发展的基本权利。

四、运用马克思地租理论分析共有产权住房

将马克思有关城市级差地租的理论运用于分析当前我国的共有产权住房政策实践,能够在一个相对完整的框架下系统地阐释共有产权住房的本质特征,并为完善住房保障和供应体系提供一些有益启示。

1. 打破土地财政的利益藩篱,探索一条以土地作为国有资源直接服务于民生的新途径。在共有产权住房的政策实践中,政府不是以土地出让方式获取收入,而是将其作为投入,以产权形式固定下来,这既在一定程度上打破了既有的土地财政循环模式,又探索了以土地作为国有资源直接服务于民生的新途径。

在减少土地出让收入后,地方政府的短期收入会减少,但由于以产权形式固定下来的属于政府部分的共有产权收益,在若干年(目前一般为5年)后上市转让时,不仅能够全数收回,而且随着市场发展以及住房周边基础设施配套逐渐完善,地方政府能分享到住房升值所带来的增值收益。这与当前通过土地出让一次性获得收入的模式截然不同,因为通过共有产权的模式,地方政府不仅能控制土地市场的炒作和投机,而且能有效地分享到土地本身的增值收益。

马克思对土地市场的投机看得非常清楚。他指出,“在迅速发展的城市内,特别是在像伦敦那样按工厂方式从事建筑的地方,建筑投机的真正主要对象是地租,而不是房屋”,并引述伦敦一个大建筑投机家的证词予以说明:“……除此之外,他还必须从事建筑投机,而且必须大规模地进行;因为,建筑业主从建筑本身取得的利润是很小的,他通过提高地租,取得他的主要利润。”马克思当年的分析对思考中国当前土地市场的投机情况依然颇有启示。尽管城市土地是国有的,但在通过“招拍挂”等程序出让后,土地的增值收益大部分都被开发企业所获得,但这种收益对开发企业而言,是“明显的完全的被动性,他的主动性只在于利用社会发展的贡献”。

在改变土地出让收入的传统模式后，地方政府要通过不断完善共有产权住房的基础设施配套，使其地理位置优势更加有利，也即通过“旧租地上的追加投资”，获取更高的级差地租。这将对地方政府在住房市场中的行为起到很明显的引导作用，从既有的出让土地改变为更加注重居住区的环境质量。

2. 增强居民的可支付能力，抑制住房资源对收入差距的扩大效应。通过共有产权的制度设计，让部分有一定支付能力的群体拥有共有产权，可以有效地抑制住房资源配置失衡对收入差距的扩大效应。尽管是一定份额比例的产权，但也能以此为纽带分享到经济社会快速发展所释放的红利。“对保障对象而言，既解决了居住困难，又可以在出资额度内享受房产增值的收益，为今后家庭条件改善时进入住房市场提供了可能”。

在马克思的城市级差地租理论中，消费者的需求和支付能力是一个重要因素。但在中国当前的住房供应体系中，由于基本住房保障的准入门槛较高，而且以租赁型住房为主，而市场化的商品住房价格经历了持续的快速上涨，使得存在一个较庞大的“夹心层”群体，也就是指既无法享受基本住房保障，又缺乏足够的市场支付能力的群体。如果缺乏有效的政策支撑，这个庞大的“夹心层”群体将在经济社会发展中长期处于弱势地位，从而强化社会的两极分化格局。

对于包括上海在内的一些大城市，由于兼具房价较高、老龄化程度更严重和就业与发展机会更为充分等特点，较多年轻人在住房方面主要面临初始支付能力不足的问题，但其收入在不断提高。如果采取合适的政策，比如通过共有产权方式降低初始住房支出的门槛，不仅有利于部分年轻人在大城市立足，而且体现出政府、社会与年轻人共同发展的导向，有助于增强城市社会的活力和凝聚力。

3. 彰显社会主义的体制优势，形成符合国情的住房保障和供应体系。由于地理位置的固定性，土地市场具有强烈的地域性特征，不同建筑地段的土地所有者之间的竞争程度(h)较小。马克思在论述中不仅分析了这种特征对级差地租的实质性影响，而且创造性地阐述了这种特征对生产关系的潜在影响。在社会主义制度中，城市的土地属于国家所有，从制度上消除了“土地所有者剥削土地，剥削地下资源，剥削空气，从而剥削生命的维持和发展的权利”的可能性，具有体制优势。

要充分发挥社会主义的体制优势，在住房问题上既不能走福利分房、住房完全公有的老路，也不能完全依靠市场、住房完全市场化，而应该以共有产权方式将政府与市场相结合，将住房保障与住房市场相结合，将土地国有与住房资源配置相结合，形成符合中国国情的住房保障和供应体系。

具体而言，将共有产权住房定位于介于基本住房保障与市场化商品住房之间的政策性住房。从这个角度看，整个住房保障和供应体系包括基本住房保障、政策性住房和市场化住房三大类别。与此相对应，政府的主要职责分别是救助、帮扶和引导。作为一种政策扶持的共有产权住房，是每个公民在其生命周期内都享有机会申请的住房。“从理论上讲，每一个公民在其一生中应该有一次机会得到政府以成本价供应的住宅。同时，这套房子还应该有机会成为公民的私人财产。这就是政府满足公民居住权和资产形成权最基本的社会政策理念”。

五、结语

基于马克思的城市级差地租理论，可以看到共有产权住房的实践探索回应了我国住房制度改革中面临的一些主要矛盾，回答了在社会主义市场经济中如何完善住房保障和供应体系的关键问题。作为一种政府与保障对象按产权份额共同持有的政策性住房，共有产权住房不仅有助于缓解普通居民支付能力不足的问题，而且有助于打破土地财政的利益藩篱，形成符合中国国情的住房保障和供应体系。但是，要有效发挥共有产权住房的积极意义，当前亟须加强相关政策研究和顶层设计，通过法律法规明确共有产权住房的政策定位，规范其建设、供应、分配和后续管理等问题。

（作者单位：上海市房地产科学研究院）

发展住房租赁市场的若干法律问题研究

庞　元　崔光灿

党的十九大报告提出，未来要“坚持房子是用来住的、不是用来炒的定位，加快建立多主体供给、多渠道保障、租购并举的住房制度，让全体人民住有所居”。住房制度改革以来，我国以销售为主住房市场得到了快速发展，有效满足了多数家庭的住房需求，但社会上对住房租赁市场发展关注不够，法律保障不足，在住房租赁立法的实践与理论认识上，都还需要进一步探索。

一、上海住房租赁市场发展的现状

上海住房租赁市场发展相对较快，逐步形成了公有住房、保障性租赁住房和市场化租赁住房等多种形式的租赁市场，解决了上海三分之一以上常住市民的住房问题。

保障性住房租赁市场主要是公共租赁住房和廉租住房，针对上海常住人口中的住房困难家庭。目前上海市、区都建有公租房运营机构，至 2017 年上半年，上海建设、筹措各类公租房约 15 万套，供应约 11 万套，已供应房源平均出租率 87%左右，房源退出和循环使用平稳有序，已进入良性发展轨道。

市场化的住房租赁主要是私人住房租赁市场，其规模较大、分散性强，准确数量还缺乏统计。根据 2015 年上海市 1%人口抽样调查数据，全市约有 36%的家庭通过租赁解决住房问题。在城镇居民家庭中，约 34.7%的家庭通过租赁解决住房问题，其中约 4.9%的家庭租赁廉租住房或公共租赁住房，约 29.8%的家庭租赁其他住房。市场化租赁住房市场中，还有一部分是机构代理经租的房源，将社会分散住房统一管理、规范租赁，有的公司手中的房源已达到数万套，对于租赁市场的规范发展起到了较好作用。

目前上海还有未售公房 80 万套左右，由承租对象“租用”，这些住房虽是住房租赁体系的构成部分，但又不同一般的市场化住房租赁。

上海住房租赁市场发展虽然较快，但由于仍以分散的家庭供应为主，租赁市场的规范发展还较滞后，表现为租赁关系稳定性较差，租赁双方特别是承租人权益保护不够，租赁信息不完善、不准确，政府对租赁市场的监管缺乏有效的手段等。这些问题的解决，离不开住房租赁相关的法制建设。

二、住房租赁市场法律法规建设现状

我国的住房租赁法律法规建设总体比较滞后，且缺少专门针对住房租赁的立法，相关规定散见于相关法规，且未成体系。其中，主要有1995年的《城市房地产管理法》，对房屋租赁作专门的一节规定。同年，原建设部出台的《城市房屋租赁管理办法》，是第一部较系统的房屋租赁法规。1999年实施的《合同法》对房屋租赁确定了两项有针对性的规定：一是“买卖不破租赁”；二是“优先购买权”。2011年《商品房租赁管理办法》开始施行，是现时关于房屋租赁较完备的一部法规。

上海的住房租赁市场的发展，实际上就是住房租赁政策逐步放开，逐步规范的过程，大致分为三个阶段。

第一阶段，《城市房地产管理法》发布前的有关房屋租赁法规，主要是对公有房屋租用和私有房屋租赁行为进行规范，其中公有房屋租用法规主要有：《上海市公有房屋租赁管理办法(试行)》《上海市城镇公有房屋管理条例》等。私有房屋租赁法规主要有：《城市私有房屋管理条例》《关于加强私有出租非居住用房管理意见》《上海市私有居住房屋租赁管理暂行办法》等。这期间政策法规的主要特点是：强化行政管理，对房屋租赁活动进行严格管制，以适应计划经济时期福利性住房分配制度，着重解决居民家庭的租住需要。例如规定：公有房屋只能出租给本市居民和单位；任何个人和单位不得私自转租、转让公有房屋，擅自转租、转让公有房屋的，或通过住房交换非法牟利的，由房管部门按规定进行查处等。私有房屋租赁双方可参照《上海市私有居住房屋月租金暂行单价》的标准，协商议定房屋租金，在规定范围内进行浮动。凡超过规定标准收取的租金均作为非法所得，由区县房管机关给予没收，并处相应的罚款；房屋租赁期满，租赁双方可协商继续租赁或中止租赁，但在承租人未找到房屋前，出租人不得强制逼迁。

第二阶段，指《城市房地产管理办法》颁布后至《上海市房屋租赁条例》发布前。如根据原建设部《城市房屋租赁管理办法》制定了《上海市实施〈城市房屋租赁管理办法〉的意见》，并先后下发了《关于印发上海市职工所购公有住房上市出租试行办法的通知》等政策规定。这期间政策法规主要特点是：规范、放开和搞活，及时对住房租赁政策进行了调整，培育发展住房租赁市场，全面启动居民住房消费，实现租售并举。

第三阶段，是《上海市房屋租赁条例》发布后出台的有关政策法规。随着本市房屋租赁政策的逐步放开，市场化房屋租赁活动日趋活跃，公有房屋租赁也通过转租和差价交换逐步过渡到市场化租赁的轨道。市人大制定了《上海市房屋租赁条例》。需要注意的是，在该条例中凡涉及公房租用，特别是公有住房租用的，均用"但书"表示例外。为加强本市的人口综合调控工作，制定了《上海市居住房屋租赁管理实施办法》。2011 年 7 月，上海出台了新修订的《上海市居住房屋租赁管理办法》。2014 年，出台了《关于加强本市住宅小区出租房屋综合管理的实施意见》，并同步修订了《上海市居住房屋租赁管理办法》。明确了综合管理目标，从深化人口服务管理综合调控出发，以合法稳定就业、合法稳定居住为基准。严格了"群租"认定标准，梳理了"群租"综合治理流程，同时强化房屋租赁相关主体责任，包括重申出租人应对出租房屋的安全负责，转租人转租住房不得以营利为目的，承租人应对出租房屋的使用安全负责等。

三、对住房租赁权的几点认识

（一）住房租赁权不同于一般的债权

住房租赁首先是一种债务关系，出租方负有按租赁合同约定将房屋交付给承租人占有、使用的义务，承租人则负有按合同约定支付租金的义务，两者互为对价。但需要注意的是，住房租赁也具有物权关系的特点，或者说具有一定物权性质，这表现在下面几点。

第一，租赁权具有对抗物权优先性的效力。《合同法》第 229 条规定：租赁物在租赁期间发生所有权变动的，不影响租赁合同的效力。《担保法》第 48 条规定：抵押人将已出租的财产抵押的，应当书面告知承租人，原租赁合同继续有效。这是"买卖（抵押）不破租赁"原则的明确体现。在学界普遍认为租赁权是一种债权的前提下，这被认为是物权优先性的一个例外，即先成立的债权可保有效力而不被后成立的物权所破除。

第二，房屋承租人享有优先购买权。《合同法》第 230 条规定：出租人出卖租赁房屋的，应当在出卖之前的合理期限内通知承租人，承租人享有以同等条件优先购买的权利。

第三，承租人的优先承租权。我国一些地方性法规对优先承租权进行了规定。如《深圳经济特区房屋租赁条例》第 42 条规定:“租赁期限届满,……在同等条件下,承租人有优先承租权。”《上海市房屋租赁条例》第 44 条规定:“房屋在租赁期满后继续出租的,承租人在同等条件下享有优先承租权。”

第四,规定房屋租赁必须进行租赁合同登记备案。我国的《城市房屋租赁管理办法》规定,签订、变更、终止租赁合同的,当事人应当向房屋所在地直辖市、市、县人民政府房地产管理部门登记备案。在近现代民法中,债权素无公示之要求,而物权的享有和转移则需采取公示原则,不动产物权的公示方法为登记,动产物权的公示方法为占有和交付。

(二) 市场化住房租赁、公房承租与土地批租概念的异同

市场化住房租赁关系本质是一种经济关系,出租人将房屋一定阶段的使用权让渡给承租人,但承租人要按市场价格支付租金,在市场经济上体现为一种等价交换的行为。

但需要明确的是,目前公有住房承租是不同于市场化住房租赁的。因为公有住房承租权实质上属于“准物权”。从福利分房时代开始,公有住房产权与使用权就已经分离,在相关政策中对承租人明确了近似于物权的权利:一是公有住房租赁具有“永租权”的性质,租赁期限没有时间限制,非法定理由不能解除租赁关系。二是承租人可通过房改政策以优惠价将承租的公有住房购买为产权房。三是公有住房在被征收时,承租人可获得 80%的补偿金额,出租人只能获得 20%。四是公有住房承租人在进行房屋转租时,无须出租人同意。符合条件的公有住房可通过差价换房,与其他公有住房或者商品住房交换承租权或所有权。上述规定都赋予了公有住房承租权“准物权”的地位。此外,公有住房租金水平与市场租金相比极低,租金收入不产生经济效益,甚至不能弥补房屋管理和维修养护成本。公有住房租金不同于市场化租赁,租金支付义务不再是基于住房使用权的对价让渡,实质是公有住房名义所有人(管理人)向使用人收取的管理费用。所以,我们可以姑且将公有住房承租权称为“准物权”,一是物权需要法定,我国相关法律尚没有明确其为物权;二是公房承租权还不是担保物权,物权的属性还不完备。

同样,土地批租也不同于住房租赁。土地批租不是真正经济意义上“租赁”,实质是将土地使用权出让的土地供应制度,是国家作为土地所有权人将土地权的经营权、使用权按一定期限有偿转让给受让人的行为。实质上是国家在完成土地国有化之后所采取的土地分配方式。一般的市场化住房租赁合同是一种“债权”,所以租赁期限不得超过 20 年,而土地批租是在土地所有权上设定的用

益性限定物权，所以使用期限可以设定为40年到70年，土地出让合同规范的是一种“物权”。因而，“国有建设用地使用权”作为担保物权是可以抵押的。

四、住房租赁合同登记备案相关问题

(一) 不动产登记的法律渊源及其作用

不动产登记是保护和管理不动产及其权利的法律工具，已成为实践与理论界的共识。但对不动产物权变动是否需要经过登记，登记具有的效力，有两种不同的观点。

一是登记与否不影响物权成立或变动效力，即没有经过登记的房地产买卖，仍可确认产权。在法律理论上，称为意思主义，倡导当事人意思的绝对效力，当事人之间仅因其意思表示一致即可使物权发生变动，其代表是1804年《法国民法典》(也称《拿破仑法典》)。这种情况下，登记所起的作用是对未登记交易的对抗力，称为“登记对抗模式”。即获取登记的不动产权利受让人享有对抗第三人的权利。在房屋买卖中，比较经典的例子是房屋可以一房多卖。

二是只有经过登记的物权变动才有效力，也就是说只有登记后才能确认产权，登记是物权转移的条件。这在法律上称为形式主义，更加注重交易安全，其奉行物权公示原则，物权变动须在物权公示之后方可生效。其法律渊源可追溯到罗马法，现代大陆法中有代表性的是德国民法。

我国《物权法》确立了不动产物权变动的登记生效模式，第9条规定“不动产物权的设立、变更、转让和消灭，经依法登记，发生效力；未经登记，不发生效力”。我国不动产物权变化只有经过“登记”才能承认产权，否则只能是“债权”。

我国采用登记生效模式，登记主要起两个基本作用，一是监管的需要，二是保护相关当事人权利。在房地产领域，登记包含三层含义：一是记载、公示；二是公权力的介入；三是涉及房地产转让的，未经登记的合同不生效。

(二) 住房租赁合同登记备案与租赁行为登记的区别

与住房租赁相关登记有两种情况，一是租赁合同的登记备案，见《城市房地产管理法》。二是租赁行为的登记，或人的身份的登记，见《治安管理处罚法》第57条规定“房屋出租人将房屋出租给无身份证件的人居住的，或者不按规定登记承租人姓名、身份证件种类和号码的，处200元以上500元以下罚款”。这两者在法律效力和规范范畴上有明显的区别。租赁合同的登记备案是“文件”登记的范畴，主要影响合同的“对抗力”问题。而租赁行为(人的身份)的登记是从社会管理角度，为维护社会治安秩序，保障公共安全，保护公民、法人和其他组织的合法权益的目的出发，是一种社会行为的管理制度，是对当事人及其行为合法性管理。租赁行为登记与否与租赁关系是否成立，与租赁权保护没有直接的联系。

（三）住房租赁合同登记备案的法理基础及实践

多数国家法律也规定，通过登记确认房屋租赁权保护及其对抗力。普鲁士法率先规定，不动产租赁亦得因登记而有对抗力，此即“买卖不破租赁”原则。此后，世界许多国家都确立了这一原则。如《日本民法》《法国民法》、我国台湾地区“民法”等都有相关表述。之所以规定不动产租赁登记，立法者希望借此加强承租人的法律地位，使不动产租赁权具有对抗第三人之效力，从而保障租赁权的稳定性，保护承租人的利益。

所以，租赁合同登记备案制度在于使住房租赁权具有登记能力，并不是将登记备案作为租赁权生效的要件，而仅仅作为租赁权“买卖不破租”“优先承租权”“优先购买权”等物权性特权对抗第三人的条件，也就是说，未经登记备案的住房租赁合同，没有对抗第三人的效力，租赁人的相关权益将无法得到法律的保障。

在实践中，我国《城市房地产管理法》只是将“租赁合同登记备案”规定为一种“行政管理制度”，并没有明确规定登记备案的法律效力。而且一些法律实践如“司法解释”或多或少地弱化了住房租赁合同登记备案的效力。

第一，“非强制性”，没有经过登记备案的合同仍然有效，即“合同有效与否”与是否“登记备案”无关，如《最高人民法院关于审理城镇房屋租赁合同纠纷案件具体应用法律若干问题的解释》(2009)中第 4 条第一款“当事人以房屋租赁合同未按照法律、行政法规规定办理登记备案手续为由，请求确认合同无效的，人民法院不予支持”。

第二，经过登记备案的合同有“对抗力”，但这一对抗力仅体现在登记备案过的合同可对抗未登记备案过的合同，弱于已经“合法占有租赁房屋的”。同样见上述最高人民法院的解释第 6 条第一款：出租人就同一房屋订立数份租赁合同，在合同均有效的情况下，承租人均主张履行合同的，人民法院按照下列顺序确定履行合同的承租人：(一) 已经合法占有租赁房屋的；(二) 已经办理登记备案手续的；(三) 合同成立在先的。

即使如此，实践可以明确的是未经登记备案的住房租赁合同，将不能对抗经过登记备案的租赁合同，即如果第二个承租人虽然签合同在后，但他到相关部门做了登记备案，则法律上保护他的承租权。

五、住房租赁法律建设需要解决的重点问题

（一）现有法律法规与市场管理需要还不适应

一是法律法规建设体系有待健全。国外针对住房租赁的立法形式主要有两种，一是以单行法的形式规范住房租赁，二是在民法典中以一节或一章规范住房租赁。我国的《合同法》及相关法律并未严格区分住房租赁与其他租赁形式，导致有关规定缺乏针对性，在实践中遭遇了一系列难题。《城市房地产管理法》等法律法规涉及有关房屋租赁相关问题的规定，但仍不适应我国住房租赁实践的发展，需进一步对住房租赁法律制度进行完善。

二是住房租赁市场管理的法律依据不足。住房租赁虽是民事债权关系，但又是房地产市场的重要组成部分，大量孤立的住房民事租赁行为，构成了住房租赁市场。为维护市场规范、健康发展，就需要相应的管理，如果过于强调租赁的私法行为，减少行政干预，也将会影响房屋租赁市场的发展。目前，《房屋租赁条例》赋予管理部门的管理权限仅限于房屋租赁的客体方面。对于房屋租赁的主体管理和行为管理都未涉及，面对目前市场暴露出的许多问题和矛盾，管理部门无法直接介入，即使介入也缺乏有效的管理抓手。

（二）住房租赁法律法规中需要重点完善的方面

一是租赁双方及相关利益人的权利与义务界定。我国原有房屋租赁法规主要是约束租赁双方的经济利益，但对租赁双方的其他相关权利与义务的涉及较少，还不能适应实践的需要。比如：

1. 对租赁期间住房维修、安全使用责任、相关费用支出等，是需要通过法规的形式界定，还是由双方在合同中约定。

2. 承租方住房使用权及隐私权保护问题。是否要设立“合同签立后承租方享有对物业的专属使用权”？

3. 承租方享受公共服务的权力要界定。相关法律法规在界定租赁双方直接权利和义务时，是否还要从社会管理的角度，就承租人在户籍管理、社会保障、教育、就业、公共卫生等方面的权利与义务加以界定。

4. 承租方的义务需要界定。主要包括关于承租人的支付租金义务、正当使用租赁房屋义务、妥善保管租赁房屋义务等方面。

5. 出租方权利的界定。以往的立法更多是从保护处于弱势的租者权利的实现角度出发，但在实践中，要形成稳定、规范的租赁市场，也离不开对出租人相关权利的保护，出租人经济利益、房屋客体安全等利益如何界定。

6. 相邻使用人的权益缺乏维护。房屋租赁涉及的利益关系，还与该租赁房屋的相邻使用人有关。在目前城市建筑类型大部分为多层或高层公寓的情况下，业主对房屋的使用情况将直接影响相邻业主或使用人的居住质量。目前，相邻业主或使用人之间出现的矛盾和纠纷，很大一部分与房屋租赁有关。但房屋租赁法规对如何维护相邻业主或使用人的权益还未顾及。

二是承租人权益保护相关问题。在住房租赁中，由于双方当事人在经济实力、市场地位、合同利益等方面具有明显的不对等性，在客观上需要法律对承租人的利益给予适度倾斜性保护。

1. 租赁期限问题。法律对承租权保护的一个重要方面是居住的稳定性，需要对住房租赁合同终止进行规定，主要包括出租人的解除权、承租人的解除权、合同终止的效力等。比如在出租人希望长期租住的情况下，是否要规定最短的合同期限？又如出租人收回住房的正当理由问题。

2. 租赁价格调整问题。租金控制是许多国家保护承租权的一个重要手段，一些国家对租金提高的水平进行了较详细的规定，我国在这方面还没实践。

3. 买卖不破租问题。现有的法律中，虽已有明确，但在实践中住房的“买卖破租”现象却时常发生，因此，需要进一步完善相关法规，丰富该项制度。

4. 优先承租权问题。关于优先承租权是否应该定位为法定权利，一直存在着争议。一种观点是“法定权利说”，认为优先承租权应是承租人的一项法定权利；另一种观点是“立法留白说”，认为优先承租权并非承租人的法定权利，而是一项约定权利，只有当租赁合同中有明确约定时，承租人才享有此项权利。

5. 优先购买权。实践中，民商法学在社会学的影响下，加强了对社会弱者的保护。优先购买权具有两大基本价值：一为秩序价值。“先买权与时效制度一样，都是在一定程度上承认既存的社会关系，以稳定社会生活秩序。”二为效率价值，先买权有利于最大限度地发挥物质财富的经济效益。虽然承租人优先购买权已被许多国家确立为一项民事制度，但承租人的优先购买权在我国如何设置还是需要进一步讨论的问题。

六、完善住房租赁法律法规建设的主要设想

（一）完善国家与地方租赁立法建设的建议

一是形成完整的国家与地方住房租赁法律法规体系。对于住房租赁中一些主要问题，要通过全国性立法加以统一。对于带有地方差异性的具体问题，则无须统一加以规定，但可规定一些原则性要求，供各地立法参照，使地方立法在因

地制宜和确保灵活性的同时，能够保持适度的平衡和统一。

二是进一步明确住房租赁立法的目标。住房租赁立法的基本目标是规范和促进住房租赁市场发展，保护租赁双方的合法利益，特别是从社会公平的视角，加大对承租人利益的保护，包括租赁居住的安全性、可负担性及稳定性。甚至可以研究，是否可以将经过合同登记备案的住房租赁权作为用益物权设立来考虑，而不仅仅是从债权的视角考虑租赁相关当事人的权利和义务。

二是《住房租赁条例》可考虑单独立法。从前期《住房租赁和销售管理条例》（征求意见稿）看，住房租赁与销售管理虽然都从属于住房市场的管理，但住房租赁是一个非常特殊的行为，对住房租赁的立法宗旨与销售管理的立法宗旨差异明显。销售管理主要是为了体现规范市场交易行为，是基于销售双方平等的经济地位考虑的。住房租赁的立法宗旨更多是为了强调对承租人利益的特别保护。将两个不同宗旨的立法问题，放到同一个法律文件中，可能产生框架难以合理设定的问题，因此，建议将两者分开立法。

（二）针对国家住房租赁立法内容的设想

一是增加住房租赁市场行政管理的内容。加强房屋租赁管理的目标与维护租赁当事人的民事权益应该是一致的，保障租赁双方的合法权益是必需的，但如果排除或削弱行政管理的力度，既不利于房屋租赁市场的健康发展，也会损害租赁当事人的合法权益。通过行政手段加强住房租赁市场的监督与管理，也常常是各国的做法。住房租赁管理不仅是房屋管理，同时也是人口、治安、公共服务等管理，建议在全国层面上，通过立法，协调好相关职能，并落实住房租赁管理职能。

二是进一步明确住房租赁买卖不破租。对于租赁合同未到期租赁，买卖不破租要进一步落实，如和租赁备案结合起来。如果已经备案的租赁合同，在住房买卖交易中，要有保证已备案的租赁合同继续履行的技术手段。

三是明确租赁期限管理。对于有长期居住要求（愿望）的承租人，规定最低居住合同年限，并且规定出租人单方面解除合同的条款。

四是明确“优先承租权”为法定的规定。鉴于在我国租赁关系不稳定、承租人弱势地位明显、租赁合同约定不明确的情况，建议法规将“优先承租权”明确为法定权利。

五是推进机构化、规模化租赁企业发展。将鼓励机构化、规模化的住房租赁经营加入立法内容，对机构经营租赁的行为、税收优惠等以立法的形式确定。

（三）地方租赁法规建设宜明确的主要内容

一是有条件的地区可以进行租金引导或管理。对于租赁市场比较发达，管理手段比较先进的地区，建议立法由政府或非营利机构公布租金的指导价格，并对租金价格进行适当的引导。

二是设定具体的居住安全，最小居住面积标准。地方应设立租赁住房使用的具体标准，对房屋使用中禁止性条款，以及对居住空间，最小居住面积等设定。

三是明确承租对象可以享受的公共服务。在我国户籍制度需要深化改革、大城市人口导入明显、公共教育等资源不平衡的背景下，地方政府应对承租对象，特别是有稳定居住、稳定合法就业的常住人口承租家庭，在教育、公共卫生等公共服务方面给予较大的享受权利。

（四）促进住房租赁合同登记备案

一是进一步通过法律强化住房租赁合同登记备案的效力，促使承租人主动登记。进一步明确住房租赁合同登记备案的法律效力，对承租权的保护内容。包括明确只有经过租赁合同登记备案后的租赁权，才能得到法律保障，才享有"买卖不破租""优先承租权""优先购买权"等物权性特权对抗第三人的条件。未经过租赁合同登记备案的租赁权，在法律上有"瑕疵"，相关权益的保护难以得到法律的保障。在法律进一步明确了住房租赁合同登记备案后的法律保障后，将会有利于提高承租人登记备案的积极性。

二是依托互联网技术，使住房租赁合同签订、登记备案更加便捷。可考虑结合租赁平台的建设，通过平台进行房源核验、租赁双方身份核验，在租赁住房合同网上签订时，可以由承租人直接在网上申请完成登记备案，自动完成住房租赁合同的网上登记备案手续，避免目前去受理部门提交大量材料的烦琐过程。

（作者单位：上海市房产经济学会　上海师范大学）

供给侧结构性改革背景下土地制度的创新路径

卢为民

在供给侧结构性改革背景下，土地制度创新的总体思路：按照“发挥市场在资源配置中的决定性作用和更好发挥政府作用”的指导思想，结合供给侧结构性改革的目标任务，根据需求结构的变化，创新土地制度创新，优化土地供应结构。

土地制度创新的主要路径：以创新土地供应制度为重点，优化新增建设用地的供应结构；以创新土地用途管制制度、土地收储制度和土地收费制度为重点，优化存量用地的供应结构；以降低企业拿地成本和用地成本等为重点，激发企业创新活力。在此基础上，提高土地资源配置效率，促进供给侧结构性改革，保障国民经济的持续健康发展和转型升级。

一、处理好供需关系，创新土地供应制度，促进土地供应与产业发展目标有机结合

由于土地供应方式和供应结构与产业发展和结构调整具有紧密的内在联系，因此，必须改变以前土地供应和产业项目引进“两张皮”的现象，加强二者的密切配合，真正发挥土地供应在项目引进和产业发展中的调控作用。

（一）土地出让年限的确定要与企业生命周期紧密结合

按照企业生命周期确定土地出让年限，实行工业用地出让弹性年限制或租赁制，有利于降低企业拿地成本，也有利于工业用地的及时退出和产业更新换代，同时增强产业园区对土地利用的掌控能力。根据国际上大多数企业生命周期为10—20年的规律，建议一般产业项目用地出让年限为20年，待首期出让年限届满后，经对合同履约情况进行评估，再采取有偿续期或收回土地使用权的办法。同时，借鉴英国、新加坡等地做法，积极探索以租赁的方式供地，可以是土地租赁，也可以是工业厂房租赁。

（二）土地供应方式要与产业发展目标紧密结合

支持符合产业导向的项目落地。在新增用地方面，对新产业、新业态的用地指标予以重点保障，实行用地指标单列。在供地方式上，可对一些急需引进的高新技术产业项目实施“带项目出让”或定向挂牌的方式。在存量用地方面，为了支持新兴产业发展，可采取协议方式供地，并且不改变土地权利人。比如，在符合规划、不改变土地用途的前提下，土地权利人可以利用现有房产，或对原土地使用者利用已取得的非经营性用地发展文化、信息等新兴产业的，可以协议出让、作价出资、租赁等方式供地。

（三）土地供应结构要与产业结构调整目标相结合

在新增用地方面，严格禁止向不符合产业发展导向的项目或产能过剩的项目供地。在存量用地方面，严禁利用存量用地或存量房产发展不符合产业发展导向的项目或产能过剩的项目。

（四）加大对创新创业企业的用地支持力度

让创新创业企业容易取得土地，并且取得的土地成本较低。比如，在研发用地方面，对依托国家实验室等现有科研设施构建创新平台的，允许其继续保持土地原用途和权利类型不变；对于科研院所企业化改革，允许其按国有企业改制政策进行土地资产处置。为了降低企业拿地的门槛和成本，可探索推行先租后让、租让结合等方式，并根据实际情况允许分期缴纳土地出让金。

（五）推进工业用地由分割管理向混合管理转变

借鉴新加坡经验，探索实行产业用地的混合管理体制。新加坡的工业用地管理体制是，先由土地管理部门将土地出让给产业管理部门（园区管委会），再由产业管理部门（园区管委会）根据产业发展要求出让给企业。这种混合型管理体制既有利于国家对土地的集中统一管理，避免国有土地资产流失，又有利于产业部门按照产业发展规律供地，提高土地利用效率。为此，建议我国的工业用地管理也可采取类似的管理体制，即：在统一土地出让规则和交易平台的基础上，先由国土资源部门将工业用地分批次出让给产业部门（园区管委会），然后再由产业部门（园区管委会）按照产业发展要求逐个引进项目。

二、处理好变与不变的关系，创新土地用途管制制度，增强供给的弹性和适应性

从美国、英国、日本、德国、新加坡和我国台湾地区的城市土地用途管制制度发展轨迹看，大致都经历了零星管制、严格管制和局部弹性管制三个阶段。为

此，建议在新的形势下，特别是随着互联网经济的快速发展，产业融合度的不断加深，产业边界的日益模糊，必须创新土地用途管制制度，在维持刚性控制总体不变的前提下，适度增加土地用途管制的弹性变化，实现刚性与弹性、变与不变的有机统一，更好地适应产业发展的新要求和新趋势。

（一）为了减少规划调整的麻烦以及更好地适应产业融合的新趋势，在规划编制时增加混合用地或“白地”的比重

新加坡在编制用地规划时，专门预留有“白色地带”和“商务地带”，在该地带，企业可以自由变更土地用途。为此，建议城乡规划部门在符合控制性详细规划的前提下，按照用途相近、功能兼容、互无干扰、基础设施共享的原则，根据当地实际，研究制定有助于新产业、新业态发展的兼容性土地类和相关控制指标。例如，科教用地可兼容研发与中试、科技服务设施与项目及生活性服务设施。对于暂时未考虑发展方向的区域，可以“留白”。在土地供应上，要适当增加混合用地和“白地”的比重。

（二）在特定区域范围内或符合相关条件的，可增加土地用途变更弹性

第一，增加产业园区内不同类型土地用途的变更弹性。对于政府划定的特定地块，允许商业、办公、居住、工业等项目在该地块内混合发展，发展商也可以改变混合的比例以适应市场的需要。通过设置不同用途比例区间，增设综合用途用地进行管理。

第二，结合城市更新，允许部分商服用地改变用途，以消化过剩的存量商服用地。对于一些经营较差的商服项目，允许其改变用地性质，发展其他业态。比如，在办公用地和商业用地之间相互转换，将部分商服用地改为住宅用地等。

第三，对于自由贸易试验区内的土地，探索实行负面清单式的土地用途管制模式。即：对于自由贸易试验区内的特定区域，由规划部门确定土地用途的负面清单，市场主体可决定负面清单以外的任意土地用途使用形式。

（三）为了防止擅自变更用途造成的混乱，还要明确自由变更的区间

例如，台湾地区的《工业区用地变更规划办法》规定，对工业区内土地用途的变更，生产事业用地所占面积不得低于全区土地总面积扣除公共设施用地后的50%；社区用地不得超过全区土地总面积10%；公共设施用地不得低于全区土地总面积的30%；相关产业用地不得超过全区土地总面积扣除前二款公共设施用地及社区用地面积后的50%。新加坡也明确规定，整个工业区内的工厂生产面积必须达到60%以上，办公及其他辅助面积为40%以下，以确保工业发展。

为此，建议在放松土地用途管制的同时，要明确相关规则，规定各类用途土地面积的调整上限或下限。

(四) 建立土地用途变更的快速审批机制

按照现行的土地用途变更管理规定，其调整要经过规划、国土、产业等多个部门的协调、履行多项审批手续、经历多个审批环节，一些项目调整用途要长达1—2年，甚至更长。这种管理方式虽然有利于规范市场秩序，维护公共利益，防止国有资产流失，但是也严重妨碍了产业的转型升级和土地的集约高效利用。为此，建议加强规划、国土和产业等部门之间的协调，优化审批流程，简化审批环节，提高审批效率。对于因产业发展需求、确需变更土地用途的地块，建立用途变更的快速调整机制。这样，既有利于促进产业的转型升级，也有助于防止因规划调整滞后可能导致违法用地行为的发生。

三、处理好收与放的关系，创新土地收储制度，形成多元化、灵活性的土地供应格局，降低用地成本

按照党的十八届三中全会提出的“紧紧围绕使市场在资源配置中起决定性作用深化经济体制改革”的要求，处理好政府与市场在土地供应中尤其是存量用地供应中的分工。重点是通过减少政府的收储比重，增加市场自由转让的比重，促进土地要素的自由流动，让土地从低效领域转移到高效领域，从过剩领域转移到更有生机的领域，更好地促进产业转型升级。

(一) 压缩政府收储的范围和规模

按照国土资源部等部门的《土地储备管理办法》，政府收储范围包括：依法收回的国有土地；收购的土地；行使优先购买权取得的土地；已办理农用地转用、土地征收批准手续的土地；其他依法取得的土地。由此可见，既包括存量土地，也包括增量土地；既包括公益性用地，也包括经营性用地。特别是对于“收购的土地”，由于没有明确边界，不少地方将所有城市存量土地都纳入土地收储范围。从荷兰、瑞典、美国、新加坡、法国等发达国家和地区的经验看，在房地产市场发展到一定阶段并相对稳定时，土地储备的首要目标是确保保障性住房和公共(公益)设施建设的用地需要。考虑到我国许多大城市的土地供应已由增量用地为主向存量用地为主转变，建议我国政府收储的主要目标是，为了弥补市场的不足，提供一些市场不愿做的公共产品，比如，保障房建设、公益性设施建设等非营利性项目的土地。同时，凡是在法律许可的范围内，依靠市场机制能够建设的项目，原则上都由市场来做，不建议纳入政府收购的范围。

（二）推进土地储备主体和供应主体的多元化

打破由城市政府垄断土地储备的现行格局，形成在统一交易平台的基础上，多元主体平等储备和供地的局面。重点推进三方面探索：一是集体经济组织可以实施土地储备，直接供应土地。赋予农村集体建设用地与国有土地的同等权能，可以在统一的土地交易市场实施土地供应和交易活动。二是对于从事经营性开发的存量土地，允许土地权利人自行开发。对于部分旧城区改造、城中村改造、旧厂房改造等项目，可以不纳入政府收储范围，允许由土地权利人自行改造或联合开发。三是对于一些土地权利人自己无条件或无能力进行再开发的地块，通过降低转让成本、允许分割转让等方式，调动土地权利人的积极性，及时将土地转让给第三方进行开发。

（三）近期采取政府收储和企业自由转让并重的发展策略，远期实行以企业自由转让为主、政府收储为辅的发展模式

在当前的过渡期，可推进政府和企业联合储备，建立合资入股、共同开发的收储机制。即通过建立股份合作方式，由原土地使用权人与地方政府的资产经营公司以一定的股份进行联合储备和开发，并由政府的资产经营公司控股。这种收储方式让原土地使用权人参与储备和开发，以调动国企、上市公司等存量土地持有主体参与主动开发的积极性，但对地方政府资产经营公司的资金实力要求比较高。

（四）处理好进与退的关系，创新土地税费制度，构建良好的低效用地退出机制

清理无效供给和低效供给，对土地利用来说，就是要促使低效用地的退出。这不仅要靠行政手段，在市场经济条件下，更要依靠经济手段，尤其是土地税费政策。通过建立税收杠杆的调节机制，引导企业自动退出低效用地，在原有的土地上引进和发展高端产业。

1. 增加持有环节税费，提高土地保有成本，实行差别化的税收征管政策，引导低效用地及时退出。在现行税制背景下，重点是提高城镇土地使用税和房产税征收标准，提高土地持有成本。同时，对不同产业项目实施差别化的税收政策。对于符合产业导向的项目，降低税收标准，反之，则提高税收标准。例如，浙江省平湖市建立以亩产税收和节约集约用地为导向的评价机制，将企业分为激励类、提升类、一般类和低效类四大类。通过实施差别化的减免政策，对亩产税收达到制造业亩产税收平均值200%以上、100%—200%、50%—100%和50%以下的，分别按激励类、提升类、一般类和低效类四大类企业，实行城镇土地使用

税和房产税分类分档的差别化减免政策。同时，针对现行城镇土地使用税的标准较低，即使按照最高标准征收，土地保有成本仍然偏低的问题，建议修改《中华人民共和国城镇土地使用税暂行条例》，进一步提高征收标准的上限。

2. 减少土地转让成本，降低企业退出门槛。据有关部门测算，目前土地转让需缴纳30%—60%的土地增值税，3%—5%的土地交易契税等，过高的转让税费影响了土地转让的积极性，一些企业宁可让土地闲置，也不愿意转让。为此，建议降低转让成本，如适当合并流转税种、降低税率等，并适当降低土地的转让投资限制，促进土地的流动，实现土地资产在流动中增值增效。

3. 探索建立低效用地退出的利益补偿机制。低效工业用地不愿退出的主要原因在于利益问题。除了实行差别化的税收政策，进行"逼迫"以外，还要建立相应的"引导"或激励机制，引导企业退出低效用地。即对于部分低效用地，探索实行有偿回收的方式进行收储。例如，苏州市2011年制定了《苏州工业园区企业用地回购实施办法》，明确了产业用地有偿退出的标准和流程等，并于当年启动了首批24家企业的用地回购程序，有效提高了各园区节约集约用地水平。

（作者单位：上海市规划和自然资源局）

上海共有产权保障房供后管理的政策建议

第六(闸北)分会

上海作为共有产权住房试点城市,应尽快建立科学合理的共有产权保障房售后管理机制,总结出可复制可推广的共有产权保障房工作经验。

一、上海市共有产权保障房制度设计背景及实施情况

(一) 制度设计背景

上海作为特大型经济、金融中心,商品住房价格居高不下,大多数普通工薪家庭较难承受,但每年户籍家庭的刚性购房需求却在持续增加,仅靠租赁型的保障性住房无法满足居民多样化的住房需求。因此,采取"共有产权"这种住房保障方法,通过限定住房供应价格、在住房使用期间政府让渡名下使用权的方式给予支持,既兼顾了保障家庭的实际支付能力,又满足了其基本住房需求。

(二) 制度设计特点

1. 定价机制。经济适用住房销售基准价格和浮动幅度以经济适用住房建设项目结算价格为基础,兼顾相邻区域、地段内经济适用住房项目价格平衡等因素,由住房保障机构拟订。购房人产权份额按照销售基准价格与周边房价的比例关系确定。购房人自住时,承担全部住房的维修和物业管理等费用,政府产权份额对应的住房使用权无偿让渡给购房人,不向购房人收取租金,以支持其解决住房困难。

2. 制度优势。保障对象能以相对较低且符合自身支付能力的价格购买住房,这既解决了基本住房问题,又明晰了产权。购房人和政府按其"出资额"不同拥有相应的产权,压缩了保障对象的获利空间,减少了追逐利益的动力,有利于形成对购房人的扶持和制约机制,其低于商品住房价格的部分不是简单"让渡"给购房人,而是政府拥有部分产权,当房屋上市交易时,政府享有优先购买权,也可按其产权份额回收投资。

3. 持续发展。销售价格以土地开发成本、建安成本以及企业的合理利润为基础确定，通过开发企业融资建设、销售回笼资金，实施滚动开发，扩大建设供应规模。政府直接或间接的各种投入转化成部分产权，如免收土地出让金、税费和市政、公建配套费等，这部分产权相当于住房保障机构拥有的潜在资产，减少了政府的直接投入，实现可持续发展。

(三) 共有产权保障房的实施情况

上海采取“先紧后松”的准入标准，结合居民收入以及房地产市场的实际情况逐渐放宽，3人及以上家庭的标准从试点期间的人均月可支配收入2 300元以下、人均财产7万元以下，逐步调整至人均月可支配收入低于6 000元、人均财产低于18万元(对2人及以下家庭，其收入和财产标准还可以上浮20%)，现行标准已基本覆盖本市中等收入家庭。除第一批试点供应外，全市已累计开展了5批次，约6.6万户家庭签约购房。(2014年批次受理申请家庭3万户，尚未摇号选房)

二、上海市共有产权保障房供后管理的政策规定

根据现行的规定，上海共有产权保障房取得房屋产权证五年以后可以上市，政府有“优先回购”权，但在上市转让、收益分配、售后管理等方面的规定较为原则，尚不具备实际操作的条件。

(一) 现行政策

1. 权利限制。申请家庭仅拥有共有产权保障房的部分产权，购房家庭不得将房屋擅自转让、出租、出借、赠予或者改变房屋使用性质，不得设定除共有产权保障房购房贷款担保以外的抵押权。

2. 政府回购。实行“半封闭”式的产权运作模式，购买的共有产权保障房五年内不得上市转让。但确因特殊情况需要转让共有产权保障房的，如家庭成员有重大疾病或夫妻离婚分配财产等，住房保障机构审核同意后可予以回购，回购价格为原销售价格加同期银行存款利息。

3. 上市转让。取得房屋产权证满五年后，缴纳政府拥有产权部分的份额后，可上市转让，住房保障机构决定不予回购的，上市转让后由购房人和住房保障机构按照购房合同约定的比例分割转让价款。保障对象上市转让及住房保障机构优先回购的价格均为同期市场价格。

(二) 存在问题

1. 回购价格中未考虑折旧因素。在保障家庭购买共有产权保障房不满五

年的情况下，购房人申请且符合回购条件的，政府可以回购，回购价格为原价加同期银行存款利息。回购价格的计算方式较简便，但并未考虑折旧和物价水平等因素，与国家政策不统一。

2. 住房保障机构回购积极性不高。在现行的政策规定中，强调政府的优先回购权，但由于受财政管理体制等因素影响，并无回购的资金预算安排，从而造成区住房保障机构回购房源的主观意愿不强。

3. 上市交易产权流转工作机制尚不完善。上海共有产权保障房上市转让的核心问题是价格问题，市场价如何产生或如何核算较为关键。上海共有产权保障房上市交易涉及评估机构的基本条件、评估机构选择标准以及评估结果争议处理等问题仍有待讨论；交易机制设计简单可能造成保障房源的流失，市场价格确定不合理可能造成国有资产流失，市场价格确定程序过于复杂，可能增加工作成本；缺乏监督机制的有效监管，可能会给工作人员带来寻租空间，从而引发廉政风险。

三、上海共有产权保障房供后管理的政策建议

（一）借鉴其他地区的管理经验

1. 深圳模式。购买经济适用住房满五年的，买受人可申请取得完全产权或上市交易，政府收取不低于50%的增值收益。申请上市交易的，购买家庭需如实上报房屋的买受人以及交易价格，由政府决定是否按申报的交易价格回购。权利人不申请取得完全产权或上市交易的，不需要缴纳增值收益，可按规定继续使用房屋。

2. 杭州模式。根据政策规定，取得房屋所有权证不足五年确需转让的，由相关部门考虑物价水平和折旧进行回购，明确了回购价格的计算方式；满足五年的可上市交易，按照届时的销售价与当时经济适用住房购买价（包括超过享受面积部分的经济适用商品房）差价的55%向政府交纳土地收益等价款；但是若满足三年后，购房者将经济适用住房转让给其他具有经济适用住房购买资格的家庭且买受人无房产，交易时可以减免相关税费。杭州对于经济适用住房内部循环设置了区别化的限制年限，减少了房源的循环周期，相当于变相增加了房源，灵活了退出机制，降低了投机和寻租行为的可能性。

3. 淮安模式。作为全国共有产权住房试点城市，2014年9月淮安发布了共有产权保障房实施方案和操作细则，拓展了房源筹集渠道，全面对接普通商品住房市场，制定共有产权住房定向购买目录，政府提供不高于40%的货币补贴；在

房屋所有权证上明晰各方共有产权份额,个人对自己产权部分可抵押、可继承、可调增、可调减、可退出;鼓励个人增购产权,个人可以分期购买政府和企业产权,逐步形成完全产权,五年之内,政府和企业让渡增值收益、租金和利息,按原配售价格结算;五年之后,按届时市场评估价格结算,促进政府和企业资金及时回笼,也可一直自住不购买,按照市场评估租金 90%,缴纳非个人产权部分的租金。

(二) 政策建议

建议通过立法明确共有产权保障房购房家庭的权利与义务,明确上市交易的基本原则。建议加大财政支持力度,对政府回购共有产权保障房所需的财政资金予以保障。建议探索内循环机制,鼓励将共有产权保障房转让给其他符合住房保障条件的家庭。建议建立科学合理的上市交易工作流程,降低购房家庭通过卖出共有产权保障房获利的预期,保证共有产权保障房产权流转模式科学合理。

1. 完善法制建设。要做好顶层设计,为共有产权保障房上市交易提供法律和政策支撑。目前,距离第一批共有产权保障房购房家庭取得房地产权证已接近五年,应当根据实际工作需要,加快制定共有产权保障房上市交易、产权流转、收益分配等方面的工作机制和具体操作流程,以规范个人出售、政府回购、上市交易等行为,保障共有产权保障房购房家庭和政府的合法权益。

2. 加强回购管理。对于确有特殊情况,购房未满五年的保障家庭申请政府回购的,住房保障机构应当考虑予以回购,但需进一步完善制度设计和工作流程。一是确定回购价格,回购价格是原销售价格加银行定期存款利息,回购价格的计算较为简便,但住房保障机构为购房家庭承担了房价只涨不跌风险,建议在制定回购价格中考虑折旧等其他评估因素。二是保障资金来源,住房保障部门并无回购共有产权保障房的专项资金预算,如资金不落实,使得回购工作无法实质开展,因此必须从制度上对回购资金给予保障。

3. 建立内循环模式。借鉴杭州模式,逐步建立保障性住房内部流转机制,实行内部循环、封闭运作,变相增加房源供给,解决更多困难家庭的住房问题。一是将共有产权保障房申请模式从集中申请受理调整为常态化申请受理,对审核通过的家庭发放共有产权保障房登录证明,设定一定的有效期,允许符合条件的家庭购买政府部门统筹的共有产权保障房或其他需转让的共有产权保障房。二是建立共有产权保障房内部循环模式,考虑到新筹措共有产权保障房房源数量紧缺、区位偏远,二手共有产权保障房对新近保障家庭仍有一定吸引力,对于满足转让年限的共有产权保障房，如转让给其他具有共有产权保障房购房资格家庭，政府部门份额保持不变，这样既节省中间环节，又减少政府的财政支出和交易成本。三是对于未满足限制年限需要转让的，若是将共有产权保障房转让给其他具有共有产权保障房购房资格的家庭，可以适当缩短限制年限，适当免除交易税收，鼓励共有产权保障房内部循环。

4. 合理确定收益分配。共有产权保障房应体现“谁投资谁受益”的市场经济原则，对于购房家庭希望退出的，通过自身努力改善居住环境，政府应予以支持，并进一步完善上市交易工作机制。一是确定市场价格，政府部门应根据区域内住宅的价格水平以及折旧因素，定期评估、公布共有产权保障房市场评估价格，使购房家庭能够提前了解需缴纳的政府产权部分收益，同时也能降低房屋上市交易的工作成本，但购房家庭对评估机构选择、评估价格有异议的，应建立复核机制。二是为避免购房家庭出现虚报交易价格的情况（明显低于政府评估价格），政府部门应对房屋上市交易的实际成交价格进行监管，在有必要的情况下可行使优先回购权益，确保政府拥有产权不受损失。三是明确退出机制，对于转让共有产权保障房的家庭，严格规定出售人不得再次提出住房保障申请。

5. 探索产权管理。进一步探索多样化售后管理制度，体现政府投资收益，促进共有产权保障房有序发展。一是增加限制条款，对于选择上市交易的共有产权保障房，政府部门不再让渡产权份额的居住权益，在取得房屋产证五年后与卖出房屋的这段时间内，购房家庭需承担政府所属产权部分的房屋租金。二是探索多样化退出机制，除自住或上市交易之外，鼓励购房家庭一次性或分批次购买政府拥有的产权份额，借鉴淮安模式，五年内购买全产权的可按原销售价格计算，超过五年的按市场评估价计算。三是进一步规范共有产权保障房使用、抵押、继承等权利限制，明确界定违规行为，完善处罚措施，避免可能出现的矛盾纠纷。

6. 推进信用体系建设。推动住房保障信用信息在全市房屋管理工作及其他社会管理工作中的应用，逐步形成住房保障“一处失信”、相关领域“处处制约”的信用管理环境。一是建立发现机制，坚持政府监管与群众组织和自发监督相结合，政府派驻工作站、委托物业服务企业进行日常监督，同时要建立居民自治制度，发挥好居民的监督作用。二是建立查处、退出机制，对违规家庭应当通过行政、司法等手段进行严肃查处，提高违规行为成本。三是建立保障性住房信用记录档案，对相关信用信息实施动态更新，逐步与市信用信息平台对接，供有关部门依法查询使用。

略论我国住房租赁市场发展问题

尹伯成　尹　晨

2016年6月初，国务院办公厅印发了《关于加快培育和发展住房租赁市场的若干意见》(下简称《意见》)，明确了一系列相关政策措施，以推进新型城镇化满足住房需求。这些政策措施都是针对当前影响我国租赁市场健康发展所存在的实际问题出发，有利于化解阻碍这个市场顺利发展的种种矛盾，也许能从国家层面有力加快我国住房租房市场春天的到来。但是，对于大力发展住房租赁市场，还有许多问题值得进一步思考与认识。

一、大力发展住房租赁市场的重大意义

众所周知，住房市场应当主要包括交易市场、租赁市场和保障市场三个维度。国外的经验告诉我们，租赁市场在住房市场中有着非常重要地位，例如德国，住房自有化率才40%多，除了保障住房，大量居民都是通过租赁市场解决住房问题的。可是在我国，仿佛安居乐业就是要有自己的产权房，加上我国处于房地产市场发展的初期阶段，开发、销售的交易市场一直成为楼市尤其是住房市场的主体，保障性住房近年来也有了一定发展，唯独租赁市场一直滞后，处于自发状态。这有种种因素，各行各业人士对发展住房租赁市场的重大意义缺乏应有的认识。

为什么市场经济中会存在和必须发展住房租赁市场？

第一，是劳动力这一生产要素流动的需要。市场经济发展要求生产要素能经常根据需要流动。劳动力，无论是体力劳动者还是脑力劳动者都是会根据需要流动的，而不会像自给自足的农业社会或者计划经济年代那样居住终身不动。随着工作地点的变动，就业者本人和家庭的住房也需要变动，而自有产权房的变动比较困难，因此租房居住的需求就必然会产生。

第二，是解决相当一部分人尤其是年轻人和新市民住房困难的需要。这些人往往因为刚工作或积蓄不多而买不起住房，即使可以按揭贷款也因为付不起

首付以及还不起贷款也无法购房，按照条件又不能享受保障性住房。怎么办？租房居住就成为他们的合理选择。发达的市场经济国家城市居民很大比例都租房居住，如美国的三分之一居民家庭租房居住，德国居民租房比例超过一半，不像我国这样动不动就要通过购房来解决“住有所居”问题。

第三，是居民和企业的金融资产的投资需要。金融资产特别是货币资金是需要保值增值的。尤其在通货膨胀的年代，不动产投资是一种安全的合理的投资渠道。最近我国一二十年来的住房投资发展也很快。然而我国这一二十年来的住房投资与其说是投资，不如说是投机，因为广大投资者的住房投资绝大多数是为了博取低买高卖的差价收益，而不是购房出租的长期投资行为。由于住房价格不断上涨，而住房租金不可能如此快速上涨，在房价异常高企的情况下，住房出租收益率，变得远远低于资金成本，使购房出租成为很不合算的事。实际上，真正的住房投资应当是购房出租以获取租金收益。在发达的市场经济国家，住房投资的情况也确实是如此。只有在非理性、不健康的房地产市场中，才会发生短期投机取代长期投资的现象，就像我国股市中股民购买股票都是为了博取买卖差价，而绝不是为了获取红利或者股息收益。

第四，是我国房地产市场健康发展的需要。这些年来，我国住房市场发展迅速，也出现了一系列问题，包括房价飞涨，投资购房后待涨空置率高，商业地产过剩空置严重，等等。最近国务院公布文件要采取一些措施来大力培育和发展住房租赁市场，对促进我国住房市场健康发展会有重要作用。一是租赁市场真正发展起来后，可使许多人认识到租房住同样很好，特别在当前房价高企局面下，买房住不如租房住合算，就不会都急吼吼去抢着买房，房价上涨的脚步不仅就会慢下来，而且可能逐步合理回归。因为房租是消费需求决定的，不像房价那样很大程度上由投机需求决定，一旦住房投机炒作风停下来，由消费能力决定的房租又只能慢慢小幅度上去，房价就势必逐步走向合理。二是政府通过政策措施促使租赁市场发展起来，还能使许多本来闲置住房利用起来，减少资源浪费。三是允许把一部分商业地产改造成为出租住房，更是切中当前商业地产严重过剩的现实和适应将来电商日益发展会使商店商场需求量逐步减少的大趋势，从而可以使我国住宅地产和商业地产协调均衡发展。

二、当前阻碍住房租赁市场发展的一些因素

总之，大力发展住房租赁市场意义很大。那么为什么我国这个市场多年来没有能很好发展起来？首先是观念问题。传统观念总认为，安居乐业就是要有

自己的产权房。我国自古以来就有所谓"有恒产,才有恒心"说法。现在,这恒产首先就是指自己的产权房。因此许多姑娘找对象时,一个首要条件是男方有没有自有结婚用房。如果是要租房结婚,女方一般就不大愿意。因此,看不起租房这个传统观念很大程度上抑制了租房需求。

第二,抑制了租房需求的另一个因素是承租人权益得不到保障。由于租赁市场缺乏相关法规,承租人合法权益经常受到侵害。例如,房东突然收回房子或者突然大幅涨租金可说是屡见不鲜,中介机构隐瞒房子真实情况、无理扣压押金的情况也是家常便饭,承租人缺乏安全感,生活总感觉没有保障,因此认为要安居,就得有自己的产权房,租房是实在迫不得已的事。

第三,从租赁市场供给方看,问题同样很多。缺乏良好、正规的租赁市场供应主体就是一大因素。根据国家统计局公布的第六次人口普查数据,我国城市的89.5%的可出租房来自私人出租住房,住房租赁市场供应主体可以说基本上是散兵游勇为主,缺乏租赁市场供应的正规企业。为什么会如此?与发展住房租赁业务无利可图大有关系。长期以来,我国做房地产开发远比做租赁经营有利可图,因此一般房地产企业不愿意轻易转型从开发走向租赁。做租赁经营要先把物业建造好或者买下来,先期投入极大,而租金收益只能长期逐步流入。在我国,住房租金收入水平一般能反映广大中低收入家庭的消费和收入水平。由于收入高的家庭通常已经早就购买了自有住房,要租房住的家庭大多是工作不久的年轻人或者是经济比较困难的人群,支付不起高房租。这是房地产企业通常不愿意发展租赁业务的一大因素;还有一个因素是税收成本太高。按照当前的房地产税收政策,出租房屋要缴纳营业税、房产税、所得税和城镇土地使用税等,累计要超过租金收入的20%,加上其他成本支出,净租金收益率只有2%左右。这个收益率远低于资金成本,确实无利可图。这样,社会资金对住房租赁业务望而却步就不奇怪了。

第四,缺乏住房租赁市场的相关法规制度和监管措施,市场比较混乱。例如,现在租房市场上中介机构经纪人进行恶性竞争,为了完成业务量,靠发布虚假信息吸引客户,其中差不多80%以上都是重复房源和虚假信息。人们平时经常会接到中介机构电话,不是问你住的房子要不要卖或者租,就是问你哪里的房子要不要买或者租,实际上接到电话者可能从未向中介机构说过要买卖或者租赁住房。中介机构之所以经常打电话骚扰人们,是因为中介经纪人每月靠"带看量"考核业绩,其实他们对于房子买卖或者租赁本身并不太感兴趣,更不在于房源是否能满足租客需要。由于中介机构混乱,租客与房东缺乏信息沟通,相互之间没有信任，使整个租房市场的流程效率很低，租赁双方都常常浪费许多精力。这说明建立健全的租赁市场的法制法规，完善监管体制机制，规范租赁中介机构服务，是多么重要而迫切。

三、《意见》对我国住房租房市场供需的影响

这次国务院出台《关于加快培育和发展住房租赁市场的若干意见》，明确了六方面政策措施来培育和发展住房租赁市场。这些措施如果能有进一步的实施细则并且真正得到落实，我国住房租赁市场的春天也许真正可能到来。

第一，从供给的角度看，能从质和量两方面大大提升住房租赁市场的供给能力。例如，从质方面看，《意见》明确要大力培育市场供应主体，包括发展住房租赁企业，提高住房租赁企业规模化、集约化、专业化水平。要鼓励房地产开发企业开展住房租赁业务，规范住房租赁中介机构，支持和规范个人出租住房。《意见》还规定，鼓励地方政府采取购买服务或政府和社会资本合作（PPP）模式，将政府投资和管理的公租房交由专业化、社会化企业运行管理。为了提高租赁经营业务的积极性，政府对租赁经营实行很大的税收优惠，降低租赁企业成本，来推动租赁市场发展。所有这些措施就有可能改变我国城市绝大多数的可出租房来自私人出租住房、住房租赁市场供应主体基本上是散兵游勇为主、缺乏租赁市场供应的正规企业的不正常局面。从量方面说，为了扩大租赁住房来源，除了要大力开发兴建中小户型为主的租赁住房，还将允许把商业用房按规定改建为租赁住房，将现有个人住房按安全、舒适、便利等要求改造后按间出租，并且对于个人出租房也实行很大税收优惠，由原来按房租5%的征收率减按1.5%计算缴纳增值税，个人出租住房月收入不超过3万的，2017年底前免征增值税。这将大大调动个人出租住房、减少空置率的积极性。这些有效增加租赁住房房源供给措施，对迫切要求解决住房困难的年轻人而言，应当说是一个福音。这些年来，一些城市尤其是一线和部分二线城市的房价一路飙升，房价上涨推动房租上涨。年轻人刚工作不久，工资收入较低，没有多少积蓄，别说购房，租房都很困难。合理的、可以承受的租金对他们来说是多么重要。租赁市场上的价格是由供给和需求的关系决定的。在需求一定情况下，房源增加就能抑制租金上涨。

第二，从需求的角度看，《意见》也提出了一系列提高住房租赁的政策措施。一是要完善住房租赁支持政策，对于非本地户籍承租人按有关规定，经备案的租赁合同可作为具有稳定居所的证明，承租人可申领居住证，享受与当地户籍人口同等的包括教育、医疗等公共服务，来引导城镇居民通过租房解决居住问题的积

极性；二是落实提取住房公积金支付房租政策以提高住房承租的能力；三是推进公租房货币化，并规定在城镇有稳定就业的外来务工人员、新就业的大学生和青年医生、青年教师等专业技术人员，凡符合条件的应纳入公租房保障范围；四是采取一些加强住房租赁市场监管措施，健全法规制度，完善监管体制，规范租赁市场，包括推行住房租赁合同示范文本以规范出租行为。出租人提供的住房室内空间要符合相关政策要求。在租赁合同期内，出租人无正当理由不得解除合同。对于房地产中介行为要严格规范，打击违法欺诈行为；五是强化地方政府责任，加强住房租赁监管，规定城市人民政府要对本地区区域内住房租赁市场管理总负责，要建立多部门的联合监管体制，明确责任分工，充分发挥各级基层组织作用，建立租赁信息平台，推进部门之间信息共享等。所有这些都将大大提高住房租赁市场的有效需求。

总之，这次国务院《意见》的出台，应当认为是我国住房市场运行中的一件大事，是房地产政策调控又一重要着力方向，对切实解决广大至今住房有困难的就业青年和城镇化过程中的新市民有很大帮助，也会对我国房地产业以后的运行发展有很大影响，也许能标志我国住房地产从只重开发销售到租售并举的一大转折，也可标志我国许多房地产开发企业从单一开发走向开发和租赁的转型开始。

四、我国住房租房市场春天能否到来

然而，这一转折能否发生，我国租赁市场的春天能否真正到来，还取决于中央的这些政策措施能否真正落地。这种落地在很大程度上又取决于各地政府和房地产企业，原因是我国住房租赁市场能否真正发展起来与能否理顺以下三个关系直接有关。

一是土地财政和发展住房租赁市场的关系。住房租赁市场如果真正发展起来了，二手房市场需求会大大分流一手房市场需求，一手房价格就难以上涨，因而地价就难以再涨，这就会影响和威胁到地方政府的土地财政。在地方政府手里还有不少土地使用权要出让的情况下，地方政府还会大力发展住房租赁市场吗？如果地方政府不积极、不给力、不配合，国务院的文件再好，也只会是一纸空文，或者雷声大雨点小，住房租赁市场还是难以真正发展起来。

二是住房开发与住房租赁的关系。多年以来，我国城市房价一直在不断上涨，使住房开发利润丰厚，因此许多开发商争先恐后高溢价拿地，拿到地就能赚钱。如果住房租赁市场的发展，影响和威胁新房房价从而影响新房开发利润，房地产开发商还会转型去发展住房租赁业务吗?

三是房价和房租的关系。目前我国租房者其经济承受能力大多比较低,如果房租过高,就租不起。因此租金合理而且稳定,是住房租赁市场能否有足够需求的一个前提。然而在当前我国住房价格高企的情况下,房租不可能低,低了出租人就得亏损。国家希望发展专业化、规模化的住房租赁企业,固然十分重要,但是住房租赁企业也必须讲经济效益。因此什么样的房租能让承租人住得起就是一个大问题。

以上几个关系不妥善处理好,我国住房租赁市场要很快发展起来,恐怕还不会那么容易。现在国务院有了一个很好的关于培育和发展住房租赁市场的文件,但是必须真正落实,才能促使我国住房租赁市场的春天到来。

(作者单位:复旦大学)

发展住房租赁市场是长效机制的重要支柱

李国华

一、租房是住房梯度消费的重要台阶

一般说来，住房消费模式是由住房消费观念、消费方式、消费水平、消费结构等多重因素构成的，它是住房消费诸因素的总和。根据我国国情，我们的住房消费必须是资源节约型、环境友好型的，要树立适度型住房消费观念，确立与收入状况、环境承受能力相适应的住房消费水平，形成合理多层次的梯度住房消费结构，以实现“人人享有适当住房”的目标，其核心是适度消费、梯度消费。

所谓适度消费，就是俭而有度，以经济适用为原则合理消费，即住房消费方式要与国家能够提供的资源条件相适应，住房消费水平要与所处的阶段经济发展和收入水平相适应，住房消费要与人的全面发展的需要相匹配。所谓梯度消费，就是根据消费者的年龄、收入来确定住房相关层次，不盲目追求超能力范围的住房高消费；同时，消费的形式可以按照自己收入的增长逐步由住房租赁到住房拥有。

购买或租赁住房，都是实现“住有所居”的重要途径。居民的收入分为高中低不同层次，住房消费的承受能力是有显著差别的，不同收入群体只能根据实际情况，购买或租赁与自己承受能力相适应的住房。经济收入是随知识积累和业务技术熟练程度的提高而不断递增，与此相对应，住房消费也只能是随着收入增加而逐步提高。刚参加工作的头几年人群，收入低，积累少，只能租房住；当收入提高、积累增加，就能够购买小面积的二手房或小户型商品房；进入中年后，收入更高、积累丰厚时，才能购买面积大一点，档次高一点的住房。美国人一生要搬家六七次，道理就在于此。

西方国家居民家庭拥有住房率的比例，也印证了购房和租房都是住房消费的合理形式。欧洲统计局的统计显示，欧盟成员国居民家庭拥有个人住房的比例平均为63%。欧盟主要成员国住房占有率都不高：英国为70.1%，比利时为

69.8%,芬兰为69.2%,塞浦路斯为66.5%,瑞典为62%,法国为57.9%,荷兰为52.5%,丹麦为50.9%,奥地利为49.8%。德国的住房占有率更低,据德国联邦统计局2009年的数据,拥有个人住房产权的家庭仅占家庭总数的43%。57%的家庭是租房。2007年,德国自有住房率是41.6%,租房率是58%,其中42%是社会出租房,16%是各类公共租赁住房。柏林、汉堡等大城市的租房率都达到了80%。德国年轻人极少买房,这主要是由于年轻人的职业面临着多次选择,收入也不稳定。除了经济因素之外,还在于租房比买房方便、实惠。德国房屋租赁市场发达,仅仅在德国东部地区,就有100万套闲置的住房供出租或销售;在德国西部地区,仅仅是德国联邦、州和地方三级政府拥有的廉租房就有300万套。此外,住房合作社、公司和居民个人还有大量的闲置房屋可供出租。

此外,在市场经济成熟的发达国家,买得起房、但也租的情况也很普遍。除了年轻人就业流动性比较大的原因外,在不同的宏观经济运行环境下,买房不一定比租房更有利、更合算,不仅对个人,对社会也有重要的积极意义。例如:租赁市场的发展可以使原本用于投资投机的空置住房被利用起来,可以大大提高存量资源的利用效率,优化供给结构,还可以起到缓解大城市交通拥堵的作用等。

二、建立住房租赁市场是调控楼市的叠加举措

当前,上海和其他一线城市一样,房地产调控存在一个难解的矛盾现象:一方面,高房价关联银行、土地财政,可能导致系统性风险,于是采取了抑房价的调控措施;另一方面,外来人口来一线城市的聚集过程远未结束,亟须在资源承载力有限的情况下满足新进入城市人口的住房需求。针对这些问题,必须大力发展住房租赁市场,因为发展住房租赁市场不仅有利于宏观调控,也有利于满足新进入城市人口的住房需求。

(一)成熟的租赁市场才能让供应体系实现“两轮驱动”

租售并举(包含商品住房市场和住房保障体系的租售并举)的供应体系因为覆盖了所有人群,所以无论哪一阶层的人群都能在这个体系中找到自己“住有所居”的途径和通道,因而它是房地产健康发展的长效机制之一,这已经成为人们的共识。现在强调大力发展住房租赁市场,就是为了改变当前楼市“重售轻租”的局面,让承租人租房方便、租房安居、租房安心;稳定的租赁市场还可以改变市场恐慌性购房的预期,发挥抑制泡沫的作用。住房租赁市场成熟就能够让这个供应体系完全实现“两轮驱动”,才能真正发挥房地产健康发展长效机制的积极

作用。

(二) 通过管控房租以影响房价

房地产调控持续多年,金融、财政和行政手段多管齐下,基本上形成了税收、利率和“四限”(限购、限贷、限价、限售)等政策措施,成效是明显的。但是房价在调控中“空调”现象也司空见惯,说明直接针对房价的调控是被动的调控,因为这种调控常常被异常需求牵着鼻子走。现在不妨换个思路,从对租赁市场的管控上求得进一步成效。

从房租调控上来说,近年来,有不少人提出评价房价的一个重要指标——租售比——同样的住房,其房价与年租金之间的比值关系,这是一种互为因果、互为函数的关系。按照国际经验,租售比在10年左右为合理比值。有人以此衡量我国一些城市的租售比,认为房价较高。其实,这不难理解:一是城市人口不断快速增长和城镇居民居住条件改善的迫切性,导致购房需求独立于租房需求增长;二是由于历史和体制原因,导致在社会财富分布结构中租房群体和购房群体存在着相当大的独立性,房价和房租影响的是两个不同阶层的人群。对此,国际上有个用政策干预租售比的经验值得借鉴:美国政府一般不直接干预房价,而是管控房租。例如美国加州的法律规定,不论房价怎么变动,一年内业主的租金上涨不能超过7%。理由有三个,一是租赁市场是最接近真实住房需求的市场,稳定租金价格实际上就保护了真实住房需求;二是租赁市场是最接近低端社会群体的市场,控制租金价格实际上就增强了低端群体对抗投资性需求的力量,维护了穷人的利益;三是租金价格是投资回报率的最根本影响因素,稳定了房租价格实际上就在一个相对长期的市场环境中控制了投资回报的水平(引自陈淮:《广厦天下:房地产经济ABC》P.202)。

三、发展住房租赁市场的若干意见

发展住房租赁市场是一项系统工程,涉及从法律法规、土地制度、财税金融、教育医疗、社会保障,到产业结构调整、资源优化配置乃至文化传统、思想观念等方方面面,需要从长计议。笔者在此提出若干意见。

(一) 建立规模化经营租赁业务的专门机构

真正成熟的住房租赁市场,并非是依靠居民个人的出租来形成主体供给源和稳定租金价格稳定的,而是由政府推动建立机构化、规模化的住房租赁企业。国际上,政府公租、地产企业、金融机构、非营利组织等机构规模化租赁的房源通常占市场份额30%以上。2011年,德国1 860万套租赁房中,政府公租房(450

万套)占24%,超过私人机构房源(410万套)的数量;2013年,美国3 200万套私人租赁房中,机构从事租赁的占28.4%。目前,我国各大城市10%的房源为机构租赁,其中政府公租房占比2%—3%,机关国企面向本单位职工的租赁占比5%—6%,其余就是近年来兴起的长租公寓。因此,从培育租赁市场的角度看,必须要发展和壮大以长期租赁经营为主业的企业,从规范市场、稳定租金、适应租赁需求、稳定住房租赁关系等角度看,发展规模化的机构租赁无疑具有极强的带动效应,从而起到市场供求关系的“稳定器”“蓄水池”的作用。

(二) 建立住房租赁交易服务平台

租赁双方个人信息不真实、房源信息不实、租赁关系不稳定、租赁行为不规范等问题,是影响租赁市场发展的痛点。这次国家要求大力加快发展房屋租赁市场,可以说是解决这些痛点的契机。要大力发展房屋租赁市场,就必须建立一个统一的“住房租赁平台”,提供便捷的租赁信息发布服务,推行统一的住房租赁合同示范文本,实现住房租赁合同网上备案;建立住房租赁信息发布标准,确保信息真实准确,规范住房租赁交易流程,保障租赁双方特别是承租人的权益;同时运用一些信用手段,解决信息不对称的问题,去中介化,降低交易的费用,不仅能帮助租房者在平台上找到可靠房源,也能在平台上展示出租者和住房租赁企业的评价,并实行信用管理。这样,就在市场各方之间建立了信任关系,从而促进交易。此外,还要建立健全住房租赁企业和房地产经纪机构备案制度;建立多部门守信联合激励和失信联合惩戒机制。政府通过这些措施来加强对住房租赁市场监测。

(三) 建立租客保护的法律制度

目前,我国的住房租赁人口只占11.6%,远低于发达租赁市场约30%的标准。人们不愿长期居住租赁房的原因之一,是承租人的合法权益得不到法律的保护。因此,发展住房租赁市场必须加强法制建设。建议借鉴德国和日本的做法。例如德国有非常完善的《租房法》,其中出于对租客的权益保护,法律对房租做了上限规定:如果房东所定的房租超出“合理租价”的20%,就构成了违法行为,租客可以向法庭起诉,其结果不仅是房租应立即降20%,房东也将处以罚款。如果房东所定的房租超出“合理租价”的50%,就构成了犯罪,房东将受到更高额度的罚款,甚至被判三年刑罚。法律还规定,房租在三年内涨幅如果超过20%,就作为违法处理。在这个限额内,如果租赁合同没有明确约定,而房东涨价比率超过市场物价指数的上涨比率的,租客有权利拒绝房租上涨。如果房东对住房进行修缮和装饰的,租客可以同意10%到25%的涨幅。一般来说,租赁合同签订后，租客的利益就能得到充分的保障。除价格之外，法律在其他方面也充分保护租客的利益，比如规定房东出租的住房必须保持完好无缺，如果住房或设施有损，则由房东承担修理和费用，房东不予修理的，则应相应降低房租。《租房法》还明确禁止“二房东”现象，维护租赁市场秩序。

日本对租客保护的法律规定，主要集中在1991年制定的（1996年修改）《借地借房法》。该法规定，在租赁期间，出租人没有权利驱逐承租人；出租人欲解除租赁合同，必须提前六个月告知承租人，并告知正当理由；出租人要求腾退住房或对换住房导致承租人财产损失的，应当予以财产补偿；在承租人半年不缴纳租金的情况下，出租人一方有权利起诉。在租赁期间，出租人要求增加的租金超过物价水平、近邻同类建筑物租金水平的，承租人可以拒绝接受，并只支付自己认为相当数额的租金，如果法院裁判确认出租人增加租金数额的，承租人应当补交差额和差额产生的利息；经出租人同意而附加于建筑物的床铺、家具及其他装修物，在租赁合同期届满或解约申告而终止时，承租人可以请求出租人以时价收买上述物品。

（四）建立有利于促进租赁市场发展的税赋体系

规范租赁市场，不仅要形成公开透明的交易规则，形成市场的监督、管理体系，而且要对租赁双方都具有鼓励性质的税赋体系，有合理的风险平衡和利益保护机制，即让租赁双方均享受一定的税赋优惠：无论是机构、企业或个人拥有用于出租的住房，其持有阶段的房产税征收应当适当减免；机构、企业或个人的租金收入能够得到税收的适当减征。对承租企业出租住房的白领，企业可以适当补助租金；对低端劳动者（从事生活服务业的餐饮、保洁、快递等）等特定群体的住房租赁，应当由政府或单位予以租金补贴。通过政府补贴降低租赁价格。

（作者单位：上海市房产经济学会）

政府管制与市场机制并行，确保城市住房租赁市场健康发展

李　东　崔光灿

从世界主要国家大城市的实践看，租赁居住是解决住房问题的主要手段之一，如德国的租赁住房达到了60%左右，在柏林达到了85%左右。上海作为超大城市，必须在租赁市场发展上，进一步创新思路，建立规范有序、充分保障承租人权益的住房租赁市场，使为城市发展做贡献的常住人口能通过租房安居乐业。

一、政府管制是住房租赁市场健康发展的前提

租赁住房解决城市居住问题，最早起源于英国工业革命时期，民间向“进城务工”的产业工人提供住房。但民间主导的私人住房租赁市场很快就出现了问题，包括居住质量、居住安全等问题，这些问题即使在现在许多国外城市的“贫民窟”、国内的“城中村”中也时有表现。因此，城市政府对住房租赁市场进行干预、管制成为城市管理的重要职能。

从国际经验看，现代城市政府对住房租赁市场的管制主要目标包括租赁居住的安全问题、可支付问题、稳定性问题等。政府的干预手段一是通过建设低租金的公共租赁住房，或发放租赁补贴，解决中低收入家庭住房问题，二是对市场化租赁市场的干预。前者属于住房保障的内容。政府干预市场化租赁住房可采取以下措施。

第一，以租金管制保障可支付能力。为保护城市低收入家庭、青年家庭等的住房支付能力，许多国家都有租金管制政策，包括对租金上涨的幅度、调整方法进行规定。德国有《租金水平法》，如柏林以前规定，租金调整一年最多一次，且上涨的最大幅度三年内不能超过20%。2015年，德国议会通过《限制房租法》，要求三年内租金涨幅不得超过10%。对于新签订的合同，租金也要参照已有同等质量和位置房屋的租金水平来确定，不能超过同等房屋租金的20%，超过50%的合同被视为违法。所参考的同等房屋租金，由当地房屋管理部门、房东协

会、房客协会和中介公司等共同参与，根据地理位置、交通状况、房屋建筑年份、质量及节能情况制定表格，指明当地的“合理房租”，两年更新一次向公众发布。从实施效果看，德国租金最高的城市有慕尼黑、法兰克福、柏林等，居民支付的租金一般占收入的20%—30%。美国1969年出台《租金稳定法》，对部分住房进行租金管制。从我国实践看，租金管制主要体现在公共租赁住房中，市场化的住房可以由经纪人协会或培育其他有公信力的机构，公布不同区域的市场参考价，供租赁双方参考。

第二，通过期限规定保障居住的稳定性。德国租赁住房分有限期和无限期两种形式，但一般出租的住房合同都不低于两年。《住房租赁法》规定“如果承租人在租赁期限到期后继续使用租赁物，并且只要一方在两周内没有向另一方提出异议，则租赁关系自动延长至不确定时限”，所以最终许多租赁合同都是无限期的。房东若想终止租房合同通常要提前三个月通知对方，租期五年以上的必须提前六个月通知。不允许出租者提前收回房屋，除了几种特殊情况，比如，承租者不按时缴纳房租，或者房主能够证明房主本人或直系亲属需要此住房。我国目前租赁居住最大的问题是不稳定，房东随意找一个理由就可以解除合约，虽然我国有关法律对“买卖不破租”有规定，但实践中缺乏约束的手段，需要通过合同登记备案等措施保护这一权益。

第三，将承租人权益保护上升为法律。德国先后出台了《住房租赁法》《租金水平法》《住房中介法》等，美国也有《统一住宅租赁关系法》、新泽西州有《反驱逐法》等。相对而言，我国在住房租赁方面立法滞后，特别在全国层面没有上位法保障，建议国家和地方加快住房租赁立法，使租赁双方的权益在法律层面和合同约定中都得到保护。

二、市场机制是住房租赁市场持续的基础

政府对租赁市场的干预更多在于保护承租人，但租赁市场上住房供应者基本利益同样需要得到保障，不能破坏市场配置租赁住房资源的机制，否则租赁市场的发展不可持续。

第一，为机构经营租赁住房创造政策环境。国际上租赁市场发展较好的国家都对机构经营租赁住房有政策支持，以保证在财务上可行。如德国政府提供二十年的长期无息贷款以及土地优惠政策鼓励机构建设租赁住房。美国政府也是通过低价土地、低息贷款、容积率奖励等，鼓励企业建设租赁住房。德国还对社会上私人租赁住房进行收储，如柏林2015年试行的对空置房屋所有者持续进

行补贴，内城补贴每月每平方米 2.5 欧元，外城补贴 1.5 欧元，但要求所有者将房屋交由专门机构管理，以 5.5 欧元价格进行出租。这与我国机构经营租赁住房面临的长期资金来源缺乏、税赋偏重等不同，政府为机构能够在市场化住房租赁中持续经营提供了制度保障。

第二，引导家庭通过市场配置租赁住房资产。一是使家庭多余资产有效用于租赁供应。适当鼓励长期持有并用于出租的住房资产配置。住房作为家庭的资产配置有一定的现实需要，关键要鼓励家庭将多余的住房用于出租，通过税收等政策，使住房通过出租仍可获得正常的资产收益，形成住房的投资的收益主要来自居住产生的租金收入，而不是房价上涨的收益。二是通过发展租赁住房的房地产信托基金(REITs)，使家庭多余资金可投资于机构经营的租赁住房，是各国的重要做法。

三、上海住房租赁市场发展的一些思考

第一，明确租赁市场发展的定位。未来上海的租赁市场发展必须实现三个目标：

一是租赁住房除满足阶段性住房需求外，还可以满足长期的住房需求。

二是促进住房的使用率提高，空置率减少，“住房是用来住的”，自己不住要有经济激励给别人租赁居住。

三是租赁市场行为规范有序，人口管理与租赁管理相衔接。解决目前租赁市场中不规范现象，包括群租的整治、转租的规范、租赁合约的备案、租金的调整等。

上海目前住房租赁率在 35%左右，通过“十三五”期间的努力，增加机构经营的租赁住房 75 万套，到“十四五”期间，上海的住房租赁率将在 40%左右，各类机构经营的租赁住房占四分之一左右，将可以基本实现上海租赁市场规范稳定发展的目标。

第二，增加租赁住房的有效供应。一方面，通过新增租赁住房用地，增加供应。但要注意到，由于在新增用地上建设租赁住房，企业仍会面临资金成本、税收负担重等问题。另一方面，通过其他途径增加租赁住房供应，一是存量房改造，包括现在的宾馆、商业用房、厂房等。二是单位自建租赁住房，其中单位自建租赁住房应纳入社会公共租赁住房体系进行管理。从日本的经验看，他们有“给予住宅”，即为政府鼓励企业为职工提供低房租的公司宿舍和单身宿舍、房租补贴、住宅融资以及利息补助等解决职工的住房问题，全国占比为 2.2%，东京占

比为2.8%。三是利用农村集体建设用地，建设租赁住房，其实在嘉定、金山等区，大量的外来人口是居住在农民住房中的，这项政策上海有试点，但还需要深化完善。农村集体建设用地上建设租赁住房，需要结合本市集体建设用地有偿使用和使用权流转试点，探索新机制。四是完善"代理经租"机制，解决代理经租企业发展的实际问题，使私人住房能通过代理经租，更好地服务于租赁市场。

第三，优化租赁市场管理行政措施。住房租赁市场管理既要实现上述保障承租人权益的目标，还要起到便民、利民的作用。如建立住房租赁信息平台，充分利用信息化手段，在住房挂牌时，自动完成房源核验，在租赁住房合同网上签订时，可以申请在网上完成登记备案。租赁合同的登记备案信息自动传递到公安、人力资源等部门，承租人凭网上生成的租赁合同登记号就可以办理相关居住证等行政事务。

第四，建立有公信力的租赁信息发布体系。目前租赁市场信息分散，缺少权威机构的全面、系统的数据分析。一方面，市场预期不稳，租赁双方信息不对称，使得租赁调价随意性强。另一方面，政府缺少全面、真实的租赁市场统计信息，对市场规模、结构、总体价格水平不掌握，不利于引导市场和监管。所以必须培育或通过政府购买服务的形式，建立有公信力的租赁信息收集、分析和发布平台。

第五，健全信用体制。将社会征信引入租赁市场，对经过备案登记的租赁合同双方不诚信行为，如承租人拖欠租金、恶意破坏房屋、出租人随意解除合约等，可纳入社会征信系统。德国房屋出租时，出租人会要求承租人提供就业及信用记录，同样租客协会也会为承租人提供问题较多的房东名单。我国具体可从机构经营的市场化租赁住房开始，通过营造诚实守信的氛围，规范租赁市场。

（作者单位：上海市房产经济学会　上海师范大学）

楼市即将进入大租赁时代

第四(宝山)分会

自 1998 年住房分配货币化改革以来，住房市场发展迅速，并形成了住房的买卖市场、租赁市场和保障市场三个市场。然而，这三个市场发展极不平衡，其中，买卖市场发展最快，成为住房市场的主体；保障市场在政策的大力支持下，近年来也取得了一定发展；唯独租赁市场发展滞后，成为住房市场的“短板”。

一、住房租赁市场发展存在的问题

(一) 管理体制不健全、管理方法落后

住房租赁管理不仅是一个简单的租赁市场管理，而是一项复杂的社会系统工程。就当前的住房租赁管理体制而言，各行政管理部门在相关法律、法规、规章的基础上各自为政，不同的部门针对同一住房租赁市场都有属于自己的一套管理方法，导致住房租赁市场管理混乱，没有一个统一而健全的管理体制。从管理方法上看，住房租赁管理长期依靠管理人员逐户清查、督促或群众举报查办的办法，管理效率较低、主动性较差，而且备案率低下，对登记备案后的后续跟踪管理更是缺乏。

(二) 租赁市场普遍存在诚信问题

传统中介在住房租赁市场的重要性是毋庸置疑的，因为住房租赁市场还很薄弱，信息不完全，房屋的出租人和承租人必须通过中介来达成交易。在上海从事住房租赁业务的中介机构数量庞大却没有形成规模，使得信息有限、陈旧、虚假、不可靠，诚信是中介一个十分大的问题。无论是传统中介，还是“房屋银行”或是通过网络从事住房租赁业务都存在十分严重的诚信问题。发布虚假广告，对消费者收取不合理费用，携保证金和租金潜逃现象屡屡发生。

(三) 从业的服务人员总体素质不高

因为住房租赁中介服务业发展时间不长，从业人员资格认证制度还没有完整的建立起来，许多从事住房租赁业务的人员都没有专门的上岗证，或是没有任何房地产中介的相关工作经验。即使有上岗证，在普遍缺乏诚信的市场环境下，他们过分地追求商业利益，不讲诚信，欺骗出租人或承租人的事件时有发生。而且，从业人员很难提供像法律咨询、评估、与银行签订收付租金的协议等多样化的服务。

（四）租赁业务提供的服务较为简单

目前的中介服务只停留于居间介绍、撮合交易的层次，租赁住房的维修保养、税收缴纳等后续服务，中介公司一概不管。出租人希望中介可以提供更多更全面的服务。例如：随着租赁期限的结束继续为出租人寻找新的租客；根据不同租客的需要提醒出租人配备什么样的家具设备；帮助出租人与银行接洽办理房屋水电煤物业费的结算、租赁税的缴纳。很多人拥有多套住房或者一段时间内住房空置，却不选择出租，很大程度上就是因为缺少可以提供全方位服务的中介机构。

二、发展住房租赁市场的必要性

据统计，上海住房租赁人口有七八百万，租赁住房缺口 250 多万间（折合 150 万套）。这份数据主要针对“品质出租”，也就是“户均一套、人均一间”的标准。

同时，群租房屡禁不绝，归根结底还是小房型租赁房源和租金的问题。此类房源紧张又直接导致了租金上涨。翻看历史数据，上海在 2012 年到 2016 年的租金涨幅基本每年都在 8%至 15%之间。

巨大的租赁需求，就要求适合市场的租赁用房供应要大幅增加。一方面，专门的租赁房用地供应逐渐纳入土地出让规划，这将在未来数年为租赁市场提供了一个重要的供应渠道。近年，政府出台相应的政策促进租赁用地的供应。以上海为例，在“十三五”期间，预计供应住宅用地 5 500 公顷，其中规划租赁用地 1 700 公顷，约 70 万套。用以解决年轻白领、低收入人群、农民工等 5 类人群不同的租住需求，是解决城镇住房市场不平衡不充分发展的方向。

上海的租赁供给需求之间缺口较大，供给与需求结构之间不匹配，应当建立安全的住房租赁供应体系。未来三年住房租赁市场的成长空间非常广阔，租赁土地供应占比三成左右将成为标配，住房租赁将成为保障居住权不可或缺的重要支撑。

（一）住房租赁是未来房地产市场发展的关键

任何一个健康完整的住房市场，都应该由买卖和租赁两大部分组成。如果缺少租赁市场的支持，必然导致市场仅由消费性置业单独支撑，对房地产市场会形成不安定因素，最终对住房市场产生破坏性伤害。大力发展住房租赁市场，是满足房地产市场有效需求，提高人民群众生活居住水平的必然选择。房地产租赁市场的需求上升后，整个房地产市场就会在市场机制这只看不见的手的作用下，自动产生房地产存量市场，进而是增量市场以至土地市场的均衡，最终提高存量房的供给。因此，搞活房地产租赁市场是促进房地产市场持续发展的关键。

（二）租房是解决住房问题的第二途径

目前，大城市的租赁户所占的比例一般只有18%—25%。可是总体来说，当前居民的平均生活水平还不是很高，许多家庭没有能力购买住房。而且大城市流动人口的居住方式欠稳定且带有临时性质，就成为一个地区住房租赁市场的主要需求者。我国加入WTO以后，来自境外的流动人口大幅度增多，增加了对高档次租赁性住宅的需求，境外流动人口的新兴住房租赁业务为我国住房租赁市场注入了新鲜血液。由此可见，随着城镇流动人口的不断增加，再加上本地区部分居民对租房的需求，租房俨然已经成为居民解决住房问题不可缺少的方式之一。

（三）住房租赁投资方式受到青睐

随着我国加入WTO，海外房地产商特别是欧美发达国家的房地产投资企业逐渐进入我国房地产业领域，他们一般看好写字楼、酒店以及服务式公寓这些比较稳定的投资项目。国内开发商也开始注意到住房租赁市场的巨大潜力，在开发商品房时，专门开发租赁楼盘，如白领单身公寓、酒店式租赁公寓，或是专为学生提供的学生公寓，以满足不同群体的租赁需求。除了开发商，对于有资金结余的小型投资者，他们也开始选择先买房然后出租这种较为稳定的方式来获得利益。从目前的住房租赁市场发展的总趋势来看，买房出租，以租养房，待机出售已经成为一种新型的投资方式，受到投资者的青睐。

三、发展住房租赁市场的政策支撑

为促进住房租赁市场的发展，2016年6月国务院颁布了《关于加快培养和发展住房租赁市场的若干意见》（以下简称“意见”），是住房租赁市场的政策支撑。租赁时代成为楼市的新名称，也成为引领中国楼市的变化方向。

“意见”从住房租赁市场的供给、需求和市场秩序三个方面提出多项政策措施：(1) 培育市场供应主体：发展住房租赁企业，鼓励房地产开发企业开展住房租赁业务，规范住房租赁中介机构，支持和规范个人出租住房；(2) 支持租赁住房建设：鼓励新建租赁住房，允许改建房屋用于租赁；(3) 加大政策支持力度：给予企业、机构、个人税收优惠，提供金融支持，完善土地供应；(4) 鼓励住房租赁消费：完善住房租赁支持政策，明确承租双方的权利义务；(5) 完善公共租赁住房：推进公租房货币化，提高公租房运营保障能力；(6) 加强住房租赁监管：健全法规制度，落实地方责任，加强行业管理。

(一)"意见"与以往政策的不同

1. 政策的定位由"配角"变"主角"。以往有关住房租赁的政策大多是"配角"，作为健全市场体系，促进房地产市场健康发展等方针政策配套措施提出。例如：2001 年的政策文件，为健全市场体系、推进改革提到要发展住房租赁市场；2009 年规范发展住房租赁市场主要是放在扩大内需和减轻居民、企业负担的框架下展开；2010 年强调发展住房租赁市场是促进房地产市场健康发展和保障民生的重要手段；到了 2014 年，住房租赁市场的发展被放在新型城镇化的国家政策框架下，是健全住房供应体系的重要内容；2015 年进一步从公积金支持、税收优惠等方面支持住房租赁市场；2016 年系列政策延续了新型城镇化的政策框架，提出建立"购租并举"的住房制度。此次"意见"目标是以建立"购租并举"的住房制度为主要方向，健全住房租赁市场体系，因此"意见"是专门针对租赁市场的主要政策，而非发展市场经济的相关配套措施。

2. "意见"的政策力度更大。以往的住房租赁政策作为配套措施具有指导性和总括性，没有过多的具体措施，且力度较小，效果不明显。2015 年政策文件提出培育住房租赁市场是一个系统工程，涉及多个方面，各地要在金融、税收和经营管理等方面给予政策支持。之后出台了公积金支付租金，税收优惠如个人出租住房房产税暂减按 4%的税率征收等措施，但相比"意见"，以往的政策措施比较单一。"意见"的政策手段大幅推进，从住房租赁市场的供给、需求和市场秩序等提出了 6 个方面措施，相互配合组合发力。

3. "意见"将释放潜在的租房需求。随着城市化进程的不断推进，预计 2030 年全国城市化率将达到 65%左右，且人口流动逐渐增多。据《中国流动人口发展报告 2016》显示，2015 年我国流动人口规模高达 2.47 亿，占总人口的 18%，占城镇常住人口的 32.1%，预计到 2025 年，我国流动人口将超过 3 亿，这意味着城市住房租赁市场存在巨大的潜在需求。

"意见"从以下几个方面发力，释放潜在的租房需求。

(1) 消除"租购不同权"。城市很多福利和公共服务的获得是附着于住房产权的，租房往往无法享有这些福利和公共服务，这就是所谓住房"租购不同权"。

例如：购房能落户，而租房不能；居民只有在学区中买房，其子女才能在该学区中的学校读书，而租房者被排除在外，这种住房“租购不同权”抑制了大量的租房需求。此次“意见”提出非本地户籍承租人可按照《居住证暂行条例》等有关规定申领居住证，享受义务教育、医疗等国家规定的基本公共服务。“意见”如果落实的话，可消除人们租房后子女无法就近入学，老人就医不便等问题的担忧，使得租房与买房享受同等的基本公共服务，必然有利于释放租房需求。

(2) 增强房租的支付能力。房价连续上涨的同时，住房租金也出现持续上扬的态势。高租金水平增加了城市中低收入者、就业不久的年轻人及农民工等的房租支付压力，抑制了租房需求，降低了居住质量。“蚁族”“胶囊房”的出现，“群租”屡禁不止皆有此因素。“意见”在以往公积金支付租金的政策基础上提出了新举措，即对个人承租住房的租金支出，结合个人所得税改革，统筹研究有关费用扣除问题。若“意见”这一措施实施，则承租人可提取公积金支付租金，且租金支出有望抵扣个税，这将较大地增强中低收入者的房租支付能力，刺激租赁市场的需求。

(3) 增强租房的稳定性。当前，住房租赁市场不规范，且政府监管不到位，承租人的合法权益受到侵害的情况时有发生。比如房东突然收回住房或突然大幅涨租；租房质量往往比产权房差，装修破旧、“打隔断”、室内设施破旧甚至缺乏、物业服务不到位等。此外中介机构隐瞒房子真实情况、无理由扣压押金的情况也屡见不鲜。承租人不仅居住条件差，还经常被迫搬家，这使得承租人缺乏安全感、稳定感。因此，人们倾向于买房安家，租房实乃迫不得已。此次“意见”要求出租人保证住房和室内设施符合要求，合同期限内无正当理由不得解除合同，不得单方面提高租金，不得随意克扣押金。这样承租方就不会经常遭遇被迫搬家、涨租等情况，有利于稳定租赁关系，增强承租人的安全感和稳定感，进而从租房中体会到“家”的感觉，慢慢转变传统的住房消费观念。

(二)“意见”对发展租赁市场的重要性

1. 促进住房租赁市场供给。当前，住房供给方普遍重售轻租，住房租赁供给动力不足。“意见”主要从如下两方面激励租赁市场的供给。

(1) 培育租赁房供给主体。由于地价、房价高，建造或收购住房投入额巨大，房屋出租的回报率极低，投资回收期长，机构多不愿涉足住房租赁。据统计，出租房源的80%以上来自私人出租，正规的租赁企业很少。鉴于此，“意见”提出培育住房租赁机构。鼓励企业通过租房、购房等方式筹集房源，从事住房租赁业务，给予住房租赁企业相关政策支持；同时支持、鼓励房地产开发企业利用已建成住房或新建住房开展租赁业务，引导房地产开发企业与住房租赁企业合作发展租赁地产。由于建房或收购住房投入巨大，“意见”提出给予住房租赁企业金融支持，支持符合条件的住房租赁企业发行债券、不动产证券化产品，稳步推进房地产投资信托基金试点，以减轻住房租赁企业的资金压力。此外，采用多种方式增加租赁住房用地有效供应，以利于住房租赁企业拿地或降低土地成本。

当前住房出租的收益比较低。以上海为例，住房租金毛回报率约为2.12%，若除去维护(折旧)成本，净回报率大约为1.5%，投资回报率甚至低于一年期定期存款利率。房产税还未全面铺开，多套住房持有成本极低，在房价快速大幅上涨情况下，住房所有者往往手持房源待价而沽，宁可空置，也不愿出租。因此，“意见”对个人出租住房进行鼓励，个人出租住房月收入不超过3万元的，2017年底之前可按规定享受免征增值税政策，通过税收优惠政策，增加房屋出租人的收益以鼓励其出租房屋。同时，支持个人委托住房租赁企业和中介机构出租住房，对房地产中介机构提供住房租赁经纪代理服务的，适用6%的增值税税率；对一般纳税人出租在实施营改增试点前取得的不动产，允许选择适用简易计税办法，按照5%的征收率计算缴纳增值税，以减轻住房租赁公司的税费成本。

(2) 增加住房租赁房源。住房租赁市场上供需方面错配较严重。由于租赁需求者多是就业不久的青年人、农民工等中低收入群体，为减轻房租负担，他们需求中小套型的出租房。据专项调查，租住需求以中小户型为主，50平方米以下占比75%。但过去的10年，开发建造的房子往往中小户型、适租型房源较少。这种租赁供需方面错配，使得住房租赁以“群租”或“打隔断”的方式供给，损坏房屋及相关设施，致使许多业主宁愿空置也不出租。

“意见”通过鼓励新建租赁住房和允许改建房屋用于租赁两种渠道增加适租型房源。一方面鼓励结合住房供需状况等因素，将新建租赁住房纳入住房发展规划，合理确定租赁住房建设规模，并在年度住房建设计划和住房用地供应计划中予以安排，引导土地、资金等资源合理配置，有序开展租赁住房建设。另一方面允许将商业用房等按规定改建为租赁住房，土地使用年限和容积率不变，土地用途调整为居住用地，调整后用水、用电、用气价格应当按照居民标准执行，允许将现有住房按照国家和地方的住宅设计规范改造后出租。

2. 优化市场环境，提高市场效率。市场运行有赖于良好的市场环境。当前，住房租赁市场的相关法律法规落实不到位。据调查，租赁合同行为发生时，按照政府部门拟定的范本签订合同的仅为2.2%，大部分承租方和出租方采取私下签订合同形式，有的甚至采取口头形式签订合同，住房租赁市场立法形同虚设。而且对房屋中介机构的监管不到位，提供虚假信息时有发生，使得租赁供需双方信息不对称，复杂的"交易摩擦"增加了沟通、谈判等交易成本，延长交易时间，极大损害了租赁市场效率。

"意见"强调完善住房租赁法律法规，推行住房租赁合同示范文本和合同网上签约，落实住房租赁合同登记备案制度；并落实地方责任，推行住房租赁网格化管理。加快建设住房租赁信息服务与监管平台，推进部门间信息共享；进一步加强行业监管，完善住房租赁企业、中介机构和从业人员信用管理制度，全面建立相关市场主体信用记录，纳入全国信用信息共享平台，对严重失信主体实施联合惩戒。这些举措有利于提高多部门信息共享，有利于查处弄虚作假行为，减小市场的信息不对称问题，提高租赁市场效率。

四、住房租赁市场发展的难点

（一）如何转变住房消费观念

传统观念认为，拥有住房产权才算是"家"，才算在一个城市安定下来，而租房居住没有家的感觉，只是城市漂一族。而且"有恒产者有恒心"，拥有房产能给人一种自豪感和自信心，但租房难以有这种效用，因此，这种传统观念下，人们购房的意愿很强，租房只是一种无奈的选择。"意见"提出研究租金抵扣个税问题，消除租售不同权，以及规范租赁市场秩序等多方面鼓励住房消费。但是人们固有的住房消费观念"购房安家"短期内较难转变，如何加强宣传和引导住房租赁消费观念是发展住房租赁市场的一个难点。

（二）如何管理好房价上涨预期

房价畸高且快速上涨，使市场产生了房价上涨预期，进而影响市场主体的行为。由于人们预期房价还会大幅上涨，企业和个人都会"重买卖轻租赁"，只在意开发或买入住房，一段时间后卖出获得房价上涨的差价收益，而不在意租金水平和出租率，因为房价上涨的差价收益远高于租金收益，且资金占用时间短，回收快。在强烈的房价上涨预期下，加之住房持有成本极低，住房市场更多的是投机而非投资行为。住房租赁"意见"虽提出了多项激励住房租赁市场的需求和供给措施，但只要人们房价持续上涨预期没变，市场供需双方仍会"重买卖轻租赁"，"意见"效果会大打折扣。因此，如何抑制房价大幅上涨，引导和降低房价上涨预期，使市场主体从住房投机回归到住房投资上来，是发挥"意见"效果，促进租赁市场发展的又一难点。

（三）如何完善住房租赁“意见”细则

住房租赁“意见”定下了培育和发展住房租赁市场的基调，但主要是中央层面的概括性的规范性说明，缺乏更加具体的实施细则。譬如“意见”提出研究个人承租住房的租金支出抵扣个税问题，但具体如何实施没有细则；“意见”要求出租人按照相关法律和合同，保证住房和室内设施符合要求，合同期内不得单方面提高租金，但住房和室内设施应符合什么标准没有具体规定，如何管理租金价格，如何确定双方满意的租金水平，如果承租人涨租如何惩戒等也没有具体方案；对住房出租方给予金融支持，但对贷款利率优惠、贷款期限等没有具体规定，推进房地产投资信托基金也无具体措施；又譬如“意见”在增加房源、允许商改住方面，水电气价格按居民标准收，允许个人将现有住房按照国家和地方的住宅设计规范改造后出租，是支持租赁住房建设中的亮点。但什么情况下可以改、什么情况下不可以改，没有详细的规划说明，改建的标准是什么，如果违规，谁来管，怎么管，都没有具体细则。“意见”还提出规范租赁市场，强加监管，但如何监管，对违规行为如何惩戒均无具体规定。目前住房租赁市场缴税行为十分不规范，“意见”提出的税收优惠政策就处于尴尬境地，要实现税收优惠政策效果，还得看实施细则。因此，如何根据住房租赁市场现状因地制宜制定“意见”的实施细则，才有望发挥“意见”效果。

（四）如何落实住房租赁“意见”

如果大力支持租赁房建设，增加租赁房土地供应，则会挤占住房开发和销售的土地供应，从而减少地方政府土地出让和税收收入。此外，一方面，由于住房出租的收益率太低，个人和企业都重售轻租，要想激励个人、企业从事住房出租，需要地方政府对其给予补贴或税收优惠等措施，这无疑会增加地方政府的财政负担。另一方面由于租房消费租金水平较高，租赁关系不稳定，承租人的合法权益得不到保障，享受的公共服务受限制等原因，租房需求受到抑制，要想释放市场的租房需求，需要地方政府对住房承租方进行租金补贴。加强租赁市场监管，保障承租人合法权益，完善住房租赁公共服务供给政策等，这些无疑需要地方政府投入大量的人力、物力和财力。因此，作为具体的实施者的地方政府，在发展住房租赁市场中，可能要损失部分土地出让和税收收入，同时还需投入大量的人力、物力和财力。这样地方政府还愿意大力发展住房租赁市场吗？因此，如何激发地方政府的积极性，使其因地制宜的完善和落实中央政策是发展租房租赁市场的又一大难点。

五、完善住房租赁方式的若干建议

目前,上海的"上房置换模式"在完善租赁方式方面取得了探索性的经验,其他城市都在争相效仿。但是,住房租赁方式仍然存在许多不足,需要进一步的改进。

(一) 利用高新科技提供更专业的服务

1. 全面启用地理信息系统。基于GIS的住房租赁系统将当前传统的或计算机住房租赁系统与GIS技术结合起来,在住房租赁业务的管理中,开发出适合租赁行业的GIS信息系统,使客户能更方便地获得有关房屋位置及周边交通的信息,便于住房租赁业务操作。整个租赁系统形成一个自上而下的树型结构,其中,租赁管理、用户管理、数据查询是系统的三大环节。

使用了GIS技术,住房租赁中介在向承租人介绍出租房的时候,可以在门店内的计算机上向其介绍满足要求的房屋,承租人可以从中挑选出更为适合自己的房屋,还可以通过网络搜索到房屋的具体位置、周边的标志性建筑以及公车路线和驾驶路线。

2. 利用计算机软件实现全景看房。网上租房网站可以通过将房屋的实景照片进行加工制作成可在网络上用360度视角方便浏览的全景图,从而让有意租房的网民可先在互联网上实景看房并进行筛选。想要通过网络出租房子的网民也可以通过上传房子的实景照片或是DV片段来介绍自己想要出租的房子。不仅是网站,就连中介公司也可以使用这种方法来向客户介绍房源。一方面,客户既可以节约看房的时间和精力,也可以节省一笔看房费;另一方面,住房租赁中介也可以通过使用高科技提高企业的竞争力,实现客户和企业的双赢。利用计算机相关软件进行全景看房,最重要的前提条件是这种创新必须建立在诚信的基础上,出租人或是住房租赁中介提供的房屋资料必须真实可靠。

(二) 健全法规,规范中介行为

1. 全面实行银行代收租金。住房租赁中介骗取租金保证金的不规范行为严重损害了出租人以及承租人的利益,解决这个问题的办法就是尽可能地不让租赁中介直接处理租金、保证金。通过银行代收代付租金可以大大减少租赁中介骗取租金的违法行为,从而使得出租人和承租人的利益都得到法律保障。对此,应该引起高度重视,从而规范住房租赁中介的行为。

2. 以法规规范中介行为。住房租赁中介数量多却没有形成规模,而且大多中介经营不规范。出台有关查处房屋中介不规范经营行为的相关法律法规是当务之急。通过法律法规和实施条例的制定，适当提高中介行业的准入门槛、明确提出住房租赁中介的经营标准、操作程序和行为规则等，从而为政府各部门规范住房租赁中介行为提供法律准绳。适合住房租赁市场的法律法规要详细说明中介机构要具备什么样的条件才可以从事住房租赁的中介业务。而且，住房租赁业务涉及房地产行政主管部门、工商部门、财税部门、城管部门、公安局和法院等。通过各个部门的通力合作、严格执法，逐步完善住房租赁方式，促进住房租赁市场的健康发展。

3. 对租赁中介进行等级评估。在行业监管方面，应该加大行业协会内部自行管理的力度。政府部门要将相关行业管理职能转移给行业协会，让住房租赁市场的中介行业实现内部自治。行业协会在政府部门的监督下将具有合法资格的住房租赁中介机构，根据他们的信誉度、经营规模等真实数据按一定的等级标准进行评估、分级，然后公布于众，并且定期抽查更新信息。在行业协会和各中介机构的合作下，建立地区性甚至全国性的中介机构信用档案，全面提高整个中介行业的诚信。

4. 加强从业人员岗位培训。住房租赁业务工作涉及面广，具有综合性、广泛性的特点，是多学科知识的综合能力体现。因此，从事住房租赁业务的人员不仅要精通房地产租赁的相关业务，还要掌握现代化信息设备的操作技巧，同时还要具备公关能力和敬业精神。日益发展的住房租赁市场对从业人员的要求越来越高，因此制定严格的认证制度，加强员工的岗位培训，提高从业人员各方面的素质，才能逐步抬升行业的整体从业水平。

对企业投资租赁住房问题的思考

杨华凯

国务院《关于加快培育发展住房租赁市场的若干意见》提出“发展住房租赁企业”，充分发挥市场作用，调动企业积极性，通过投资、租赁、购买等方式多渠道筹集房源，满足不断增长的住房租赁需求。积极思考和解决企业投资租赁住房问题，对于促进上海住房租赁市场发展具有重要意义。

一、上海企业投资公共租赁住房的主要经验

上海是我国最早推行公共租赁房的城市之一。在政府主导下，部分大型国有企业积极参与投资建设公共租赁房，积累了许多租赁住房投资建设的宝贵经验。

(一) 利用存量土地，以“捆绑供地”方式建设公共租赁住房

开发租赁住房离不开土地，充分发掘企业在存量土地方面的优势，可以弥补城市新增建设用地供应不足。为鼓励企业利用存量土地建设保障性住房(公共租赁住房)，2010 年市政府出台了“关于鼓励本市国有企业集团利用存量工业用地建设保障性住房”的有关政策，允许企业在“退二进三”工业用地上建设保障性住房(保障房比例不少于 50%)时，可捆绑建设部分经营性建设项目(即商品住宅、商办等六类经营性项目)；也允许企业提供两幅地块分别建设保障性住房和经营性项目(原则上地段等级较好的地块建设保障性住房)，用经营性项目的销售收益部分弥补公共租赁住房投资回收慢带来的长期亏损。在这一政策支持下，上海地产集团率先在原上粮二库、上海南站地区两处土地上分别投资建成了馨越公寓、馨逸公寓共计 8 000 余套公共租赁住房，作为首批集中新建的公共租赁住房，满足了上海公共租赁住房的迫切需求。

(二) 发挥企业市场主体作用，多渠道自筹资金，降低成本

资金是建设项目的“血液”，如何筹措足够的资金，保障建设项目的顺畅运行是企业投资公共租赁住房的一大难题。上海经过多年摸索，在企业投资公共租

赁住房中成功走出了一条多渠道筹资的新路。一是以土地作价抵押，解决租赁住房建设的前期资金；二是积极争取政策性贷款，解决租赁住房长期建设、运营资金。据统计，上海保障性住房建设中，共争取到公积金结余资金发放的112亿、最长10年期的低息贷款，其中近一半用于公共租赁住房项目；三是与商业银行合作，由商业银行提供信用额度，解决租赁住房建设过程中的短期融资问题。

（三）按照“略低于市场租金”的定价原则确定合理的租赁价格

租赁价格关系租赁住房的市场接受程度，是租赁住房可持续发展的关键。在上海公共租赁住房推出前，市政府发文明确了“按略低于市场租金水平，确定公共租赁住房的租赁价格”原则。承担公租房运营管理职责的企业，在充分市场调查基础上将2013年推出的公共租赁住房租金确定在每月每平方米40元左右，相当于同期同地段市场租金的8折。2017年随着房地产市场的变化，又将租金调整至每月每平方米50元左右，仅相当于同期同地段市场租金的7折。由于租赁价格定价合理、调价平稳、租期稳定，公租房迅速成为住房租赁市场中的“香饽饽”，供不应求。据调查，目前上海各企业推出公租房出租率普遍达到95％以上。

（四）组建专业运营机构，为公共租赁住房的运营管理提供专业化服务

公租房运营管理包括对物（租赁房屋）和对人（承租人）两方面的管理，具有较强的政策性和专业性。上海在鼓励企业成功投资建成一批公租房后，市、区财政出资200亿元作为资本金（或补助）扶持组建19家市、区公租房运营机构，承担公租房的后期运营与管理。首批运营管理机构具有以下特点：1. 以企业投资为主，政府扶持；2. 不以赢利为目的，保本微利；3. 专业化管理，市场化运作。尤其在租赁住房的物业管理方面，充分依靠市场，发挥专业队伍的作用；4. 利用信息化手段，对承租人的租赁使用、入住、缴租、退租等行为进行管理，并为承租人在租赁期间的就医、就学、出行、购物等日常生活提供良好的服务。

二、企业投资租赁住房亟须解决的问题

企业投资公共租赁住房为企业投资租赁住房提供了宝贵的经验，但投资市场化的租赁住房毕竟不同于投资保障性的公共租赁用房。笔者认为，当前，为鼓励企业投资租赁住房，必须解决好以下问题。

（一）土地供应问题

尽管近期市政府在推出建设用地中已增加了租赁住房用地，但相对于本市

“十三五”新增70万套租赁住房的用地总需求，还远远不够。总体而言，本市在租赁住房土地供应上存在三方面问题：一是供地数量不足。相对于租赁住房“十三五”规划需求，目前少量几幅土地供应明显数量不足；二是土地价格不低。目前中标租赁住房用地价格虽远低于商品房出让地价，但与首批公共租赁住房基准地价相比差距有限；三是供地布局不均衡，没有考虑租赁住房承租人群“就业”居住的分布特点。

（二）资金筹措问题

筹资渠道少、融资成本高是束缚企业投资租赁住房的瓶颈。据对公租房测算，按公积金贷款利率计，其资金成本已近40元/平方米/月。如企业投资租赁住房按商业贷款利率计息，则资金成本更高。如何拓展多元化资金渠道，吸纳低成本资金，通过高效运营大幅降低资金成本，是决定企业投资租赁住房能否可持续发展的关键因素之一。

（三）投入产出问题

租赁住房投资规模大、回收期长。据对市属公租房的测算，按照基准地价、公积金贷款利率、“略低于市场租金”条件，依靠租金收益收回投资至少需要25年到30年(未全额计算运营成本)。投资租赁住房的成本构成与公租房基本相同。虽然租赁住房租金标准(不高于市场租金)比公租房(略低于市场租金)略高，但租赁住房的市场属性享受不到公租房的优惠，在现行土地供应方式和开发建设模式下依靠租金收益收回投资的年限将更长。30年或更长期限的负债经营，对任何一家投资企业都是一个巨大的风险。

（四）租金定价机制问题

租赁住房属于市场性住房，其租金标准应按照市场原则，随行就市。可目前主管部门尚没有一个明确的租金定价机制，房地产交易主管部门也没有定期发布本市各区域市场租金的平台，企业调查市场确定租金标准缺乏有效的案例参考与权威部门数据依据，所谓“随行就市”随意性较大。从前述公租房数据可以看出，由于缺乏定价依据，实际租金标准只有市场租金的70%—80%，较大偏离了“略低于市场租金”的初衷，也延长了企业投资收回的时间。加之市场的不规则波动，“随行就市”不仅仅有涨有增，也有跌有减。当遇到市场暂时不景气、市场下滑租金跌落时，租赁住房的租金该如何调整？这些因素都将直接影响到住房租赁企业的经济效益和投资积极性。

（五）运营管理问题

租赁住房的运营管理不同于物业管理，租赁住房运营管理最大的难点在租赁管理。一方面运营管理要最大限度满足承租人日常生活的需要、文化交往需求；另一方面又要面对常常发生的配租、入住、收缴租金和退租等问题。由于现行住房租赁管理法规缺少对种种租赁违约责任的明确规定，给运营管理带来了很多的不确定因素，严重影响了租赁住房的运营管理。

三、对企业投资租赁住房的思考与建议

（一）拓宽思路，多渠道解决企业投资建设租赁住房的土地供应问题

上海土地资源紧缺，严重制约租赁住房建设。据测算，满足《上海市住房发展"十三五"规划》提出的"新增租赁住房 4 250 万平方米、约 70 万套"的发展目标，需要新增租赁住房用地 1 700 公顷。这些建设用地按正常的供应渠道难以解决，因此必须拓宽思路，在不违反国家土地政策的大原则下多渠道解决好企业投资租赁住房的土地供应。

1. 抓紧启动利用集体建设用地建设租赁住房试点工作。最近国土资源部、住房和城乡建设部联合印发了《关于利用集体建设用地建设租赁住房试点方案的通知》，《通知》明确了"在超大、特大型城市中，确定租赁住房需求较大，村镇集体经济组织有建设意愿、有资金来源，政府监管和服务能力较强的城市可以开展利用集体建设用地建设租赁住房试点"。并将上海列入首批试点城市之一。这是企业参与租赁住房投资的大好时机，要紧紧抓住这一有利时机，尽快启动编制利用集体建设用地建设租赁住房试点的实施方案。根据国家的总体要求，提出切实可行的操作方案，报国家有关部门批准后实施。

2. 继续挖潜企业"退二进三"存量土地（尤其城区土地），新建或改建租赁住房。调动企业的积极性，继续挖掘企业"退二进三"存量土地，对于企业"退二进三"地块上具有历史价值或海派文化代表性的厂房或工业建筑物，可以保留原厂房或建筑物，将其改建为租赁住房。鉴于租赁住房投资长期性，建议政府将公共租赁住房捆绑供地的政策能够延伸到企业投资的租赁住房，允许企业在其存量土地上建设一定比例租赁住房（如不低于 50%或更高）后，建设部分经营性项目，以弥补租赁住房投资的亏损。

3. 在"十三五"上海工业区转型升级的用地结构调整中合理布局租赁住房用地。根据《上海市工业区转型升级"十三五"规划》，"十三五"期间上海工业区将按照"四新"经济要求转型升级、提质增效，对"104"区块、"195"区域和"198"区域等工业区进行产业结构调整与转型，构建"产业基地、产业城区、产业社区＋零星工业用地"的"3＋1"产业园区空间布局体系。建议在上述工业区转型升级的

用地结构调整中，合理布局租赁住房用地，既有利于提高存量工业用地的利用质量和综合效益，也有利于加强工业区产业与生活空间的融合。对租赁住房用地的选址，一要与集群集聚的产业空间布局相协调，有利于产业职工就近“安居”；二要与产业城区的发展相一致，方便产业职工生活“安心”。

（二）创新租赁住房规划设计理念，尽快制定租赁住房设计规范

租赁住房的功能是满足“阶段性居住需求”，其户型设计、建筑规范与商品房应有一定的差异。由于目前尚没有租赁住房专门的建筑设计规范，参照商品房设计规范会带来不必要的成本增加。建议有关部门应尽快制定租赁住房的建筑设计规范，指导企业建设租赁住房。笔者认为，租赁住房的设计应在确保安全质量的前提下，遵循“实用、经济、可改造性”原则。“实用”指租赁住房满足基本居住的功能，户型面积较小、不要求厨卫全明和朝向；“经济”指租赁住房在实用基础上的“节俭性”，如适当增加建筑密度，见缝插针增加“点状、蝶状”建筑，装饰装修简洁朴素且维护整修方便等；“可改造”指租赁住房设计应兼顾未来转为商品房的可能性，为未来改造预留空间。如在房型设计上可将两个一房相邻，今后可改造为二房；如不减少车位配比，但允许部分空置车位社会经营，经营收益补贴运营管理成本等。

（三）拓展融资渠道，积极开展租赁住房信托基金试点

近日，上海出台《关于加快培育和发展本市住房租赁市场的实施意见》，提出加快推进房地产信托基金（REITs）试点。REITs 是一种以发行收益凭证方式募集投资资金，由专门投资机构进行房地产运营管理，并将投资综合收益按比例分配给投资者的一种信托基金。REITs 的收益来源于租金收入。租赁住房由投资企业或机构长期持有，是可供机构交易的单一产权物业，适合发展 REITs。REITs 在满足租赁住房建设资金需要的同时，也有助于租赁住房企业开展轻资产化运作。建议有条件的企业在投资建设租赁住房时应积极探索租赁住房的 REITs 运作，为租赁住房融资走出一条新路。

同时，要继续吸引社会低成本资金投资租赁住房，如住房公积金、保险资金等。2014 年《国务院关于加快发展现代保险服务业的若干意见》（国发〔2014〕29 号），要求保险资金在保证安全与收益的前提下，创新运用方式，提高配置效率，鼓励保险资金支持民生工程和国家重大工程。笔者认为，保险资金沉淀资金总量大、稳定性好，具有长期投资的独特优势，将保险资金引入租赁住房，作为租赁住房的长期资金来源，不仅能满足租赁住房建设运营对长期资金的渴求，也是保险资金创新投资方式，支持民生工程的创举。

（四）培育一批有社会责任感、专业性强的租赁住房运营管理机构，提高对租赁住房的市场化、契约化管理水平

租赁住房的市场属性决定了对租赁住房的运营管理必须采取契约化管理方式。通过订立契约，明确租赁双方的权利和义务，同时规定违约的责任，这是完善我国住房租赁市场的必由之路。未来，为适应企业参与租赁住房投资建设，迫切需要培育一批有社会责任感、专业性强的租赁住房运营管理机构和管理人员，来承担对租赁住房的市场化、契约化管理。建议：1. 建章立制明确运营标准与规范，定岗定责，科学分工；2. 加强岗位培训，增强管理人员的市场化、契约化意识，提高专业技能，提升管理水平；3. 与房屋装修、设备生产企业建立战略合作伙伴关系，共同实现企业微利与服务租赁的双重目标；4. 建立起一套与承租人之间行之有效的沟通机制，如定期回访、小区互动 APP、公告公示等，以减少租赁纠纷，提高管理效率。

（五）构建全市统一的租赁住房综合管理平台，实现信息共享、业务办理和行政监管等三项基本功能

依托信息系统，构建全市统一的租赁住房综合管理平台，将有助于改变目前住房租赁市场信息不畅、监管乏力的现状，有利于提高运营效率、强化行政监管，引导住房租赁市场的健康有序发展。笔者认为，全市统一的租赁住房综合管理平台，应实现信息共享、业务办理和行政监管等三项基本功能。1. 信息共享。建立租赁住房的"大数据"采集机制，规范数据采集标准、发布要求，将本市租赁住房法规政策、房源信息、租赁价格，以及中介机构、运营机构、投资建设者等多方信息聚焦平台，分类发布，确保租赁住房供、需双方信息对称，透明租赁价格，确保配租的公开、公平与效率。2. 业务办理。租赁住房综合管理平台的终极目标是建成为业务办理平台。该平台应是上海房地产交易系统的重要组成部分。平台建立后所有住房租赁合同都只能在该系统上网签。3. 行政监管。管理平台建成后，监管部门可以通过平台实时了解每一次租赁交易的情况，加强对租赁行为的监管。同时，通过汇总数据分析，也可以为政策制定提供数据依据。

（六）加快住房租赁法规体系建设，为企业投资租赁住房创造良好的法制环境

我国自 1995 年《中华人民共和国城市房地产管理法》明确写入"房屋租赁"以来，国家和本市已陆续出台了一系列有关住房租赁的政策和法规，形成了现有法规体系，为住房租赁提供了基本的法规依据。客观而言，这些规章与制度与发达国家房屋租赁立法相比滞后许多。笔者认为，加快住房租赁立法以确保租赁

使用的稳定安全性和租金的可支付性为前提，在国家层面和地方层面同步进行。首先，国家层面，对于住房租赁中一些主要问题、共性问题，需通过国家层面立法予以统一规范。如住房租赁权的物权性、住房租赁合同登记备案强制性、建设租赁住房的开发贷款条件以及企业投资租赁住房的债务处理等。其次，地方层面，对有地方差异性的具体问题，则由地方在国家原则性要求下，因地制宜予以规范。如土地供应、税收优惠、租金标准与租赁期限确定等。

笔者还认为，加快租赁住房立法的同时还应加强对违反住房租赁法规行为的执法。如租赁备案登记，国家早有法规规定，但实际情况是大多数出租人不办理备案登记，这种局面必须通过加强执法予以解决。建议有关部门尽快提出完善住房租赁备案登记的时间表，使租赁管理真正做到有法可依、有法必依、违法必究。

［作者单位：上海地产（集团）有限公司］

上海市住房问题及综合治理对策探讨

吴冠岑　牛　星　王洪强

住房是城市发展的重要基础，良好的居住环境和质量可以增加城市的吸引力；健康的房地产市场有助于提高城市经济的活力和竞争力，住房的开发建设对增加就业机会也会有很大帮助。相反，住房供给的日益紧缺，房价的持续上升以及不尽完善的居住环境会严重威胁到城市的可持续发展，特别是像上海这样的特大型城市。那些已经和希望在上海工作和生活的人们会因为住房问题，不能享受到上海良好的教育和工作机会，有的人为了应付昂贵的住房成本而降低了日常的生活水平，减少食物、医护、休闲等一些必要支出，甚至被迫选择离开。因此，具有前瞻性和针对性地探讨上海住房问题的现状和未来，对于上海经济社会升级和创新驱动发展至关重要，对上海市"十三五"规划期间的城市发展和2040年以后全球城市战略目标的实现都具有很大的帮助。

一、上海目前面临的主要住房问题

（一）上海的住房供需形势

根据上海统计年鉴和中国统计年鉴数据，2013年上海市共有居住用房建筑面积58 940万平方米，常住人口2 415.15万人，城镇人口比例为89.6%，由此推算出目前上海城镇人口人均住房建筑面积为27.64平方米。较难判断这一指标是否理想，因为世界上没有一个公认的合理标准。笔者参考建设部政策研究中心2004年发布《中国全面小康社会居住目标研究》提出的城镇人均35平方米住房目标，且与上海要成为全球城市的目标相匹配，考虑上海城市人多地少的背景，并以住房面积统计指标类似的东京都作为参照（2013年东京都包括所有木制的专用、多用住宅、公寓以及非木制住宅在内的人均住房面积为36.23平方米，该数据从2010年的35.48平方米/人持续增加。），研究将35平方米/人和40平方米/人作为上海市人均住房面积的两个理想值。人口数量采用2013年《上海市主体功能区规划》中预计的2020年上海市常住人口总量2 650万，同时考虑未来出现的90%城镇化率，研究推算2020年上海市城镇人口为2 385万人。为满足人均35平方米住房需求，需要有83 454万平方米的居住用房面积，与现在居住用房面积缺口24 535万平方米；为满足人均40平方米住房需求，需要有95 400万平方米的居住用房面积，与现在居住用房面积缺口36 460万平方米。

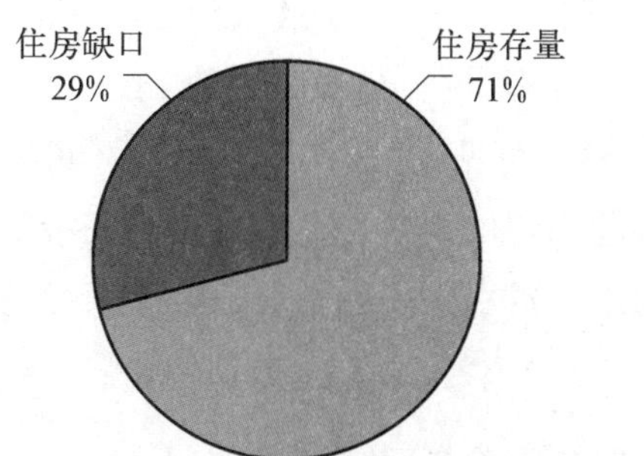

A. 人均35平方米标准下的上海市住房缺口

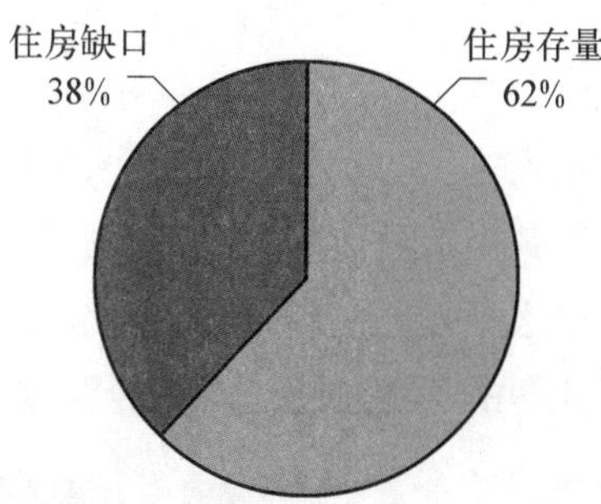

B. 人均40平方米标准下的上海市住房缺口

图1 上海住房缺口与住房存量对比图

与此同时，上海未来住房供需形势更为严峻，特别是在可用的居住用地方面。据上海规划与国土局数据，2013年底上海建设用地已达3 070平方公里，如果按照之前《上海市城市总体规划(1999—2020)》设定的2020年建设用地规模目标3 226平方公里来计算，到2020年只剩下156平方公里建设用地的增量空间。而且2014年上海市人民政府《关于进一步提高本市土地节约集约利用水平的若干意见》明确提到要严控建设用地规模，到2020年，不仅本市建设用地总规模控制在规划目标范围内，还要适度留出发展空间，努力实现规划建设用地总规模"零增长"。在最近规划土地工作会议上，市委和市政府还提到新一轮2040年城市总体规划编制中建设用地规模必须只减不增，实现负增长。可见，如果想要2020年前想利用新增居住用地面积实现这些缺口的弥补并不现实，更不用说2040年及以后上海成为新崛起的全球城市后，可能会吸引更多外来人员来上海居住生活和工作，要满足这些人的生活、旅游、工作和学习要求，住房的需求将更加巨大。

（二）上海住房的可支付性

借鉴纽约市住房规划(Housing New York：A Five-Borough，Ten-Year Plan)以及大伦敦2014年版的住房战略(HOMES FOR LONDON)，同时基于数据可得性和实践应用等因素，研究选取房价收入比作为上海住房可支付性的一个指标。如果把 90 平方米作为一套标准住宅的建筑面积来表示一户家庭的基本住房需求，据上海市统计年鉴数据，2013 年上海住宅平均销售价格为 16 192 元/平方米，平均每户人口 2.7 人，每户人均可支配收入 43 851 元，则 2013 年上海市房价收入比为 12.31，这意味着一户家庭用平均 12.31 年的收入才可以买一套满足基本需求的住房。再根据收入水平分组分析，2013 年对于低收入户来说，如果想拥有一套基本住房需要付出其当年家庭收入的 25.99 倍，买这样一套房子的价格是中低收入家庭的 17.86 倍，是中等收入户的 14.59 倍，是中高收入的 11.21 倍，是高收入户的 6.16 倍。可见，也只有高收入户，才可以在不损害其生活质量的情况下，勉强承受得起当年的房价。上海普通居民希望改善住房水平的愿望不仅得不到满足，仅利用工资水平要在一般地段买满足基本需求住房的经济负担也是十分沉重。

表 1 上海细分收入水平的房价收入比

年份	平均	低收入户	中低收入户	中等收入户	中高收入户	高收入户
2010	14.88	31.59	21.75	17.24	13.49	7.58
2011	12.48	26.28	18.22	14.39	11.09	6.45
2012	11.50	24.26	16.75	13.46	10.40	5.89
2013	12.31	25.99	17.86	14.59	11.21	6.16

从时间上来看，2013 年的房价收入比相对于 2000 年以来的中位数已经有所增加，住房的房价收入比经过了 2009 年和 2010 年的飞速增长以及 2011 年回落阶段，目前在震荡中持续提高。可见，虽然前一阶段的房地产调控政策有些效

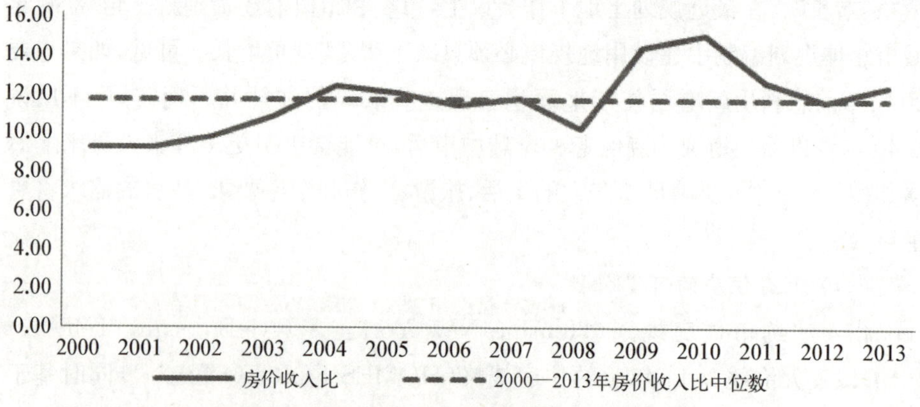

图 2 2000—2013 年上海房价收入比变动趋势

果，但未来房地产价格的可支付性危机仍然在持续增加。

值得关注的是在保障房申请条件中，虽然据现有统计指标看，各类保障房的准入门槛已能基本覆盖低收入甚至中等收入的目标人群。但相当于市场租金80%的廉租房租金标准仍显偏高，加上建设周期长、公共服务配套慢、居民对保障房区域的选择意愿等问题，目前保障房建设的实施效果还有待较长一段时间的体现。但明显存在问题是保障房还不能惠及较大部分外来没有上海市户籍的常住人口，这些人如果收入较低，可能还会住在类似城中村的住宅区内，居住条件不容乐观，也间接影响社会稳定。

（三）上海市住房的质量和环境

在住房质量方面，不考虑拆旧建新和旧城改造因素，据统计 1978 年上海拥有的花园式、公寓和职工式住宅将近 1 385 万平方米，这些住房距今已有 47 年，基本快接近一般居住建筑 50 年的设计使用寿命。在 1990 年和 2000 年新增加很多居住用房后，至今有近 5 160 万平方米和 18 395 万平方米建筑使用年限分别在 25 年和 15 年以上，分别占居住用房存量的 9.02%和 32%。而且 2013 年 58 940 万平方米建筑面积的居住房屋中仍有 1 382 万平方米的旧式里弄和 11 万平方米的简屋，达到 2.36%。这些高房龄的旧式房屋由于各种原因，有的设施老化甚至影响到居住安全，有的则结构或设施存在不同程度的缺陷，如果不加以维护和维修，势必会严重影响居民的居住质量。

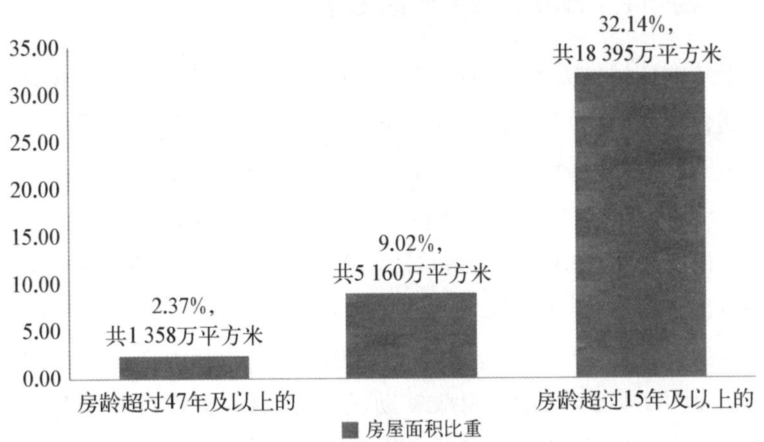

图 3　较高房龄的房屋面积比重

在住房环境方面，尽管上海市委、市政府已经提出“交通方便、配套良好、价格较低、面向中等收入阶层的大型住宅小区”住房建设原则，但在郊区新增的一

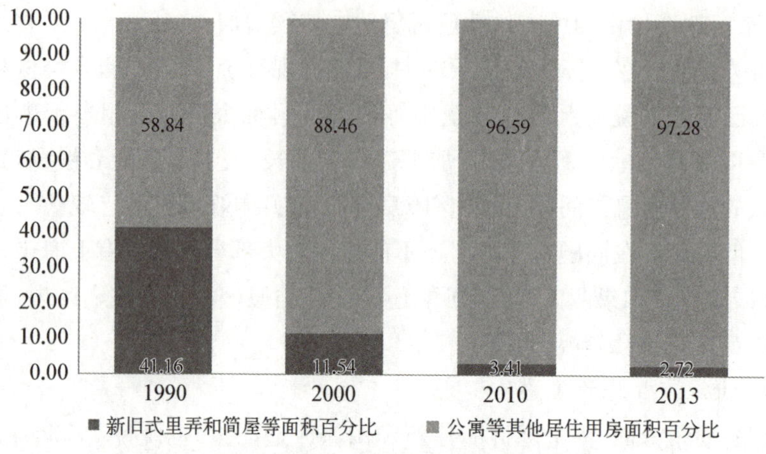

图4　1990年至2013年不同类型房屋面积百分比

些居住区内，包括新建的一些保障房区域还存在综合配套环境有待提升的问题。这些区域公共交通、公共设施等建设仍然相对滞后，与就业岗位有一定距离，不仅较难形成对中心城有效的住宅空间替代，也间接造成了上海城市交通拥堵等疑难问题。而上海中心城区较高的土地利用强度致使公共安全、交通、环境及设施配套等方面持续面临压力过大的问题。此外，从整体上看，上海现有的住房和配套基础设施在适应未来老龄化和家庭规模小型化趋势方面仍不够。

二、针对上海市住房问题的综合解决对策

上海严峻的住房供需不平衡形势不仅造成了居住成本居高不下，也影响到整个市区居住状况的良好改善，影响上海的吸引力。鉴于上海住房情况的现状以及未来可能存在的问题，建议综合采取以下措施逐步缓解。

（一）全面挖掘新的住房潜力，满足各类居民住房需求

根据目前上海建设用地规模封顶的情况，未来解决住房供需问题的重点在于挖掘存量土地潜力，继续建设新的住房来满足现有和新增的各类居民住房需求。具体包括：借助新一轮城市规划编制契机，通过重新规划，挖掘住房开发潜力区。利用容积率奖励和转移、财政资助、税收优惠等工具激励住房项目开发。试点创新多元主体协议、社区合作开发和定制开发等模式，鼓励私人和公共部门合作开发住房项目。在郊区适当提高容积率，加大住房密度，增加住宅建筑面积。探索规划工业区104区块和规划集中建设区以内的195区块工业用地转型的潜力，将交通便利的废旧工业区转变为住房用地。在一些公共用地或单位机

构用地上增加新的居住用房面积，加大闲置土地处置力度。继续推进棚户区、旧区改造以及城中村综合改造，对年代较为久远的老公房进行综合改造和再开发。稳步实施农村宅基地置换，农村居民点退出政策，提高城乡居住用地利用效率。创新住房建筑和户型设计，用财税手段引导开发商开发更适合市场需求的住房产品，支持中小户型住房供给，鼓励人们的改善性居住要求，充分利用住房空间，不仅要吸纳更多年轻人，还要满足空巢老人等居民的需求。

（二）灵活采用多种金融工具，提高住房可支付性

解决上海住房问题的另一个重要方面是要给在上海工作和生活的居民在住房方面有真正可选择的机会，提高住房的可支付性。不仅是低收入家庭可以有住房，而且尽量使中等收入人口也可以选择自己需要的住房，使上海的居住环境更加包容。具体包括：在住房和收入方面采用新的统计标准，进行更全面的社会调查，确保可支付住房可以持续适应城市人口数量的变化。重新整合资金资助无家可归人群和家庭，使他们可以从简屋或城中村住进低收入保障住房。更多关注工薪阶层的家庭居住需求，继续增加保障性住房的数量，推出覆盖更多人群的可支付住房项目。通过提高廉租住房和公租房的补贴、提供租金上涨限制等灵活的机制和政策，降低居民居住成本，并逐步完善廉租房和公租住房退出机制。保护现有永久性的保障性住房，采用更有弹性的住房产权组合来丰富共有产权住房类型，支持有条件的家庭拥有自己的住房产权，使居民家庭可以根据自己家庭情况选用适当的资金方案购买住房。通过提供多元化的融资政策和实施住房开发的税收减免等措施刺激保障性住房开发，鼓励开发商、产业园区、企事业单位、农村集体经济组织等按照相关规定，建设或提供保障性住房。

（三）改善住房质量和居住环境，培育宜居社区

为在高人口密度下使居民住得更加舒适，“十三五”时期及以后以全球城市为目标的上海市不仅要关注各类型居住住房的品质，还要考虑各类居住区的环境质量、商业和公共设施服务，到商场、休闲娱乐和公共服务设施的交通便利性，创建宜居社区，使上海市民、来上海工作的人员和访客获得更多的文化、社会和经济收益。具体包括：维护和改善现存住房质量，翻新老旧和质量恶化的房屋。新住房开发时尽量采用适宜一生居住的住房标准，切实改善市民居住条件。以人和环境为本，增加社区周边的绿地和游憩空间，使社区更加绿色和环保，更加能够抵御未来可能遇到的灾害。提供更高质量的基础设施和公共服务，在满足住房基本需求的同时兼顾公共交通和居住、商业、基础设施的统一规划和协调布局，降低住房空置率，引导人口的多向流动和转移，为有特别需求的人如老年和

残疾人士提供特别设计的房屋和基础设施。提倡建立公共交通导向和产城互动的土地开发策略，增加满足需求的停车空间，改善交通状况以使社区生活和工作出行更加便捷。打造日常生活圈以及富于亲和力和归属感的社区，为居民提供聚居场所，增加人与人之间的交往，维护原有生活氛围和邻里关系。结合住房更新和旧区改造项目，推行混合居住，并在公共服务、开放空间、停车设施等公共基础设施上加强土地综合利用，以及规划和土地管理措施的政策配套。

（四）通过制度创新和社会治理机制创新来解决住房保障问题

除了以上解决住房供需、可支付性、质量和环境的直接措施以外，还要注意通过制度创新来改革社会治理机制，从而解决住房保障问题。具体包括：提供良好的投融资制度环境，支持中小建筑商和开发企业发展，鼓励新的投资组合和市场竞争。规定和调整新的住房设计标准，推行无障碍设施、停车位、配套基础设施等适合一生居住的住房标准。创新土地开发利益共享的制度，在更多保障社区居民利益的基础上，增加政府、社会和个人在住房项目开发上的成本分担和协议共建机制，理顺土地增值收益在原土地使用权人、政府、集体经济组织、开发企业的合理分配关系。以社区为导向，将社区力量纳入住房再开发项目的决策与实施，重视社区和原土地权利人的真实需求，增加其对社区网络的保护意识，减少传统文化和社区习惯的流失。鉴于一部分住房在若干年后使用权可能到期，还需要提前储备居住用地续期政策的改革，制定有利于土地合理补偿和权利转换的政策和方法。

（作者单位：上海大学）

推动资产证券化，促进住房租赁市场发展

王　盛　李星霖

2017年7月，住建部公布《关于在人口净流入的大中城市加快发展住房租赁市场的通知》，并选取了12个城市开展试点工作。当月，位于浦东张江和嘉定新城的上海两幅首批租赁住房用地以11.48亿元成交，采取“只租不售”模式，项目建成后，将至少提供1 897套租赁住房房源。继而，作为浦西重点发展板块之一的市北高新板块，也迅速跟进响应市政府关于大力推进社会租赁住宅建设的相关要求，将区内两幅商业用地调整为租赁住宅用地。北京、上海、广州、杭州、山东等地纷纷采取农村集体土地入市、“零溢价率”和“自持面积比例”竞拍，以及划拨等多种方式增加租赁用地面积，降低建设成本。种种举措说明政府在政策层面推动租赁市场发展已成为一种趋势。以上举措能否获得市场绩效，还有待市场的检验。为此，笔者认为可以借助资产证券化推动住房租赁市场的发展。

一、住房租赁市场的机会和风险

从市场层面看，一线城市经济快速发展，就业机会增多，流动人口数量保持高位水平，外来人口及中低收入群体住房问题突出，住房消费两极分化现象严重，因此需要更多层次的、丰富的居住产品。从供给角度看，一二线城市经多年开发，土地供应紧张，土地成本高，房价居高不下；政府提供的公租房和廉租房房源有限，其覆盖群体范围小，而存量房规模庞大，两者结合将为城市租赁市场带来巨大的潜在需求。当前市场已注意到这一需求，如长租公寓等租赁模式已受到青睐，成为当前资本市场的关注点。

尽管租赁市场需求巨大，发展势头强劲，但也存在一些问题阻碍其发展，主要在供给侧方面。当前租赁市场的供给状态无法满足日益更新的多层次需求，如稳定的租赁关系、充足合格（满足人们日益提高的需求）的房源、到位的物业服务、对租房者合法权益的有效保护等。究其原因，在于租赁房供给过小、过散，不

专业,需要规模化、专业化经营,这一过程中专业机构的参与是关键。

我国目前租赁市场涉及人口在1亿以上,年租金已突破1万亿元,约有25.8%的城市居民租住住房。根据中国房地产业协会数据,2016年2—4月,上海有700 201套出租房屋,其中89%是私人出租住房,仅有77 021套是政府公租房、青年公寓、新型公寓等专业机构房源,占比11%。除我国刚刚开始重视租赁市场、尚处于初级租赁发展阶段原因外,关键原因在于投资机构进入租赁市场存在前期投入大、回报周期长、投资风险高等障碍。做个简单测算,一家初入市场的租赁机构,在一线城市要获取一定规模房源的基本投入可能要5亿—10亿元。根据某投资机构数据,以运营5 000套公寓计,通过租赁获取房源,一套房每月租金4 000元,5年稳定租约,不考虑租金上升率,5 000套房源的初步投入2.4亿元/年。每套平均建筑面积30平方米,每套硬装成本为33 000元,家具软装成本为7 000元,每3—5年需要翻新的费用为4 000元。可见,进入租赁市场的资本投入量是巨大的,且需要给予房东的租金及装修费用是当期一次性投入,而租客的钱则是逐月或逐年支付的。在当前市场条件下,每年回报率不高,一线城市约3%—4%,回报周期长,一般静态回收期达十几年甚至几十年。还有许多其他风险,譬如大量房源会带来规模经济,但同时催生了专业化的管理需要,再如租赁产生相关矛盾的法律风险等,这又是一大障碍。

二、房地产资产证券化的特点

资产证券化可以在供给层面有效解决前期投入大、回报周期长、风险大、资金周转困难等问题,主要有两类产品,即房地产投资信托基金(REITs)和资产支持证券(ABS)。REITs是通过发行收益凭证的方式汇集特定多数投资者的资金,由专业投资机构专门进行房地产投资经营管理,将投资综合收益按比例分配给投资者。ABS以房地产股权资产和债权资产组合的房地产资产作为抵押担保发行债券,以特定资产池所产生的可预期的稳定现金流为支撑,在资本市场上发行。REITs和ABS各有特色,前者趋向前端,以募集资金持有运营为主;后者趋向后端,以持有后的不动产权抵押回流资金为主。

REITs是低杠杆、高流动性、全收益的投资工具,由专业房地产管理团队管理,公众参与,持股比例高,国内REITs以租金收益和房地产开发销售为主。专业机构可利用REITs募集更多投资者,拓宽融资渠道,克服银行贷款的局限性,可用于购地、开发、租赁房源等数额较大的项目募集资金,有利于自建和投资租赁房源,获得更高收益的同时降低风险,从而更好地运作租赁物业。例如,领展

REITs是首家香港上市、以市值计为现时亚洲地区最大的房地产投资信托基金，完全由私人和机构投资者持有，公众持股量达100%，93%应纳税收入进行股利分配。2016年领展REITs运营现金流（FFO）/营运净利润=66%，持续回报能力强，领展REITs的5年复合增长率为13.3%，高于同期香港恒生指数5年复合增长率8.77%。日本复星地产、三井物产旗下合资REITs“MIRAI”平均年化收益率基本维持在3%左右，相对于10年日本国债（同期负利率）利差基本上保持在2.59%—3.68%的区间。其分红收益享受日本的免税政策：扣除股利分红后的收入计为应税收入交纳37%的公司所得税，法人税可通过发放90%以上利润给投资者减免。

在租赁物业证券化上，主要的发行顾虑就是运营收益不能达到市场期望，于是催生了一些证券化产品的特别设计。富豪REITs（香港基金，香港发行）为承租人的租赁合同支付义务提供担保，开元产业信托REITs（大陆基金，香港发行）采用整租+租金担保模式，设有最低保证每年租金金额的条款，每5年调整一次，最大程度降低风险。越秀房托REITs（大陆基金，香港发行）采用初始运营期运营收益/毛利补贴的模式，当项目公司经营毛利低于向酒店及服务式公寓提供的协定经营毛利支持时，需要向越秀房产基金支付的额度等于相关不足金额，使越秀房产基金减轻所承担酒店及服务式公寓有关的初期营运风险。截至目前，越秀房托的总资产已由45亿元跃升至330亿元，资产规模已进入亚洲房产基金前列。2017年中期，越秀房产基金物业实现总经营收入人民币9.092亿元，旗下物业整体出租率也达到了97.3%。

我国的房地产投资信托以类REITs为主，通过发行契约型专项资产管理计划，购买私募基金份额，全额收购基础物业资产，为投资者提供定期收入，暂无标准REITs出现。原因在于REITs在国内面临双重征税、不动产登记制度不完善、破产隔离制度缺陷以及物业本身信息披露不完全（道德风险）的障碍，限制了在国内能公开上市流通的REITs出现。政府对于外资控股公司直接持有国内物业的限制，使得很多希望复制“越秀REITs”模式海外上市的开发商望洋兴叹。

在国外，REITs受到投资者青睐的重要因素之一是由于避免双重征税所带来的税收优惠。而在国内，由于现行法律法规不健全，配套税收制度缺乏，在REITs的合法身份暂时无法确认的情况下，相关的税收优惠自然是无从谈起。金融环境不规范也阻碍了REITs在我国的发展，中国只允许信托投资公司从事资金信托业务，不仅缺乏专业化管理，还存在对市场的政策性垄断。此外，市场上房屋产权不完整使得部分国内房地产项目的产权问题成为通过REITs融资的一大法律障碍。除了土地使用权性质及使用年期的问题外，还包含取得正式产权证明文件的问题，不满足具备完整业权的要求。种种困境使得我国 REITs 的发展举步维艰。

REITs 侧重于融得资金去获取物业、经营物业而提供回报，ABS 则侧重于在获得及运营物业后，将未来可实现的收益权打包卖出，如租赁物业产生稳定的现金流，从而去拓展新的事业或复制已有成功的商业模式需在周转前期投入的大量资金。前期投资机构也可以通过 ABS 全盘退出，将其交给专业机构操作，可有效分散经营后期风险。可以把国内的 ABS 看作是对房地产收益权的分散化投资工具，其 SPV 的主体是信托投资公司。ABS 可以理解为是一种退出机制，也可以理解为是一种模式扩张机制。专业经营机构或资金可以利用 ABS 实现资金的流动和模式的复制。这恰恰与 REITs 形成了互补，非常适合住房租赁市场的规模化、专业化经营要求。

租房租赁领域的 ABS 目前非常稀少，其发展也存在一定的困难。譬如，初涉证券化领域的中国大陆，尚未有成体系的专业评级系统来评估住房租赁领域的证券化产品风险。此外，一般的 ABS 产品尚有资产作为担保，但租赁物业的资产属性极弱，担保作用小。而对其业务发展进行评估以确定风险的评估模式又尚未成熟。可以理解道德风险可能会存在，即不计成本做好市场化指标以发行 ABS，而将市场风险转嫁给买家。ABS 提高杠杆的同时，几乎转移了机构所有的债务和市场风险，缺乏足够监管的情况下，投资者极易蒙受损失。可见，在当前阶段，一方面住房租赁市场方兴未艾，值得投资，另一方面住房租赁尚未成熟，风险没有得到充分披露，基于住房租赁资产的 ABS 发行还有待时日。但这是值得考虑的一条途径，能够为租赁资金提供流动的渠道。

三、资产证券化推动住房租赁业发展的契机和风险

2016 年 5 月，国务院办公厅发布《关于加快培育和发展住房租赁市场的若干意见》(国办发〔2016〕39 号)，明确指出支持符合条件的住房租赁企业发行债券、不动产证券化产品，稳步推进房地产投资信托基金(REITs)试点。在政策支持下，优质房地产证券化产品推出前景可期，而租赁资产则是推行证券化的较好对象。在产权方面，租赁资产本身具备轻资产性质，当前大市场环境下出租率稳定，从而保证了现金流。房地产证券化可转变存量房产性质，协助政府从开发商手中收购房产，以廉租房、公租房的形式租给人民，也可基于两限房和廉租房本身租金产生的现金流，发行 ABS 回笼资金，以进一步支持租赁市场发展。对于

市场化投资机构而言，证券化既可在前期帮助他们筹集资金，收储大量房源运作专业化租赁业务，也可在后期以租赁业务产生的稳定现金流为基础发行 ABS，收回资本，进行下一轮运作，或复制商业模式发展壮大，或进入新的市场。他们的成功离场也能鼓励资金的进入，进一步催生租赁市场蓬勃发展。

十多年前，我国已有业内人士提出发展房地产资产证券化的尝试，关注度虽高但很快出现停滞，至今未得到有效发展。2017 年 1—9 月，中国资产证券化产品共计发行 18 单，发行金额累计达 417 亿元，其中房地产资产证券化项目发行规模仅占 25 亿元，发行量十分有限，且以个人住房抵押贷款和公积金贷款证券化产品为主，鲜有涉足租赁市场者。主要原因一是收益率相对较低（2%—4%的回报率），二是发行者的道德风险问题。

我国目前对房地产资产证券化还处于研讨和摸索阶段，在现实层面存在一系列障碍。如我国缺乏相配套的税收减免政策，目前的税收体制极易导致对 REITs 的双重课税，导致收益率降低。此外，还缺乏统一的资产证券化司法框架。房地产资产证券化面临着监管尚未放开、配套法律法规不完善、会计处理规范不确定、税负较重等多方面的制约。从政策角度看，我国现阶段进行的 REITs 项目均以“资产支持专项计划”的运作形式推出，实践中存在较多困难；从市场角度看，我国个人住房抵押贷款利率偏低、汇率体制僵化、金融市场环境受制于行政性干预，导致租金回报率相对较低，市场投资需求主体缺乏，且一级市场发育严重不足，等等。尽管如此，租赁物业作为良好的证券化基础资产，使得它们天然契合，要促进租赁市场发展，就有必要专门研究证券化相关规则、制度，推动它的发展。

今年 10 月 13 日，“新派公寓权益型房托资产支持专项计划”正式获批发行，拟发行金额为 2.7 亿元。该项目是国内首单长租公寓资产类 REITs 产品，也是国内首单权益型公寓类 REITs。10 月 23 日，保利租赁住房 REITs 获得上海证券交易所审议通过，以保利地产自持租赁住房作为底层物业资产，总规模 50 亿元。上海证券交易所相关人士表示，该产品是国内首单以房地产企业自持租赁住房作为基础资产的 REITs，具有很好的市场示范效应。以上信息足以证明相关步伐已经迈开，但尚需要市场、政府及学界的积极推进。

（作者单位：华东师范大学）

深化住房公积金制度改革要抓好方向、重点与组织创新

胡金星

住房公积金作为我国的一项住房金融制度的创新之举，自 1991 年在上海市试点以来，在创新住房建设与住房消费融资途径及促进我国住房市场化改革方面发挥了关键性的作用。但随着我国新型城镇化战略的推进、住房制度改革的深入、公积金资金规模的扩大，原有的公积金制度定位及其机制与体制越来越难以适应当前的环境，引起社会各界对住房公积金制度的“存”与“废”之争。根据国外发达国家的实践经验，公共住房金融体系在推动本国住房制度改革、解决中低收入群体住房问题等方面发挥着不可或缺的重要作用，能够在相当程度上缓解中低收入群体的住房压力。

目前，我国住房公积金制度面临的社会经济环境与 20 世纪 90 年代初期相比，已发生巨大的变化。我国的住房公积金制度也应与时俱进，根据当前社会经济发展状况与居民居住生活水平，主动进行创新与变革，使之更符合时代和居民的需要。具体而言，应从住房公积金改革的方向、重点、组织保障等三个方面加以推进，使住房公积金制度继续为推进我国新型城镇化进程、深化住房制度改革以及促进房地产市场健康发展的长效机制的形成等提供强有力的支撑。

一、我国住房公积金制度面临的内外部环境发生了巨大的变化

（一）住房公积金制度已成为我国住房金融制度的重要组成部分

我国住房公积金制度最早开始于 1991 年上海市的试点，1994 年起逐步向全国推广，2002 年《住房公积金管理条例》正式颁布实施。至今，住房公积金制度已发展成为我国住房金融的重要组成部分，城市住房建设资金短缺现象得以发生根本改变。根据住房和城乡建设部、财政部与人民银行印发的《全国住房公积金 2015 年度报告》，截至 2015 年末，全国住房公积金缴存总额已达 89 490.36 亿元，缴存余额 40 674.72 亿元，实缴单位 231.35 万个，累计发放个人住房贷款

2 499.33 万笔，共 53 349.74 亿元。规模巨大的住房公积金已经成为一个庞大的“资金池”，规范合理有效地使用住房公积金可为继续深化我国住房制度改革提供强有力的金融支撑。

（二）我国正处于城镇化的快速发展阶段

根据国家统计局统计，2015 年我国常住人口城镇化率已达到 56.1%，正处于城镇化快速发展阶段。其特征之一是大量农村人口快速向城镇集聚，新市民住房问题日益突出。在此背景下，2015 年 12 月中共中央政治局会议明确提出要推进以满足新市民为出发点的住房制度改革；特征之二是棚户区改造正处于攻坚阶段。根据《国务院关于进一步做好城镇棚户区和城乡危房改造及配套基础设施建设有关工作的意见》（国发〔2015〕37 号）要求，2015—2017 年，改造包括城市危房、城中村在内的各类棚户区住房 1 800 万套（其中 2015 年 580 万套），农村危房 1 060 万户（其中 2015 年 432 万户）。在《国务院关于加强地方政府性债务管理的意见》（2014）和《中华人民共和国预算法（2014 年修正）》影响下，以国家开发银行贷款为主要资金来源的棚户区改造模式正面临着严峻的挑战。此外，我国正处于全面建成小康社会的决胜阶段。要实现 1 亿左右农业转移人口和其他常住人口在城镇落户，这需要有相应的基础设施投资建设、保障性住房建设等巨额资金支持。总之，我国城镇化已进入快速发展阶段，而户籍人口城镇化率要达到世界发达国家平均发展水平，在未来的较长一段时间内，在住房领域仍需要有大量资金的支持与推动。

（三）我国住房制度改革的阶段目标发生了根本的变化

住房制度改革是我国经济体制改革的重要组成部分。1991 年国务院在《关于全面推进城镇住房制度改革的意见》中明确提出，城镇住房制度改革长期目标是完成住房商品机制的转换，实现住房商品化和社会化。1998 年国务院进一步提出，深化城镇住房制度改革目标是停止住房实物分配，逐步实行住房分配货币化。同年，住房公积金的使用由住房建设贷款全面转向住房消费贷款，公积金个人贷款余额由 1998 年的 156 亿元上升到 2015 年的 2 864.55 亿元，有效地促进了住房分配货币化改革目标的实现。近年来，尽管国务院没有明确提出我国城镇住房制度改革的目标，但根据 2013 年《中共中央关于全面深化改革若干重大问题的决定》和 2016 年《国务院关于深入推进新型城镇化建设的若干意见》，住房制度改革的目标已发生较大的转变，即由原来的房地产商品化转为健全符合国情的公平可持续的住房保障制度以及房地产市场平稳健康发展。“公平”要求住房公积金制度扩大其覆盖面，面向更多中低收入群体；“平稳健康发展”要求住房公积金制度在保障性住房供给、住房可支付能力的提升等住房问题方面发挥更加重要的作用。

(四) 住房可支付能力不足已成为我国住房的新问题

近年来,北京、上海、深圳、杭州等一线城市的商品房价格呈现出持续快速上涨的趋势。以上海为例,根据数据库的数据显示,2005 年上海市商品房平均销售价格为每平方米 7 767 元,2015 年上涨到每平方米 23 590 元,而同期上海市城镇居民人均可支配收入由 18 645 元上涨到 52 962 元。可见,城镇居民人均可支配收入增长率低于商品房价格增长率。考虑到我国经济增长速度放缓、居民收入水平分化及商品房单套供给面积主要在 60 平方米以上等因素,商品房价格上涨导致住房可支付能力不足的问题会越来越突出。因此,进一步提高住房可支付能力将成为我国政府住房保障的重点努力方向之一。

二、住房公积金制度改革的迫切性

自 1991 年以来,面对内外部环境的变化,政府不断出台各种政策法规,以促进住房公积金制度的持续发展。但其定位、管理体制与运行机制均未发生根本变化,使住房公积金制度的公平性与效率日益受到社会各界的质疑。

(一) 住房公积金定位的模糊性弱化了其住房保障功能

对于住房公积金的属性,是住房金融还是公共住房金融,现有文件中并没有明确的规定。根据《住房公积金管理条例(2002 年修订)》,住房公积金是指国家机关、企事业单位、社会团体及其在职职工等缴存的长期住房储金,属于职工个人所有,仅限用于职工购买、建造、翻建、大修自住住房。因此,住房公积金的定位更偏重于是一种住房金融制度的安排,而不是公共住房金融制度的安排。随着住房价格的持续上涨及限购政策的深化,尤其是购买住房首付比例的提升,利用公积金购买住房的门槛越来越高。另一方面,公积金的缴纳群体并未全面覆盖到新市民群体,使其无法利用公积金提高住房的可支付能力。而住房是新市民融入城镇的主要障碍之一。因此,住房公积金定位的模糊性容易引起社会公众对住房公积金用于廉租房等保障性住房建设的质疑与争论,进而会弱化其对现有城镇中低收入群体和新市民的住房保障作用。

(二) 住房公积金管理中心的事业单位属性削弱了其融资与风险控制能力

根据公积金管理条例的规定,住房公积金管理中心是直属城市人民政府的不以营利为目的的独立的事业单位,其主要职能在于编制与执行公积金的归集与使用等。因此,公积金管理中心是公积金职能得到有效发挥的重要组织保障。

由于不同公积金管理中心属于不同城市人民政府管理，导致公积金在不同省市间的流动性较差；此外，一些城市公积金管理中心积极推进住房金融产品创新。如 2016 年 5 月 12 日，安徽省第一个住房公积金住房贷款证券化发行成功。但由于公积金管理中心与上级监管主体间是一种委托—代理关系，在信息未得到有效披露的背景下，信息不对称导致公积金被违规使用和挪用等现象时有发生。可见，住房公积金管理中心的行政化行为降低了公积金的使用效率，而市场化行为因信息不对称将加大风险，削弱住房公积金的融资与风险控制能力。

（三）公积金管理体制的复杂性降低了住房公积金的效率

住房公积金的管理实行住房公积金管理委员会决策、住房公积金管理中心运作、银行专户存储、财政监督的原则。具体而言，公积金管理体制是由多个层级监管机构构成的等级管理体制。其中第一层是由国务院建设行政主管部门、财政部门、中国人民银行等主体共同构成的。第二层由各省市人民政府建设行政主管部门、同级财政部门以及中国人民银行分支机构构成。第三层由省、自治区人民政府所在地的市以及其他设区的市设立住房公积金管理委员会和住房公积金管理中心或（及）分支机构构成。在公积金设立之初，这种住房公积金管理体制，能够在较短的时间内通过多个部门的共同合作快速推进住房公积金制度的建立与发展。但随着公积金规模的不断扩大，多头多层级监管的管理体制，加剧了信息的不对称性，导致内部的管理成本、对公积金的监管成本以及不同监管主体间的协调成本等急剧上升，进而导致住房公积金管理的效率日益低下。

（四）住房公积金运行机制的不完善性加剧了社会的不公平性

住房公积金的运行机制主要涉及缴纳与使用等制度的设计。对于住房公积金的缴纳主体而言，根据全国住房公积金 2015 年度报告显示，实缴职工 12 393.31 万人；根据国家统计局统计，2015 年末城镇就业人员 40 410 万人。可见，仅有 30%的城镇就业人口缴纳了住房公积金。大量新市民仍没有缴纳住房公积金，因此，无法享受住房公积金的低利率贷款等金融支持，增加了新市民的购房成本，直接影响到其市民化进程。在住房公积金的使用方面，住房公积金制度采取属地化管理，在北京缴纳住房公积金，在北京以外的其他省市则不能使用。这种封闭式运行方式加剧了公积金的结构性矛盾，导致中东部公积金无法满足需求，而西部地区公积金流动性不足。这种封闭性也极大打击了流动就业群体缴纳公积金的积极性，使一些在城镇就业的职工，宁愿企业多发一些工资，也不愿缴纳公积金。此外，在高房价及高首付比例的背景下，利用公积金购买住房的使用群体规模受到很大影响，住房公积金缴存余额逐年增长，由 2008 年的

12 116.24 亿元增长到 2015 年的 40 674.72 亿元。因此,住房公积金缴存覆盖面较小、公积金使用的区域性封闭式运行及缴存余额的增长,都使中低收入群体难以通过公积金制度来获取住房的财富效应,进而加剧社会的不公平性。

三、深化住房公积金制度改革的思路

目前,我国住房公积金已形成一个巨大的“资金池”,但住房公积金的定位、管理体制、运行机制、组织保障等方面存在的问题,直接影响到住房公积金制度的可持续性,因此,迫切要求政府深化住房公积金制度改革。在改革的过程中,既要保护好住房公积金缴纳群体的利益,更要积极通过“资金池”的有效运营,为解决更多中低收入群体住房问题发挥关键性作用。具体而言,要从明确方向、紧抓重点、组织创新等三个方面同步推进。

(一) 加快向公共住房金融发展是住房公积金制度改革的主要方向

面对我国新型城镇化战略及住房制度改革的方向,尤其是要解决城镇低收入群体及多数在城镇就业的新市民群体的住房问题,美国等国家的实践证明,以银行抵押贷款的市场化途径解决中低收入群体的住房问题会带来很大的金融风险,而完全依靠政府的财政支出也无法从根本上解决这部分群体的住房问题,唯有加强公共住房金融制度创新才是一条有效的解决途径。

其实,我国住房公积金制度最初设立的目的之一是促进我国政策性抵押贷款制度的建立,这是公共住房金融的重要特征。但在实施过程中,政府并没有对住房公积金制度的定位进行清晰的规定,使我国目前仍没有建立起真正意义上的公共住房金融制度。因此,对于我国住房公积金制度改革的方向而言,进一步推动住房公积金制度向公共住房金融制度发展对我国新型城镇化战略及住房制度改革具有十分重要的意义。

就住房公积金的功能而言,早期阶段主要发挥住房建设贷款功能。1998 年后,在支持住房消费金融方面发挥了重要作用。未来要进一步在公共住房金融领域发挥更大作用。具体而言,政府要利用住房公积金庞大的“资金池”为包括新市民在内的中低收入群体购房或租房提供强有力的直接或间接的住房消费金融支持。

(二) 优化住房公积金管理体制与机制是住房公积金制度改革的重点

住房公积金现有管理体制复杂,管理成本高,主要原因在于监管主体多,如国务院建设行政主管部门、财政部门、中国人民银行等;层级多,有中央、各省市、区住房公积金管理委员会和住房公积金管理中心等。因此,住房公积金的管理体制改革应从减少管理主体、减少管理层级着手。由于住房公积金主要涉及住房建设或消费金融服务，本质上属于金融服务，确保公积金本金及贷款资金的安全是住房公积金发挥更大保障功能的前提。因此，住房公积金的管理体系改革可考虑采取由单一机构(如银监局)进行统一监管的模式。

在住房公积金的运行机制方面，未来改革的重点要从扩大公积金覆盖范围、促进住房公积金在全国的流动性以及发挥住房公积金庞大“资金池”的更大作用等方面着手。一是要进一步扩大住房公积金缴纳主体，要通过法律约束与经济激励双重途径来重点解决就业职工(包括新市民)公积金缴纳动力不足及覆盖面小等问题，进一步把公积金覆盖到在城市稳定就业的新市民群体；二是要加快完善住房公积金互通互联互助的使用制度，促进公积金在全国范围内跨省市地合理流动与使用，加快促进不同省市公积金互联，建立一个统一的全国公积金数据库，加快制定住房公积金的互助制度。在住房消费方面，优先支持首次购房或者租房租金支付等住房消费金融，并对缴纳群体使用公积金的次数等做出规定；三是要积极推动住房公积金参与 PPP 模式、使用住房公积金补充小区住房维修基金、保障性住房供给贷款及贷款担保等途径以盘活 40 674.72 亿元缴存余额资金。通过上述制度的创新与完善，以更好地解决住房公积金制度存在的效率与公平等问题。

(三) 加快住房公积金管理中心的组织创新是改革的根本保障

住房公积金管理中心并不是公积金的所有者，而是受委托对公积金进行管理的专业机构。因此，深化住房公积金制度改革需要住房公积金管理中心的组织创新加以保障。

具体而言，住房公积金管理中心要向服务于住房公积金的公共住房金融发展方向发展，需要对其组织机构进行改革。在国外，其组织形式有：政策性住房金融机构、合作住房储蓄银行、公共住房基金等，这些组织形式也是国内社会各界呼声较高的改革方向。其中，合作住房储蓄银行是基于自愿原则基础上的互助性银行，而公共住房基金需要有稳定的资金来源与有竞争力的住房运营机构等支撑。目前，这两种组织形式都难以同时解决我国新型城镇化及住房制度改革面临的问题。将住房公积金管理中心转型成为政策性住房金融机构，既有助于优化监管体制、促进公积金在全国的流动，也可以进一步发挥住房公积金的住房资金融资与投资功能，是当前我国新型城镇化加速发展阶段中较为现实的选择。

此外，住房公积金管理中心或者是未来的政策性住房金融机构，作为受托方,与监管主体间存在着委托代理关系与问题。因此,在住房公积金改革的进程中,住房公积金监管机构要加强信息披露力度,定期披露住房公积金制度、住房公积金存贷情况以及受托方运营情况等信息。其目的是不断提高公积金制度及运营状况等信息的透明度,引进社会监督力量,降低住房公积金制度运行成本,确保我国住房公积金制度的可持续发展。

(作者单位:华东师范大学)

新常态下上海房地产市场的健康发展

张永岳

上海正迎来楼市新一轮发展的机遇期，正确引导上海楼市步入新常态的通道，是楼市平稳健康长效发展的关键。明确新常态下上海楼市的科学定位、解决新形势下楼市发展的矛盾、找到新常态下上海楼市发展的路径或策略，将促进上海楼市真正迈上新台阶。

一、新旧常态交替期下的楼市发展

（一）市场状况

要寻找到楼市发展的最优路径，必须明确当前楼市在整个周期中所处的位置。上海楼市的大调整，和 2010 年全国房地产市场与政策的调整基本是同步的，在此，重点考察 2010—2015 年上海房地产市场的周期波动。衡量周期波动的指标有很多，这里以国家统计局公布的新建商品住宅价格指数同比增幅来衡量，观察 2010—2015 年 7 月份的数据，能够看出上海房地产市场周期波动的态势（见图 1）。

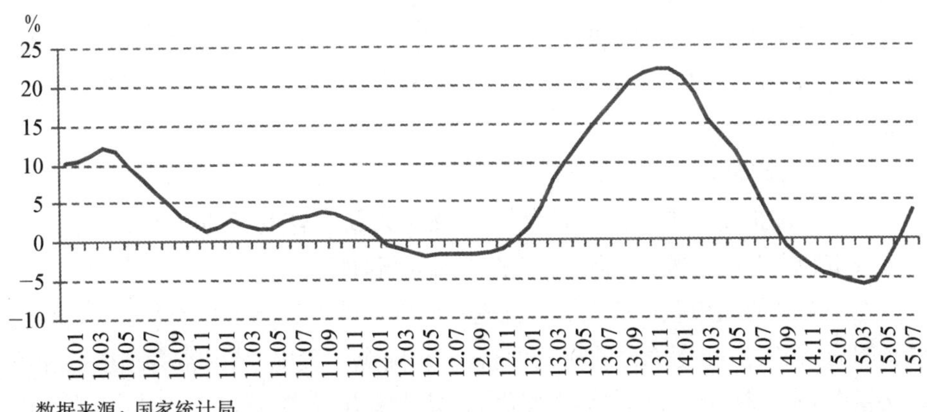

数据来源：国家统计局

图 1　上海房地产市场的周期波动

同样，观察2010年至2015年7月份的数据，可以看出上海房地产市场的政策走向亦有周期波动性。主要分为两个阶段。

第一阶段：2010年1月至2013年12月。除了执行中央层面的限购限贷等政策以外，上海在高端物业预售、房价行政性管控、房产税推行等方面，也有相对严厉的政策。

第二阶段：2014年1月至今。除了对限购政策继续维持以外，上海积极执行央行降准降息政策、2014年的“3·30”新政、“限外令”取消等政策。整个政策环境是相对比较宽松的。

（二）相关争议

在本轮上海房地产市场与政策的调整过程中，存在各类争议。本质上看，此类争议，其实就是对上海房地产市场发展模式的反思与辩论。比如在限购政策、房产税试点等方面，就有意见相左的观点。

在限购政策方面，部分观点认为，上海房地产市场应积极导入市场化的因素，逐渐剔除行政管控的因素，建议全面取消限购政策。相反的观点认为，上海房价上涨的压力过大，并不能草率地摒弃行政管控模式，相关数据支持了此类观点。国家统计局的数据显示，2015年7月份，70个大中城市中，上海新建商品住宅价格指数环比增幅排名第二。

在房产税试点方面，部分观点认为，按照国家统计局的数据，如果设定2010年房价为基期值100，那么2015年7月份房价就为127.8。这意味着推行房产税，上海房价仍有较大的涨幅，政策的价值并不大。相反的观点认为，房产税的试点意义要强于对房价干预意义，并且能够为后续其他省市房地产税的推行做铺垫。

诸如此类争议的出发点都希望为上海房地产市场的健康发展提供参考意见。上海房地产市场的新常态模式，也将会在这样一类市场争议过程中逐渐确立。

（三）上海楼市开始跨入新阶段

上海楼市正逐渐走出低迷的阴影，悄然步入新一轮发展的窗口期。上海新一轮城市和产业的发展，也助力上海楼市跨入新阶段。

上海未来的城市和产业发展目标基本明确：到2050年，上海将建成具有全球影响力、辐射力和竞争力的科技创新中心、资源配置中心、财富管理中心和信息交互中心，目标定义为“世界级城市”。具体来看，各类新概念的推出，为上海楼市发展开阔了视野。有两个概念值得关注：一个是“上海迪士尼度假区”，另一个则是“中国(上海)自由贸易试验区”。这两个概念,服务于上海新常态经济的推进,同时也能够助力房地产市场朝新常态的发展目标演进。

二、资源禀赋视角下的楼市焦虑

(一) 人口

人口因素是影响房地产市场发展的最基本要素。人口规模庞大,能够为上海提供丰富的人力资源,也可能为上海住房市场带来更大的压力。在《上海市城市总体规划(1999—2020)》中,2020 年上海常住人口规划为 1 800 万左右,但截至 2015 年 6 月,常住人口已超过规划设定的水平。从人口结构看,老龄化、高学历人口的增加,都会极大影响后续的住房需求。据国家统计局上海调查总队境内 6 月的统计数据显示,2015 年上海高校毕业生有 17.7 万人,总量压力和结构性矛盾将持续困扰房地产市场的发展。在人口流动性方面,长三角周边城市如苏州、杭州因取消限购政策,在吸引人才导入方面已显示出优势。这需要上海市场采取“截留”的手段,比如在 2015 年,上海市委市政府出台了《关于深化人才工作体制机制改革促进人才创新创业的实施意见》,其中就包括向符合条件者定向微调住房限购政策。

(二) 土地

土地资源背后的各要素变动,尤其是价格的上升,某种程度上会给上海房地产市场的发展带来压力。对于部分激进拿地王项目的房企而言,若后续不控制好运营成本,那么可能在盈利方面会因为高价拿地而显得非常被动。类似楼板价和溢价率不断攀升的格局,目前依然困扰着上海房地产的发展。举例来说,在 2015 年 8 月,阳光城摘得上海杨浦平凉社区大桥街道一纯宅地,溢价率达 59.6%,楼板价达 49 236 元/平方米。在此类楼板价的基础上,后续楼盘的售价可想而知了,同时也会削弱房企项目的营销优势和区域的竞争优势。

为了实现土地资源的高效利用,上海土地市场结构性的调整依然需要继续。比如说针对工业用地,推出“全生命周期”管理的模式,但是后续如何和产业经济密切挂钩,同时吻合市场的实际状况,都会困扰目前的政策监管部门。

(三) 资金

刚需购房、投资投机的炒房、外资等资金加快进入上海房地产市场,在为上海楼市创造宽松金融环境的同时,可能也会加剧上海房地产市场的波动性。

刚需购房资金主要进入了普通商品住宅的领域。根据克而瑞数据库的数据,在 2010—2014 年五年期间,上海普通商品住宅成交金额的规模,大体可以等同于刚需购房的资金规模。对于此类资金的进入也是需要积极鼓励的。

投资投机类型的炒房资金，虽然没有做严格的统计，但通过新闻媒体等渠道也基本上可以认定，多年来，房价上涨和此类资金的频频进入有不同程度上的关系。外资也存在类似的问题，还存在对于政策的敏感嗅觉，一旦认为政策有变动，就会出现资金快进快出的现象。总之，两类资金因缺乏稳定性，这可能也会干扰相关房地产市场的平稳发展。

（四）政策

政策及其变动因素，能在很大程度上影响上海房地产市场的投资价值和市场预期。上海房地产市场的政策调整，总体上是为了不断适应房地产市场发展的需要，但政策调整有时也容易带来市场预期的不稳定，如何确保政策背后市场预期的稳定，也是需要下功夫解决的问题。

（五）预期

市场预期的变动，会对住房投资、交易等产生重要的影响，如果预期不稳定，那么市场交易等过程可能就会受到干扰。从普通民众的角度看，对于上海房价持续上涨已经有一个相对成熟的承受能力，然而，随着改善型住房需求和新进沪人员的持续购房需求的增加，上海在房地产市场预期管理方面还有工作的空间，以利于上海市场的健康发展。

（六）城市规划

楼市的发展，和城市规划密切相关，如果城市规划滞后或不科学，那么就可能会显著影响楼市的健康发展。上海目前正在进行新一轮城市规划的制定过程中，后续如何进一步提振城市竞争力，让房地产市场能够有一个坚实的规划后盾，是城市规划和房地产规划部门需要关注的内容。

三、新常态下上海楼市发展若干思考

（一）标准要适当提高

步入新常态发展模式的上海楼市，需要在层次定位或标准上满足以下几个要求，即：必须满足世界级城市建设的需要；必须满足上海“两个中心”发展的需要；必须满足上海人口改善居住水平的发展需要。简言之，新常态楼市发展必须满足上海城市、产业和人口发展的多方面需要。

从满足世界级城市建设需要的角度看，上海楼市发展后续应围绕科创中心等概念进行新项目的打造，积极优化资源，将房地产市场成为汇集城市人力资源、社会资本、商务资源、消费需求等各类发展资源的重要平台。

从满足上海“两个中心”发展需要的角度看，上海楼市发展后续应该重点围绕金融贸易航运等产业，创新商办物业的运营模式，加快降低房地产要素市场的居住成本、企业物业租赁成本等各类成本，鼓励更多资源或资金导入到实体经济。对符合“两个中心”产业导向的企业，优惠政策可体现在物业租赁上。

从满足上海后续人口发展需要的角度看，后续应根据不断变化的人口规模和结构，以及人口背后的消费、创业、商务等需求，积极打造新型的房地产产品和金融产品，让上海房地产市场成为集聚居住、投资、创业功能的重要平台。

（二）定位目标要清晰深化

要真正步入新常态的阶段，上海楼市发展就需要进行定位的转换。

纵观过去 30 年的上海楼市发展，本质上是以开发为主的不动产项目不断拓展的过程。随着住房存量资源的增加、房地产投资回报率的收窄，以及房地产市场的趋于成熟，后续房地产市场的发展必须要经历功能或定位的转化。这也意味着，上海房地产市场应该从过去主要注重增量开发的模式，积极转变为以内涵创新，挖掘潜力，注重经营为主的轨道上来。

上海房地产市场要真正步入新常态的通道，还必须有明确的目标，此类目标势必是多方面的，需要在相关部门经过论证和评估后得出，在此以土地市场的开发为例做出分析。

从市场预测来看，后续人口规模增长和产业的发展，将加大对土地利用的依赖程度，不过关于土地集约开发的思路却应该始终保持不变。在 2013 年 1 月，上海市政府就发布了《上海市主体功能区规划》。规划中，上海将市域国土空间划分为四类功能区域，以及呈片状或点状形式分布于全市域的限制开发区域和禁止开发区域。新常态楼市发展过程中，需要积极协调土地方面的各类利益，对于限制开发区域和禁止开发区域，自然需要继续诠释保护的政策要义，这可能对于房地产市场的发展会有一定的冲击，但经历这样一个痛楚期显然是很有必要的。后续在土地开发的区域划定上，应该设定一个目标值，并定期进行监测。

激活现有的土地资源，是城市发展和楼市发展决策者需要密切关注的内容，后续应将郊区发展和城市复兴两个内容紧密结合起来。对于郊区市场而言，需要圈定特定板块进行重点开发，而在城市复兴方面，则必须积极稳妥地推进物业的改造和开发，只有做到这一点，房地产市场的发展才能具备长效发展机制。

（三）注重创新发展

上海楼市新常态模式的发展，既要坚守传统领域中一些好的做法，又要学会挖掘新的增长点、探究新市场和新机遇。

在传统领域中，部分国内或行业领先的商业模式，需要继续保持。比如说，上海房地产市场发展过程中，楼宇经济一直比较发达，后续围绕楼宇经济继续深挖潜能，依然是上海房地产市场健康发展的重要组成内容，所以说，加快盘活存量资产、鼓励商办楼宇创新经营模式，都可以为相关房企所尝试。

在新兴领域中，上海房地产市场应积极寻找新的行业机会，积极创造各类条件。从目前上海房地产的发展空间看，此类创新点有很多，比如国际旅游度假区、社区增值服务、创客空间、智能家居等。当然，对于此类业务的创新，相关政策配套需要积极跟进，如在众创空间的打造方面，上海相关部门已经推出了相应政策，在 2015 年 7 月，上海市规划国土资源局制订了《上海市加快推进具有全球影响力科技创新中心建设的规划土地政策实施办法(试行)》。此类办法体现了政策配套的思路，即通过制定相应的土地规划和管理办法，进而促进科创中心和相关园区平台的建设。

此外，目前包括 REITs、MBS(住房抵押贷款证券化)等金融产品的创新已经开始。如 REITs 产品的创新已在深圳前海进行，MBS 的产品创新也在北京积极进行探索。上海在房地产金融产品的创新上，也有各类丰富的案例，包括房地产众筹产品创新等。此类创新都是零碎的，对于上海房地产市场而言，完全可以积极去统筹此类资源，进而论证相应的商业模式。

搭建此类平台，需要住房、金融、商务、税务、法律等部门的协调和分工，但最终目标是明确的，即将此类市场纳入上海国际金融中心的构建体系中。唯有这样，才能让上海房地产市场从过去地方性的不动产投资平台，积极转化为房地产金融产品交易和定价的市场，这也体现了上海房地产市场新常态模式的基本要义。

(作者单位：华东师范大学)

供给侧结构性改革与上海房地产业

戴晓波

2016年是我国“十三五”规划的开局年。去年底召开的中央经济工作会议，把供给侧结构性改革作为引领新常态发展的指导思想和任务，掀开了未来五年甚至更长一个时期经济发展的新篇章。

上海的房地产业发展，同样面临供给侧结构性调整的艰巨任务。自上一个五年规划开始，上海已经在工业用地供应、保障性住房结构调整等很多方面开始着手尝试供给侧结构性调整。如今，需要进一步在思路上、体系上、实践上实现房地产业的供给侧结构的深化改革，以期率先走出转型创新发展之路。

一、需求侧之路：房地产投资与消费越走越慢

经济学中的所谓三驾马车，通俗是指消费需求、投资需求和进出口需求，也就是典型的GDP在需求侧的增长动力。按照经济工作会议的分析，一是从消费需求看，过去我国消费具有明显的模仿型排浪式特征，现在这一阶段基本结束。个性化、多样化消费渐成主流，因此产品的质量安全、通过创新供给激活需求等重要性显著上升，通过供给侧再造使消费继续在推动经济发展中发挥基础作用。二是从投资需求看，经历了30多年高强度大规模开发建设后，传统产业相对饱和，但基础设施互联互通和一些新技术、新产品、新业态、新商业模式的供给侧投资机会大量涌现，对创新投融资方式提出了新要求，把握投资方向、消除投资障碍，从供给侧使投资继续对经济发展发挥关键作用。三是从出口和国际收支看，国际金融危机发生前国际市场空间扩张很快，出口成为拉动我国经济快速发展的重要动能，现在全球总需求不振，我国低成本比较优势也发生了转化，同时我国出口竞争优势依然存在，高水平引进来、大规模走出去正在同步发生，必须加紧培育新的比较优势，使出口继续对经济发展发挥支撑作用。

在2007年美国次贷危机爆发后，随着出口增长速度的明显减缓，政府开始关注需求侧问题，中国的产业以出口为主转向依托投资拉动进行，出口快马被投

资快马替代。

作为投资拉动的大手笔，最具有代表性的是我国政府在2008年增加了四万亿元固定资产投资规模，旨在刺激经济发展。我国固定资产投资增长速度从最初几年的30%以上，持续下跌至2015年12%左右，虽然还是保持两位数增长，但明显是强弩之末。房地产作为投资主力军，直到去年底的投资增长速度也一直保持在两位数。上海也不例外，房地产投资占全社会固定资产投资比例不断提高，从2000年的四分之一上升到去年的近三分之二。房地产投资在投资拉动经济中功不可没。

“十二五”期间，政府开始关注三驾马车中的最后一匹内需消费的马儿，但是这匹马的发育先天不良。首先，城乡居民收入增长长期低于GDP增长速度，在GDP中的占比份额不断下降；其次，居民收入中大部分用于储蓄，消费意愿受到住房、养老、教育和医疗等重大开支而压抑；第三，城市化率不高和农民消费水平低下，影响了消费增长；第四，随着城市居民消费水平的提高，很多产品和服务已经跟不上消费的需要。因此，虽然中国的零售商品销售总额增长一直稳定保持在15%左右的两位数增长，短期难以挽回前两匹马失速的颓势。

房地产需求也不例外。从全国层面看，房地产去库存压力巨大。从上海地方看，由于土地供应短缺限制、房地产市场价格高企以及限购政策，商品住房市场交易忽热忽冷，但是总体运行平稳。不过，由于前期商铺等商业地产供应过度，加上电商网络平台等对实体商铺需求的减少，商业地产市场也存在去库存的情况。

二、从需求侧到供给侧：规模拉动变为质量驱动

供给侧结构改革思路，实质就是以创新发展为核心的五大理念实现，也包括体制改革、机制设计和政策工具更新。

首先，通过供给侧结构改革解决当前的供需结构不对称矛盾，房地产业以管理、市场和金融创新等进行结构调整。我国市场需求从短缺到过剩的发展过程中，供需不对称现象已经在各个领域悄然出现。例如，在农业方面，中国消费者愿意去欧洲和香港购买婴儿奶粉等，而在西部地区的部分农民养牛采集的牛奶却无人收购；虽然在需求侧奶制品供应充分，但是在供给侧奶制品的质量无法得到保证，市场有效供给不足。再如，在制造业方面，中国游客会去日本大量采购电饭煲、电暖马桶盖等高端消费品，而国内的服装、家电等普通商品却大量过剩，在供给侧上中国制造的产品缺乏消费者体验和科技创新。又如，在住房供应方

面，部分城市的商品房供应积压严重，去库存压力山大；但是另一方面，棚户区改造却又需要大量建造保障和动迁住房。这种供需关系是因为收入分配差距和住房分配机制造成的，亟待需要通过金融创新加以解决。

其次，通过供给侧结构改革创造房地产未来新兴需求，以服务创新和商业模式创新等进行新兴市场开拓。供给侧的产品创新可以创造出很多新产品，这些新产品或者颠覆传统商品，或者创造新的需求。管理创新与商业模式创新是孪生兄弟，如网络服务产品的概念就是“羊毛出在牛身上”的互联网盈利模式颠覆了传统的商品销售商业模式，互联网通过吸引消费者眼球而获得广告收益和大数据等其他收益，属于典型的互联网新技术与商业新模式的结合。房地产业已经开始房屋经租等商业模式创新，将闲置厂房和办公楼等资产用于酒店服务等，去库存手段开始多样化和市场化。

再次，通过供给侧结构改革实现产业层次的提升，以技术发展和应用实现产业科技创新。在各类产业的产能均已经过剩的前提下，产业结构调整已经不是需求改革的关键，需求侧改革的重点应放在产业的层次提升上，而产业层次提升的核心是人才和技术层次提升。房地产发展要求新技术，一是劳动力替代技术的应用，我国的人口红利已经逐年消失，建筑业一线工人工资高、年龄大、招工难，迫切需要建筑工厂化、施工自动化，因此装配建筑技术和施工机器人的重要性日益显现。二是信息技术的运用，随着信息革命与信息技术的发展，BIM 等建设施工技术已经日趋成熟，上海中心的建设利用 BIM 技术获得了成功的经验，正在房地产建设中推广和应用。三是节能、节材、节水和环保等技术和材料，特别是建筑业中大量采用的高分子材料，具有重量轻、价格低廉和施工方便等优势，也带来易燃和有毒有害等问题，因此，通过材料改型和检测，使得建材更加优质。

三、供给侧结构改革：房地产资产价值提升

中国从房地产大国要转为优质资产的强国，那就意味着要将现有的资源和资产进行全方位的改造，改革的任务艰巨而复杂。

首先，供给侧结构改革要保持和提升房地产的有效性。中国要实现 2020 年 GDP 比 2000 年翻两番目标，存在一个假设的前提，即人民币汇率与美元不会发生大的变化。换言之，如果发生房地产市场价格下降、资产利用效率低下等问题，则可能会引发人民币货币贬值，人均 GDP 可能会达不到翻两番的目标。按照初步测算，中国“十二五”期末的人均 GDP 已经达到了 7 800 美元左右，如果

汇率不变和GDP比2000年翻两番目标实现，中国有望在2020年达到人均GDP一万美元的水平，基本符合世界上已经小康的国家经济水平。

在1997年东南亚金融危机爆发时，很多国家是因为市场需求转移和资金外逃，形成产能过剩和房地产积压等不良资产大量存在，引发的主要问题就是资产贬值。例如，1997年泰国在发生金融危机时，由于资本市场的开放和自由的外汇市场汇率浮动，国际资本可以在泰国大量抛售资产，并通过外汇市场换美元汇回美国，从而造成国内房地产等资产贬值和泰国货币泰铢的贬值，使得泰国经济持续近二十年没有大的发展。又如，1997年香港在发生金融危机时，由于资本市场的开放和自由的外汇市场汇率浮动，国外投资在香港也大量抛售资产，并通过外汇市场换美元汇回美国。由于香港政府坚持港元兑美元不贬值的政策，虽然捍卫了港币的国际市场地位，但却造成了香港房地产资产大量贬值，市场价格腰斩一半的惨痛代价，使香港经济受到重创。当年中国经济也面临着商品房过剩和库存积压、房地产投资减缓等不亚于今天的困境，由于资本市场和外汇市场没有对外开放，等于建立了防火墙让国外资本无法抽逃，在2000年中国加入WTO后，迅速填补了国际市场的需求，获得了宝贵的发展机会。今天，随着人民币国际化和资本市场的开放，房地产资产的有效性在未来人民币走势中具有举足轻重的作用。

其次，基于供给侧变化带来的资产结构变化，会引发新的经济与产业业态形成。中国已经在高铁投资建设、新型城市化发展等方面进行了有效的布局，对于房地产发展具有积极的意义。

中国高铁的大规模投资是2008年为应对美国次贷危机而进行的投资拉动，随着高铁逐步成为新的长距离轨道客运交通体系，其在供给侧结构上发挥的作用开始日益显现，对房地产市场分化也有影响。一是从全国层面看，高铁经过的城市在基础设施、开发区和园区、房地产等方面还保持着资产优势，房地产价格没有明显回落、去库存压力除部分城市外，明显比没有高铁的城市要小。在高铁交通枢纽城市，人口集聚效应还在持续。二是从长三角层面看，由于高铁网络和城际轨道交通体系的建成，人们可以当天来回于不同的城市，长三角的同城效应开始凸显。这一地区从过去的以商品配套与关联生产为代表的产业链合作，已经开始转向以人才与技术交流为代表的价值链合作。有预测认为，长三角未来发展是得益于生产效率和价值的提升，长三角地区将在2030年在全球六大城市群中排名上升到首位，近期房地产价格上升的城市中，长三角的主要城市都名列其中。三是从高铁本身看，原来的舆论认为高铁上马是为中国需求侧投资拉动的手段，在成本高昂和票价高企的前提下，短期不会实现乘客规模达到收益的。事实上，2014 年京沪高铁就实现了按线路的盈利。而今，上海出发的高铁已经无法在白天实现当班就走，在周末等高峰时段还会出现一票难求现象。高铁体系在未来"以人为本"的发展时代，在旅游和商务等服务业的发展中，作用会更加突出。

中国的新型城市化发展与高铁发展一样的异曲同工，都是在扩大投资需求的背景下产生，带来的却是供给侧结构变化，新型城市化使得城市质量大幅度提高，亦即房地产的升值。中国过去的城市化主要是工业化带来的，在产品生产为主的背景下，城市品质比较低下。新型城市化是以人的安居乐业作为主旋律的，便利的交通、优美的环境、宜居的生态和现代服务可以吸引更多的人才入住这个城市。这些人才的创业和创新等新的就业方式构建了城市的新业态。如北京和上海，服务业已经逐步替代制造业成为主流创业，北京的服务业已经高达 80%以上，上海在 2020 年服务业增加值占 GDP 比重规划达到 75%以上。随着中国的城市化率提高，未来更多的人口向城市集中，2020 年中国居住在城市的人口将达到 60%以上，新型城市化为房地产业发展奠定了良好的城市基础。

最后，消除中国城乡两元结构，实现不同所有制的资产跨界流通，既可以刺激消费，也可以激活更多的有效资产。为此，一方面，要让城市的房地产投资下乡建设新农村；另一方面，要让农村的不动产资产盘活融入城市；再一个方面就是建立起城乡一元的市场体系，使得中国的各类资产保持市场活力和产业竞争力。

一方面，农村集体建设用地的供给侧结构改革，可以实行城市投资下乡，拉动投资需求。目前改革的最大障碍就是两元的土地制度，按照我国宪法和土地法，土地性质分为国有和集体两种，集体土地在使用、流转和交易等各个环节是受到限制的，因此房地产业的活动只能在城市建设用地和批租用地上进行，投资难以下乡。因此，如果在"十三五"不打破农村建设用地的入市壁垒，城市与农村的两元差距无法缩小，农村土地无法进入经济发展的供给侧。党的十八届三中全会已经明确农村建设用地可以入市流转，农村土地确权已经在全国进行。如果实施顺利，有望在土地方面实现供给侧的结构性突破。

另一方面，农村集体建设用地资产供给侧盘活后，让农民获得土地收益，农民带资金进城购房置业，可以实行农民身份转变。目前农业与非农户籍的两元结构正在被打破，而农民在农村的资产因为无法有效置换，使得农民工一方面在农村的资产闲置，另一方面在城市也难以购房置业。农民工由于身份和财产的限制，大量游离在城市与农村之间，在城市难以实现稳定合法居住和稳定合法就业。上海当年实行的公积金制度，在本质上是给予了上海城市居民实际居住住房的自有化，居民随后可以通过市场进行房屋置换，不断提高居住水平。农民工如果可以实现其在农村的资产价值在市场兑现，然后用资产收益在城市购房置业，将会使农村和城市资产均得到有效利用，获得双倍的资产效益。

最后，建立城乡一元的户籍制度和土地流转制度，是供给侧结构改革的最大红利，其政策效果将会从新型城镇化反哺到新农村，对于消除城乡差距、提高农民包括财产在内的各项收入，都有着重要的意义。

总之，供给侧结构性改革与中国正在进行的各项改革是紧密结合的。供给侧的改革目标主要是资产价值提升和资源的有效配置，可以通过市场置换国有僵尸企业、置换不良资产、挖掘新资源、发展新业态等不同的渠道和手段，实现房地产资产存量优化和开发新的资产增量，期望在 2020 年全面实现住房小康目标。

（作者单位：上海社科院部门经济研究所）

谋求经济新常态下的产业新发展

陈　敏

2014年，新常态开始成为中国经济发展的关键词。房地产业作为经济发展的重要增长点，随着经济新常态，也呈现出产业运行的新特征、新规律和新要求。在房地产市场步入新的发展阶段后，房地产企业要正确认识新常态下的产业新趋势，并以此调整产业发展战略，打造房地产经济的"升级版"。

一、正确认识上海房地产业新常态

（一）从经济维度看新常态

当前，国内经济发展已步入"减速换挡"期，提高了对稳增长的关注，注重创新、调结构，积极培育新的增长点。上海作为全国经济发展的排头兵，其经济增速早已先于全国进入新常态。相比全国，上海经济新常态既显现出共性，又展示了其特性：在经济增速中，上海先于全国进入经济中速增长，且增速低于全国，但其经济增长稳定性高于全国；在经济动力转变中，上海经济增长对投资依赖度更低，创新驱动力更强，其建设用地零增长发展策略，使地方财政摆脱对房地产业依赖的步伐迈得更大。

一方面，随着上海经济发展由效率驱动转向创新驱动，传统的房地产业对经济发展的拉动作用已经明显减弱，尤其是土地供应"零增长"，产业地位和依赖度不断下降。另一方面，上海经济虽然增速下调，但整体保持平稳有序运行，给房地产业的稳定、持续发展提供了良好的发展环境，尤其是居民收入的增长为房地产业提供了稳定的购买力。上海楼市虽然成交下滑、房价涨幅收窄，但抗跌性强，房屋的保值增值功能依旧强劲。

（二）从政策维度看新常态

随着经济进入新常态，房地产调控思路也更清晰，在去行政化基础上，"稳增长"是今年"两会"以来政策的主基调，改善性需求正成为决策层稳楼市的关键棋子。上海作为一线城市的代表，在宏观政策整体趋于宽松的背景下，虽然仍然坚守限购，但在公积金、贷款、普通住宅标准等政策上已做出相应调整，市场回暖趋势明显。此次二套房首付降至四成以及对二手房营业税调整等政策出台，对刺激和释放改善性需求有较大的推动作用，在利好政策的驱动下，有望对楼市构成持续利好。

此外，由于上海市场需求依然旺盛，而供应增幅有限，故房价上涨压力仍较大，短期内很难全面取消限购，楼市出现大幅上扬的概率较低。与此同时，经过几轮调控，政府和开发商已更为理性地对待市场，房价不可能也不允许大幅上扬。市场将确保整体稳定，并实现稳中小幅上涨。

(三) 从市场维度看新常态

从全国来看，住房普遍短缺的时代已经过去，随着供求关系的逆转，市场预期也发生了根本性转变，购房需求热度呈下降趋势。上海房地产市场也逐步告别过去住房商品化初期的高速发展阶段，且随着购房适龄人口峰值以及劳动力人口总量的回落，市场出现趋势性变化已不可回避，市场供求双方对房价继续上涨的预期都在不断减弱，未来房地产将逐渐回归居住本质。

但相比较二三线城市，上海属于人口输入城市，每年大量外来人口的流入，使城市房地产的新增需求保持在一个相对稳定的水平。此外，新型城镇化和自贸试验区扩区等政策利好，也推动上海房地产市场的长期稳定发展。供应方面，受土地资源稀缺限制，每年新增供应量增幅有限，因此，市场供求矛盾将长期存在。从长期看，"量稳价升"的态势将促使上海楼市保持在一个较为活跃、稳定的发展状态。

二、新常态下上海房地产业的新动向

(一) 稀缺性与产业竞争

对房企而言，土地市场尤其是住宅用地市场，始终是兵家必争之地。上海房地产业经过十年"黄金"期发展，土地资源紧缺已成为城市发展的瓶颈，在可供开发土地存量逐年减少的情况下，上海已经实行建设用地零增长的政策，集约化用地以及盘活存量土地将成为今后土地市场的重点。

土地稀缺加上品牌开发商全面回归，上海的土地市场已经硝烟再起，价格易涨难跌，预计未来房企对土地资源尤其是优质住宅地块的竞争将更趋激烈，单价和总价地王纪录被不断刷新或将成为常态。高昂的地价对企业的资金准入门槛越来越高，动辄几十亿的土地总价使得多数企业望尘莫及，在未来，企业合作并购获取优质土地资源的方式将成为主流。

（二）低利润与转型升级

随着土地、资金成本的居高不下，房企的利润遭到不断侵蚀。面对依然严峻的市场环境，房地产市场已进入一个低增速、低利润的新常态，开发商将不得不面对利润率下降、竞争日趋激烈、库存压力大等诸多问题，甚至面对一旦降价求售超越成本时，是“断头跑路”还是“断尾求生”的艰难抉择。

利润下行倒逼企业转型，在行业利润被不断压缩的形势下，房地产企业对转型升级越来越重视。目前，房地产企业转型主要分两大类：一类是围绕房地产开发业务，以提升管理能力、产品竞争能力、打造品牌优势等业务能力提升的转型，如万科的社区服务；另一类是产业链上下游拓展和以资金优势进入盈利性较强的新行业等为代表的外向转型，如恒大的矿泉水经营。此外，互联网、大数据等高新技术已被不少房企引入并运用，成为企业提升营销优势和服务品质的重要途径，更是新的利润增长点。

（三）集聚性与行业洗牌

上海房地产市场已经是一个较为成熟、健康的市场，整个房地产业的境况已经有了实质性改变：房屋销售模式的变化，出现很多新型的渠道整合，围绕买方市场的竞争加剧；暴利时代的终结，企业净利润的持续下滑，成本控制能力较弱的企业将被淘汰；银行对开发贷款的收紧，中小开发商生存环境步履维艰。行业的“两级分化”趋向性显著，那些既没办法解决融资问题，也没有办法突围销售困境的企业将在市场调整周期中逐步被淹没。

以万科为代表的品牌房企优势进一步凸显，更多的资源被垄断，处于行业金字塔尖的企业正不断蚕食并占据更大的市场份额，中小型房企则面临难以为继、甚至关门倒闭的困境，房地产市场正经历新一轮市场大洗牌。在市场总量上升空间相对有限而行业集中度加速提升的背景下，如何在产业内保持并提升自身的位置，成为所有房地产开发企业面临的共同问题。

三、新常态下房地产企业的转型发展

（一）颠覆传统观念，转变赢利模式

长期以来，传统房地产被简单理解为以“卖房”为轴心，只有“房”和“地”，没有“产”。从根本上讲，房地产业属于第三产业，其本质是服务业。在新常态下，行业已经开始进入从开发为主到服务为主的阶段，企业需要颠覆传统，树立服务思想，注重打造产业链的延伸产品，多为客户做一些增值服务，使企业更有号召力和生命力。同时，通过金融支持和服务运营等手段寻求长期持续经营，将盈利模式从直接卖房赚钱变为长期经营赚钱。

（二）树立互联网意识，维护客户资源

在新常态下，房地产市场的需求主体、竞争格局及供应模式、盈利模式等都发生了变化，房企间的竞争将不再是单纯的规模、速度之争，更多的是企业专业和服务能力的竞争。为此，需植入互联网思维，积极跟进互联网与物联网结合的新市场营销模式，充分利用电商平台、大数据等手段，构筑立体式、多功能网络营销空间，以此来推动企业的新常态发展。同时，最大限度地整合利用积累的楼盘和客户资源，挖掘客户生活空间，创新服务方式，把企业竞争从目前的产品、价格、配套、物业服务上升到一个崭新的层次，不仅要卖好房，更要维护好、利用好客户资源。

（三）捕捉市场新热点，拓展新增长点

在新常态下，发展仍是企业的第一要务，市场在充满挑战的同时也蕴含着大量的发展机遇，一带一路、城镇化发展、科技创新、“二孩放开”的人口红利等都可能成为新的引擎和动力。此外，随着实施不动产登记制度和开征房产税等将促使消费者进一步回归理性，转向房地产其他产品消费，如近年来蓬勃发展的文化地产、旅游地产、养老地产等。企业需要充分考虑和研究这些新的市场情况，找到新的目标市场，开发新的对路产品，从各方面研究新常态下房地产市场细分，从而挖掘出更多市场新业态和新机会。

（四）坚持特色经营，发挥品牌效益

新常态经济是一个求发展速度但更重发展内在质量和效率的经济。在新常态下，市场竞争由价格竞争转向质量、品质、差异化等的价值竞争，企业应把更多精力放在提高产品质量、建立信誉上，要摒弃以量取胜，而以质求发展、以服务求增长，练好内功，创新产品，走差异化的特色品牌道路，塑造品牌、促进品牌，将品牌效应作为新常态下房地产企业的新竞争要素。

挑战和机遇总是相伴相随，狭路相逢勇者胜。新常态下产业结构的调整必然引发市场阵痛，这个过程是无法避免的关口。房地产企业要客观地看待趋势性变化，保持一颗平常心，先从观念上适应、认识上到位，然后再用求新求变的心理来应对现实，谋求产业新发展。

［作者单位：上海西部企业（集团）有限公司］

进一步完善上海城市更新机制研究

杨华凯　沈正超

人类自有城市以来，城市的建设和更新活动始终没有停止过。美国著名城市理论家刘易斯·芒德福在《城市发展史》中指出“城市，和人类文明一样，在不断的更新中走向未来”。在不同历史阶段，城市更新的方式、规模、特点、速度和效果截然不同。决定城市更新效果“截然不同”的关键是什么？本研究以上海城市更新实践为基础，总结分析上海城市更新效果“截然不同”的原因，为加快上海城市更新发展，提高城市更新水平提供对策和建议。

一、上海城市更新实践总结

上海是一个由渔村发展起来的沿海城市。据史料记载，元至元二十八年(1291)，上海设县，而后筑城。城厢大小街巷数十余，人口二十余万。鸦片战争后，上海被迫开埠，逐渐形成了租界和清政府地方当局分割共治的城市格局。开埠后的近代上海迅速发展成为远东最繁华的港口和经济、金融中心，成为近代亚洲少数国际化大都市之一。抗日战争爆发，上海遭受日军侵略，许多住宅、工厂、商业设施毁于战火。1949 年上海解放，上海城市发展进入了新的历史时期。

(一) 上海城市更新历史沿革

1. 以恢复生产、改造基础设施、改善居住环境为特征的城市改造阶段(1949—1979)

解放初期，面对千疮百孔的上海，国家提出了“迅速医治战争创伤，恢复经济”“变消费城市为生产城市”和“城市建设为生产服务、为劳动人民服务”的指导方针。当时的上海市政府在财力极其困难的情况下，一方面大力抓好工厂的恢复生产；另一方面，针对棚户、简屋集中的地区，组织力量整修道路，开辟火巷，增建水站，修理危险房屋，改善市民的居住条件，最大限度地满足“生产型城市”的需要。20 世纪五六十年代，市政府开始有重点地对市中心的棚户区进行改建。同时新建一批工人新村，如曹杨新村“1 000 户”工人住宅(即曹杨一村)和“两万户”住宅,解决了“生产型城市”大量产业工人的基本居住问题。十年“文革”时期,上海城市改造基本停止。

2. 以“大拆大建”为特征的大规模旧区改造阶段(1980—2000)

党的十一届三中全会后,上海旧区改造翻开了新的一页。自80年代开始,上海加大了成片危棚简屋改造力度,提出了改造引线弄、久耕里、药水弄、市民村、西凌家宅等23片旧区的规划,涉及300多个街坊,危旧房屋330多万平方米。1992年邓小平“南巡谈话”后,房地产业兴起,通过土地批租和房地产开发,大大加快了上海旧区改造进程。1995年上海市第六次党代会提出“到本世纪末完成市区365万平方米危棚简屋改造,住宅成套率达到70%”的目标,把上海旧区改造推向一个新的高潮。除旧区改造外,20世纪90年代也是上海市政基础设施和大型公益性配套设施大规模建设的年代。十年里,市、区两级政府投巨资建成了“三纵三横”“内环十字”高架道路、“十字加环”轨道交通及三桥两隧等一大批市政基础设施项目。同期,为改善城市环境,在市中心旧房密集,城市热岛效应明显的地区“拆房建绿”,建设大型公共绿地,如延安中路绿地、华山路绿地、太平桥绿地、长寿路绿地等,还陆续建成了一批3 000平方米左右的小块绿地,城市环境大为改善。

3. 以调整城市功能,优化城市环境为特征的城市更新(2001—2017)

进入21世纪后,上海为适应“创新驱动,转型升级”战略,实施了以“土地储备”为主的新一轮旧区改造和环境建设。土地储备模式首先由市土地储备中心在中心城区“退二进三”产业结构调整中实施,取得成功后,又推广到旧区改造、市政基础设施建设和环境建设。据不完全统计,2004—2016年,仅市、区两级土地储备机构以土地储备模式实施的旧区改造、大型居住社区和区域功能性建设项目(如大型公共服务设施等)达68个,储备土地面积10 140公顷,成为上海城市更新的一个新亮点。

表1 2004—2016年上海土地储备情况表

土地储备类型		土地幅数(幅)	土地面积(公顷)
2004—2016年储备总量		68	10 140
其中	1. 旧区改造	33	240
	2. 大型居住社区	16	7 100
	3. 区域功能性项目	19	2 800

（二）上海城市更新模式及运作机制

上海在长期旧区改造和城市更新中创造了一系列行之有效的模式。

1. 政府统包模式

20 世纪 80 年代以前和 90 年代初的城市更新（旧住区改造、市政设施建设）基本采用这一模式。该模式的特点是：旧区改造由政府投资并组织实施，改造或建成后的住宅无偿分配给居民。由政府出资改造或建成的市政基础设施、公益性绿地等交付市政或绿化管理部门运营。这是计划经济体制下城市更新的主要运作模式（见图 1）。

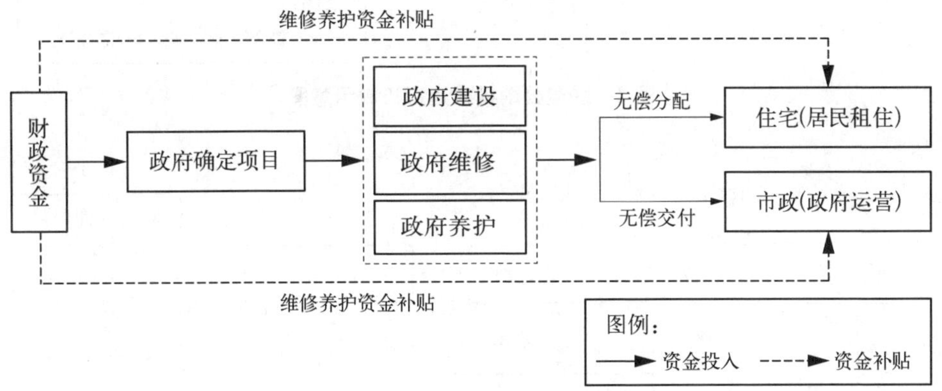

图 1　政府统包模式运行机制示意图

2. “联建公助”模式

1984 年市政府出台《上海市“联建公助”建设住宅试行办法》。《办法》提出在私房比较集中的棚户简屋地区，由区城建部门组织联建各方人力物力，翻建多层或高层住宅后，再以补贴价格出售给原有的私房户和建设单位职工。“联建公助”的实质是私房居民自愿出资（个人出一点）、需要房源的企事业单位联合资助（单位补一点）、政府减免相关的建设税费（国家免一点）共同进行旧房改造。这是一种突破了计划经济体制“政府统包”，由社会参与改造旧区的模式（见图 2）。

3. 房地产开发模式

20 世纪 90 年代的“365”危棚简屋改造主要采用这种模式。其特点是政府将旧区改造地块以“毛地”形式批租（出让）给房地产开发商，用收取的土地出让金完成地块的动拆迁和市政基础设施建设，开发商则在完成动拆迁的“净地”上投资房地产项目，并通过经营（出售或出租）获取投资回报。这种模式的实质是利用土地级差收益进行旧区改造，是一种市场化的投资模式（见图 3）。

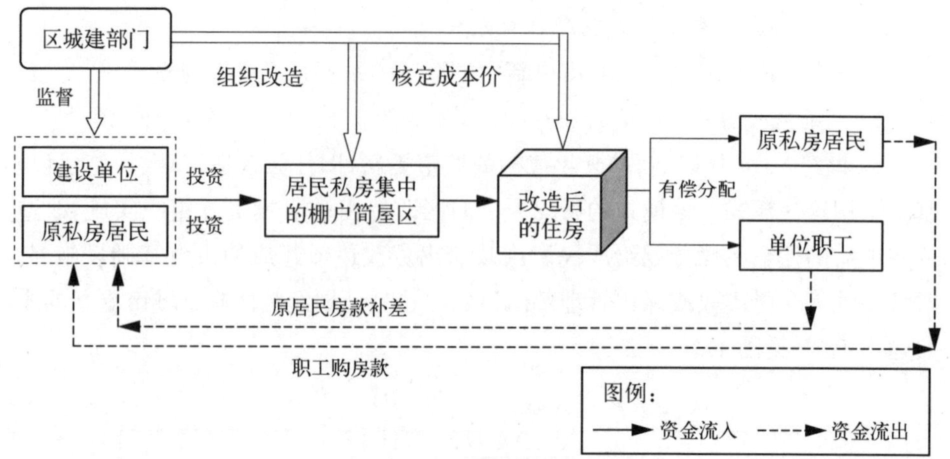

图 2 联建公助模式运行机制示意图

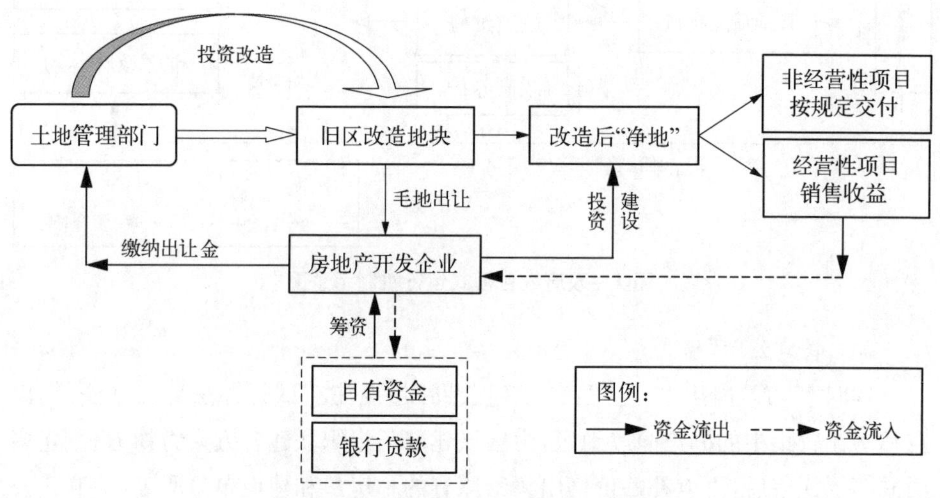

图 3 房地产开发模式运营机制示意图

4. 土地储备模式

指由政府委托土地储备机构，对危棚简屋集中的旧改区域或符合产业结构调整的土地进行收储，完成动拆迁和基础设施建设等土地前期开发后，将符合出让条件的“净地”，交由土地管理部门统一出让的土地开发模式。土地储备过程中实行的“阳光动迁”政策、“二轮征询”动迁机制，将旧区改造与居民参与结合起来，是公众参与城市更新的一种新尝试(见图 4)。

5. 有机更新模式

是近年来在城市更新中创造的新模式。有机更新模式运行机制的最大特点

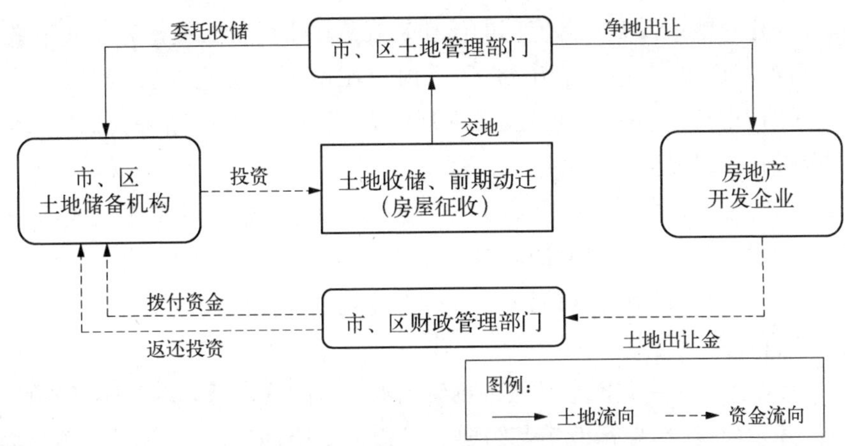

图 4　土地储备模式运行机制示意图

是在保留原有历史风貌建筑的前提下，将“留”“改”“拆”多种方式有机结合，对区域功能进行调整，在实现“社会效益”“环境效益”的同时实现企业的“经济效益”（见图 5）。

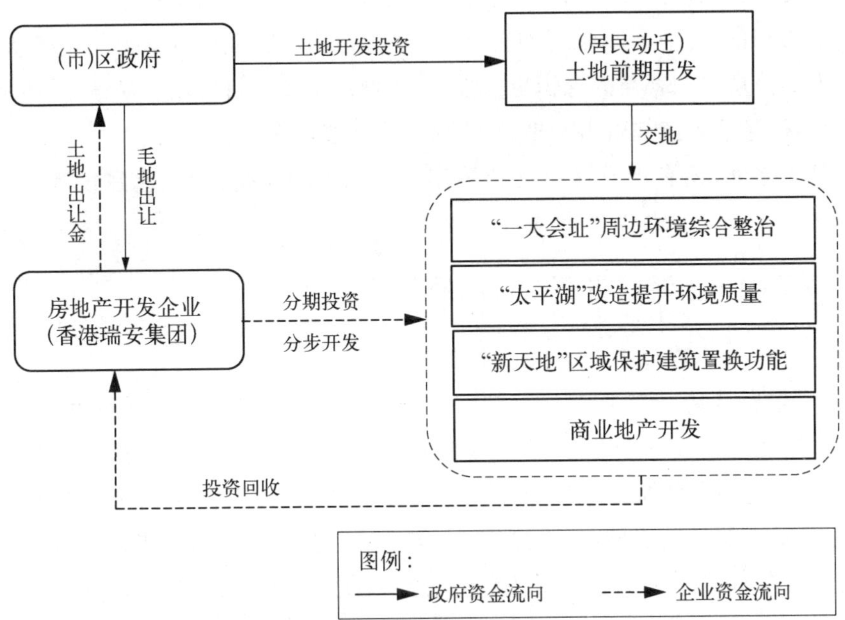

图 5　有机更新模式运行机制示意图（以上海太平桥地区——新天地改造为例）

（三）上海城市更新中的主要问题

1. 立法滞后。城市更新是城市主体间利益的重大调整，涉及诸多法律关系，迄今为止我国还没有一部专门的法律来规范城市更新相关行为。近年来，为推进上海的城市更新，市政府出台了《上海市城市更新实施办法》及其《实施细则》。但城市更新作为一项城市发展中规模大、影响深远的“新陈代谢”活动，仅靠一部政府规章是远远不够的。

2. 专项规划缺失。城市更新专项规划是城市总体规划的重要组成部分，实施过程既涉及社会、经济、环境和文化等诸多方面，又与政府的财力、投资者的参与程度密切相关。目前，本市尚无这样的专业规划，使得城市更新项目的实施带有较大的盲目性。

3. 融资渠道单一。资金是城市更新绕不过去的坎，土地获得、拆迁补偿、动迁安置、开发建设、后期运营等都需要大量资金支持，但目前可为城市更新融资的除了银行抵押贷款之外，没有更好的渠道。有的投资者因无法筹措足够的资金而放弃项目，有的投资者因流动资金不足延长了城市更新项目的建设周期，等等，严重影响了城市更新计划的实施。

4. 公众参与机制不健全。总体而言，在城市更新中我国社会还未形成公众参与的文化氛围。究其原因，一方面是管理部门主动公开城市更新项目情况，邀请公众参与的观念淡薄，缺乏对公众参与的内涵、价值观和行动力的正确认识。另一方面公众主动参与的意识也不强，对于城市更新项目要求公众参与，听取公众意见，被邀请者往往就事论事，缺少城市主人翁的态度。

除此之外，还有涉及城市更新运作机制和管理体制、信息化建设等方面的问题。

二、关于完善上海城市更新机制的若干问题

（一）完善上海城市更新机制的目标

1. 确保《上海城市总体规划(2017—2035)》中城市更新目标的实现。《上海城市总体规划(2017—2035)》是上海城市发展的纲领性文件。《总体规划》提出的建设“卓越的全球城市”总目标和建设“一座更具竞争力、更具可持续发展能力、更富魅力的创新之城、生态之城、人文之城”的发展定位，为未来上海城市更新指明了方向。进一步完善城市更新机制要通过制度创新和完善，确保城市总体规划目标，特别是城市更新目标的实现。

2. 构建上海城市更新长效发展的制度基础。2017 年中央经济工作会议提出要综合运用金融、土地、财税、立法等手段，加快研究建立符合国情、适合市场规律的基础性制度和长效机制。城市更新是城市新陈代谢的重要机制，只要人

类在进步，满足“人的要求”的城市更新永远不会结束，要通过构建符合社会发展和本市特点的城市更新机制，为上海城市永续发展奠定长效的制度基础。

3. 促进上海经济发展目标的实现。城市是社会、经济活动的载体。建立长效城市更新机制，推动城市更新持续发展不仅可以为社会经济活动提供环境优美的活动空间，还可以提供大量的就业机会。同时通过城市更新项目的投资、建设、管理、运营带动相关产业的发展，促进上海经济发展目标的实现。

4. 推动房地产业持续健康发展。城市更新涉及多个领域，如土地利用、房地产开发经营、物业管理、楼宇经营服务等，是房地产市场的重要组成部分。建立良好的城市更新机制，保持上海城市更新的良性发展，有利于活跃房地产市场供求，推动房地产业持续健康发展。

（二）完善上海城市更新机制的基本原则

1. 尊重规律，统筹协调原则。城市发展有其自身规律，如城市发展中的人口与用地相匹配，城市发展的规模与资源环境的承载能力相适应等，机制创新必须尊重、顺应这一客观规律。同时，机制创新还必须遵循统筹协调原则，做到城市更新与城市规划空间调整、产业结构调整、城市生活生态环境调整及科技、文化发展统筹兼顾、协调发展。

2. 政府主导，市场化运作原则。政府主导保证城市更新的方向。政府主导主要体现在两个方面，一是制定城市更新法律法规及相应的操作规则，确保城市更新规范运作；二是编制好城市更新的专项规划和实施计划，管控好城市更新项目实施。市场化运作是市场经济条件下城市更新的有效手段，在建设、经营、投融资等方面要充分发挥市场机制的作用。

3. 博采众长，体现特色原则。上海是一个“开放、包容”的国际化大都市，上海的城市精神要求做到“海纳百川、追求卓越”，因此，完善上海城市更新机制既要广泛学习、研究借鉴发达国家、先进城市在城市更新方面好的理念、好的做法，兼收并蓄，博采众长，更要认真总结上海自己在旧区改造、城市更新实践中创造的经验，发扬光大，体现上海城市建设改革创新“排头兵、先行者”的特色。

（三）关于上海城市更新机制体系

“城市更新机制体系”是指构成城市更新活动各环节相互联系、相互作用（制约与促进）的系统。鉴于城市更新活动的复杂性，本研究认为，上海城市更新机制系统应是一个由若干环节（子机制）构成的体系。各环节（子机制）既是体系的一个组成部分，又有其自身内在的运作规律。上海城市更新机制的主要环节（子机制)包括规划土地管控、土地储备、公众参与、投融资、开发经营、综合评价等机制(见图 6)。

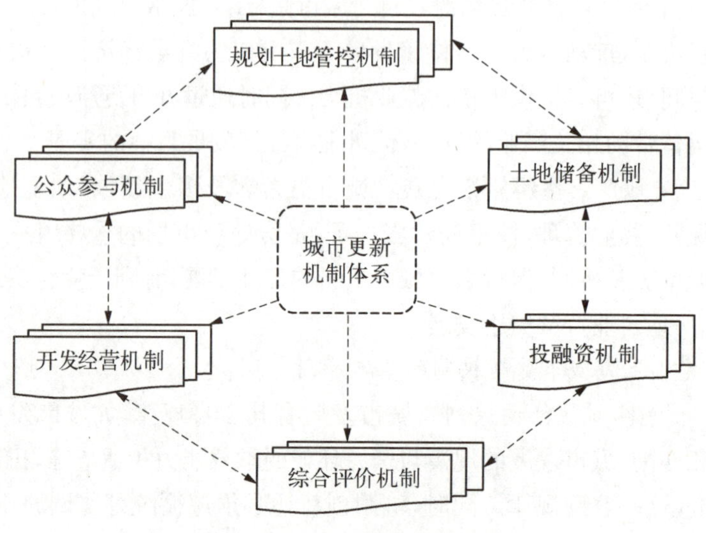

图 6 上海城市更新机制体系图

城市更新机制体系与传统的旧区改造机制相比,具有以下优势:

1. 保障规划目标实施优势。城市更新机制体系是一个实现多元目标,兼顾各方面的系统工程,比之旧区改造机制的单一目标,具有对实施城市更新诸多规划目标,如社会经济发展目标、城市总体规划目标、土地利用规划目标、住宅发展规划目标等更好的综合保障作用。

2. 延续历史文脉优势。城市更新机制体系的提出是城市发展理念转变(由"拆改留"转变为"留改拆")的具体化。城市更新机制体系的实施可以有效避免旧区改造中大规模拆除重建给城市带来的负面影响,更好地保留城市的特色、城市的精华,延续城市最宝贵的历史文脉。

3. 提高城市管理效率优势。建立与城市更新机制体系相适应的城市更新管理体制,有利于打破原有旧区改造中存在的机制体制条块分割、各自为政的管理局面,强化政府各部门城市更新管理综合协调能力,提高管理效率。

4. 丰富人文精神优势。城市更新机制体系中引入公众参与机制与新一轮旧区改造中"二轮征询动迁居民意见"相比,内容更广泛、内涵更丰富。这一机制体系的实施,有利于培养市民参与城市更新的主人翁精神,为城市文化增添新的内容。

三、完善上海城市更新机制的对策和建议

（一）创新城市更新理论，丰富城市更新内涵，使城市更新建筑在可持续发展的基础上

城市更新理论创新是城市更新实践的先导。当前我国城市更新理论研究需要在以下方面不断创新。

一是深化对城市更新本质的认识。城市更新的本质是什么？相当长一个时期来，人们认为，城市更新是对不适合城市生活的居住、道路、绿化等环境的改造，具有公益性质。特别是在计划经济时期，旧区改造、市政道路、环境绿化建设，一切城市改造都属公益性质，由政府投资并组织实施。近年来许多专家学者对此提出了质疑。

本研究认为，随着我国市场经济体制的确立，确实需要对城市更新本质做进一步深入的思考。从市场化法则角度看，城市更新既具有公益性，又具有商品性。认识这一点的意义在于，一方面可以将城市更新土地视同"城市资源"，吸引企业利用这些资源，按照城市更新的要求进行开发建设，在实现城市更新目标的同时，获取投资经营利润。另一方面，当城市更新地块要求的公共要素较多或土地资源条件有限，企业投资难以达到"盈亏平衡"时，政府应给予财政补贴或优惠政策扶持，确保企业投入—产出的基本平衡，这也是政府在城市更新中秉持"公共利益"原则的具体体现。

二是加强城市更新方法论的研究，提高城市更新决策与实施的科学性。长期来，我国城市（包括本市）旧区改造项目的决策基本建筑在主观意愿或经济利益驱动上，加之改造方法以"大拆大建"为主，造成了城市改造中很多的浪费。本研究认为，随着城市更新理念的普及，对于城市更新方法论的研究应摆上城市更新理论研究的重要日程。比如对于一片街区、一条街道，甚至一栋建筑，如何确定要不要更新，更新范围多大，用什么方法更新，一个街区的更新与邻近街区存在什么关系，与城市长远发展又是什么关系，在时间、空间的维度上如何把握，等等。所有这些，需要通过科学的方法加以评估，作出判断，以避免或尽可能减少人为因素，使城市更新建筑在科学的基础之上。

（二）根据上海城市总体规划，编制好上海城市更新专项规划

《上海城市总体规划（2017—2035）》已经国务院批准。《总体规划》在深化上海全球城市的内涵和功能支撑、在基本建成"四个中心"的基础上侧重优势整合与短板提升，从城市竞争力、可持续发展能力、城市魅力三个维度，明确了上海全

球城市的具体发展目标。这是未来上海城市建设的纲领性文件。本研究认为，对于有着七百多年建城历史的上海，要在未来20年实现《上海城市总体规划(2017—2035)》提出的各项发展指标，仅靠一部《总体规划》是不够的，特别是事关城市形象的城市更新活动，如何通过城市更新，将未来上海建成一座“繁荣创新之城”“健康生态之城”“幸福人文之城”，任重而道远。建议根据《上海城市总体规划(2017—2035)》抓紧编制城市更新专项规划。上海城市更新专项规划应以有效引导和有序推进城市更新为目的，充分发挥城市更新在实施城市总体规划，加快促进上海产业转型升级和结构调整，改善人居环境，完善城市功能，土地资源优化配置，保护与传承上海历史文脉的重要作用。上海城市更新规划应明确提出未来20年上海城市更新的指导思想、基本原则、总体目标、规模控制，提出更新功能、强度管控要求和各类用地的更新、保护、利用原则、策略等，为城市更新年度计划的编制提供科学依据。

（三）确立区域开发理念，建立容积率奖励制度，提高城市更新土地利用效率

上海人多地少，土地资源紧缺，特别是中心城区人地矛盾尤为突出。城市更新，既要在有限的土地上满足公共要素的“补短板”，建设美好生态环境，又要兼顾土地开发投资收益，要求高，难度大。城市更新土地开发必须树立“区域开发”的理念，整体规划区域功能，统一制定区域开发方案。根据区域的实际情况，统筹兼顾“留”“改”“拆”，在按“区域”整合土地资源，补齐公共要素的前提下，合理安排必要的经营性建设项目，实现企业投入产出的平衡。为提高城市更新土地利用效率，建议：

1. 确立城市更新土地复合利用策略。在集约节约利用土地前提下，充分挖掘存量土地潜力，优化用地结构，统筹地上地下空间土地利用，提高土地利用质量和效率。

2. 实施差别化土地供应政策。为了兼顾城市更新中各方利益，鼓励参与城市更新，应针对不同地区、不同类型的城市更新项目实施差别化土地供应政策。如对旧区改造、“城中村”改造、历史风貌建筑和街区保护、生态环境整治等，分门别类确定其土地供应方式和土地供应价格，从土地供应源头上保证城市更新中公共利益与参与城市更新企业利益的共同实现。

3. 建立容积率奖励制度。在土地资源紧缺和土地成本高企的背景下，建立容积率奖励制度，可以起到鼓励集约节约利用土地、提高土地利用效率的作用。城市更新容积率奖励的重点应为：① 旧区改造存量土地盘活；② 生态环境保

护;③ 历史文脉保护;④ 公益设施建设。建议制定《城市更新容积率奖励实施办法》,先行试点,取得经验后逐步推开。

(四) 按照城市"统筹协调发展目标",健全城市更新机制,保持城市更新良好发展的动力和活力

本研究提出的城市更新机制体系模型是基于统筹协调发展目标的城市更新机制完善模型,与现行机制相比,实现这一模型还有许多环节需要通过创新加以完善。

1. "统筹协调发展"是城市可持续发展的集中体现。中央城市工作会议提出"统筹协调发展"的内涵包括统筹空间、规模、产业三大结构;统筹规划、建设、管理三大环节;统筹改革、科技、文化三大动力;统筹生产、生活、生态三大布局;统筹政府、社会、市民三大主体等五个方面。这是一种既要满足当代人生活需要,又要为子孙后代发展留有空间的科学发展观。城市更新机制的完善要充分体现这一科学发展观,避免我国历史上曾有过的"大跃进"式的发展,真正实现社会与经济、当前与长远、需要与可能兼顾的良性发展。

2. 实现统筹协调发展的城市更新机制体系还有许多环节需要创新与完善。比如确保城市更新规划目标实现的规划土地管控机制中的城市更新专项规划需要制订;体现城市更新中市民参与机制的"三权机制(即公众对于城市更新项目的知情权、决策权、监督权)"需要真正落到实处,尤其是公众在与他们利益密切相关的城市更新项目决策权的行使更需要提出切实可行的办法;土地储备制度在本市实施多年,在旧区改造中发挥了很大的推进作用,但是新的《中华人民共和国土地法》实施后,土地储备陷入了法律依据不足的囧境,需要在完善城市更新立法中找到新的定位;城市更新投融资中"鼓励民营资本参与城市更新"是社会发展的大势所趋,但是如何鼓励、如何引导、如何约束、如何退出等方面需要有明确而具体的政策措施加以保证;又如城市更新项目经营既有一般经营性物业的商品性,又有公益性、非营利性的特性,如何在谋求社会、生态效益的前提下,兼顾投资人、经营者正当合理的经济效益,保持城市更新项目建成后长期的良好运行,更需要有新的智慧、魄力和勇气去突破传统的管理模式和管理方法;等等。

(五) 创新城市更新管理体制,保障城市更新机制的顺利运行

目前本市城市更新管理实行的是市领导小组领导下的部门归口负责,区政府组织实施的管理体制。即市政府及市相关管理部门组成市城市更新工作领导小组,负责领导全市城市更新工作,对全市城市更新工作涉及的重大事项进行决

策;市相关管理部门制定相关专业标准和配套政策,履行相应的指导、管理和监督职责;区政府是推进本行政区城市更新工作的主体;区政府指定相应部门作为专门的组织实施机构,具体负责组织、协调、督促和管理城市更新工作。这种管理体制在推进城市更新中存在两大缺陷:一是相关部门"多龙治水",易造成政出多门、相互扯皮。二是"两级政府,两级管理体制"虽有利于调动区政府的积极性,但由于各区所处的地理位置不同,城市环境优劣状况不同和各区政府财力不同,使得区位好、环境较好、财力丰厚的区在城市更新上"锦上添花",而财力薄弱且环境状况差的区则"捉襟见肘"。

本研究认为,城市更新是一项长期而艰巨的城市改造任务,必须建立强有力的领导和管理体制组织实施,才能确保城市更新任务的如期完成。建议:

1. 学习借鉴国内先进城市的城市更新管理体制经验,组建专门的城市更新领导机构,实行市政府(市城市更新领导小组)领导下的城市更新管理机构负责制。城市更新管理机构由各管理部门派员组成,统一全市城市更新的日常管理。各区政府组建或指定相应的管理机构,承担各自行政区域内城市更新项目的组织实施。

2. 建立各区城市更新管理机构联席会议制度,统一协调全市城市更新建设步伐,交流、共享城市更新的经验、教训,提升城市更新水平。

3. 市政府设立城市更新专项资金,对城市更新任务重、条件差的区给予财力补贴,推动各区城市更新的共同发展。

(六)拓展城市更新融资渠道,扶持城市更新项目实现投入产出的良性循环

1. 创设"城市更新基金",搭设城市更新长效融资平台。设立"城市更新基金"可为重大城市更新项目提供中长期资金支持。设想由地方财政从每年城市维护建设税、城市基础设施建设配套费、土地出让金、住宅建设配套费等城市建设税费收益中拿出一定比例资金作为"城市更新基金"的初始资金。基金建立后,按照基金章程,对经政府认定的重大城市更新项目发放低息贷款。基金按"政府引导、市场运作、科学决策、严控风险"的原则由专业机构负责日常管理和运营。

2. 利用政策性信贷资金,降低融资成本。政策性信贷资金具有稳定、低息的特点。"十二五"期间,本市在支持旧区改造、保障性住房建设等方面建立了专门的信贷资金渠道。按照本研究提出的城市更新理念,城市更新已包括对老旧居住区的综合改造,因此,将现有政策性信贷资金的惠及范围拓展到相应内容的城市更新项目上既有可能性,也有可行性,值得一试。

3. 发行城市更新建设债券，利用好社会资金。选择部分区位好，价值预期高，有稳定回报的项目发行城市更新建设债券。债券期限不宜过长，回报率略高于同期银行定期存款利率。发行债券筹集的资金用以解决建设项目中、长期流动资金。

4. 探索发行城市更新信托基金。本市最近出台的《关于加快培育和发展住房租赁市场的实施意见》提出，加快推进房地产信托基金（REITs）试点。城市更新可参照房地产信托基金（REITs）模式发行城市更新信托基金。发行城市更新信托基金的关键是稳定的收益来源。本研究认为，以经营城市的理念开发城市更新项目中房屋、道路、绿化、水资源的经济价值，必可创造较为稳定的经济效益。建议有关部门可组织专题开展有针对性的研究。如能突破，城市更新信托基金将成为上海城市更新源源不断的资金来源。

5. 鼓励民营资本参与，创造多种城市更新融资模式。“十八大”以来，在党中央、国务院一系列政策鼓励下，我国民营经济有了很大的发展，民营资本在参与基础产业、基础设施、市政公用事业、保障性住房建设等领域投资方面迈出了可喜的步伐。本研究认为，未来，应开放城市更新领域，积极鼓励民营资本的参与。建议民营资本可从多方面参与城市更新。如出资参股城市更新项目公司，直接投资城市更新项目开发、经营；出资成立基金，间接投资城市更新项目，获得预期的投资回报；通过与政府合作，以 PPP 模式投资城市更新项目等。建议政府管理部门要进一步解放思想，大胆突破现行规划、土地管理禁区（如中心城区容积率禁区、土地利用禁区等），给民营资本投资城市更新项目一定的发展空间。

（七）建立和完善城市更新法规体系，为城市更新提供有效的法律保障

1. 加快城市更新立法。应参照国外城市化发展先进国家和地区的经验，制定专门的城市更新法律，以界定城市更新与城市发展其他建设行为的关系、规范城市政府在城市更新中的行政行为，明确城市房屋、土地权利人、投资者在城市更新中的权利、义务与法律责任，切实保障各方面的利益。如国家层面立法有困难，建议在地方人大率先制定《上海市城市更新条例》，为全国城市更新立法树立典范。

2. 完善城市更新法规体系。目前，本市有关城市更新的管理政策都以相关管理部门的政策性文件为主，零星分散，不成体系。建议在认真梳理各部门政策的基础上，建立一套以“地方性法规＋实施细则＋操作办法”，内容涵盖规划、土地、房屋拆迁、建筑设计、施工、物业管理等的城市更新法规体系，以准确完整、稳

定的法律法规代替临时、应急性的政策措施，营造城市更新良好的法制环境。

(八) 加快城市更新信息系统建设，搭建城市更新综合、高效、安全的信息平台

城市更新信息系统是指集成城市更新信息、城市更新项目管理业务全过程，可实现城市更新规划、土地、房屋、建设管理业务办公自动化、审批管理科学化目标的信息资源整合与服务，网络设施及其安全一体化的综合信息系统。

本研究认为，上海城市更新信息系统应具备三项基本功能。一是信息公开功能。城市更新信息系统首先是一个信息公开的平台，应汇集过往今来本市城市更新项目的各种信息，成为市民了解、企业查询、社会关注城市更新活动、动态的窗口。二是办事功能。该功能必须满足城市更新项目从立项至批准一系列业务办理环节的网上操作，简化办事程序，提高办事效率。三是监管功能。城市更新是一项公众参与度很高的城市改造活动，必须始终置于全体市民的监督之下，市民可以通过城市更新系统随时了解全市城市更新项目立项、受理、审批、建设、运营等情况，从而增强监督力度，确保城市更新项目的公开与规范。同时，这一平台所汇集的"大数据"，也是政府部门有序调整、制定城市更新相关政策的重要参考依据。

本研究搜索了目前国内城市更新先进城市的有关资料，尚未找到城市更新信息系统建设的有关情况，因而建议，本市在推进城市更新信息系统建设时，应遵循以下策略：

1. "大系统"策略。上海是一个具有前瞻性思维的现代化城市，建设城市更新信息系统应具有超前的发展眼光，打破传统的城市管理由规划、土地、房屋、建设等部门划块分治的藩篱，消除以往部门信息的隔阂，建设集规划、土地、房屋、建设、绿化、环境、人文等一体的综合性城市更新信息化管理的大系统、大平台。

2. "技术领先"策略。当今时代是一个以信息化、智能化为代表的新工业革命时代，信息技术、智能技术引领着社会的进步和发展，创造着远高于以往任何一次工业革命的劳动生产率和社会经济效益。创建上海城市更新信息平台必须紧跟时代潮流，充分利用最先进的信息化技术手段，使本市的城市更新信息系统从一开始就站在信息化技术的制高点上。

3. "标准化"策略。城市更新信息系统是一个庞大的系统，涵盖业务面广，涉及领域多，拓展空间大，参与层次众，必须坚持"标准化"原则。从业务用语、专业术语、统计概念、计算口径、信息分类、统计报表到图像输出、数据交换等，坚持

统一标准。通过"标准化",使城市更新信息平台真正成为一个大众化,又不失为专业性的业务平台。

4. "分步实施"策略。城市更新信息系统是一个综合、集成的大系统,从提出设想、规划设计到开发应用需要一个很长的周期,难以一蹴而就。建议在完成系统总体设计的前提下,分步实施,急用先建,滚动发展,逐步完善。

[作者单位:上海地产(集团)有限公司　上海市房产经济学会]

步高里保护与更新的经济学研究

钱瑛瑛　黄彦雯

一、步高里的最初设计

步高里，其法文名称 Cité Bourgogne(勃艮第之城)，位于上海市中心黄浦区陕西南路 287 弄、陕西南路和建国西路的交汇处，是上海市非常少见的整组建筑保存较完整、兼具英式联排住宅特色的石库门建筑群。步高里建于 1930 年，占地面积约 7 000 平方米，建筑面积 10 004 平方米，共有 11 幢建筑，79 个单元，均为砖木混合结构，是石库门里弄晚期的典型(其总平面见图 1)。除 1 号至 9 号

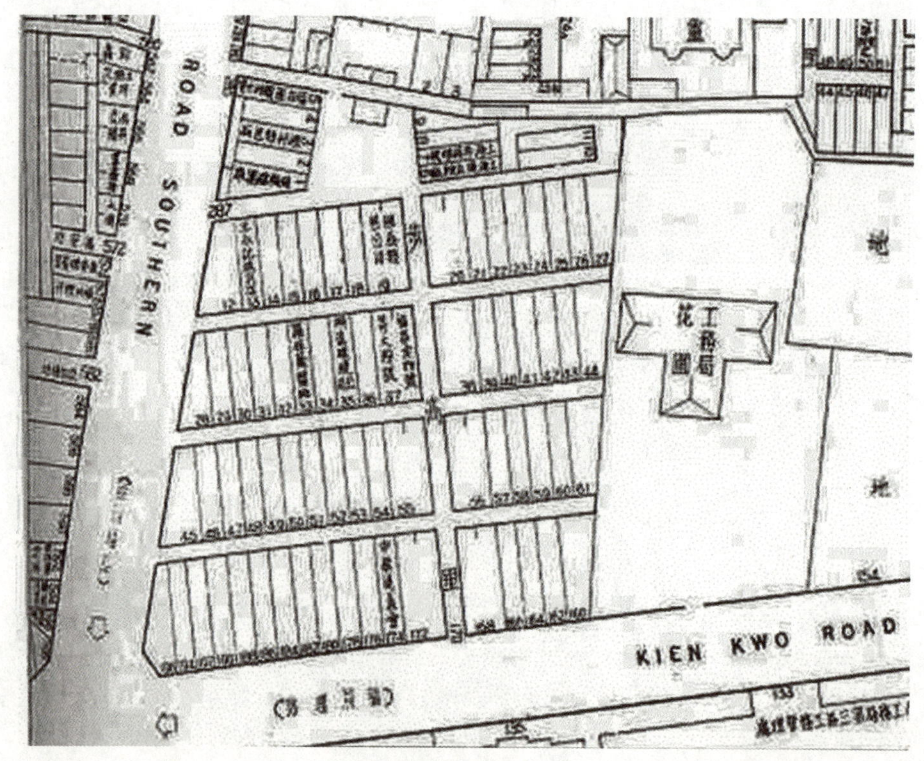

图 1　步高里总平面图及单元门牌号(1949)

单元外,步高里最早的设计与定位是独门独户住宅。设计之初,里内西北角的1号到9号单元均作下店上宅之用,9个单元围合的小广场(名为四方广场)是一个商业化广场。11栋建筑、3.5米宽的主弄和3米宽的支弄,构成了清晰的路网结构,从城市街道到住宅内部,形成了"街面—主弄—支弄—天井—室内"的空间序列。步高里堪称"城中之城"。

步高里的大部分单元是独门独户的单开间户。单开间户标准面宽3.6米,户均面积94平方米。每个单元被楼梯间分为前、后两部分。前部共两层,后部共三层外加一个晒台。如图2所示,每个单元共有前客堂、后客堂、前楼、后楼、厨房、二层亭子间、三层亭子间等7个独立的室内空间。每个单元的半户外空间是一个晒台和一个天井。最初在1930年11月22日《申报》上刊登的竣工预告广告中,就打出了步高里"单幢可分间用"的广告,预示受众定位向贫民大众的倾斜,也因此开启了一个单元内多户合住的状态。

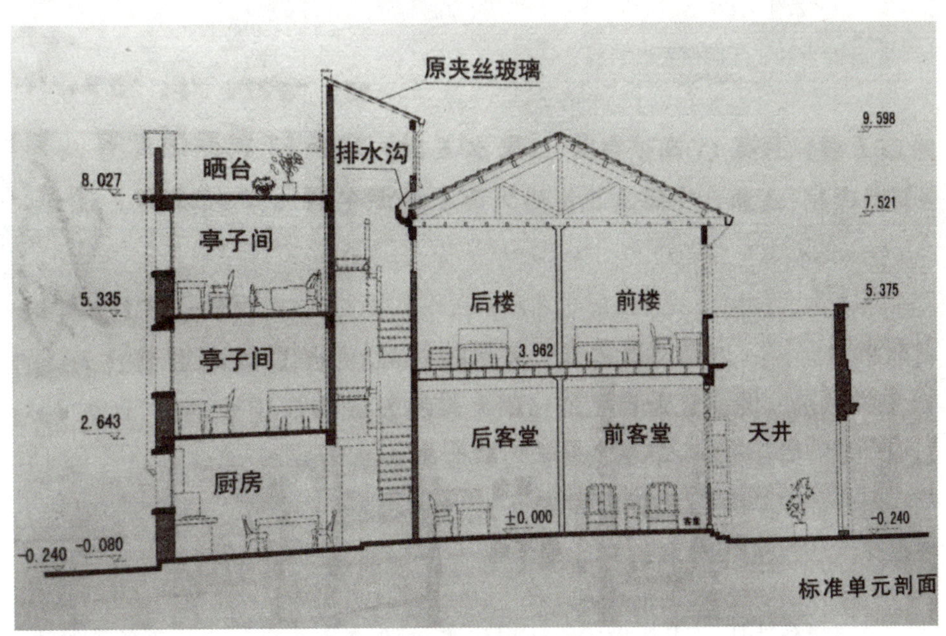

图2 步高里标准单元剖面图

(注:图1和图2均引自朱晓明、祝东海的《勃艮第之城》)

二、步高里的居民现状与已经实施的更新改造

由于各种历史原因,步高里从建成投入使用开始,几个家庭合住一个单元是

常态，同时也散布一些店铺作坊之类非住宅使用空间或下店上宅。如今绝大部分已回归住宅之用，但是，几户合用一个单元的状况延续至今。为容纳更多人口，很多单元甚至在前部的前楼后楼之上搭建了阁楼，普遍存在事实上的“假三层”。

（一）居民主要构成

根据2017年4月笔者走访步高里所在居委会得到的数据，截至2017年1月，步高里户籍人口957人，常住人口302人，实际居住人口587人，共387户。平均每单元居住4.9户，每单元居住12.1人。各类人口构成如表1。

表1　步高里人口情况统计表

		人　数	户　数
户籍人口		957	387
常住人口		302	—
统计时点的实际居住人口		587	—
其中：	外来务工人口	263	—
	老年人口 *	180	—
	外籍人口	22	—

注：老年人口指60周岁以上的人口。

步高里人口构成主要是本地老年人和外来务工人员。老年人占实际居住人口的30.7%、占常住人口的59.6%；外来务工人员租住者占实际居住人口的48.7%。此外，也有少量外籍人士租住。访谈中我们发现，存在转租的单元内，目前典型的居住格局是：本地原住民居住在一层的前后客堂或者二层的前后楼，外来务工者租住亭子间或者阁楼，外籍人士往往租住在带有改造后设有独用煤卫的客堂和前后楼。

（二）已经实施的更新改造

步高里作为上海市首批优秀历史建筑，其保护与更新工作一直备受关注。市区两级政府主导实施了数次更新改造工程，最突出的两次改造工程是“马桶工程”和“光明工程”。

1.“马桶工程”。2007年春末启动的大规模更新修缮工程被步高里居民简称为“大修”。政府共拨款550万元，市文管会破例资助100万元，促成了历史性的首次大修。该工程内容包括新式坐便器安装、厨房水电煤设施更新、室内喷淋安装、外墙修复、路面铺设、市政管道整治以及建筑内外的局部维修等。这次修缮工程使居民从此告别拎马桶的日子,因此被称为“马桶工程”。共完成了全弄约400户的新式坐便器安装,仅有15户居民拒绝安装。“马桶工程”中,居民支付100元的改造费用,其他费用由政府承担。

2. “光明工程”。由于供电设施落后、安全可靠性差,步高里长期存在用电难、管理难、抢修难等问题,不仅无法满足居民日益增长的用电需求,影响居住品质,而且存在一定安全隐患。2016年初,借着上海市政府“光明工程”项目的东风,步高里进行了电能计量表前供电设施维护和更新改造工程,将每户居民住宅的电能计量表前供电设施基本容量配置标准从2千瓦、4千瓦提高至8千瓦。“光明工程”由电力公司作为项目实施主体,房管等部门配合,改造资金由市、区两级政府和市电力公司共同筹措,居民未负担任何费用。

由政府主导对步高里实施的更新改造,一定程度上改善了建筑的实用性和居民的居住条件,但仍存在不少亟待解决的问题。

三、存在的问题及原因

(一) 中低收入者挤居,邻居之间存在隔阂

由于历史原因,目前在步高里每个不到100平方米的使用面积的单元要被多户家庭分割使用,普遍面临煤卫设施共用、收纳空间不足等问题。如图3和图4,合用厨房之拥挤与混乱是普遍现象。

此外,目前居住在步高里的外来务工人员较多,由于生活习惯与个人素质的差异,加之缺乏治理,弄堂内部环境较差。讲究规则和秩序感的原住民、随意随性的外来务工新租客和追求私密的外籍租客之间存在一定程度的隔阂。

从房地产经济学的角度考察,造成这一现象的深层原因之一是:随着城市的发展与新建商品房的大量上市,步高里的建筑质量相对而言逐渐下降,有经济能力的原住户为了追求更好的居住品质,会出售(或转租)住房使用权,购买新房搬离步高里;低收入者由于支付能力受限、老年人由于怀有历史情怀和念于周围配套设施的便利,继续留守。搬出去的家庭,将房子转租,获取市场租金与公房租金的差额,低收入的外来务工人员成了转租市场的主力。由此,步高里的居住者逐渐由最先的中低收入者变为低收入者,也即步高里的住房使用权从中低收入阶层逐步流向低收入阶层。

图3 合用厨房里三户人家的灶台紧密相邻

图4 合用厨房里杂物堆放

(二)共用空间杂乱,原有功能受损

除少数几个单元维持独用或者居住户数较少外,目前平均每一个单元被4—5户居民家庭挤住。底楼的厨房由各户共用,前后客堂、前楼、后楼、两个亭子间甚至阁楼往往为各户分住。每户居民只对自己所住的房间拥有使用权,因此不仅是厨房,楼梯、露台、走道等单元内空间也都被共用。实地访谈时,笔者发现,由于自用房间内缺少空间,不少居民在厨房、楼梯、通道等公共区域内堆放杂物和非机动车。步高里西北部的四方广场原是里弄内仅有的一块居民户外活动场地,就笔者前去调研的几次时间段内,都看到小广场上被三四辆私家轿车、若干辆助动车和几个固定的落地晾衣架占据。弄堂内堆满了建筑垃圾,挂满了晾衣架,衣物迎风飘扬,妨碍通行,有碍观瞻,如图5、图6和图7所示。

图5 四方广场被泊车和晾晒挤占

图6 弄堂衣物随意挂晒

共用空间内,每户居民追逐自身利益最大化,都尽力占用。单元内任何一户居民的舒适度不仅受自身控制,还受到其他居民的影响,某一居民对公共资源的侵占都给其他居民带来了外部成本。

（三）建筑陈旧，风貌受损

由于建设年代久远，加之不合理使用，目前步高里的建筑较为陈旧，大多数建筑受到不同程度的损坏。虽然建筑和里弄整体的风貌基本得到保留，主要结构构件没有出现严重损坏，但由于自然老化、使用不当和管理不到位等原因，里弄风貌还是受到了不可忽视的损坏：1. 由于白蚁侵蚀、梅雨季返潮引发墙面脱落、地面和地板出现开裂渗水等，导致门窗木地板等木构件不同程度受损；2. 多个单元存在晒台加建、天井披屋等违章建筑(图 8)；3. 原始的玻璃窗、百叶窗等与建筑风格相配的窗户被擅自改换成铝合金窗户(图 9)；4. 陕西南路和建国西路的沿街单元存在破门和破窗开店，原有石库门被换成玻璃推拉门、原有的窗户被改成店门(图 10)；5. 空调外机、各种线缆设置无序现象。上述人为破损风貌的行为，多半与居住者保护意识淡薄、未拥有住房产权、无须担负修缮责任等原因有关。

图 7　弄堂建筑垃圾堆放

图 8　居民擅改的铝合金窗户和无序线缆

图 9　擅自搭建的天井披屋

图 10　陕西南路 287 弄 5 号破墙开河鲜店

四、居住满意度调查

2017 年 4 月笔者进行了“步高里居民居住满意度调查”。该调查问卷围绕居民居住满意度和对已实施更新工作的满意度评价，设计了 24 个基本指标。在 79 个住宅单元中随机选择了 50 个单元，采取入户访谈方式，对居民进行面对面问卷访问，共访谈 50 个家庭（居民），完成有效问卷 45 份。调查访谈对象以中老年、女性、退休居民为主，基本特征信息汇总如表 2。

表 2 访谈对象的基本特征统计

类别		比例
性别	男	31.1%
	女	68.9%
年龄	30 岁以下	0.0%
	30—55 岁	13.3%
	55 岁以上	86.7%
学历	初中及以下	53.3%
	高中/中专	33.3%
	大专	11.1%
	本科及以上	2.2%
职业	私营企业主	2.2%
	企业管理人员	4.4%
	企业一般职员	8.9%
	离退休人员	75.6%
	其他	8.9%
家庭月收入	1 760 元以下	0.0%
	1 760—3 300 元	4.4%
	3 300—6 378 元	35.6%
	6 378 元以上	60.0%

居住满意度调查中，通过对 8 个满意度指标的描述性分析发现，邻里关系、商业设施、医疗条件和活动场所的满意度比较高，如表 3 所示。“马桶工程”和“光明工程”提升了居民对水电设施和环境卫生方面的满意度，水电设施的改善

尤为明显。更新前居民对水电设施的满意度均为"一般"以下,经过更新改造后,"比较满意"达到了88.9%。但是,居民对于居住面积和住房私密性这两项指标满意度较低,其中对于住房私密性表示不太满意的达到了62.2%,反映了目前所面临的主要困难与问题。

表3 居民居住满意度描述性分析(单位:%)

满意度＼指标	居住面积	住房私密性	环境卫生		水电设施		邻里关系	商业设施	医疗条件	活动场所
			更新前	更新后	更新前	更新后				
非常满意	0.0	0.0	0.0	0.0	0.0	0.0	20.0	0.0	62.2	11.1
比较满意	31.1	26.7	4.4	15.6	0.0	88.9	68.9	73.3	37.8	77.8
一　般	40.0	11.1	28.9	37.8	17.8	11.1	11.1	22.2	0.0	6.7
不太满意	24.4	62.2	60.0	42.2	71.1	0.0	0.0	4.4	0.0	4.4
很不满意	4.4	0.0	6.7	4.4	11.1	0.0	0.0	0.0	0.0	0.0
合　计	100	100	100	100	100	100	100	100	100	100

总之,由于地处城市中心,居民对区位因素及周边配套设施带来的便利较为满意。与此同时,步高里的老居民之间已经在长时间的生活中建立了良好的邻里关系,构筑出具有强烈地缘性的社交网络,对街区邻里关系也比较满意。虽然,有相当比例的居民表示了对环境卫生、私密性和居住面积的不满意,但被问及将来的居住意向时,大部分居民都表示希望步高里现状能得到改善,不愿意迁出居住。居民对所居住的住宅和弄堂怀有一定的依恋情感,希望对步高里的保护与更新能够使生活环境和居住条件得到改善,而不是被强迫生硬地拆离。

五、基于经济学思考的保护与更新建议

针对步高里的现状,笔者以为,改单元内的共用空间为独用,减少负外部性,可以减少和减缓步高里的老化与破损。对其进行保护与更新工作最重要的一点就是减少公用空间,建议先对实际居住户数少的单元实施成套化改造,起到试点与示范作用。

笔者以为,最有利于建筑保护的方案是一个单元仅供一户居民居住。但考虑目前实际使用现状与高昂的置换成本后,折中方案是每个单元供一户或两户居民居住。

(一)建议操作步骤

1. 民意调查。对步高里内的居民进行全覆盖调查统计,了解居民的意愿,是否愿继续居住还是愿意以一定条件置换迁出。

2. 评估回收。对住房使用权(即公房承租权)进行合理评估,确定政府统一指导价格,然后在居民同意的前提上有偿收回转租出去(不再自用)的房屋,直到一单元只留下一户或者两户居民。

3. 补足差价。愿意继续居住的老租户可以按照评估价格购买增加部分的住房使用权,增加使用空间。

4. 成套化使用与修缮。对于一个单元一户家庭居住使用的,无须实施空间的成套化改造;对于一个单元内甲乙两户居住使用的,建议将每个单元分成两部分。现有的一楼厨房一隔为二,靠近楼梯入口的一半,成为通往楼上的走道,另一半改成独用厨房供底楼住户使用。这样,甲户使用天井、前客堂、后客堂、半个厨房间和二层亭子间;乙户使用前楼、后楼、三层亭子间和晒台。三层亭子间可以统一改造为乙户的独用厨房与餐厅。一楼住户可以选择在后客堂角落安排卫生间,二楼住户可以在后楼角落安排卫生间,便于管线隐蔽布设。两户之间不复存在共用空间,相互间的干扰降到最低。

5. 出售所有权。在成套改造完成后,条件成熟时,将房屋所有权出售给居民。出售合同载明保护和使用条件。

(二)可以考虑的配套政策

1. 鼓励原承租户之间进行交易。提倡将房屋使用权与同一单元的承租户进行交易;限制或者禁止与非原租户的交易,否则由政府直接回购其房屋使用权。

2. 适度提高承租公房的租金,一则可以降低私自转租的收益,减少转租动机与行为;二则可以以租养房,平衡步高里的维修与管理支出。

3. 给予选择退租搬离的原承租户一定的优惠政策,例如货币补贴,或者入住新建公租房、购买共有产权房的优惠等。

4. 违章必纠。存在违章搭建和违章改动的承租户,在进行房屋使用权交易时,责令其将房屋恢复原状后方可交易。

(作者单位:同济大学)

金融环境与房地产市场分析

赖　勤

房地产业作为一个资金密集型行业，对金融有很强的依赖性，金融环境的变化直接影响房地产市场。因此，持续跟踪金融环境的变化，对于研究楼市变化非常重要。本文以季度为时间节点，旨在分析房地产业运行的金融环境发展变化状况，力图通过跟踪研究金融和房地产数据，剖析两者的相互关系，尤其是通过金融环境研判房地产市场趋势。

本文从房地产业面临的外部和内部金融环境两个方面，共选取 9 个最具代表性指标，对指标体系中各指标进行标准化处理后，与各指标权重相乘得出当期房地产业金融环境指数。

根据 2011 年以来 9 个指标波动情况，利用五分法将指数分为“宽松”“偏松”“正常”“偏紧”“紧张”五个区间，以“红色区”“黄色区”“绿色区”“浅蓝色区”“蓝色区”表示。需指出的是，本区间划分仅根据 2011 年以来指标的波动区间情况所作的相对划分。

表 1　房地产业金融环境指数区间划分

金融环境状况评定	宽　松	偏　松	正　常	偏　紧	紧　张
综合指标指数	(0.6，+∞)	(0.2，0.6)	(−0.2，0.2)	(−0.6，−0.2)	(−∞，−0.6)
区域划分	红色区	黄色区	绿色区	浅蓝色区	蓝色区

数据来源：易居研究院

一、2017 年二季度货币政策动态

2017 年上半年，国内生产总值(GDP)同比增长 6.9%，居民消费价格(CPI)同比上涨 1.4%，中国经济保持平稳较快增长，经济增长的稳定性、协调性和包容性增强，投资增长总体稳定，进出口较快增长，就业稳中向好，主要指标好于预

期。中国人民银行继续实行稳健中性的货币政策，注重根据形势变化加强预调、微调和预期管理，为经济稳定增长和供给侧结构性改革营造了良好的货币金融环境。

(一) 张弛有度开展公开市场操作

按照稳健中性货币政策要求，为把握好去杠杆与维护流动性基本稳定的平衡，中国人民银行提高公开市场操作的前瞻性、灵活性和精细化程度，有机搭配公开市场操作工具组合，合理摆布操作力度和开停节奏，“削峰填谷”熨平流动性波动。货币市场、债券市场总体平稳运行，金融体系降低内部资金杠杆也取得进展。

随着经济总量增加、金融体系资产负债表规模扩大和资金跨市场、跨机构联动增强，近年来财政收入与支出、金融机构法定存款准备金缴纳与退缴、现金投放和回笼、市场预期等因素对流动性的影响放大，不同因素还容易叠加。如每月中旬往往是多个因素叠加收紧流动性的时点，故公开市场操作“填谷”的力度会大一些。下旬则有财政支出供应流动性，公开市场操作的方向主要体现为“削峰”，削峰的尺度拿捏主要看财政支出的进度和力度，保持灵活性。为避免某一阶段资金面持续收紧或宽松引发市场对稳健中性货币政策取向的误读，公开市场操作将增强主动投放和回笼的灵活性，研究丰富逆回购期限品种，提高资金面稳定性并引导金融机构优化资产负债期限结构，维护银行体系流动性基本稳定、中性适度。

(二) 开展常备借贷便利和中期借贷便利操作

根据货币政策调控需要和银行体系流动性状况，上半年，中国人民银行综合运用临时流动性便利(TLF)、中期借贷便利(MLF)、常备借贷便利(SLF)等货币政策工具，进一步增强央行流动性管理的灵活性和有效性，保持银行体系流动性基本稳定。

开展常备借贷便利操作，对地方法人金融机构按需足额提供短期流动性支持，发挥常备借贷便利利率作为利率上限的作用，促进货币市场平稳运行。上半年，累计开展常备借贷便利操作共 3 069 亿元，期末余额为 446 亿元。为反映经济基本面企稳向好和货币市场利率上行，第一季度两次上调常备借贷便利利率，其中 7 天、1 个月利率分别上调 20 个基点，第二季度末利率水平与第一季度末持平，隔天、7 天、1 个月利率分别为 3.3%、3.45%、3.8%。

为促进经济平稳增长，保证基础货币供给，结合金融机构流动性需求情况，每月适时开展中期借贷便利操作。上半年，累计开展中期借贷便利操作 28 940 亿元，期末余额为 42 245 亿元，比年初增加 7 672 亿元，弥补银行体系中长期流动性缺口，成为央行基础货币供给的重要渠道。中期借贷便利采取招标方式，第二季度 6 个月期和 1 年期中期借贷便利中标利率分别为 3.05%和 3.2%。

（三）继续完善宏观审慎政策框架

防止发生系统性金融风险是金融工作的永恒主题。宏观审慎政策本质上采用的是宏观、逆周期、跨市场的视角，以防范系统性风险为主要目标，着力于减缓金融体系的顺周期波动和跨市场风险传染对宏观经济和金融稳定造成的冲击。目前，宏观审慎评估（MPA）是我国构建宏观审慎政策框架的重要探索之一。MPA 将信贷增长与资本水平、经济发展合理需要紧密挂钩，具有宏观审慎政策工具和货币政策工具的双重属性。根据形势变化和调控需要，中国人民银行不断完善 MPA，在进行 2017 年一季度 MPA 评估时正式将表外理财纳入广义信贷指标范围。从实施情况看，包括表外理财在内的广义信贷增速从高位有所回落，抑制金融体系内部杠杆过快增长、促进金融机构稳健经营、增强金融服务实体经济可持续性的作用进一步显现。同时，做好将同业存单纳入 MPA 同业负债占比指标的准备工作，并在利率定价自律机制会议等场合披露相关信息，为平稳实施留出充分的过渡期。

（四）综合运用货币政策工具，支持金融机构扩大重点领域和薄弱环节信贷投放

中国人民银行积极运用信贷政策支持再贷款、再贴现和抵押补充贷款等工具引导金融机构加大对小微企业、“三农”和棚改等国民经济重点领域和薄弱环节的支持力度。6 月末，全国支农再贷款余额为 2 360 亿元，支小再贷款余额为 759 亿元，扶贫再贷款余额为 1 429 亿元，再贴现余额为 1 402 亿元。对国家开发银行、中国进出口银行和中国农业发展银行发放抵押补充贷款，主要用于支持三家银行发放棚改贷款、重大水利工程贷款、人民币“走出去”项目贷款等。

（五）发挥信贷政策的结构引导作用

中国人民银行继续探索和发挥信贷政策的信号和结构引导作用，支持经济结构调整和转型升级。引导金融机构围绕“去产能、去库存、去杠杆、降成本、补短板”五大任务，更加注重供给侧的存量重组、增量优化、动能转换，合理使用央行提供的资金支持，探索创新组织架构、抵押品、产品和服务模式，将更多金融资源配置到经济社会发展的重点领域和薄弱环节，更好满足人民群众和实体经济多样化的金融需求。

（六）完善人民币汇率形成机制

第二季度，外汇市场自律机制组织各美元报价行完善人民币兑美元汇率中

间价报价机制，在原有“收盘价＋一篮子货币汇率变化”的报价模型中加入“逆周期因子”，以适度对冲市场情绪的顺周期波动，缓解外汇市场可能存在的“羊群效应”。调整后，“收盘汇率＋一篮子货币汇率变化＋逆周期因子”的人民币兑美元汇率中间价形成机制有序运行，更好地反映了我国经济基本面和国际汇市的变化，人民币兑美元双边汇率弹性进一步增强，双向浮动的特征更加显著，汇率预期平稳。

（七）深入推进金融机构改革

全面落实开发性、政策性金融机构改革方案。自国家开发银行、中国进出口银行、中国农业发展银行改革方案获批以来，人民银行积极发挥统筹协调作用，多次召开改革工作小组会议，稳步推动落实改革方案。目前，人民银行正会同改革工作小组成员单位有序推动建立健全董事会和完善治理结构、划分业务范围等改革举措，并配合有关部门做好完善风险补偿机制、制定审慎监管办法等相关工作。

（八）深化外汇管理体制改革

积极促进贸易投资便利化。一是推动“债券通”正式上线试运行，便利境外投资者通过香港投资内地银行间债券市场，稳步推进我国金融市场对外开放进程。二是开展并扩大跨境电子商务、旅游采购、第三方支付机构外汇支付试点，加大对外贸新业态的支持力度。三是完善全口径跨境融资宏观审慎管理政策，提高了跨境融资的便利化程度。

继续加强真实性合规性审核。一是完善货物贸易外汇管理，向银行开放企业报关电子信息，便利银行贸易单证审核。二是完善境外投资外汇管理，严格真实性审核，密切关注房地产业等五大行业出现的非理性对外投资倾向，以及大额非主业投资、有限合伙企业对外投资、“母小子大”“快设快出”等四类风险隐患，促进我国对外投资持续健康发展。

提升事中事后监管能力。一是完善银行卡境外交易统计，要求金融机构报送银行卡境外交易信息，维护银行卡境外交易秩序。二是与海关、税务部门完善联合监管合作机制，推动实施信息共享，开展联合监管合作。三是加强典型案例通报和宣传警示教育，震慑外汇违法违规行为。

二、房地产业外部金融环境

（一）M2 增速较低可能成为新常态

6 月末，广义货币供应量 M2 余额为 163.1 万亿元，同比增长 9.4%，增速比 3 月末低 1.2 个百分点。自 2016 年一季度以来，M2 同比增速持续下滑，至今已经持续了5个季度。当前M2增速比过去低一些,需要全面客观认识。一是过去M2增速高于名义GDP增速较多与住房等货币化密切相关,而目前住房商品化率已经很高,货币需求增长相应降低。二是近些年M2增长较快还与金融深化有关,主要体现为同业、理财等业务发展较快,但金融深化进程并非是线性的,为了兴利除弊也会有一定起伏,近期M2增速有所降低正是加强金融监管、缩短资金链条、减少多层嵌套的合理反映。预计随着去杠杆的深化和金融进一步回归为实体经济服务,比过去低一些的M2增速可能成为新的常态。同时,随着市场深化和金融创新,影响货币供给的因素更加复杂,M2的可测性、可控性以及与经济的相关性亦在下降,对其变化可不必过度关注。

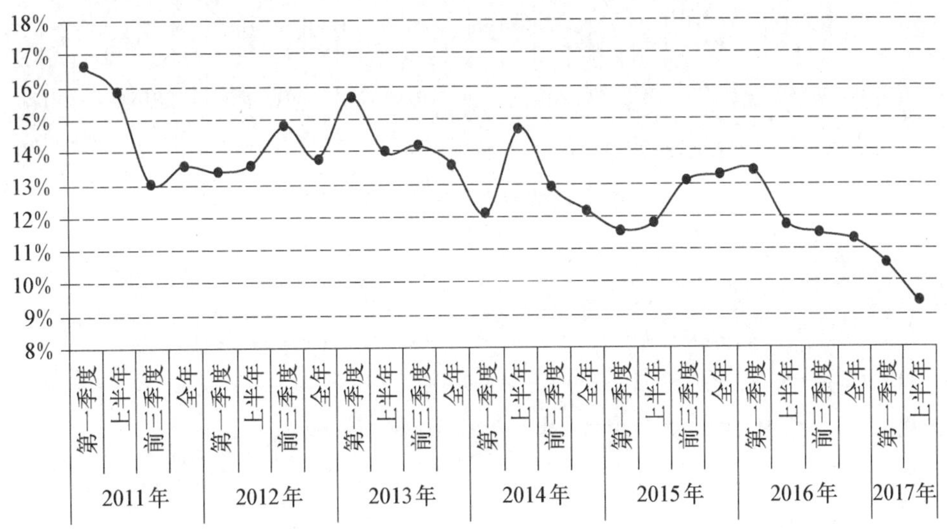

数据来源:中国人民银行、易居研究院

图1 M2同比增速走势

(二) M1与M2增速差值缩小

二季度末,狭义货币(M1)余额51万亿元,同比增长15%,增速比一季度末低3.8个百分点;M1与M2增速差值为5.6%,比一季度缩小2.6个百分点,延续上年三季度以来差幅缩小的趋势。二者差值下降主要是因为M1增速下降得更多,尤其是企业活期存款增速下降较多,反映了实体部门尤其是企业部门投资意愿的下降。

(三) 央行外汇占款已持续10个季度负增长

上半年,央行外汇占款21.5万亿元,同比下降9%,已持续10个季度同比

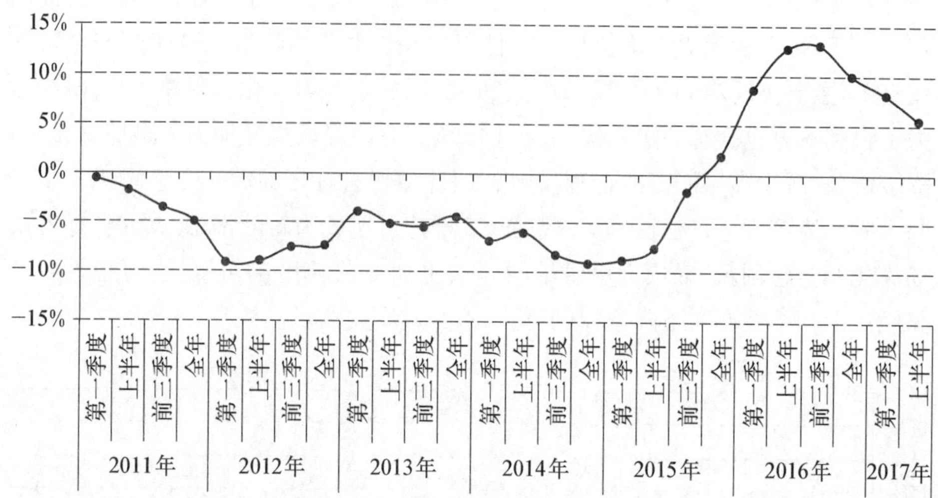

数据来源：中国人民银行、易居研究院

图 2　M1 与 M2 增速差值走势

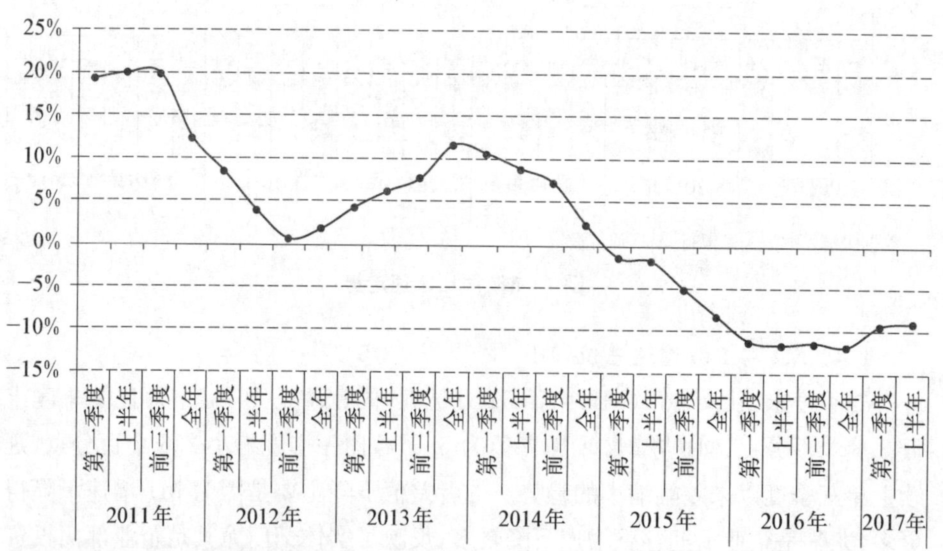

数据来源：中国人民银行、易居研究院

图 3　央行外汇占款同比增速走势

下降，增速比去年同期上升 2.6 个百分点。外汇占款增幅的提升有助于 M2 总量的增长，有利于流动性，而增幅下降则使流动性降低。2014 年末以来，金融机构月度外汇占款同比增速下滑明显，一是由于我国经济换挡降速，对外资的吸引力有所下降；二是美联储进入加息通道，影响投资预期，加剧国际资本从我国流出；三是我国出口低迷，影响外汇流入；四是国内企业对外投资进程较快，造成外汇流出加快；五是由于人民币对美元的贬值，一些机构和国内居民出于保值的原因，导致的内资外流。

(四) 人民币贷款余额同比增速震荡前行

6 月末，人民币贷款余额为 114.6 万亿元，同比增长 12.9%，增速比 3 月末高 0.5 个百分点，比年初增加 79 678 亿元，同比多增 4 362 亿元。2017 年以来，月度贷款增量均在万亿元以上，上半年增量和 6 月份增量还是历史同期最高水平，若考虑地方平台存量贷款置换因素，实际贷款增加更多。

从人民币贷款部门分布看，住户贷款增速高位有所放缓，6 月末为 23.9%，比 3 月末低 0.7 个百分点。其中，个人住房贷款 6 月末增速回落至 30.8%，较年内最高点低 6 个百分点，3 月份以来持续月度同比少增，上半年增量为 2.2 万亿元，同比少增 708 亿元，增量占比下降至 27.8%，较上年同期低 2.6 个百分点。

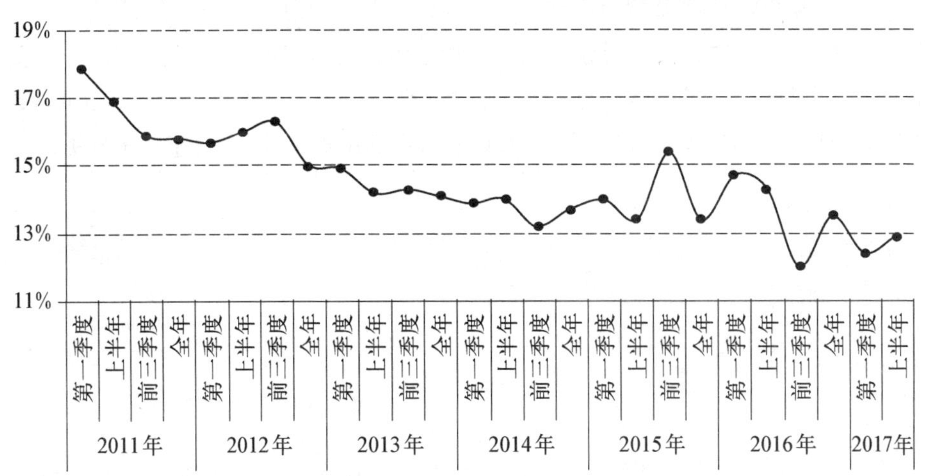

数据来源：中国人民银行、易居研究院

图 4　人民币贷款余额同比增速走势

(五) 全国银行间市场同业拆借月加权平均利率连续上涨 5 个季度

二季度末全国银行间市场同业拆借月加权平均利率为 2.94%，分别比上季度和上年同期高 0.46 个和 0.83 个百分点，已经连续上涨 5 个季度，目前处于

2011年以来的中等位置。随着金融环境进一步趋紧，未来银行间市场同业拆借月加权平均利率仍有可能继续上行。

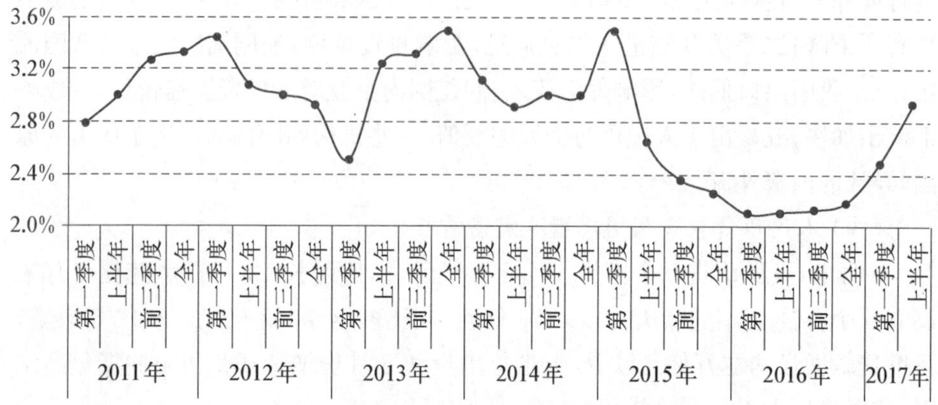

数据来源：中国人民银行、易居研究院

图5 银行间市场同业拆借月加权平均利率走势

三、房地产业内部金融环境

（一）房企到位资金增速有所放缓

上半年，全国房企到位资金总额7.6万亿元，同比增加11.2%，增速比一季度下降0.3个百分点，与去年同期相比下降4.4个百分点。二季度，一线城市和热点二线城市房地产市场降温态势明显，影响了房企到位资金，同比增速有所放缓。

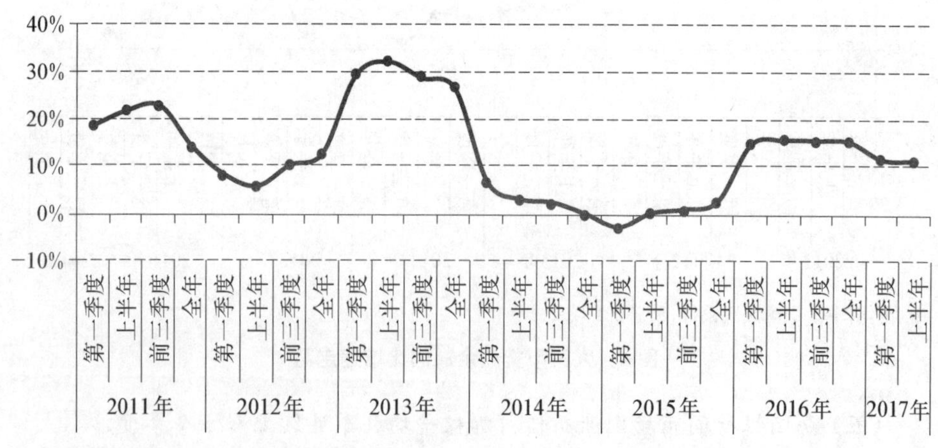

数据来源：国家统计局、易居研究院

图6 房企到位资金同比增速走势

（二）房地产贷款增速回落

2017年6月末，人民币房地产贷款余额29.72万亿元，同比增长24.2%，增速比上季末低1.9个百分点。其中，个人住房贷款余额20.1万亿元，同比增长30.8%，增速比上季末低4.9个百分点；房产开发贷款余额6.4万亿元，同比增长18.3%，增速比上季末高1个百分点，其中，保障性住房开发贷款余额2.97万亿元，同比增长36.2%，增速比上季末低11.5个百分点；地产开发贷款余额1.36万亿元，同比下降17.9%，降幅比上季末缩小3.6个百分点。

房地产贷款同比增速已于2016年底触顶，今年上半年延续下行趋势。考虑严厉的楼市调控政策对房企开发意愿和居民购房需求的抑制，预计房地产贷款增速将继续回落。

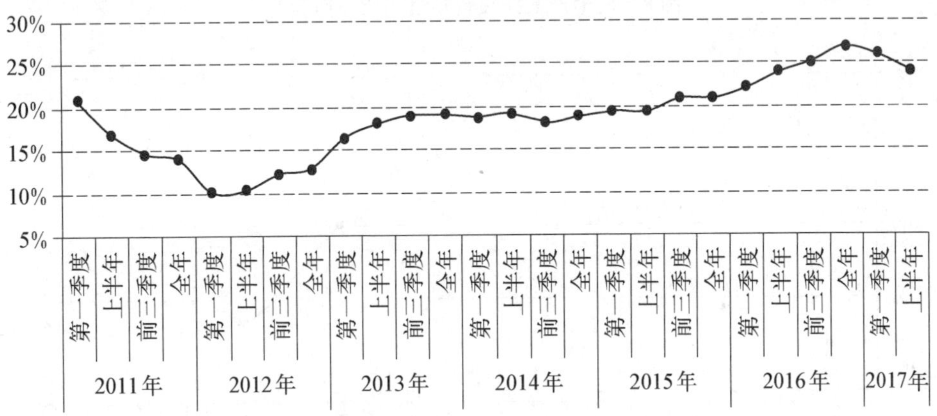

数据来源：中国人民银行、易居研究院

图7　房地产贷款同比增速走势

（三）房地产信托保持高速增长

二季度，全国房地产信托的发行规模为1 415亿元，同比增幅为125.4%，比上季度增加77.6个百分点，和去年同期的同比增幅相比增加98个百分点。主要原因在于商业银行的开发贷收紧，房企更多的通过信托来融资，并且部分三四线城市楼市非常火热，房企在信托融资时也敢于给出颇为诱人的收益率，虽然不及前几年但明显优于其他种类信托。但随着一二线城市的楼市降温，三四线城市的楼市也可能步入下行通道，预计未来房地产信托增速会逐渐放缓。

（四）全国个人住房贷款加权平均利率连续2个季度上涨

6月份，全国个人住房贷款加权平均利率为4.69%，比2017年3月份上升0.14个百分点，比去年同期上升了0.14个百分点，延续今年以来的上升趋势，

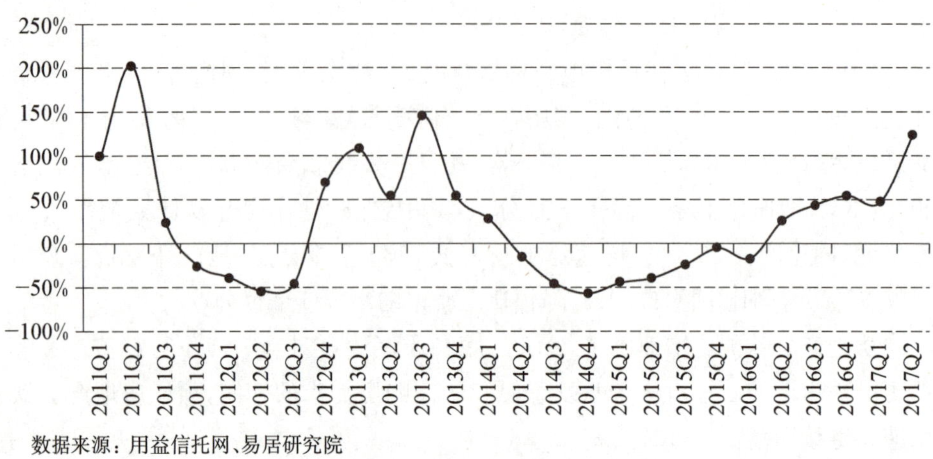

数据来源：用益信托网、易居研究院

图 8　房地产信托投资规模同比增速走势

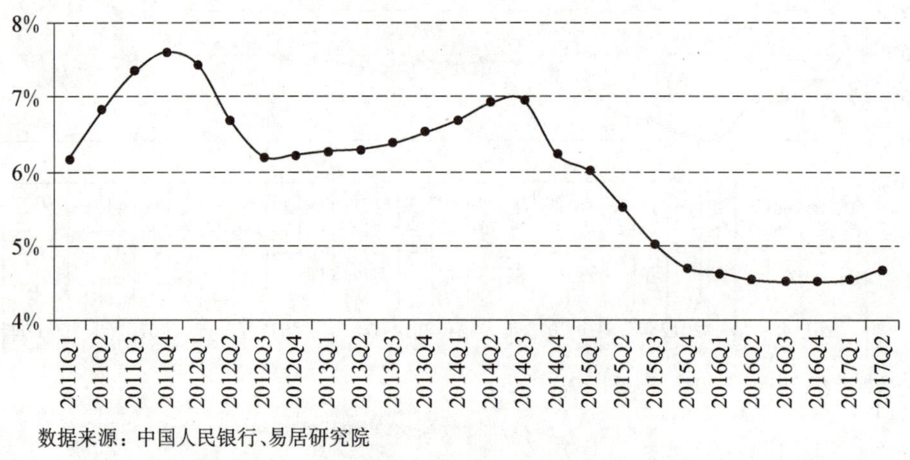

数据来源：中国人民银行、易居研究院

图 9　个人住房贷款加权平均利率走势

且有加速上升的态势。个人住房贷款加权平均利率上升，主要有楼市调控、银根收紧和金融秩序整顿等原因。随着银行资金成本的进一步上升，未来个人住房贷款加权平均利率将继续上升。

四、二季度房地产业金融环境评估

(一) 二季度房地产业金融环境指数变为正常

根据二季度各项指标数据，计算出房地产业金融环境指数。二季度，房地产业金融环境指数为－0.08，较一季度下降 0.28，较去年同期下降 0.82，从一季度的偏松状态变为正常状态。房地产业金融环境指数下降的原因，从外部金融环境来看，与一季度相比，M2 增速下降 1.2 个百分点，银行间拆借利率上升了 0.46 个百分点；从内部金融环境来看，主要是个人房贷利率比一季度上升了 0.14 个百分点。

从 2015 年一季度开始，房地产业金融环境指数不断攀升，于 2016 年一季度达到阶段性高点，此后便一路下滑至今，由“宽松”变为“偏松”，目前又由“偏松”变为“正常”。与 2011 年以来的历史数据对比，目前的房地产业金融环境指数属于中等水平。

表 2　房地产业金融环境指数得分

年份		综合指标指数	资金状况评定	所属区域
2011 年	第一季度	1.23	宽松	红色区
	上半年	0.72	宽松	红色区
	前三季度	−0.21	偏紧	浅蓝色区
	全年	−0.59	偏紧	浅蓝色区
2012 年	第一季度	−0.89	紧张	蓝色区
	上半年	−0.37	偏紧	浅蓝色区
	前三季度	0.14	正常	绿色区
	全年	0.18	正常	绿色区
2013 年	第一季度	1.14	宽松	红色区
	上半年	0.38	偏松	黄色区
	前三季度	0.34	偏松	黄色区
	全年	0.03	正常	绿色区
2014 年	第一季度	−0.36	偏紧	浅蓝色区
	上半年	−0.10	正常	绿色区
	前三季度	−0.51	偏紧	浅蓝色区
	全年	−0.36	偏紧	浅蓝色区
2015 年	第一季度	−0.76	紧张	蓝色区
	上半年	0.11	正常	绿色区
	前三季度	0.66	宽松	红色区
	全年	0.67	宽松	红色区

续　表

年　份		综合指标指数	资金状况评定	所属区域
2016 年	第一季度	0.95	宽松	红色区
	上半年	0.74	宽松	红色区
	前三季度	0.58	偏松	黄色区
	全年	0.54	偏松	黄色区
2017 年	第一季度	0.20	偏松	黄色区
	上半年	−0.08	正常	绿色区

数据来源：易居研究院

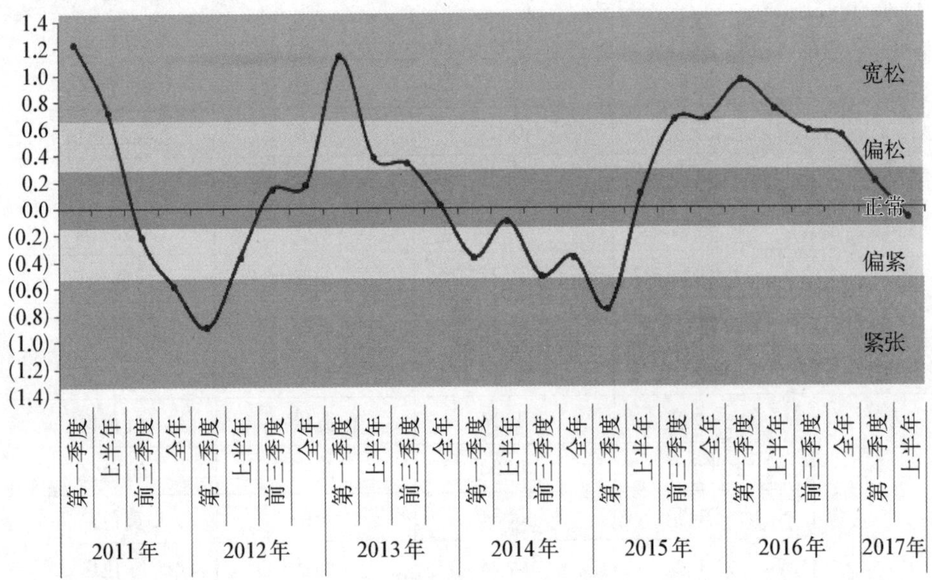

数据来源：易居研究院

图 10　房地产业金融环境指数彩虹图走势

(二) 预计三季度房地产业金融环境指数将步入偏紧区间

从房地产业外部金融环境来看，随着金融去杠杆和金融秩序整顿，流动性明显收紧和货币市场利率明显上升，从稳增长的角度考虑，金融环境的收紧将放缓。从房地产业内部金融环境来看，全国楼市异常火爆的局面已经过去，随着房价增幅回落和楼市成交放缓，房企到位资金增速和房地产贷款增速将回落，并且个人住房贷款利率将继续上升，因此房地产业内部金融环境将继续收紧。

综合判断三季度金融环境将小幅收紧，房地产业金融环境指数将步入偏紧区间。

（三）房地产业金融环境和房地产市场的关系

1. 房地产业金融环境和典型城市商品住宅成交量的关系。将房地产业金融环境指数和全国 30 个典型城市新建商品住宅成交量同比增幅数据进行对比。数据显示，自 2012 年开始，随着金融环境整体上趋于宽松，30 个典型城市成交面积同比增幅也呈现由负转正的态势，而到了 2013 年末，随着金融环境趋于恶化，成交面积的同比增幅也逐渐步入负增长区间。2014 年三季度开始，两曲线走势开始出现背离，原因较为复杂，金融环境指数处于偏紧区间，成交面积的同比增幅也处于负增长区间。2015 年二季度开始，金融环境开始改善，逐渐步入宽松区间，楼市也再次上行。在经历过 2016 年上半年楼市疯狂和金融环境宽松后，楼市成交面积的同比增幅和金融环境指数维持了收窄的趋势至今。

经过几次涨跌周期的验证，发现二者走势一致。随着房地产业金融环境指数小幅下滑，预计下半年典型城市新建商品住宅成交量同比增速会稳中有降。

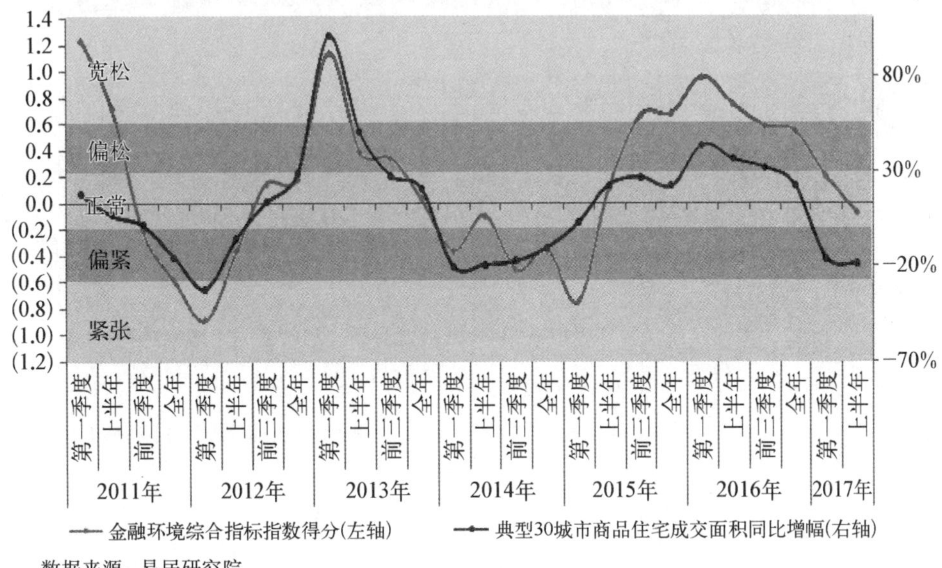

数据来源：易居研究院

图 11 房地产业金融环境指数和典型 30 城市新建商品住宅成交量同比增幅走势

2. 房地产业金融环境和 70 城商品住宅价格同比增幅关系。将房地产业金融环境指数和全国 70 个城市新建商品住宅价格指数同比增幅进行对比。数据显示，2011 年金融环境由宽松进入紧张区间，70 个城市新建商品住宅价格指数同比增幅持续回落；2012 年金融环境由紧张逐渐宽松，住宅价格同比增幅也开始筑底上行；2014 年一季度金融环境指数再次进入偏紧区间时，价格指数同比增幅也开始回落；当 2015 年二季度金融环境指数再次开始宽松时，房价同比增幅开始出现反弹。2016 年一季度金融环境指数触顶，下行趋势延续至今，而住宅价格同比增幅也于 2016 年底触顶，上半年已连续 2 个季度下降。

经过几次涨跌周期的验证，发现二者走势一致，也就是说房价表现出明显的“货币”效应。此轮房地产周期中，房价同比增幅滞后于金融环境指数大概 3 个季度，根据金融环境指数的走势，预计房价同比增幅仍将继续回落。

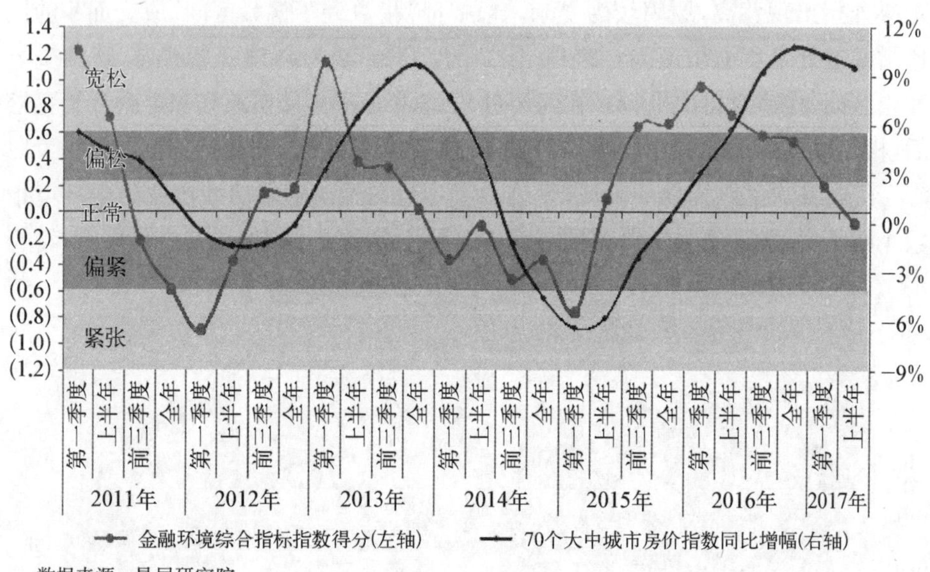

数据来源：易居研究院

图 12 房地产业金融环境指数和 70 城新建商品住宅价格同比增幅走势

（作者单位：上海易居房地产研究院）

房地产评估行业发展格局研究

许　军　颜　莉

行业发展格局是一定宏观背景下某一行业从起步到发展，到逐步成熟的过程中呈现的阶段性特征的总结和归纳。对这些阶段性特征的总结和归纳，可以帮助决策者掌握行业发展的基本规律，并根据现有的条件，为行业发展的新趋势做出判断。

一、发达国家和地区评估行业发展格局的演进与基本特征

（一）评估行业标的物属性的转变及其特征

“增量房”时代，业务重点围绕“开发端”，相应的评估技术和方法也是以满足开发经营需要为主。“存量房”时代，业务重点领域在“流通与经营端”，呈现两个方向：第一是向前端土地的经营管理提供咨询服务；第二是包括租赁市场的相关估价服务、对房地产标的物相关的金融服务，如来自抵押贷款的估价需求和来自资产证券化对估价需求。

“存量房”时代，由于土地的稀缺性，房地产作为资本品的特性逐渐突出。房地产价格必须反映资本利得收益和长期现金流收益。今后的估价方法更多依赖于对未来现金流的预期，传统的方法则成为辅助方法。这一时期，新技术的采用使传统估价理论得到迭代式的发展。一方面，空间信息技术、移动信息技术、互联网思维和大数据思想在具体估价业务中得到应用，这些技术集成了房地产市场的海量信息，使原有的房地产估价理论、方法和技术得到改进，形成的估价结果更具备科学性和前瞻性。另一方面，在大数据系统逐步形成的情况下，总体分析、神经网络、关联规则挖掘、数据聚类分析成为可能，渐渐替代抽样调查、回归分析和典型样本分析的传统分析方式。

评估行业标的物的属性转变特征为：第一，由单一服务向综合服务转变。房地产估价公司成为机构投资者和个体投资者针对房地产问题的“综合医院”，提供专业化的咨询服务。第二，服务内容向精细化、多元化发展，房地产价值判

断更侧重于对各种影响因素的精细和深度分析，以及对风险及未来价值的预测。第三，行业关注的重点从房地产“开发阶段”向“全生命周期”转移，所提供的服务从“条块分割式”向“全方位、立体化”发展。

（二）房地产市场评估业务服务主体的变化及其特征

房地产市场评估业务服务主体内容的变化及其特征为：第一，由服务“卖方”向服务“买卖双方”转变。对买卖双方的服务都要重视，“以人为本”的服务理念得到体现，越来越多的业主依托估价业务满足自己的需求，如融资、置换等。第二，服务主体多元化，既包括从事房地产运营的机构（包含机构投资者），又包括参与房地产市场运营的个人投资者、房地产持有者。以租金收入、房地产运营总体收入为支持的 REITs 和房地产证券化产品，需要房地产估价公司为机构长期持有房地产并从事运营提供估价咨询服务。对房地产开发商的依赖程度逐渐下降。第三，服务主体的专业化模式出现了分化，在同样多元化的前提下，美国走的是精细化分工的道路，办公楼、商用房和住房的估价业务各自独立，各有深入；日本则采用综合服务的模式，为服务主体提供综合的、全方位的估价服务。

（三）行业管理机制的调整及其特征

首先，由政府授权的行业组织出现到形成一定规模。美国的房地产估价师协会（Society of Real Estate Appraisers）和美国房地产估价师学会（American Institute of Real Estate Appraisers）于 1991 年合并为估价学会（Appraisal Institute），成为全美最权威的评估行业组织。

其次，行业组织的职能逐渐明确。除了负责行业标准的制定、维护行业的市场秩序、估价师的资格审核批准的职能之外，行业组织均致力于房地产信息服务平台的建立。如美国各个估价师组织向其注册会员提供庞大的市场数据库、交易数据库的网络资源，这一网络资源也成为估价师和客户沟通的平台。日本的不动产鉴定协会建立了“信息银行”，向会员提供最新的交易案例、不动产市场成交的信息。

第三，构建了针对房地产估价的一系列法律或者标准体系。1986 年—1987 年期间美国 9 家主要的评估机构制定并实施了《专业评估实务统一标准》（USPAP），规定所有资产评估师必须遵循这一标准。同时，美国的估价标准委员会（ASB）还制定了一套严格的房地产估价报告复查制度。英国的评估机构都必须遵循皇家测量师学会颁布的《不动产估价指南》和《不动产估价实务》所规定的原则。

最后，形成了估价专业人才的培养机制和认证机制。对估价专业人才采用考试加资格认证的方式，并要求有一定的业务实践经历。美国根据考试情况、从事业务的内容、从业年限对估价人员进行等级评定，形成了一定的等级评定系统。

（四）综合分析

第一，两个阶段发展目标很明确："增量房"时代，评估行业的目标是建立"以房为本""服务开发"的服务体系；"存量房"时代，这一目标转变为建立"以人为本""服务两端"的服务体系。

第二，在发展路径上，"增量房"时代，评估行业均处于粗放型发展阶段，业务单一，服务主体相对聚焦。到了"存量房"时代，美国的评估行业致力于提供专业化、精深化服务；英国和日本则致力于提供多元化、综合性的服务。

第三，在发展方法上，"增量房"时代，评估行业将价值理论和房地产经济理论相结合，构建了包括收益法、成本法和市场法为主要内容的评估理论体系；形成了具有一定影响力的行业组织，制定了一系列行业标准；专业人才逐渐从开发企业向评估行业转移。"存量房"时代，行业组织之间的沟通交流增加，行业组织的职能得到明确，专业人才的培训和认证制度逐步成熟；现代科学技术和信息化技术的革新，完备并发展了原有的估价方法和技术。

二、发达国家和地区评估行业发展格局和基本趋势分析

（一）发达国家和地区评估行业发展格局及其背景

1. 城镇化的深化与人口结构的变化。根据联合国经济与社会署和世界银行的预测，目前全球城镇化率约为54%，到2030年将达到60%，到2050年将达到66%。城镇化的深化意味着必须对土地规划进行再思考、提高城市管理的能力、加强城镇和农村的联系。

国际通行的老龄化社会标准为老年人口占总人口的比重大于7%。2004年统计美国为12%，日本为19%，英国为16%，已经步入老龄化甚至老龄社会。老龄化趋势使得房地产市场面临更多的养老需求和适老化改造需要。

2. 新兴市场的崛起。新兴市场（如金砖四国）的崛起吸引了发达国家和地区的投资，尤其是针对房地产的投资。对全球房地产投资的统计表明，尽管对欧美的房地产投资总额仍占绝对优势（约为73.9万亿美元），但是对亚太和非洲区域的房地产投资总额却在稳步增加（JLL2013年）。这意味着房地产投资热点的转变，同时也要求统一房地产行业的技术标准，构建全球化的合作体系。

3. 中产阶级的壮大。尽管欧洲、美国和日本的中产阶级人数占比在下降，

但从全球来看,中产阶级群体还是在壮大,到2030年,有近三分之二的人口将集中在亚太地区。庞大的中产阶级群体,将产生巨大的对房地产专业人才,尤其是服务型人才的需求。

4. 资源进一步稀缺。随着人口的持续增加,城镇化进程的深入使得土地、水资源等都面临紧约束。城市管理必须处理好建设用地、人口规模、生态环境和城市安全之间的关系,并找到平衡点。今后,房地产项目将面临更大的不确定性,必须对现有的政策和规则进行改变,以适应资源紧缺的挑战。

(二) 基本趋势分析

1. 与金融行业融合度加剧。普华永道预测,可替代投资市场总投资额从2012年的6.4万亿美元将增长到2020年的13万亿美元。其中房地产投资占比和增长速度都在前列。截至2015年2月底,全球一共有上市REITs 659只,其中美国规模最大,共256只,市值高达9 771亿美元;日本排名第三,共50只,市值近1 080亿美元。这些REITs都依托于强大的房地产评估体系,为REITs的产品设计和上市发行提供解决方案和咨询支持。

2. 商业模式发生转变。(1) 企业并购和联合增多。以英国为例,首先是开发商和建筑商之间的并购,然后是开发商和区域性租赁机构的并购,这些并购业务的顺利实现,都离不开评估企业的贡献。(2) 业务类型从评估为主到咨询为主,从单一业务走向综合性业务。

3. 更多新技术得到采用。计算软件升级加快,使房地产数据可以通过软件包进行计算,用户可以通过互联网获得关于房地产的价格等信息。云计算改变了这种传统的操作模式,评估公司通过远程移动设备实时收集数据,集成在一定的应用软件中,将这些应用软件的外围接口结合用户需求,在一定收费基础上进行选择性的开放。用户可以根据其需求及时获得房地产市场信息。

新技术的采用使得房地产评估行业出现了脱媒现象。很多评估公司对此做出应对,首先是将更多的人力用于管理线上平台资源,将客户的需求与线下资源连接,其次是将业务重点从传统的评估服务向高端咨询服务转型,应用软件和云计算结合,一方面提供的是相对低端的基础服务,另一方面将专业咨询注入其中,形成对高端客户的服务体系。此外,3D打印技术、虚拟现实技术、增强现实技术逐渐成熟和综合运用,丰富了评估服务的表现形式,大大提高了评估行业的整体效率。

4. 大数据带来的新机遇。大数据的价值不仅在于向政府部门、民营企业和公众提供的服务更加全面,也意味着可以在零散客户端实现“长尾效应”。大数据让个人用户具备定制房地产估价服务和咨询的可能，现有技术已经可以在移动端口进行操作。大量的个人用户的使用必然带来流量经济和相应赚钱效应。拥有大数据的房地产评估公司，可以通过个人客户的信息以及定制习惯，提供更加精准的推送。行业中充分利用信息之间的互动和整合建立大数据系统的机构，必然在竞争中独占鳌头，大大领先于其他机构。

三、我国评估行业发展格局研究及建议

（一）发展目标

发达国家和地区评估行业演进的轨迹表明，评估行业的目标由建立“以房为本”“服务开发”的服务体系到建立“以人为本”“服务两端”的服务体系。“以人为本”要求评估行业更加注重向买方，尤其是个人业主提供优质高效的评估服务。“服务两端”要求在现有评估业务的基础上向前端“土地”相关业务和后端“流通经营”相关业务延伸。对政府而言，应制定政策引导市场资源为这个服务体系的构成提供有利条件；对行业组织而言，应顺应趋势，制定相应的规范和标准，为行业跨越式发展做出支撑。

（二）发展路径

1. 适应城镇化发展的要求，围绕城市更新和农村土地流转提供服务方案。应根据城市总体规划的要求，为城市综合整治类更新、功能改变类更新、拆除重建类更新的实施情况和最终效果提供评估服务；为城市更新中的存量土地再开发、置换、工业用地性质转化等过程中的合规性、土地利用效率进行评估。目前农村土地流转方式包括土地互换、出租、入股、合作等，今后可能方式会增多，限制会放宽。应做好农村产权交易和土地租赁交易相关权益评估的方案储备工作，并做好农村土地流转信息发布、合同鉴证等咨询服务工作。

2. 转移现有业务重点，围绕“以人为本”“服务经营”的发展目标提供咨询服务。第一，利用新技术和大数据系统，挖掘个人客户的信息以及定制习惯，通过精准推送，提供个性化服务方案，在零散客户端实现“长尾效应”。第二，顺应老龄化的趋势，为开发商发展养老地产，机构出租人从事养老地产提供估价服务；为老旧小区的适老化改造提供咨询服务。

现有业务重点还应向“服务经营”转移。目前评估行业的金融服务主要是抵押类评估服务和资产证券化评估服务。抵押类评估服务应从单纯的房地产抵押评估发展到数据提供和数据接入业务类的大数据服务业务。通过大数据应用和“互联网＋”同评估批量业务的紧密结合，提升抵押评估业务准确率和提高评估

效率。资产证券化评估咨询服务尚在起步阶段，应结合 REITs 在发达国家的经验，建立租金价格指数和租金收益评估体系，为长期资本引入房地产行业提供技术支持。

3. 转变已有的商业模式，通过“平台战略”实现服务价值链的增值效应。“存量房”时代，评估行业面临更加细分的房地产市场，要求评估公司进行更加精细化、多元化的业务挖掘，依托现有的平台，提供全行业价值链的增值服务：包括针对房地产信息与政策的查询服务、风险评估服务、DIY 定制服务等。充分利用“O2O”，将线上的房地产信息资源和线下的房地产咨询服务进行对接，形成互动，提升行业的服务效能。注重平台前期的数据积累，扩展平台的内涵和外延，形成一定数据规模和服务水平后，使房地产评估企业具备覆盖全国的服务能力。

4. 整合行业信息资源，形成房地产全生命周期管理服务系统。我国的房地产信息资源存在两个问题：信息不完整和信息碎片化。从土地权属到房地产所有权、出租情况、经营情况、抵押情况等环节的信息，很多是缺失的，有些是不规范的。从规划和土地到建设、从房地产交易市场到租赁市场，再到抵押贷款证券化，各个条线的信息是孤立的，还会出现信息和信息之间互相矛盾的情况。因此，整合土地、建造、销售、出租、证券化等与房屋相关的总量、分布、权属、使用情况和价格信息，与政府相关信息进行对接，形成房地产全生命周期管理服务系统，为住建部门、综合整治部门、民政部门、公积金管理部门提供咨询服务。房地产全生命周期管理服务系统还可以向获得权限的个人提供房屋情况的相关查询，提高政府公共服务效率。

（三）发展方法

1. 建立房地产信息服务平台，进一步完善行业组织职能。应借鉴日本和美国的经验，由行业组织牵头，形成房地产估价信息服务平台。平台应致力于行业内部机构、估价人员、管理人员以及与客户之间的数据交换和共享服务。共建共享数据库内容应涵盖“三个数据库”“两大板块”：包含房地产类、工程类、金融税收类等内容的政策法规库；以估价规范为主体的技术规范数据库；包含房地产市场基础信息的文献资料库；为估价师提供教育培训服务的工具箱、继续教育信息板块；以研究课题发布、专家委员会成果和问卷调查为内容的信息发布板块。通过平台的服务促进行业内成员交流，提升对外沟通的能级，推进评估行业的整体进步。

2. 充分利用新技术和大数据系统，完善现有评估技术和方法。适应应用软件和云计算结合的要求，形成房地产交易、租赁价格为主体的基础服务系统，通过不同接口的增值服务，形成对高端客户的服务体系。

在大数据系统的构建方面，我国目前仍处于大数据的构建阶段：一方面应扩大房地产价格数据、成交量数据的样本范围，逐步完善大数据系统的数据内容；另一方面应与其他系统数据进行对接，使大数据系统真正具备海量数据、多类型数据。同时，为下一阶段大数据系统内的数据过滤和筛选做好研究储备。应利用大数据系统辅助房地产评估行业总体分析、神经网络、关联规则挖掘和数据聚类分析，使估价报告更具科学性和前瞻性。

利用新技术拓展信息获取的方式，如利用 AR 技术进行现场数据的采集，提升应用软件的交互功能，利用应用软件向客户服务的同时采集相应信息。

3. 根据业务变化的趋势，提升专业人才培养机制的效能。除了房地产专业知识之外，专业人才应了解世界经济变化的基本情况，熟悉国家相关政策和房地产市场发展规律。应使专业人才具备综合的土地、规划、房地产经营、金融和投资等领域的专业知识，同时应在专业人才培养机制上增加管理学、公司财务、计算机科学等内容，适应与金融行业融合以及大数据、云计算的学习要求。

（作者单位：上海中估联信息技术有限公司）

房地产企业运作模式的创新

严跃进

新常态经济模式的通道已经开启，无论是主动探寻，还是被动应对，房企都需要积极创新运作模式。然而，从目前房企的创新案例看，探索的路径并不清晰。在新常态发展模式下，探究房企运作模式的创新规律，对于房企而言有积极的意义，也是房企提高竞争优势的关键所在。

一、房企的传统运作模式

（一）传统运作和盈利模式

近二三十年的发展历程，使各大房企紧贴市场节奏，积极创新运作模式，房企的业绩规模出现持续攀升态势，也创造了相对传统的盈利模式。

暂不考虑战略调整较大的2014—2015年，在2000—2013年房企数量的规模增长比较快。根据国家统计局的数据，2000年全国房企为27 303个，2013年上升为91 444个，增长的指标还包括房地产项目竣工量、房地产从业人员规模等。从行业发展的角度看，土地价格上涨、房价上涨等创造了较好的发展空间，从而使房企比较青睐传统的运作模式。

因此，类似囤地、捂盘的现象相对会比较多，房企通过延缓开发节奏，进而能够获得潜在的土地和房产增值机会。此模式没有太大的成本负担，却依附了较大的盈利水平。当然，从房地产业长效发展的角度看，此类做法容易损害社会公平和经济效率。因此，国家对此打击力度是比较大的。2012年新的《闲置土地处置办法》正式实施，反映了国家对此类扭曲的运行机制做了纠偏，也意味着房地产市场囤地敛财的时代就此终结。从房企运作模式的角度看，也可能会感到不适应。

对比新常态楼市的改革思路，传统运作模式实际上就是重资产的模式。当然，除了政策的影响因素外，驱动房企不断调整运作模式更多的则是来自市场的压力。在地王现象频现、房价涨幅受行政管控等背景下，房企的盈利空间被压缩，经营背后的不确定性也在增加。若不积极创新运作模式，可能会影响后续的盈利状况和企业竞争力。因此,近几年来各大房企正通过多元化战略、商业模式转换等,积极探寻运作模式创新的规律。

（二）投资节奏放缓背后的运作模式创新

房企积极寻求运作模式的创新,自然会体现在一些指标上,其中一个典型的指标就是房企投资规模增速。根据国家统计局的数据,2015 年以来,房企年初累计投资额同比增幅曲线呈现持续下滑的态势,近几个月持续位于个位数增长的区间。撇去其他因素,此类房企投资节奏的放缓,本质上说明其已经把部分精力放在了运作模式的调整中。

此类调整可以归纳为以下几类：第一类,房企依然陷入去库存的困境。在高库存的压力下,需要积极创新营销模式和高周转的模式;第二类,房企积极追求轻资产模式。此类房企对于传统拿地等模式开始存在焦虑感,所以在拿地等层面会相对保守;第三类,房企积极探寻多元化的道路,将资金导入到非房地产领域,进而压缩了传统房地产开发领域的投资规模。这几类模式在大型房企、中小房企中都有存在,本质上反映了越来越多的房企已经认识到不能依赖过去的运作模式,而必须积极进行调整和寻找新的运作模式。

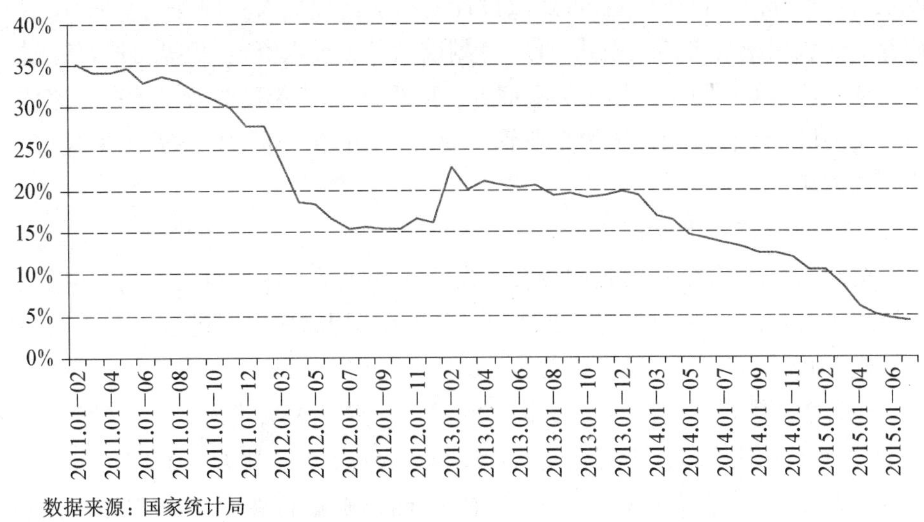

数据来源：国家统计局

图：全国房企年初累计投资额同比增幅走势

二、近期房企运作模式创新的案例

（一）轻资产模式

在传统重资产的模式下,提振房企经营业绩会变得被动。对于已经进入相对成熟期的房企而言，通过出让品牌、发挥品牌溢价力，成为新型的运作和经营模式。

根据现有的案例，轻资产模式的创新主要体现在大型房企身上。比如：2015 年 1 月，万达商业地产与光大控股旗下的光大安石、嘉实基金、四川信托和快钱公司签署投资框架协议，4 家机构将在今明两年首批投资约 240 亿元人民币，建造约 20 座万达广场，并委托万达负责招商、运营和管理，其他合作方与万达按一定比例分享租金净收益。万达通过此类模式的创新，能够促使商业地产板块走上“轻重并举”的发展道路，节约的资金，能够促使万达后续商业项目的快速复制。

（二）事业合伙人制度

房企面临着经营和战略层面的大转型，从组织架构的调整来看，也需要有新的动作，体现为人事等层面的内容。近一两年，大型房企高管离职的现象开始增加。为了确保管理团队的稳定，部分房企加大了激励机制的创新力度，事业合伙人制度就是其中一个重要模式。

2014 年 4 月，万科推出了合伙人持股计划，也就是事业合伙人制度。该制度主要包括合伙人持股计划、事业跟投计划和事件合伙人管理等三个内容。相比此前的股权激励等传统模式，此类计划鼓励员工投入资金、积极持股，使跟投项目从一开始就和员工的切身利益捆绑。虽然，对此类制度的效果还有待评估，但本质上房企不再依赖传统的企业管理模式，并开始注重对传统管理模式进行纠偏或创新。

（三）资产证券化模式

在传统经营模式下，房企的资金进出模式其实是比较简单的。比如说从获取资金的层面看，主要是通过外部融资、项目销售回款等方式进行。在金融、财务模式方面创新不多，也鲜有成功的案例。

在新常态模式下，房企对融资模式的创新节奏加快，各类房地产金融产品不断出现，而且在这个过程中有相应的政策制度为其引导。比如：在 2014 年 9 月公布的央行、银监会文件（“央四条”）中，明确鼓励银行业金融机构通过发行 MBS 进行金融创新。对于房地产企业而言，后续可以围绕商业项目租金、物业费、停车费等资产，积极进行资产证券化的金融创新。

部分房企已经有了类似的动作，2015 年 7 月世茂房地产联合博时资本、招商银行、北京市金杜（深圳）律师事务所四方共同推出了“博时资本—世茂天成物业资产支持专项计划”。该金融产品，是以世茂集团境内全资子公司世茂天成物业服务集团有限公司因提供物业服务而享有的物业费收入为基础资产的。世茂房地产凭借此类金融工具，加快了物业服务费用的变现，对于其他房企而言自然是有启发的。

（四）社区经营模式

在传统地产开发的基础上，房企对于一次性销售物业、回笼资金的模式开始做了反思，围绕社区"7×24小时"的模式，房企主动进行业务创新。相比一次性销售物业的模式，通过社区增值服务等谋求新业务，将具备更大的盈利空间。

各大房企纷纷进入社区经营和物业管理的创新过程中，本质上说，这是摒弃了传统的项目开发模式，而积极转向建立大消费平台的过程中来。典型例子是"花样年"围绕社区经营构建"一体三翼"的格局，即包括彩生活的线下并购、美易家的跨界深耕以及解放区（大社区联盟）的线上物业结盟。此类模式的构建，既是业务的拓展，同时也是运作模式的创新。

三、房企运作模式创新的主要动因

（一）盈利方面的压力

房企之所以要尝试运作模式的创新，本质上是希望维持目前的盈利水平，防止企业经营效益持续下滑。从近几年房企的经营数据看，房企经营压力已开始显现。从房企2015年中报就能看出包括行业毛利率等指标呈现了同比下滑的态势，而类似负债率等指标则呈现了上升的态势。如此对比，房企若沿袭过去的运作模式，显然会羁绊后续的战略步伐。

此类压力来源于多方面，包括股东、投资者、企业员工、顾客、地方政府等。房企若不制定稳健的战略决策，那么基本上就要被贴上"固步自封"的标签，企业品牌的贬损速度也会加快。

（二）外部环境带来的压力

除了内部经营压力外，外部环境带来的压力，也会加速房企运作模式的创新。倘若不主动观察外部环境的变动，那么房企的外部压力就会快速演变为内部压力，进而使得其发展滞后于整个行业发展水平。

关于外部环境，以国有企业改革的制度因素为例，近两年在企业体制深化改革的背景下，国资背景的房企面临了源于外部压力的模式大调整，绿地集团的改制就是一个很好的案例。2015年8月，金丰投资更名绿地控股，绿地集团整体上市。不过，值得注意的是绿地集团自1992年创立以来，先后在不同时期就已经进行了多轮体制层面的变革。如1997年股份制改造，形成了国有控股、职工持股的现代股份制格局；2013年通过公开市场引进战略投资者，形成了国有及多种成分资本交叉持股、相互融合的混合所有制格局。此次A股上市，又使其成为本轮国资国企改革中率先成功完成混合所有制改革的典型。从绿地本身的企业竞争力看，似乎经营压力并不大。但从外部环境看，绿地集团积极上市，恰恰说明其对企业运作模式做调整的迫切性。

（三）市场变动、科学技术带来的机遇

在社会发展、市场变动带来挑战的同时，也能够创造新的发展机遇，对于房企来说，也会有比较大的诱惑力。围绕新行业和新机遇，房企积极创新运作模式，能够降低对传统模式的依赖，进而掌握行业发展的主动权。

近两年的外部环境，科学技术的进步，特别是“互联网＋”的概念流行，给予了房企很大的启示。房企围绕这些概念积极创新，涉足领域包括创客空间、智能家居、房产众筹项目等。此类模式创新，本质上说明房企抓住了消费市场的变动规律，通过腾挪企业资金和转变投资方向，进而使新型经营模式得以快速建立。

改变传统的运作模式，并非意味着房企就要抛弃传统地产开发业务，两者其实并不矛盾。在新型运作模式下，房企的经营依然能够和传统地产项目紧密结合。如创客空间的打造，对于房企积极实现商办项目的去库存就有明显利好。此类创新改变了房企传统的物业经营模式，并助力其将新产品和服务真正嵌入到行业发展的新要求中。

四、制约房企运作模式创新的因素

（一）内部环境：转型意识没形成

在实际过程中，部分房企并不热衷于运作模式的创新，这和企业内部的转型意识、管理层的惰性、房企对行业机会的把握等有关。类似轻资产模式，实际上有很严苛的要求，比如说需要建立在成熟的传统模式基础之上。对于部分房企而言，其传统业务的经营模式并不成熟，仓促调整运作模式或许是不稳妥的。

从管理层的惰性因素看，部分房企因为缺乏必要的人力、物力和财力，所以也不会贸然去承受创新风险。毕竟调整企业运作模式，或牵涉到企业内部各方面的利益。改革面临的压力大，进而会搁置此类创新计划。

从房企对新行业的认识角度看，若依旧停留在模糊的认识阶段，那么房企就会缺乏主动创新的意识。同时，此类房企对于传统运作模式会有一个较大的依赖，对传统业务开发和盈利也会抱有极大的幻想。此类房企甚至对于运作模式的创新是持嗤之以鼻的态度。

(二) 外部环境：创新的机会成本

房企积极尝试运作模式的创新，实际上也会面临较大的机会成本。比如：在目前宏观经济相对低迷、经济政策有所调整的背景下，房企若频频做调整，将可能错失传统经营模式下的盈利机会。如果考虑到传统房地产市场领域量价齐升态势已经出现，那么创新的机会成本或许会更高。

当然，对于运作模式的创新，在房地产传统业务内部也会出现。过去比较经典的一种创新是，很多房企从住宅开发业务转入到商业地产经营业务上来，但后来会发现，在租赁模式下企业对现金流稳健性的要求会更高。部分房企缺乏可持续的资金来源，结果发现此类创新的道路根本走不通。正因为有此类机会成本存在，房企的创新节奏才会有所放缓。

五、房企运作模式创新的策略

(一) 统筹资源

在寻求运作模式创新的过程中，房企需要积极统筹各类资源，这是加快创新节奏的必经之路。此类资源包括外部的制度环境、政策，以及内部的资金、人力资本、商业模式、企业品牌等。

通过统筹此类资源，房企就能站在更新的角度去审视自身的经营策略，进而改善经营业绩。2015 年部分房企尝试“新债偿旧债”的模式就值得认可。此类房企在 2015 年初就已敏锐地感觉到国际市场的微妙变动，进而提前偿还美元债务。随着人民币汇率贬值压力的增大，此类房企的做法被证明较好地规避了债务风险，同时能够以更低的资金成本进行融资。这可以理解为房企融资模式的创新。若要具备这样一种前瞻能力，关键是要不断审视外部环境和内部环境的变动，只有这样才能确保决策的稳健和效果。若孤立地审视、观察单一的条件和环境，那么相应的创新步伐将远远滞后于别的房企。

(二) 科学运用新技术

随着新常态经济模式的确立、新技术得到广泛应用，房企自然而然会有所启发。新技术的创新，降低了房企的经营成本，也能够对此前商务模式进行调整。不过需要提醒的是，如果一味围绕新技术做创新，那么在新的运作模式中，可能也会埋下一些隐患，比如：目前各大房企纷纷扎堆进入互联网的创新。从部分创新的案例看，很多“互联网+”的金融产品，运作并不规范，具有很大的随意性和主观性。目前对于此类运作模式的创新，缺乏实质性的监管，所以创新背后，似乎没有太大的风险可言。但一旦政策收紧、商业纠纷的增加，那么对于此类运作模式的质疑可能就会增加。房企在后续的创新过程中,必须对相应风险有足够的认识。

（三）向新常态经济模式靠拢

房企运作模式的创新,需要积极吻合新常态经济模式的要求,从而为此类创新带来新的市场资源和经济价值。必须意识到,包括：降低企业资金成本、打破城乡之间的隔阂、提高生态经济的占比、维护市场交易秩序的公平、减少对市场的行政干预等,都是新常态经济模式的重要体现。对于房企而言,瞄准此类新常态经济的发展目标,积极和房地产传统业务进行结合,恰是其创新思维的重要体现。

当然这个过程必然是漫长的,也需要耗费一定的成本。但是,对于房企而言,唯有从长计议,摆脱对旧的运作模式的依赖,才能真正探寻出新的模式。同时结合行业发展的实际积极探索,在发现市场新机遇的同时,也能够为房企自身增添竞争力和企业价值。

（作者单位：上海易居房地产研究院）

下编

房产经济研究报告选

住房保障法规框架研究

——以上海住房保障法规框架研究为例

上海市房产经济学会

党的十八届四中全会以全面推进依法治国为主题，提出建设中国特色社会主义法治体系和社会主义法治国家的战略目标，并对依法治国方略实施的具体步骤予以顶层设计和进行全面部署，这给房地产业健康发展提供了极其良好的社会环境和切实有力的法律保障，也为上海住房保障法规建设研究指明了方向。

上海的住房保障工作在全面推进过程中越来越迫切地需要制度化和法制化的保障，只有形成完备的法律规范体系、高效的法治实施体系、严密的法治监督体系、有力的法治保障体系，才能确保住房保障工作在以法律体系为核心的轨道上运行，推进其健康持久的发展。本课题以十八届四中全会精神为指引，认真汲取境外住房保障法规框架和立法经验的有益成果，研究上海住房保障的目标和保障对象、标准、范围、资金来源及机构设置等重大问题，重点研究建立上海住房保障的法规框架体系。

第一章　上海住房保障法规建设和实施评估

近十年来，上海市委、市政府把解决住房困难群众的居住问题作为改善民生的重点，同时确立了构建"诚信、规范、透明、法治"的房地产市场体系的目标。上海将住房市场、住房保障与法制建设紧密相连，这是由于住房市场和住房保障的特性决定的。

首先，住房是人类生存和发展的基本资料。居民住房水平不仅反映一个国家或地区经济社会发展水平和居民生活水平的重要标志，而且它是个基本民生问题，对于改善民生、促进社会稳定以及带动经济增长都具有重要意义。因此，保障公民"住有所居"是许多发达国家和一些发展中国家政府公共政策的重要目标和主要着力点。

其次，住房又具有不同于一般耐用消费品的特殊性质。第一，住房既是人们的基本生活资料，又具有一定的投资品属性，而且由于投资信息不对称，容易产生资产泡沫。第二，住房具有地域固定性等不动产属性，特定地域上的住房具有相对稀缺性或过剩性，不同地域间的住房无法完全替代。另外它的供求弹性小，所以，住房市场价格容易出现较大的波动。第三，住房开发与消费都对金融高度依赖，无论是开发企业的土地购置、商品房的开发建设，还是在居民的住房消费、购买环节，都需要依靠大量融资和信贷才能完成，因此，住房领域对金融信贷政策高度敏感，这一特点也使得住房市场的波动和风险极易引发金融领域的波动和风险，如美国的次贷危机引发了国际金融危机。同时住宅业又是一个带动性很强的产业，对各行业的关联度很高。

正是基于住房市场和住房保障的上述特性，上海在住房保障实践中以加强法制建设为着力点，以出台政策作为法制建设的基础，基本建立了共有产权保障住房、廉租住房、公共租赁住房和动迁安置住房“四位一体”、分层次、多渠道、成系统的住房保障政策体系，促进了上海的住房保障工作发展。

一、上海住房保障法规建设情况

自2008年以来，上海在国务院、国家有关部委颁布的一系列有关住房保障工作的法规、规范性文件的指引下，相继出台了《上海市经济适用住房管理试行办法》《本市发展公共租赁住房实施意见》《上海市城镇廉租住房试行办法》《上海市动迁安置房管理办法》及数十件配套性规范性文件。上海出台的住房保障的一系列规范性文件，还称不上严格意义上的法制建设或者立法实践，只是开展了法制建设的基础性工作。为了有利于将实践工作上升到法制建设的高度去认识，有利于探讨上海住房保障法制框架的形成和发展，本课题仍以法制建设的视角来评析上海住房保障工作法制建设的基础性工作。

（一）“四位一体”住房保障立法概况

1. 经济适用住房

2007年下半年，市委、市政府要求加大对经济适用住房建设力度，市房管局于2007年10月起，收集整理国内外公共住房政策资料，组织调研美国、香港、北京、广州、厦门、南京、杭州等地在经济适用住房立法和实践管理的经验，于2009年6月形成了《上海市经济适用住房管理试行办法》。

主要内容：

在建设机制方面，按照“政府主导、市场运作”的原则，确定了经济适用住房采取集中建设方式为主、配建为辅的模式。认为配建方式有利于促进各阶层人群融合居住,能较好地解决社群问题,也有利于拓宽建设渠道和融资渠道。

在价格机制方面,采取房地产开发企业建设保本微利的方式,确定了建设项目结算价格、销售基准价格和销售价格。

在供应机制方面,将供应对象从低收入住房困难家庭扩展到中低收入住房困难家庭,并规定实施"租售并举"。同时,依据"先紧后松"原则,会同相关部门制订准入条件具体标准,并根据本市经济社会发展情况和经济适用住房建设供应情况实行动态调整。

在轮候和选房方面,设计了"申请时间"方案、"评分"方案、"两次摇号"选房方案,最大限度确保公平与公正。其中"第一次摇号"由区(县)住房保障机构根据房源供应情况,对在一个时期内已登记的申请家庭,通过公开摇号方式对申请家庭进行排序,建立轮候选房名册;"第二次摇号"由区(县)住房保障机构组织轮候在先的申请家庭,通过公开摇号方式选定房屋。

在售后管理模式方面,实行有限产权的运作方式,即政府管理部门通过合同与购房者约定,将购买的经济适用住房与相同地段、质量的普通商品住房的合理价格差额占普通商品住房市场价格的比例,设定为政府收益权份额;经济适用住房上市转让后,政府从全额转让价款中按合同约定的收益权份额收取费用。

配套制度建设情况:

《上海市经济适用住房管理试行办法》颁布后,市政府相继出台了《关于批转市住房保障房屋管理局等五部门制订的上海市经济适用住房配建暂行意见的通知》等 7 件配套市政府规范性文件,市房管局出台了《上海市共有产权保障房(经济适用住房)申请、供应和售后管理实施细则》等 20 余件配套局规范性文件,相关委办局也出台了数十件配套规范性文件。

2. 公共租赁住房

2009 年 11 月,根据市委、市政府部署,市房管局启动了公共租赁住房政策总体框架研究工作,组织了由相关高校、科研机构、行政管理部门和房地产开发企业等单位专业人士组成的研究团队进行专题研究,开展了专项社会调查和全市单位租赁住房现状调查,借鉴了市政府参事室、市政府发展研究中心提出的相关政策方案,听取了市和区(县)政府有关部门、政协委员、人大代表及有关专家学者的建议,于 2010 年 9 月颁布《本市发展公共租赁住房的实施意见》(沪府发〔2010〕32 号)。

制度设计基本特点:

上海公共租赁住房制度设计主要有五方面特点:

一是针对上海人口导入迅速增加的基本形势，面向在沪稳定就业且住房困难的常住人口供应，不限本市户籍，准入标准不设收入线，满足不同层次住房困难家庭和单身人士的租赁需求。

二是“只租不售”，并实行有限期租赁。租赁合同一般两年一签，合同期内租金不作调整，保持稳定性；租赁总年限一般不超过6年，着重解决阶段性居住困难。

三是户型设计以40到50平方米成套小户型住宅为主，进行装修并配置必要的家具、家用电器后出租。

四是租赁价格按略低于市场租金水平确定，形成与住房租赁市场良性互补、协调发展的格局，同时鼓励用人单位采取发放租赁补贴、集体租赁公共租赁住房等方式尽责，减轻职工住房消费负担。

五是采取“政府支持、企业运作”的管理模式，政府投入部分资本金，支持发展一批专业公共租赁住房运营企业作为机构出租人，以“保本微利”为目标，体现公共服务的功能。

配套制度建设情况：

随着《本市发展公共租赁住房的实施意见》的实施，市政府相关部门制定出台了《本市公共租赁住房项目认定的若干规定》(沪房管保〔2010〕422号)、《贯彻本市发展公共租赁住房的实施意见的若干规定》(沪房管保〔2010〕436号)、《市筹公共租赁住房准入资格申请审核实施办法》(沪房管规范保〔2013〕3号)、《本市公共租赁住房运营机构组建办法》(沪工商注〔2010〕377)、《关于积极推进利用农村集体建设用地建设租赁住房的若干意见》(沪府办〔2012〕88号)等20余件相关配套政策文件，内容涉及公共租赁住房项目认定、建筑设计、财税金融支持、房地产登记、出租管理等各方面。

3. 廉租住房

1999年，上海出台《关于进一步深化本市城镇住房制度改革的若干意见》，明确了停止住房实物分配，建立公开、公平和公正的住房分配新体制的目标。借此，上海积极探索解决居民住房困难的新途径。2001年6月颁布并全面实施《上海市城镇廉租住房实施意见(试行)》(沪房地资廉〔2001〕280号)。

廉租住房制度的完善：

2006年底，上海在全国率先将保障范围从城镇“最低收入”住房困难家庭扩大至“低收入”住房困难家庭。通过制定《关于进一步扩大廉租住房受益面的实施意见》(沪房地资廉〔2003〕521号)、《关于本市扩大廉租住房受益面工作的意见》(沪府〔2007〕68号)、《上海市人民政府贯彻国务院关于解决城市低收入家庭住房困难的若干意见的实施意见》(沪府发〔2007〕45号)、《关于调整本市廉租住房家庭收入和金融资产认定标准的通知》(沪房管保〔2008〕3号)、《关于调整本市廉租住房准入标准继续扩大廉租住房受益面的通知》(沪府发〔2009〕56号)等文件,连续7次放宽收入和财产准入标准,逐步扩大廉租住房受益面。

目前本市廉租住房的主要准入条件为人均住房居住面积7平方米(约建筑面积14平方米)以下、人均月可支配收入2 100元以下、人均财产8万元以下,基本覆盖了不具备购买经济适用住房能力,也难以完全承担市场房租的住房困难家庭,基本做到符合廉租住房申请条件的家庭"应保尽保"。截至2013年底,累计受益家庭已达9.8万户。

廉租住房配套政策措施:

在放宽廉租住房准入标准的同时,市房管局制定了《上海市廉租住房申请对象住房面积核查办法》(沪房管规范保〔2012〕18号)、《上海市廉租住房申请审核实施细则》(沪房管规范保〔2012〕19号)、《上海市廉租住房保障家庭复核管理试行办法》(沪房管规范保〔2012〕21号)等办法,建立了住房和收入状况核查机制以及严格的"两级审核、两次公示、市级抽查"的审核制度,确保供应分配公开、公平、公正。

2012年,通过制定《上海市廉租住房租金配租管理实施细则(试行)》(沪房管规范保〔2012〕16号)、《关于印发〈上海市廉租住房实物配租实施细则(试行)〉的通知》(沪房管规范保〔2012〕20号)以及《上海市人民政府关于调整和完善本市廉租住房政策标准的通知》(沪府发〔2013〕25号),进一步确定了本市廉租住房实行租金配租和实物配租相结合的方式,并根据廉租房源的筹措建设情况,将实物配租保障范围从原有的残疾、大重病、丧失劳动能力、烈属等8类特殊廉租家庭和1类住房特别困难的廉租家庭(人均居住面积5平方米以下的2人及以上家庭)放宽至所有的廉租家庭房源配租范围,同时继续对残疾、大重病、丧失劳动能力、烈属等8类特殊廉租家庭实行优先供应。

根据中央统一部署,上海制定了《上海市人民政府批转市住房保障房屋管理局等五部门关于本市廉租住房和公共租赁住房统筹建设、并轨运行、分类使用实施意见的通知》(沪府发〔2013〕57号),明确了廉租住房和公共租赁住房在房源统一建设筹措、申请条件统一审核、租赁价格统一制定、租赁管理统一实施、财政资金统一使用等方面的并轨内容。

4. 动迁安置房(配套商品房)

2005年12月,为贯彻市政府关于适当增加中低价商品房建设总量,优化房地产市场结构的部署,市政府批转了《上海市配套商品房和中低价普通商品房管理试行办法》(沪府发〔2005〕36 号)。随着动迁安置房(配套商品房)项目的推进,上海相继出台《上海市市属配套商品房收储和供应管理暂行规定》《市属配套商品房已安置房源回购管理办法》《上海市大型居住社区动迁安置房源定价管理暂行办法》《关于加快本市市属动迁安置房建设推进的若干意见》等一系列配套文件。同时,上海为积极推进重大工程、重点旧区改造和城市建设,不断改善市民居住条件,出台了《上海市动迁安置房管理办法》(沪府发〔2011〕44 号),主要规定了以下几方面内容:

一是计划管理。区、县政府组织编制动迁安置房的建设发展规划和年度实施计划,经市房管局会同相关部门综合平衡并报市政府批准后,纳入本市动迁安置房的发展规划和年度实施计划。

二是优化规划选址。动迁安置房建设项目的选址根据城市总体规划和土地利用总体规划,与城市交通干线、轨道交通、公交枢纽等相结合;与新城建设、老城(镇)改造相结合;与城市产业布局和区域产业发展相结合;兼顾农村宅基地置换,加快推进城镇化进程。

三是确保土地供应。动迁安置房建设用地纳入土地利用年度计划管理,市和区、县土地管理部门应当在安排年度用地指标时单独列出,并确保优先供给。

四是动迁安置房定价办法。市属动迁安置房建设项目的建房协议价格由市房管局会同市相关部门审核确定;区县属动迁安置房建设项目的建房协议价格由区县政府审核确定。市属动迁安置房的房源供应价格由市房管局会同市相关部门综合考虑基地开发进度、拟供应房屋的交付时间等因素,按照基地周边普通商品住宅近期实际交易均价的一定比例适时确定和调整。区县动迁安置房的房源供应价格由所在区县政府参照执行。

五是房源使用管理。市属动迁安置房供应应优先确保申请用房项目的动迁安置需求,并应当由区县政府有关主管部门组织动迁实施单位,按照公示房源、受理申请、审核条件、开具供应单、签订预(销)售合同的程序使用房源。

六是房源转化和收储。经市房管局会同市规土局批准,动迁安置房可转化为廉租住房、公共租赁住房、经济适用住房等保障性安居用房。因区域内动迁安置项目调整、不适应动迁安置需求等因素,造成部分及零星动迁安置房无供应对象,可以由指定机构收储用于普通商品房等用途。

(二)"四位一体"住房保障立法的主要内容

1. 创设住房和收入状况核查新机制

上海探索建立了以信息化手段为依托的居民住房状况和经济状况核对新机

制。近年来，先后成立了“市房屋状况信息中心”和“市和区居民经济状况核对中心”，申请家庭的住房状况，主要通过全市房地产交易登记系统和公有住房数据库系统进行核查。申请家庭的经济状况，主要通过民政、人保、税务、公安、交通等 10 多个管理部门信息综合比对的方式进行核查。其中，银行存款核查已覆盖上海市 51 家中资银行及外资银行；证券信息查询已实现沪、深两个证交所的信息全覆盖。依靠信息化的核查比对手段，结合诚信制度建设，申请家庭的住房和经济状况不符合条件的检出率有了大幅度提高，社会反响较好。

2. 政策体现公开、公平和公正

按照中央要求，平稳有序地推进了保障性住房申请供应的各项工作。一是在准入条件方面，对保障性住房申请家庭实行统一规定的准入标准，不对特殊职业、特殊身份等群体和任何对象设置特殊照顾政策。二是在审核机制方面，严格执行“两级审核、两次公示、市级抽查”的审核制度，确保申请对象符合申请条件。三是在轮候供房方面，实施公开摇号和选房，依靠信息化核查比对等技术手段，申请家庭住房和经济状况不符合条件的检出率较以往直观式核查有了大幅提高。在此基础上，发挥公众监督作用，对申请对象实行“两次公示”，有效减少各种暗箱操作空间和廉政风险，避免住房保障资源的流失，确保住房分配的公平和公正。

3. 实行集中建设和分散配建相结合的建设方式

按照国家有关规定，积极探索多渠道的房源筹措方式，上海主要采取集中新建的方式，并配套采取配建、收储和回购等方式，筹措保障性住房房源。集中建设的保障性住房项目，主要采用“政府主导、市场运作”的机制，通过项目法人招投标办法，确定具有良好资质和信誉的房地产开发企业开发建设。与此同时，根据上海建设用地紧缺的现状，制定严格的配建政策，凡新出让土地开发建设的商品住宅项目，均应按照不低于该项目住宅建设总面积 5% 的比例配建保障房，住房建成后无偿移交政府用于住房保障。另外，本市还积极搭建各类保障房统筹管理、分类使用的统一管理平台，依照有关规定及时调整保障房用途，提高房源使用效率。

4. 建立保障房的用途调整和衔接机制，提高房源使用效率

根据保障房供应和需求的实际，对各类保障房房源品种之间实施用途调整，解决房源使用的结构性问题。根据保障对象的住房和经济条件，建立廉租住房对象与共有产权保障住房对象的衔接机制。廉租住房实物配租对象租赁近郊大型居住社区房源达一定年限后，符合共有产权保障住房准入标准的，可以按照有

关规定，申请购买其承租的住房。

二、上海住房保障工作实施评估

(一) 住房保障工作的主要成效

1. 住房保障政策体系初步形成

1999 年全面停止住房实物分配后，上海积极探索解决居民住房困难的新途径。从 2000 年起在全国率先对城镇户籍的低收入住房困难家庭实施廉租住房制度。2007 年来，上海按照“保基本、全覆盖、分层次、可持续”的要求，逐步构建并基本形成了廉租住房、共有产权保障住房(即经济适用住房)、公共租赁住房(含单位租赁房)、征收安置住房(即动迁安置房)“四位一体”、租售并举的住房保障体系。至此，上海的住房保障政策体系初步建立起来，解决了有章可循的问题，使住房保障工作走上了良性循环和可持续发展的道路。

2. 住房保障覆盖面不断扩大

廉租住房方面，自 2006 年起连续 7 年放宽准入标准，目前三人及以上家庭已放宽到人均月可支配收入 2 100 元、人均财产 8 万元。所有符合廉租住房申请条件的家庭均可以申请廉租住房实物配租；根据不同收入家庭住房支付能力的差异，实行三级分档补贴。基本做到符合廉租住房申请条件的家庭“应保尽保”，截至 2014 年 5 月底，累计受益家庭已达 10.1 万户。

共有产权保障住房方面，自 2010 年起连续 4 次放宽准入标准，目前三人及以上家庭已放宽到人均月可支配收入 5 000 元、人均财产 15 万元。年满 28 周岁的男性以及年满 25 周岁的女性单身人士，可以单独提出申请；同时，针对住房特别拥挤的四类复合家庭，调整了住房面积核算方式，在核定其家庭人均住房建筑面积前，允许先扣减一定的住房面积，共有产权保障住房已累计完成签约购房 6.58 万户。

公共租赁住房方面，全市 17 个区(县)均已组建公共租赁住房运营机构，建设筹措公共租赁住房(含单位租赁房)约 12.1 万套、700 万平方米。截至 2013 年底，市筹公共租赁住房合计出租 7 990 套，共有 7 273 户职工(职工家庭)办理了签约入住手续；已有闸北、普陀、嘉定、徐汇、长宁、黄浦、松江、闵行、静安、金山等 10 个区约 20 处区筹公共租赁住房供应房源 2 825 套，已出租 1 165 套，共有 1 141 户职工(职工家庭)办理了签约入住手续，出租率 41.2%。截至 2013 年底，单位投资的公共租赁住房供应房源总量 36 648 套，已出租 28 797 套，入住 9.9 万人，出租率 78.6%。全市累计供应 70 余个项目、约 5.3 万套。

征收安置住房，至今累计完成搭桥供应83.9万套。

（二）住房保障立法的若干做法

住房保障工作立法的实践表明，加强住房保障法制建设有一个逐步发展的过程，即住房保障制度的建立尚无实践的经验，主要靠“摸石过河”的方式探索前进，在住房保障工作初期主要依靠政府主导推进。因此，住房保障工作发展起初是以规范性文件的形式予以规范，进而逐步上升为法律文本。

1. 开门立法，提高立法质量

住房保障的立法决策关系到老百姓的安居需求和财产性权益，因此，上海在住房保障各项管理制度设计过程中，利用座谈会、咨询会、听证会、网上征求意见、专业公司调查统计等多种形式和渠道充分听取民意，反映民心，集中民智，保证人民群众的意见和建议得到充分表达，合理的诉求、合法的利益得到充分体现，从而增强了公共决策和制度设计的科学性、合理性和可操作性。

2. 科学立法，增强政策的操作性

上海在住房保障各项管理制度设计过程中，一是充分征求区县意见，确保制定的政策在区县能够得到切实执行；二是充分听取市人大、政协意见，确保制定的政策为民意代表所认可；三是充分征求相关管理部门意见，确保制定的政策与相关管理部门政策制度有效衔接和协调；四是充分听取专家、学者意见，拓宽视野，理性客观地思考问题，克服过多注重部门利益的局限性；五是收集和借鉴外省市及境外经验，深入分析，比较论证，分析相关经验教训，进而达到借鉴和吸收的作用，有针对性地解决社会各界关注的突出问题，确保政策措施切实可行。

3. 宣传解读，确保政策实施效果

针对住房保障管理政策与老百姓财产和居住权益密切相关的特点，上海高度重视对政策内容的解读和宣传。《上海市经济适用住房管理试行办法》《本市发展公共租赁住房的实施意见》等重要政策出台前后，对外均通过召开新闻发布会、新闻通气会等方式，通过新闻媒体对立法背景和目的、立法重点内容等进行宣传解释，同时，在政府门户网站设专栏，将条文解读、案例分析等一并刊登，帮助公众理解和掌握政策。对内则及时组织区县房管部门、街道（乡镇）等层面的政策培训，使政策精神及时传达到基层一线。

4. 系统研究，及时制订配套文件

随着“四位一体”、租售并举住房保障体系的建立发展，不同住房保障制度以及同一住房保障制度的具体政策之间，有机衔接的要求越来越高。为此，在近些

年廉租住房等住房保障政策研究制订中，立足于住房保障体系的建立健全，在保障范围上与共有产权保障住房（经济适用住房）进行了衔接，着力解决“夹心层”群体住房困难问题；在房源筹措的机制上与公共租赁住房实行了统筹建设、并轨运营、分类使用；进一步整合住房保障资源，提高资金和房源使用效率，促进专业化管理和可持续发展。同时，为确保政策有效执行，相关住房保障管理制度出台后，市政府相关部门先后制订了土地供应、住房建设、申请审核、供应分配、监督管理等百余项配套文件。

5. 开展政策实施效果评估

为总结经验，完善政策，推动行政决策的科学化、民主化、制度化，上海及时开展政策实施效果评估。在政策实施一段时间后，根据形势变化，通过委托高校科研院所、召开座谈会、论证会、问卷调查、实地走访等方式，并广泛听取社会各界包括管理和服务对象的意见和建议，对政策实施情况进行论证和评估。政策实施后，根据评估情况，及时调整和完善了相关政策口径，确保各项住房保障制度顺利运转。

（三）住房保障法规建设的不足

1. 住房保障政策存在法律效力低的缺陷

目前，上海出台的住房保障规定都属于规范性文件，存在法律效力低、稳定性差的缺点，不仅对规划建设和供应分配缺乏法律保障，而且对住房保障对象的逾期还贷、擅自转让、出租、出借、赠予或者改变房屋使用性质等违规行为的处置也缺乏法律依据。因此，上海需要突出立法的层次性，使得地方性法规、政府规章、政府规范性文件互为补充、有机统一。

2. 住房保障缺乏全面的法制管理措施

由于住房保障法律的阙如，相关政府管理部门未被赋予相应的法定职责，在住房保障的规划、土地供应、建设、配套、资金、财政、税收及金融等方面的政府资源投入也缺乏明确的法律支撑，各项工作仍还主要依赖传统的行政力量予以推进，尤其是在建设环节，从项目评审、审价小组的联合审价、绿色通道等方面，都应当纳入依法行政的范畴，限制行政自由裁量权。

随着保障性住房的集中交房，供后管理中的逾期还贷、擅自转让、出租、出借、赠予或者改变房屋使用性质等违规行为不断出现，由于规范性文件法律效力较低，无法对违规行为进行有效处置。因此，要改变住房保障重申请审核分配、轻供后管理的格局，探索建立管理成本低、效率高的供后管理制度和退出机制，加强供后管理的法规建设。

3. 住房保障缺乏健全的诚信体系

从住房保障管理实施情况来看，建立供后管理制度的法规建设是基础，建立良好的住房保障诚信体系是供后管理制度平稳有效运转的保障。推进诚信体系建设，不仅有利于为住房保障对象营造公平的居住环境，维护正常的社会管理秩序，也有利于改善行政管理，促进政府更好地履行社会管理和公共服务的职能。加大对失信行为的惩戒力度，是保护守信群众的切身利益。因此，按照上海住房保障管理的实际需求，有必要建立健全以信用信息记录、共享、查询、披露、应用为主线，以信用管理制度建设为核心，以信用信息平台为支撑，涵盖管理对象、管理机构及其他相关主体，覆盖住房保障供应分配和后续管理全过程的信用体系，逐步形成守信受益、失信惩戒、诚信自律为导向的住房保障信用环境。

第二章　部分国家(地区)住房法规框架概述

1996 年，在土耳其伊斯坦布尔召开的第二次联合国人居会议通过的宣言提出了“人人享用适当的住房”目标，明确了各国政府应该承担解决低收入家庭住房问题的责任。无论是发达国家，还是发展中国家；无论是高社会福利国家，还是新兴经济体国家，都根据各自的情况，采取了针对中低收入家庭的住房保障政策，并将住房保障法规作为住房法规的重要内容，纳入了本国(地区)住房法规框架体系。

一、部分国家(地区)住房法规框架

(一) 德国住房法规框架

德国住房政策在国家公共政策中占据重要位置，其大体经历了三个阶段：一是工业革命到战前，基本特征是工业化带动城市化，房屋租赁市场形成，住房合作社开始出现。二是战后到 20 世纪 90 年代末，由于二战中德国住房严重受损，加上战后大量移民的涌入，加剧了住房的紧张状况，住房短缺成为当时最突出的社会问题。因此，自 1950 年以来，德国制定了“社会住房计划”，实施了一系列促进住房投资建设和鼓励私人购买拥有住房的政策措施，先后施行了房租管制制度、社会福利住房制度、住房金制度、住房储蓄制度以及购建房减免税优惠政策等切实有效的措施。三是 21 世纪初以来，随着人口增长缓慢，住房开始饱和，政府住房政策导向主要是在继续实施社会福利房政策的基础上，运用金融财政税收杠杆促进适应老龄化、混合型、节能环保型住宅建设，同时，为多子女家庭

购建房提供帮助，鼓励居民购建房向中心市区回归，支持旧房改造。

德国政府认为，国家应在四个方面对住房保障进行政策干预：一是保证有足够的住房建设，同时防止住房过剩；二是保证住房的质量和环境的保护；三是住房结构和房价能够让老百姓承受；四是住房产品能满足社会各阶层的需要。关键问题是要保障国家、企业投资住房的经济效益和对社会的良好效果。

德国《民法典》是住房政策的法律基础。它规定了公民的居住权利，保证公民的基本居住条件，是国家、政府职能的基本体现；它明确了联邦、各州政府在住房建设与保障方面的权限与职责；它还确定了住房财税金融政策、房屋租赁双方的权利义务等。2001 年 9 月前，德国住房保障和公共租赁方面的核心法案为 1956 年颁布的第二部《住房建设法》(第一部于 1950 年颁布)。2001 年 9 月后，新的《住房促进法》颁布，涉及住房建设与保障、公共租赁住房、合作社住房以及自建自用住房等各个方面。此外，《建筑法》《节能法》《住房金法》《自用房补贴法》以及各州制定的住房建设、金融、税收等法规，均对德国住房政策进行了拓展和补充。

（二）英国住房法规框架

英国是资本主义国家中福利制度发展最早的一个国家，是住房问题产生最早，也是政府干预最早的国家。英国的住房保障模式倡导公民普遍地享受住房福利，国家担负保障公民住房福利的职责。英国的住房居住方式分为三种类型：一是自住住房，二是租住私房，三是租住政府公房。为保障公民的居住权，政府采用了与居住方式相对应的、分层次的住房福利体系。

英国社会住房的立法规定集中在《1985 年住房法案(经修订)》《1989 年地方政府住房法案(经修订)》《1996 年住房法案(经修订)》《2002 年无家可归者法案》，以及《2008 年住房与振兴法案》。许多关于社会住房的权力和义务均通过二次立法委托给地方住房主管部门行使，地方住房主管部门必须依据中央政府制定的指引和规划政策声明来行使权力、履行义务。这些依据包括：《2006 年住房规划政策声明 3》以及经修订的《2002 年住房分配指引》。同时，地方住房主管部门对于如何实施各类政府政策拥有广泛的自由裁量权。

（三）美国住房法规框架

美国联邦政府最初执行的是由政府直接为低收入者建造公共住房的计划，然后逐渐发展为政府补贴私营发展商新建公共住房，这两个计划的补贴对象都是住房供应方，可称其为住房建设补贴。经过几十年的发展，在 20 世纪 70 年代中期，开始逐渐向为房客提供房租补贴的需求政策转变，这时补贴对象为需求者，可称其为房租补贴。

美国联邦政府于1937年通过了首个住房法案，联邦政府资助地方政府为低收入者建造合适标准的公共住房，居住者只需向地方公共住房管理机构支付较低的房租。1949年的住房法案进一步扩展了该计划，同时制定了城市更新计划。为减轻政府建房负担，保证住房市场的良性发展，联邦政府进一步扩展了住房政策，开始鼓励私营发展商为低收入阶层建造住房。1968年住房法案在联邦住房行政管理局(FHA)的抵押贷款保险计划下，为符合要求的住房购买者提供低于市场水平的利率。1974年制定了新的住房和社会发展法案，其中第8条款的低收入者租金帮助计划，包括新建住房、修复住房和存量住房。承担住房新建和修建的私营发展商和非营利发展商，可获得FHA担保的金融支持。城市住宅局(HUD)与发展商签订20至30年的长期合同，补贴发展商市场正常租金与房客支付的实际租金之间的差额，同时规定房客支付的实际租金应占其收入的25%(1981年之后提高为30%)。不论是20世纪30年代开始的政府公共住房计划，还是60年代开始的私营开发商建房计划，以及70年代中期开始的第8条款中的新建和修复住房计划，都属于面向住房供应方的住房建设补贴政策。

在法律层面上，美国针对低收入住房的保障主要包含在如下法律体系之中：《1937年住房法案》《1974年住房与社区发展法案》《国家平价住房法案》以及《1986年赋税改革法案》等。

(四) 瑞典住房法规框架

瑞典是高工资、高税收、高福利的发达国家，在以生活质量和知识生产为主要特征指标的第二次现代化指数排名中，瑞典在全球发达国家中居首位。瑞典人口稀少，全国人口为912.7万(2007年3月底)，在约410万户家庭中，一人家庭占40%，两人家庭占30%。

瑞典是大陆法国家，法律体系以成文法为主、案例法为辅。作为欧盟成员国之一，欧盟的法律直接被适用于瑞典国内或者融入瑞典的法律体系中。在瑞典，有97个区法院，6个受理上诉法院，还有课税事务法院、公共事业法院以及审理水力、住房、商业、土地及劳资纠纷等事务的法院。

在瑞典，各项的福利以及公民对社会应尽的义务也都法律化、制度化。比如瑞典的福利制度都有明确的法律规定，凡是应该得到的各项福利待遇和国家的帮助而没有得到的，都可以到公共保险法院起诉。同样，公民对社会应尽的义务而没有尽到的，也要受到法律制裁。

瑞典提供社会住房政策的一个显著特点是保证所有的人都能达到舒适的住

房标准。国家提供低利率长期贷款，补贴房屋建设。瑞典社会福利房以国家立法为主，体现在《规划与建筑法 1987/2004》和《非营利住房公司法 2002》。

（五）新加坡住房法规框架

新加坡从实施住房保障政策一开始，就设立房屋发展署来统筹全部的住房保障工作。从实施“居者有其屋”住房保障政策之初，新加坡的保障性住房就实行统一建设、统一分配、统一管理的运作机制。新加坡组屋建设的发展过程经历了一个由解决住房困难到增加住房面积、再到提高住房质量的发展阶段，成功完成了由量到质的提升，跨越了“有房住”，开始进入“住得更好”的阶段。新加坡的住房保障法规框架主要有三大类：

一是住房发展法。新加坡政府自 20 世纪 60 年代公布并实施了《新加坡建屋与发展令》，明确了政府发展住房的目标、方针、政策，确立专门法定机构行使政府组屋建设、分配和管理职能，同时政府还颁布了许多相关条例，如房屋发展署法、特别物产法等，通过立法确定解决居民住房问题的大政方针，为“居者有其屋”目标的实现提供了法律保障。

二是土地征用法。1966 年，政府颁布了《土地征用法令》，规定政府有权征用私人土地用于国家建设，可在任何地方征用土地建造公共组屋；政府有权调整被征用土地的价格，价格规定后，任何人不得随意抬价，也不受市场影响。

三是中央公积金法。国家制定了《中央公积金法》，以保护公积金会员的合法权益，规范管理公积金储蓄的使用。这种从制度上规限人们支持组屋的政策，是目前组屋能稳定发展的重要因素。公积金制度使政府积累了大量的住房建设资金，因此使居民的住房总是能在较短的时间内得到解决。同时，公积金会员可以动用公积金购买组屋，解决了购房支付能力不足的问题。

（六）香港住房法规框架

香港 20 世纪 50 年代的一场大火造成数万人无家可归，从而政府开始实施为低收入家庭提供廉租房的“公屋”制度。1973 年根据房屋条例成立了香港房屋委员会，专门负责推行公营房屋计划。香港房屋署是房委会的执行机构，负责推行房委会及辖下小组委员会所制订的政策。1987 年 4 月，房委会开始实施公屋租户资助政策，在公屋居住满十年的租户，须两年一次申报家庭收入，不申报收入或家庭收入超逾所定限额的租户须缴付额外租金。1996 年 6 月进一步实施维护公屋资源合理分配政策，收入和净资产值超逾所定上限或不申报收入和净资产的租户，须缴交市值租金并于一年内迁出所住的公屋单位。香港“以房养房”的住房社会保障体制不但使低收入者有其屋，且起到调控房价作用。“低收入者有其屋”,解决了30%以上、约200万人口的居住问题,被世界公认为有效保障居住的典范。

香港涉及住房保障和公共租赁住房问题的有关法例主要包括《房屋条例》和《业主与租客(综合)条例》。香港关于住房保障和公共租赁住房的问题主要通过不同时期政府颁布的各项政策加以调整,如“居者有其屋计划”“私人机构参建居屋计划”“租者置其屋计划”“共享颐年优先配屋计划”等。

二、部分国家(地区)住房法规概述

20世纪以前,各国专门的住房法规相当少,住房问题一般归属于民法的范畴。进入20世纪以后,伴随着工业化和城市化的快速发展,许多发达国家和发展中国家(地区)的住宅法律法规相继出台,并逐步从单项法令发展为多项法律相互补充、相互作用的住房法律体系。例如,美国、英国、法国、韩国等二十多个国家先后颁布了反映本国(地区)住房总体纲领和基本制度设计的《住宅法》,而各国(地区)涉及住宅的民法、税法、继承法等综合性法律,以及涉及住房开发建设、土地使用、交易租赁等单项住宅法规更是数不胜数。各国(地区)的住房法规主要包括以下内容。

(一)将保证公民“居住权”作为住房立法的第一要义

许多国家(地区)在制定住房法律制度时,都将保证居民的“居住权”作为住房立法的核心目标。例如,1934年,在经济大萧条后,美国制定了第一部住房法案以解决失业人口的住宅问题。1949年,美国在《全国可承受住房法》中明确提出,政府有义务实现“向全体美国人提供体面、安全和整洁的居住环境”。德国在《民法》中规定,居住权是公民权利的重要组成部分,保障公民的基本居住条件,是政府职能的基本体现。法国在《可抗辩居住权法案》中,承诺基本实现人人有房住,对于特定住房困难群体,如果住房申请得不到满足,则可向行政法院提起诉讼,强化了政府在住房问题上不可推卸的责任。1991年,苏联解体后,俄罗斯议会颁布了《俄罗斯联邦住房私有化法》和《关于联邦住房原则》,其主要目的是推进住房市场化进程。2004年,俄罗斯又颁布新的《住房法》,明确了政府在解决住房方面的法律义务,并重新界定联邦、地区和市级政府的住房责任。

(二)建立住房保障体系,重点解决中低收入家庭的住房困难

许多国家(地区)都建立了适合本国(地区)的住房保障法律,通过立法构建长期、稳定的保障性住房供应模式。一是配建模式。例如,英国在2004年的《住房法》中,强制规定新建商品住宅项目中,必须含有一定比例的中低价位住房(全

国配建的平均水平为25%)。美国马萨诸塞州依据“40B条款”规定,对于政府公共住房比例低于10%的城镇,如果开发商提供项目的20%—25%作为政府公共住房,则可以提高项目的容积率。二是政府主导建设分配模式。例如,新加坡政府依据《住房发展法》成立了建屋发展局,承担征用土地、组屋规划、建造、出售和定价以及房屋贷款等多项职能,形成了政府高度介入的保障性住房供应方式。1951年,日本颁布实施了为低收入人群提供公营住宅的永久性法案《公营住宅法》,规定了各级政府提供公营住宅的方式、范围、保障对象和投资比例。三是非营利组织提供模式。例如,日本根据《勤劳者住宅协会法》成立的“日本住宅合作社”,是不接受国家出资和补助的特殊法人,但法律规定劳动金库与住房金融公库对住房合作社具有融资的义务,住房合作社的房价严格控制在普通职工年收入的5—6倍以内。

(三)建立住房消费的引导机制,鼓励自住需求、限制投机行为

即使在一些市场化程度较高的发达国家,对住房消费行为也采取必要的调控措施。例如,根据美国《税务法令》,购房者在购买首套住宅时,不仅可享受低利率贷款,而且可将首套住宅贷款的利息从收入中扣除,这相当于给购房者一个很大的折扣,而对于其他投资性住房的交易则通过较高的税收加以抑制。新加坡通过《建屋与发展法》《建屋局法》以及《特别物产法》等法律严格限制组屋(政府提供的低价产权住房)的炒卖行为,将组屋定位为“以自住为主”,严格限制居民购买组屋的数量;规定新的组屋在购买五年之内不得转售,也不能用于商业性经营;购买组屋后可以再购置市场商品房,但业主本人如果不居住在组屋中,就必须退出组屋;违规倒卖或出租组屋者,不仅面临高额罚款,严重的还将负刑事责任。严格的法律和法规有效地抑制了新加坡的房地产投机行为。

(四)依法规范市场交易,合理控制住房开发主体的利润空间

例如,德国依法建立了住房价格的独立评估机制,评估价格作为市场指导价格并具有法律效力;在《经济犯罪法》中规定,如果房价超过评估指导价20%,则视为“超高房价”,购房者可以向法院起诉,售房者将受到5万欧元罚款;如果房价超过指导价50%,则视为“暴利房价”,不仅面临更高额度的罚款,还可能被判最高3年的有期徒刑。为了控制地价飙升,1989年,日本颁布《土地基本法》,提出土地应服务于公共福利,不能作为投机的对象,过高的土地增值利润和非劳动所得的房地产利润,应通过税收返还社会。

(五)加强对租赁住房的市场监管,保护租户的合法利益

在欧美等较为成熟的住房市场中,租赁住房需求比例一般占到政府需求的

30%以上。由于租户的市场地位相对弱势，一些国家相关法律注重保护租户的合法利益。一是对出租住房的"可居住性"提出明确要求。如英国根据"住房健康和安全评估体系标准"对租赁住房条件进行监管。二是防止业主滥用收回权。美国《统一住房租赁法》对于解除租约有着严格的规定，业主必须出示相关法律证据，获得法庭令后方可逐出租客，并且须由执法人员来具体实施，禁止房东采取私人救济（如停水、停电、换锁等）行为。三是规范租金水平。在美国和德国执法法律中，都规定至少一年才可以加租一次。德国还规定 3 年内加租幅度不能高于 30%。如果租客或业主对于租金水平有异议，需经专门机构仲裁处理。这些法律措施提高了租户的居住稳定性和租赁意愿，促进了租赁市场的规范发展。

三、部分国家(地区)住房保障立法的特点

(一) 形成了较为完备的住房保障法律体系

不少国家在中央政府层面确立统一的、权威的住房保障法律，包括宪法、民法等一般性法律中的相关法律条文，也包括综合性的社会保障法律中的有关住房保障的法律条文，以及有关住房保障的专门律法。地方政府和各部门在基本住房法律体系框架下，根据本地实际情况和自身职能出台相应的法律法规，彼此相互联系、互为配套、共同规范住房市场行为，确保落实居民的基本居住权利。许多国家（地区）的住房法律成为国家的基本法律之一。通过这些法律法规进一步明确了政府、企业和个人在住房方面的责任、义务和权利，其法律效力相对较强，并成为解决住房问题、调节社会财富结构的重要手段。

(二) 根据不断变化的经济社会和市场形势及时修订法律

住房法律的内容和重点并非一成不变。例如日本《公营住宅法》自 20 世纪 50 年代初制定实施后，迄今已历经 22 次修改。美国 20 世纪 30 年代的《住房法》已历经数十次不同程度的修改。这是因为随着工业化的完成和城市化进程的推进，有些国家（地区）住房供给从短缺变为相对平衡，居民住房需求结构也发生了很大变化，客观上要求住房法律体系必须不断调整完善。

(三) 建立比较严格、规范的住房法律实施体系

部分国家（地区）的法律体系在住房保障体制的不同层面上发挥着重要的作用：第一，住房保障的法律和专门法律对居民拥有适当住房的基本权利加以规定和保护，明确居住权是公民权利的重要组成，保障居民的基本居住条件是政府职能的基本体现。第二，依据法律对公民居住权的规定，根据不同历史时期的国情，有针对性地通过法律明确住房保障体制的目标，并随社会经济的发展和宏观

政策的变更而适时调整，从而逐步实现全体居民的居住权。第三，以法制手段详细规定住房保障对象范围界定和保障标准、保障水平、保障资金的来源；明确中央和地方、各种专门机构之间的权责区分，以达到权责分明、各负其责、措施有力、提高效率、落实得当的目的。第四，住房政策有效落实不仅依赖于完备的法律制度，更重要的是要有法必依、违法必究。一些国家（地区）制定了具有可操作性的执法程序，引入专业化监管机构，通过严格执法，对违规行为形成有力打击，提高了住房法律的严肃性。

四、国家（地区）住房保障法规的若干启示

（一）住房保障模式的比较和借鉴

国外（地区）的住房保障从体系上可以分三种：金融支持型、非盈利法人主导型和政府主导型；从政府的保障形式上又可以分救助型、援助型和互补型。

金融支持型：以美国为代表。美国联邦政府利用金融手段提高中低收入家庭的购房能力，由其资助商业银行以低息发放信贷，并给低收入家庭提供住房贷款担保，降低了低收入家庭购房首付款。

非盈利法人主导型：以日本为代表。一部分是地方政府每年为最低收入人群建造公租房，租金为成本租金的一半左右。住房都市整备公团完成大部分的住房保障任务。住房都市整备公团是日本政府直属的国营非盈利企业，资金主要来自政府贷款，以保持收支平衡为经营目的。该机构让中等收入人群享受到基本等于成本价的房屋，而不至于背上太沉重的房贷负担。

政府主导型：以新加坡为代表。“组屋”是政府通过建屋发展局为广大中低收入群体提供的廉价公共住房，在土地国有化的基础上，政府以福利价提供公共组屋。

政府救助型、援助型和互补型保障形式的比较如表 1：

表 1 国外三种主要住房保障类型比较

制度类型	基 本 特 征	资金来源	责任归属
救济型保障	政府对无家可归者、贫困家庭和残疾人家庭提供住所，财政负担沉重	一般性税收	政府
援助型保障	政府对中低收入家庭的住房提供补贴，弥补家庭收入与市场差价	个人、政府	个人、政府
互补型保障	政府采取强制手段，要求单位和个人缴交公积金，用于住房消费	个人、企业	个人、企业

部分国家(地区)政府提供住房保障的形式虽然多种多样,但实质上可概括为两种主要形式:其一,政府提供保障性住房,比如新加坡提供的组屋,香港提供的居屋和廉租屋;第二,发放住房补贴。住房补贴有国家财政补贴、地方财政补贴。从实现手段来看,又可分为直接补贴和间接补贴。住房的直接补贴是政府财政拨款对居民买房、建房、租房给予的资助;间接补贴是政府通过减免税收、控制租金、降低建筑材料价格等方式来资助居民获得住房,其目的是促进社会公平,实现国家住房政策的目标。

(二) 住房保障体制运行以市场机制为基础

部分国家(地区)的住房保障法规明确政府在住房保障中的职责,但在住房保障体制运行中,政府一般是以双重身份干预住房市场:其一,以管理监督者的身份代表全社会管理和监督住宅市场;其二,以直接参与者的身份,作为住宅市场的内在因素直接参与交易,影响住宅市场的供求关系、供求价格和资金循环,调节市场内部的诸种关系以及市场内外之间的关系。近些年来,许多西方国家对原有住房保障体制进行较大改革,目的也是在于通过减少对市场机制本身作用的过多影响,以消除市场信息扭曲的现象。因此,我国在住房保障体制构建过程中,一定要正确认识政府与市场的关系,处理好两者的关系。

(三) 住房保障的层次性和多元化

住房保障的实质是政府承担住房市场价格与居民支付能力的差距,以解决部分居民对住房支付能力不足的问题。由于保障对象的住房支付能力千差万别,因此住房保障的水平也必须具有层次性,以体现对每一个居民的公平。英美法系国家通常实行的是"选择性"住房保障,只针对穷人、弱势群体提供廉价公共租房和提供住房补贴,而以瑞典为代表的部分国家实行的则是"普世原则",让所有人都可以得到租金受控制的公共租房。

例如,英国的住房居住方式分为三种类型:一是自住住房;二是租住私房;三是租住政府公房。同时制定"标准住房福利"标准,由国家划定一条收入线,收入水平恰好在这条线之上的,享受一定数额的住房福利;低于这个标准,则增加相应的住房福利;高于这个标准,则减少相应的住房福利。政府公房的福利性质直接体现在其低廉的租金水平上,通常,公房租户实际房租支出占平均收入的比重不足10%。对于收入低于贫困线的家庭,除了提供"标准住房福利"外,还以社会救助方式增加福利。对居住自有房的贫困户,每年提供固定数额的修缮费和保险费,以防止住房质量下降。

新加坡严格按家庭收入情况来确定享受的住房保障水平,住房短缺时期只有月收入不超过800新元的家庭才有资格租住保障性住房。政府对购房补贴也采用分级的办法：对二室一套的，政府补贴三分之一；三室一套的，政府只补贴5%；四室一套的，政府不仅没有补贴，而且按成本价加5%的利润；五室一套的，政府按成本价加15%的利润。

（四）住房保障以完善的金融财税政策为依托

住房保障制度的实施离不开金融系统的有效支持。鉴于此，部分国家（地区）尤其是发达国家都非常重视政策性金融支持系统的构建。美国政府有专门的住房保障信贷机构：联邦住宅放款银行委员会、联邦住宅抵押贷款公司、联邦住宅管理委员会等，主要是为放款协会提供贷款二级市场，为买房提供抵押贷款保险与资金，对象是中低收入家庭。而且，政府还对符合条件的中低收入家庭购房进行担保，如果居民无力偿还银行贷款，政府可为其安排廉租房，并将原来的住房出售，归还贷款，以避免银行出现贷款风险。英国让住宅金融在鼓励居民购房中扮演重要角色，即银行向购房者提供抵押贷款。专业金融机构——住房协会为住房自有化提供了较好的金融支持。新加坡解决居民住房的重要保障就是其完善的公积金制度，它为新加坡组屋的建设和实现“居者有其屋”计划提供了强大的金融支持。还有日本的金融公库制度、瑞典的城市抵押银行等。总之，政策性金融支持对推进住房保障制度起了很大作用。

各国和地区政府通过适当的税收减免、资助政策支持住房保障。如英国与住房保障制度相关的财税政策主要有：提供政策资助，允许在现有规划上扩大高成本地区中低收入购房者比例；为首次购房者提供储蓄计划，允许住房抵押存款减免税收；鼓励提供土地，发展共享产权方案；对修缮公共住房减免增值税，以降低成本等。美国的财税措施主要有：购房减免课税政策；以住房券形式予以住房补贴；对自建房或购买自有住房实行税收减免等。

（五）住房保障以混合居住促进社会和谐

从国外的实践来看，集中建设保障性住房，容易导致种族隔离及不同阶层居住空间分异，产生社会问题。因此，对保障性住房的选址应充分各阶层、族群的混居，有利于各阶层的融合和社会结构的合理化，促进社会稳定，避免“贫民窟”的大量出现。如美国针对阶层居住隔离问题，开展包容性区域规划，鼓励面向低收入家庭的保障性住房和市场化住房混合建设；新加坡在新城的保障性住房规划中充分考虑邻里单位布局的影响。这些做法值得我国借鉴。

（六）发挥住房合作社在住房保障中的积极作用

住房合作社是欧洲国家解决中低收入家庭住房困难的一种途径，是社员互助合作、自我管理、独立承担民事法律责任的经济组织。瑞典是住房合作社数量比较多的国家,全国有 2.2 万个,住房合作社社员人数从 20—200 多人不等。20 世纪 80 年代,瑞典住房合作社建造的住房占到四分之一,是瑞典低收入家庭住房的主要来源。挪威 14%的住房由住房合作社建造及管理,在城市的比例要高一些,如在奥斯陆要占到 60%以上。在非洲、南美洲、亚洲等一些不发达国家,政府也在积极鼓励住房合作社的发展。

我国自 20 世纪八九十年代以来,上海、武汉、北京等地先后尝试了住房合作社的建房方式,国家也给予住房合作社以政策支持。如 1998 年国务院《关于进一步深化城镇住房制度改革加快住房建设的通知》提出,“在符合城市总体规划和坚持节约用地的前提下,可以继续发展集资建房和合作建房,多渠道加快经济适用住房建设”。近年来,有些社会人士号召个人集资合作建房,最后都没有取得成功。我国住房合作社的衰落,除了自身的不规范因素,集资合作建房的风险也是影响住房合作社存在和发展的重要因素。因此,需要通过立法规范住房合作社行为,将普通的集资合作建房与住房合作社区分开来,给住房合作社一个正确的地位和发展的空间。

综观部分国家(地区)住房保障法规,绝大多数国家和地区的住房保障目标的重点是帮助中低收入者解决住房问题,其主要差别是为实现上述政策目标而采取的措施和途径不同。但这些国家(地区)的住房保障法规在实施中也并非尽善尽美。首先,住房保障支出过于庞大,加重了政府财政负担。其次,过高的社会福利在一定程度上造成社会惰性,少数失业者宁愿失业也不愿接受工资水平相对较低的就业职位;过高的累进税率,又造成分配上的平均主义,挫伤了人们追求收入的积极性。再次,庞大的社会福利计划使消费在国民收入中所占比重过大,影响了经济增长速度。尽管国外(地区)住房保障体制各有特色,利弊并存,甚至在发展道路上有反复,但就总体而言,住房保障体制对这些国家和地区的社会进步与经济发展起到了巨大的促进作用。其在这一发展过程中所表现出来的成败得失与经验教训,对我国住房保障的法制建设具有重要的启示作用。

第三章　住房保障立法若干问题研究

在上海的住房保障立法过程中,需要深入研究涉及住房保障制度建设的根本性问题,并逐步将经过实践检验且已经成熟的经验通过立法的形式确定下来,才能促进住房保障工作稳定健康发展。

一、住房保障范围及住房供应体系分类

住房保障的范围可从不同的角度划分。比如从人群特征划分,可分为青年家庭、老年家庭等;从收入分层划分,一般可分为最低收入家庭、低收入家庭、中等收入家庭、中高收入家庭、高收入家庭等;从户籍类型划分可分为本地城镇户口家庭、外省市城镇户口家庭、本地农业户口家庭、外省市农业户口家庭等。不同的划分一般对应不同的住房保障政策划分,也涉及市场与住房保障的关系。如按社会群体的综合特征进行划分,目前上海的住房保障对象主要包括:

一是本市城镇户籍家庭中没有住房的低收入家庭。这部分是城市住房保障的重点,是城市住房保障首先要满足的对象。由于这些家庭长期生活工作在城市中,不可能离开城市,其住房问题必须要政府长期托底保障。

二是本市城镇户籍家庭中有住房但住房困难的家庭。这部分家庭也是城市住房保障的重点目标之一,住房困难程度低于第一类家庭,但仍然无法通过市场改善住房条件。

三是本市城镇户籍中的新就业年青家庭。这部分人群由于刚参加工作,一般可能工资水平较低、积蓄少,无法通过市场购房,甚至不能承担租房费用。

四是新进城镇的本市户籍家庭。这部分家庭一部分是引进人才,另一部分是毕业后留在大城市中生活的家庭,其中有一部分家庭通过市场购买商品房存在困难,但一般租赁住房困难不大。

五是以外来务工人员为主的非城镇常住低收入人群。这部分家庭在城市有阶段性的居住特征,由于收入水平一般较低,通过市场解决住房问题的可能性也比较小。

住房保障范围的确定,根本的是要解决住房困难,且住房的支付能力不足的问题。因此,只要住房支付能力不足的家庭,都需要政府进行住房保障。住房支付能力通常可理解为家庭通过市场化方式解决基本住房需求的能力,可用租住一套满足基本住房需求的市场租金与家庭收入的比例确定,这一指标也可称为住房消费能力。从城镇家庭的住房支付能力划分,可以划分出两条线,分别是无住房支付能力线、基本具有住房支付能力线。

无住房支付能力线,可以认为该线以下家庭,其收入除满足其家庭最基本的生活支出外,基本没有剩余的收入可以用来解决住房困难。这条线以下的家庭可主要通过全额补贴的廉租住房解决住房困难,因此,也可称为全额补贴的住房保障准入线。

基本具有住房支付能力线,可以认为收入达到该线的家庭,其收入除满足其

家庭最基本的生活支出外，基本还有能力通过市场化方式解决住房困难。可以认为该线以下家庭，其收入除满足其家庭最基本的生活支出外，还有一部分剩余收入可用于解决住房困难，但还不足以完全通过市场化方式解决住房困难。这条线以下的家庭主要可通过差额补贴的廉租住房，或购买经济适用住房等解决住房困难，因此也可称为差额补贴的住房保障准入线或经济适用住房准入线。

这两条线的划分形成了社会上常说的“三分法”和“两分法”。所谓“三分法”，是将住房供应对象按住房保障政策的支持力度分为住房保障、住房支持和市场化，分别对应的住房通常称为保障性住房、政策性住房和市场化住房，住房供应分为三类，分别是保障性供应、政策性供应和市场化供应。所谓的“二分法”，是将住房供应的方式分为市场化供应和保障供应，其中市场化供应的住房供应给谁，以什么价格供应，完全由市场机制决定，居民根据自己的住房支付能力，到市场上购买或租赁合适的住房。这是我国住房制度改革以来的主要住房供应方式。

住房的保障供应是指政府提供低价产权住房或租赁住房，这种住房的房屋来源可以是政府直接建设，也可以是政府利用市场上的住房。但其主要特点是供应对象限定，一般限定为中低收入家庭，且这些家庭存在住房困难，无法通过自身的能力解决住房困难。二是住房的供应价格（售价或租金）都低于市场的水平，以减少供应对象的住房支出。

所以从目前看，住房供应方式一般分为两大体系，即市场体系和保障体系。这两个供应体系主要从供应的对象划分来看的，即住房支付能力不足的家庭，由政府保障，通过各类低价住房（产权或租赁）、各类补贴、各类政策优惠，以弥补这些家庭的住房支付能力不足，所以“三分法”中的保障性供应和政策性供应都可以归结为住房保障供应，差别在政府支持的力度和方式的差异，总体上应该属于住房保障的范围。住房支付能力充足的家庭，则通过市场解决住房问题。

表 2　住房保障范围与住房供应体系

<table>
<tr><th>家庭类型</th><th>住房政策</th><th>住房供应
（三分法）</th><th>住房供应体系
（二分法）</th><th>供 应 范 围</th></tr>
<tr><td>无住房支付能力线以下家庭</td><td>托底保障</td><td>保障住房</td><td rowspan="2">住房保障体系</td><td rowspan="2">住房支付能力不足家庭，纳入住房保障范围</td></tr>
<tr><td>基本具有住房支付能力线以下家庭</td><td>差额保障</td><td>政策住房</td></tr>
<tr><td>具有住房支付能力家庭</td><td>市场化</td><td>市场住房</td><td>市场供应体系</td><td>有住房支付能力家庭，市场供应范围</td></tr>
</table>

两分法在实践操作中常常会遇到所谓的"夹心层"问题,即暂不能享受现有住房保障政策,也无力通过市场解决住房困难的家庭。所谓的"夹心层"既然住房支付能力不足,都应属于住房保障对象,属于住房保障政策覆盖的范围。因此,从住房供应体系的角度,应从保障体系和市场体系两个角度予以考虑。所以,上海在住房保障范围的设定上,应覆盖所有住房支付能力不足的家庭,覆盖所有保障性住房及政府提供支持的住房资助政策。

二、住房保障对象的准入条件

2007 年国务院颁布的《国务院关于解决城市低收入家庭住房困难的若干意见》指出,廉租住房保障对象的家庭收入标准和住房困难标准,由城市人民政府按照当地统计部门公布的家庭人均可支配收入和人均住房水平的一定比例,结合城市经济发展水平和住房价格水平确定。对经济适用住房的要求仅为"经济适用住房供应对象的家庭收入标准和住房困难标准,由城市人民政府确定"。上海目前的主要住房保障政策的准入标准包括户籍、收入、财产、住房等多个条件。其实清晰界定住房保障对象主要参考三个维度的变量:住房困难程度、收入水平和户籍情况。

住房困难是确定保障对象的首要标准,也是住房保障的特征内涵所在。因此应以住房困难作为基点,结合另外两个变量界定住房保障的对象范围。当然,作为一个连续变量,住房困难程度要根据经济社会发展水平进行动态调整。

(一)以住房困难程度和收入水平细分保障类型

观察和分析住房困难程度和收入水平两个变量,可以进一步细分住房保障对象。收入水平和住房困难程度相交叉,反映了住房支付能力的强弱,这是衡量住房问题严重程度的重要指标。在政策设计中,针对不同群体的住房支付能力,可以将保障对象分为救助型保障对象、扶持型保障对象和互助型保障对象等类型。对于"没有住房支付能力"的群体,宜提供救助型住房保障,比如给予廉租房实物配租或租金补贴;对于"具有部分住房支付能力"的群体,宜提供扶持型住房保障,比如给予公共租赁住房缓解过渡性住房困难,或通过"共有产权"方式予以扶持;对于"基本具有住房支付能力"的群体,既可用扶持型住房保障措施,也可采行互助型保障措施,比如住房公积金贷款。

(二)以住房困难程度、收入水平和户籍状况确定保障对象

结合住房困难程度、收入水平和户籍状况,可更加清晰地梳理住房保障对象。根据《上海市 2010 年第六次全国人口普查主要数据公报》,上海全市常住人

口为2 301.914 8万人，其中户籍人口为1 404.214 8万人，外省市来沪常住人口为897.7万人，分别占61%和39%。基于中央有关精神和上海的公共服务承载能力状况，可以将前面述及的住房保障对象分为户籍人口、常住人口（比如持有《上海市居住证》和连续缴纳社会保险金达到规定年限）、流动人口等类型，从而有针对性地提供住房保障服务。对于户籍人口中的特定人群，通过定向供应的方式提供廉租住房、租金补贴或动迁商品房的保障服务；对于户籍人口中的其他保障对象，根据具体情况提供以扶持型为主的住房保障服务；对于常住人口中的低收入住房困难群体，应该考虑纳入廉租住房保障范围，但具体的保障内容应以实物配租为主；对于其他非户籍人口，则主要提供公共租赁住房和单位租赁房。

从上海目前三种主要的住房保障政策看，廉租住房由于主要由政府的全额财政支持，因此需要从收入、住房等多个条件进行严格限制。对于公共租赁住房，由于租金水平与市场租金接近，因此不需要有收入上的准入标准。对于共有产权保障住房，是以产权为主的保障住房，主要提供一个通过自己努力，由保障向市场的上升的通道，可考虑逐步放宽经济状况的要求。

为了提高住房保障准入条件的审核效率。在准入标准上，是否可以考虑以住房状况核查为重点，收入核查为辅。在住房保障立法中，建议明确住房保障对象的界定以住房困难、住房支付能力不足家庭为主，并考虑以下措施：

第一阶段，对现有的经济状况核查进行简化。如对申请之日上月月末前一年内的出售、赠予和支取财产价值超过3万元（或者放宽到6万—10万元等）的，要申请家庭提供合理的说明和相关资金流转凭证。

第二阶段，取消共有产权保障住房经济状况审核。共有产权保障住房的制度设计，从本质上是对住房支付能力不足家庭的一种住房支持，同时也有利于保障对象进行家庭资产积累。在共有产权保障住房产权份额确定、上市收益分配等政策完善的基础上，保障对象在居住期间，享受政府提供的住房使用权（政府的产权份额让渡），这是住房保障的本质，但在未来上市交易后，保障对象获得的收益仅限为个人出资的部分。所以，在共有产权住房发展到一定阶段，可考虑取消收入准入标准审核，在社会诚信制度建立以后，通过承诺制等来限制高收入人群申请保障住房（查出来则按隐瞒虚报处理）。在享受共有产权保障住房期间，收入高的家庭如果要购买商品住房，则必须退出共有产权保障住房，且不能从中获得投资份额的收益。

三、完善住房保障的规划和计划

规划和计划是政府协调经济社会建设的重要手段，是住房保障工作的重要环节。进一步完善住房保障规划和年度计划的编制工作，应包括以下几个方面内容。

（一）建立住房保障的土地储备制度

相关部门在编制土地利用总体规划、城市总体规划、近期建设规划、控制性详细规划、住房建设规划以及土地利用年度计划、年度实施计划时，应当按照一定比例优先单独列出保障性住房项目用地指标，明确具体地块和空间布局。而且要明确规定，列入住房保障土地储备的用地，非经法定程序不得改变用地功能。

（二）改善住房保障规划的编制

规划应当包括住房保障的目标任务、总体要求、保障性住房筹集和供应、土地和资金安排以及规划实施措施和工作机制等内容。在编制住房保障规划时，应充分综合考虑住房保障对象对交通、就业、入学、医疗等生活配套设施的需求，建议采取集中建设、旧区改造配建或与商品房搭配建设相结合的方式合理布局。

（三）健全住房保障年度计划的编制

年度计划应该明确计划年度内保障性住房的土地供应和资金使用安排、保障性住房的来源、提供保障性住房的数量和区域分布、货币补贴的总额、保障对象的范围等内容。

四、健全保障性住房的供给机制

（一）保障性住房的供给内容

一是优先确保保障性住房建设用地。在建立住房保障土地储备制度的基础上，要根据规划目标和年度计划，依托轨道交通和比较完善的市政和商业服务设施，加快落实土地供应，优先确保保障性住房建设用地。

二是多渠道筹集住房保障资金。住房保障资金的来源主要包括：中央和市安排的专项补助金；各级财政年度预算安排资金；提取贷款风险准备金和管理费用后的住房公积金增值收益余额；土地出让净收益；通过创新投融资方式和公积金贷款筹集的中长期政策性低息贷款和社会资金，如保险资金、信托投资基金以及民间资本等；出租、出售保障性住房及出租、出售配套设施回收的资金；发行企业专项债券；社会捐赠的资金；经政府批准可纳入保障性住房筹集资金使用范围的其他资金，如房产税收入。在住房保障资金的筹集中，要根据“以区（县）为主、市区（县）联手”的原则，制定出市与区（县）共同分担住房保障资金的办法，促使各级政府通过直接投资、资本金注入、投资补助、贷款贴息等办法，加大对保障性住房建设和运营的投入。

三是综合运用金融、税收优惠等政策，盘活社会租赁市场，鼓励市民将富余且闲置的住房予以出租，缓解就业不稳定人群的居住问题。这虽然不是直接意义上的住房保障，但从间接上有助于营造促进住房保障的社会环境。

四是完善保障性住房的类型。廉租住房和公共租赁住房，通过配建、改造、收购、转化和代理经租等方式，加大适用房源的筹措力度；探索廉租住房和公共租赁住房并轨运行的有效机制；健全公共租赁住房专业运营机构的运行机制，使之成为投资、经营和管理的平台；引导社会机构参与公共租赁住房的建设和运营，促进公共租赁住房投资、经营和管理主体的多元化；鼓励产业园区、大型企事业单位和农村集体经济组织发展单位租赁房和市场化租赁房。

深化对共有产权机制的探索，形成覆盖面更广的保障房品种；与廉租住房和公共租赁住房相关政策相衔接，使部分保障对象通过共有产权方式实现“租转购”，与动迁安置房和限价商品房相关政策相衔接，使共有产权方式能够延伸至政策性商品住房。

五是探索保障性住房房源动态管理机制。建立以区内统筹为主、各类保障性住房资源有条件转化的机制，即各区县按照市政府及主管部门的规定，根据实际情况因地制宜地对各类保障性住房房源进行统筹平衡；各类保障性住房房源的转化要符合规范、公平、有序和有效的要求，既要平衡各类主体的利益关系，也要杜绝因转化而可能带来的负面问题。

（二）保障性住房的供给方式

保障性住房的供给方式，按照主体可以划分为政府供给和社会机构供给；按照内容可以划分为实物补贴和货币补贴；按照布局可以划分为集中建设和混合搭配建设。

一是鼓励供给主体的多元化。从公共服务的发展趋势看，应该大力鼓励保障住房供给主体的多元化。可以借鉴“公私伙伴关系”（PPP）的模式，灵活运用各种方式，促进住房保障服务供给主体的多元化。比如，“设计、建造、融资及经营”（DBFO）是其中一种方式。它是指社会机构按照主管部门的规范设计、融资并建造住房用于公共租赁，而且负责日常运行和维修养护，到一定期限后，转交给公共部门。另外，还可以尝试“建设、拥有、经营”（BOO），即由社会机构建造并经营保障性住房,政府通过购买服务的方式向特定人群提供住房保障。这些方式既减轻了政府在公共租赁住房方面的短期融资压力,也弥补了管理经验不足的缺陷。

二是稳定实物配租的比例。上海应该稳定实物配租的比例,其中原因在于以下几个方面:首先是与其他社会保障方式相比,住房保障主要解决居民的住房困难问题,因而尽管与货币补贴相比,实物配租的管理成本更高,但政策针对性更强,有效保障率更高,也在一定程度上更加体现公平正义。其次,上海的住房资源相对稀缺,市场租金较高,实物配租相比而言更能缓解市场资源的不足。再次,上海作为一个国际化大都市,吸引了数量庞大的外来人口,针对其中部分人群的居住问题,通过筹措租赁型保障住房房源以实物出租,相比货币补贴更符合实际,也更能缓解这部分人群的住房困难问题。

三是倡导和谐混居的模式。着眼于住房保障的可持续与社会管理的有序性,尽量减少集中成片地建造。在土地使用规划的环节上,要注重有序搭配,科学地把握土地供应的结构和布局,使保障性住房用地和商品住房用地能相互嵌入,在一定的范围里形成不同收入群体的混合居住。提高保障性住房的配建比例,使保障性住房由"片"嵌入转化为"点"嵌入。在保障性住房供应中,需要避免低收入群体在一个区域的集中居住。还要创新物业管理制度,比如,在物业服务中向低收入家庭提供一定的劳动岗位,既可以减轻低收入家庭的居住负担,也能够改善低收入家庭的就业状况。再比如,通过向保障对象发放"物业服务优惠券"的方式,贴补中低收入家庭的物业管理支出,同时统一各类房屋的物业管理费征收标准,改变目前差别化的征收标准。

（三）保障性住房的供后管理

保障性住房供后管理是住房保障管理的重要内容之一,在立法过程中需要对各类保障性住房的供后管理方式、使用要求、特定情况下的处理以及退出等内容做出原则性的规定。

1. 保障性住房供后管理方式和使用要求

在保障性住房供后管理方式方面,需要规制导入区和导出区,以及住房保障房屋管理部门与其他行政主管部门在保障性住房供后管理工作中的分工,供后的行政管理与民事合同管理,房屋管理、人员资格管理及社区管理,以及政府行政管理与政府委托购买社会组织服务的关系等内容。

在保障性住房供后使用要求方面,需要明确各类保障性住房的基本使用要求,养护责任承担、租金、物业费缴纳义务、各类税费缴纳主体,以及房屋使用义务、出租型保障性住房租赁期限届满后续租要求等内容。

2. 特定情况下的保障性住房处理和退出

在特定情况下的保障性住房处理方面，需要明确保障对象在保障期内，取得其他住房或者确有特殊情况，需要转让住房，以及保障性住房继承等事项的处理措施。

在保障性住房的退出方面，需要对保障对象自愿退出，合同期限届满未续约后的退出，因各类违规违约使用住房按照规定退出住房，以及出售型保障性住房因满足条件而上市转让等行为分别做出规定。

3. 全面监控住房保障工作绩效

建立健全住房保障的绩效管理制度，形成“目标、责任、督查、考核、结果运用”五位一体、有机结合的住房保障绩效评估体系：一是健全住房保障绩效评估指标体系。坚持以共性为基础、强调公众感知、突出公共服务的原则，设计相应指标，建立住房保障绩效评估指标体系。二是完善住房保障绩效评估结果的运用机制，可以探索建立一系列的配套机制，使绩效评估真正发挥“导向牌”和“指挥棒”的作用。

五、住房保障管理主体及职责

住房保障管理工作涉及房管、土地、财政、税收、民政等多部门的关系，需要通过立法明确市、区（县）和乡镇（街道）三级政府在住房保障工作中的责任分工，以及住房保障房屋管理部门与发展改革、城乡建设、规划土地、工商、公安、民政等其他政府部门以及与住房保障实施机构的住房保障工作责任分工，优化和完善相关工作机制。

（一）住房保障与房屋管理系统内部主体

从住房保障实际看，住房保障工作可分为市级层面与区县局层面，并包括具体一些企事业单位，具体如图1所示。

从住房保障行政审核及事务管理主体的角度，需要通过立法界定好不同的主体的关系：一是市住房保障局政策管理部门与市住房保障中心的关系，理清行政与事务管理的界面，各主体的重点工作；二是区县住房保障局业务主管部门与区县住房保障中心的关系，在岗位设置、职责分工上符合行政管理的要求。

（二）保障对象导出区与导入区关系

目前住房保障对象多数是市中心区居民，人口通过实物配租廉租住房和共有产权保障住房导入到郊区县，但这些保障对象与政府的保障关系，以及相应的户籍关系仍留在中心城区，但从居住管理和社区管理的角度，这些对象又属于当地社区管理。所以在理顺二者关系的基础上，从财政转移支付、社区管理以及住

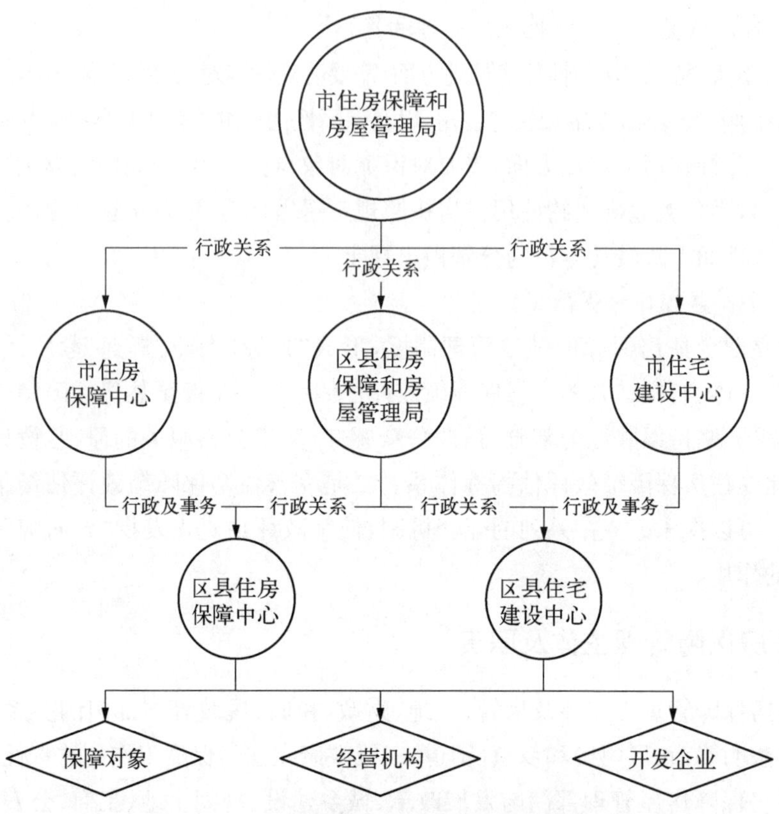

图1　住房保障管理涉及的主要主体

房保障事务管理方面，通过立法确定导出区与导入区的关系，是住房保障工作常态化运行的基础。

（三）住房保障社会参与主体的界定

在保障性住房建设、公共租赁住房经营管理等方面都涉及社会机构的参与，并涉及项目认定、税收优惠等具体政策，这些具体政策虽然在不同的住房保障政策都有了相应的规定，但系统性和规范性不够，需要通过立法，界定住房保障社会参与主体以及规定相关鼓励政策。

六、住房保障立法还需要研究的几个问题

上海由于土地资源紧缺，住房的可持续发展和供应能力有限，加上政府财政压力较大，全面实施住房保障存在不少矛盾和困难，迫切需要在实践中创新发展。课题组概括了上海近年来在住房保障工作中的若干新思路、新做法，认为成熟的经验可以逐步上升为住房保障法规。

(一) 完善保障房建设规划指标参数

保障房建设要研究完善规划指标参数,多建多层保障房以降低造价,降低后期管理成本。当前上海住宅建设土建成本,多层与高层的建筑费用大体为1∶1.5—2.0,因而多建多层(6层及6层以下)保障房,是降低保障房建设成本的需要。多层保障房与高层保障房的后期物业管理费用大体相差一倍,可使政府的物业管理(指公租房、廉租房)费用下降,也可以使业主(指共有产权房)的后期物业管理费用下降较多。

从我国国情和上海市情出发,保障房应多建小户型,使一室半户、二室户成为主角。保障房结婚户应优先选择一室半户(即一房一厅型)住宅;如果是解决困难户采用二室户45—55平方米(即没有厅,只有二室),若是多层,室内面积还是可以提供保障房户4人居住。以这两种房型为主,在同样建设规模(即同样建筑面积),可使户数提高25%—30%。

目前上海的规划指标、参数为优化上海住宅小区,提升上海住宅小区品质提供了一个平台,然而并不完全适用保障房的建设,可以采用如下指标、参数:多层容积率2.0—2.5,高层容积率3.5—4.0;多层南北间距为房高0.85—0.9,最小不少于13米,多层、高层都不审评阳光日照时间;不再要求小区绿化率和集中绿化率;住房底层架空2.0—2.2米,用作停放自行车、电动车,不再建地下车库,也不配置机动车停车位;对明厨明厕或可放宽,不作硬性指标,或可明文规定明厨,厕所则可明可暗;可放宽住房朝向,不再强调每户有一间朝南的要求,房间可以朝南,也可以朝东、朝西,甚至朝北,也可采用围合式规划布局。这些指标、参数的设置能降低住房建设成本和使用成本。

(二) 完善配建方案,加快保障房建设

在大面积出让住宅用地时(指住宅面积在10万平方米以上),选择位置相对适合(主要是中、外环线附近,交通相对便利)的地区,要求划出10%(即1万平方米)作为保障房建设用地。有两种出让方式:一种方式是在出让范围内将保障房建设用地划出,不在出让范围内,属划拨土地,不交纳地价,只要开发商负责建设保障房。假定保障房为1万平方米,大体可建小型住宅200套左右,开发商用于配建的资金大体在2 500万元左右,政府在出让文件里写明开发商竣工交付使用时间。另一种方式是该土地与保障房用地一并出让,在出让文件中写明竣工交付使用时间、保障房用地的出让金、建设费用。经审核后,以政府减免税费(包括营业税、土地增值税、所得税等税和其他费用)的形式交给政府使用。这样的"配建"方式优点很多:一是可以加快保障房建设进度,二是可以使保障房的配套(如学校、医院、商业配套、水电煤配套、交通配套等)能与商品房同步进行。

(三) 鼓励企业建设保障性住房

房地产开发企业以其拥有的住宅用地或其他用途的土地向政府申请改建保障住房：一是原有住宅用地，政府审核同意的，可以改变规划参数、建房标准等，重新核定楼板价，并将原出让价与保障房楼板价之差退还房地产开发企业。二是原住宅用地或原非住宅用地，可经政府审批用以建设保障房，并将原楼板价与保障房楼板价进行差额退款。

单位拥有的土地，符合土地利用总体规划的，均可申请改变成租赁住房。由原土地方提出申请，政府审批同意，不补地价，除水电煤等配套外，不收取小区配套费、城市配套(即学校、医院、商业)等。政府应发放保障房产证，但不能分割出售。

(四) 郊区农民宅基地进入保障房用地范围

这几年，国家正在推进农村集体建设用地流转试点，上海也在探索使用农村宅基地建设租赁型保障房的办法。根据土地管理现行法律的规定，农村集体经济正在可以利用农民宅基地建设住宅：一是经村民委员会讨论，将符合土地利用规划的农民宅基地合并，履行规划、土地、配套方面的审批，建设租赁型保障房。二是村委会可以向村民集资(或用村集体资产)进行住房建设，也可以向银行(政策性银行)贷款，或经过批准与其他经济组织共同开发建设。三是住房作为农村集体资产长期持有，用于商业性出租房，不能出售。这种租赁型保障房有几大好处：一是解决了保障房用地的来源；二是降低了保障房的建设成本；三是可以增加农民(包括集体经济组织)的收入。

第四章　上海住房保障法规框架设计

上海“四位一体”住房保障体系顺利实施，为上海住房保障法规框架设计奠定了良好的基础。但是，在研究上海住房保障法规框架设计的客观条件方面仍存在以下几个方面的不足：一是目前全国人大《基本住房保障法》和国务院《基本住房保障条例》仍无具体出台时间表，在中央顶层制度设计缺乏的背景下，地方立法难以准确把握住房保障种类、保障对象的范围、政府责任等立法需解决的关键性问题。二是本市住房保障的各项制度还有待得到进一步的检验，一些制度还存在不稳定性和不确定性，需要系统地总结和研究相关制度的实施经验。四是住房保障与住房市场还需要科学界定两者之间的合理界线和比例。鉴于以上现状，需要实事求是地提出上海住房保障法规框架设计的若干建议。

一、上海住房保障工作发展前瞻

上海的住房保障体系按照“广覆盖、保基本，分层次、多渠道，重公平、促发展”的原则，其发展目标分为近期目标（至2020年，即“十三五”期末）和中期目标（如2030年），这是上海住房保障法规框架设计的依据，也是上海住房保障法规框架设计的目标。

（一）上海住房保障工作近期目标

至“十三五”期末，上海要建立与全面建成小康社会和社会主义国际大都市相匹配的住房保障体系，主要包括以下三个方面内容：

一是稳步提高住房保障的有效保障率。在逐渐提高住房保障覆盖面的同时，要更加注重住房保障的有效性。这既表现为切实改善住房困难群体的居住条件，也体现为相关政策的可持续。

二是形成较完善的住房保障供应体系。建立基于居民基本住房需求为导向的住房保障供应体系，提供实物配租配售、货币补贴、旧住房改造等多种保障方式，有效保障本市常住人口的合理住房需求。

三是完善保障性住房制度。建立各级财政保障性住房稳定投入机制，扩大保障性住房有效供给；加强保障性住房的管理，形成公平合理、公开透明的保障性住房配租配售政策和监管程序，严格规范准入、退出管理和租费、价格标准；提高保障性住房物业管理、服务水平和运营效率，改善保障房社区的运行。

（二）上海住房保障工作中期目标

从长远来看，上海要以“住有所居”为目标构建“广覆盖、保基本、多层次、可持续”的符合中国国情、体现上海特色的住房保障体系。这个体系至少应当具有以下几个特征。

一是无缝隙。既指各个层次的住房保障对象都能享受到相应的住房保障服务，从而消除“夹心层”的现象，也指各种管理部门能有效配合，减少部门间的卸责和推诿等现象。

二是包容性。既指各种身份背景的常住人口都能纳入到住房保障服务的受益范围之内，使政策受益面尽可能地扩大，也指各种社会主体都能参与到保障性住房的建设和管理运营之中，使公共参与尽可能地深化。

三是可持续。既指保障性住房体系本身具有有序运行的建设和管理机制，避免政策变迁过于频繁，也指保障性住房体系和市场化商品住房体系相互促进、相得益彰，避免此消彼长。

二、上海住房保障法规框架的主要内涵

（一）上海完善住房保障制度的主要任务

根据上海住房保障工作实际，立法需要重点聚焦解决以下问题：

一是解决当前上海立法以规范性文件为主，存在法律效力低、稳定性差等缺点的问题，重点是需要重新梳理不同住房保障政策的协调、统筹管理体系，建立并完善由租赁型保障住房和产权型保障住房、货币化补贴与实物补贴政策共同构成的、分层次的住房保障体系。还需要对上海住房保障对象的逾期还贷、擅自转让、出租、出借、赠予或者改变房屋使用性质等违规行为处置措施做出规定，为上海保障性住房的规划建设、供应分配和供后管理等工作提供有效的法律依据和手段。

二是针对目前各项工作落实主要依赖传统的行政力量进行推进，带有阶段性和不确定性等缺陷的问题，重点进一步明确相关政府管理部门在住房保障方面的职责，在政府对住房保障的土地供应、建设规划、财政资金、税收及金融支持等方面的资源配置上的职责做出具体规定，为上海住房保障工作的长效发展提供法律保障和制度支撑。

三是确定住房保障对象，首要条件是家庭住房是否困难。同时，根据经济状况确定保障程度，实行分层保障。划定家庭收入和财产线，其政策含义应该是：家庭收入和财产线上的家庭具有通过市场获得适当住房的能力。住房保障应当体现“保基本”，满足符合健康、文明标准的基本住房需求，而不是满足舒适型需求。把保障房定位在只满足基本需求，可引导收入条件改善、具有一定住房支付能力的居民为追求舒适而自动退出。

四是针对随着住房保障工作的深入推进，对民间资本及机构、社区组织、舆论媒体、群众团体等各方面的社会参与提出了现实需求这一实际，重点在立法层面对各方社会主体参与的权利与义务作出具体规定，以明确相关社会主体的权利义务关系。

五是针对广大市民群众法治意识不断增强，对住房保障管理部门依法行政提出更高要求这一实际，重点对住房保障管理部门和住房保障实施机构应当遵守的行为规范进行规制，以确定的法律权利义务规范来指导其行为，维护保障对象与市民群众的合法权益。

（二）上海住房保障立法框架在住房供应体系中的位置

上海的住房供应体系有两个视角，一是从政府保障资源投入状况看，可分为保障供应与市场供应两大体系；二是从住房的产权状态看，可分为三类住房供应

状态，即完全产权（商品房）、共有产权（保障房）和无产权（租赁房）。因此，上海的住房供应体系是一个市场与保障相互融通的有机体，由三种住房供应状态、三种产权状态共同构成住房供应的整体。

住房保障是上海住房供应体系的重要组成部分，也是上海住房供应体系法规框架不可或缺的组成部分，将上海住房保障法规框架纳入上海住房供应体系法规框架中去设计，目的是更清晰地凸显住房保障法规的功能、作用以及它与住房市场法规之间的关系，以便在立法的过程中协调两者的内容、措施，更清晰地发挥各自的功能和作用。从住房保障运作的实践情况来看，有不少环节的内容例如土地供应、交易租赁、物业管理等与住房市场运作相同或相似，最大的区别在于住房申请审核、交易租赁价格和退出机制。因此，住房保障立法所需要规范的内容，有相当大的部分已经被住房市场立法所涵盖，住房保障立法应当把握住房保障在住房供应体系中的定位，恰如其分地设计住房保障立法的项目。

表 3　国家和上海住房供应法规框架表

基本法	民法通则、物权法	
专业法	城市房地产管理法、土地管理法、城乡规划法、不动产统一登记法	
行政法规	城市房地产开发经营管理条例、土地管理法实施办法、村庄和集镇规划管理条例	
	房地产市场法规	住房保障法规
基本法		住房保障法
行政法规	公积金管理条例	城镇住房保障条例
部门规章	含住建部、国土资源部、财政部等国务院有关部门规章（具体法规目录略）	
地方性法规	上海市房屋租赁条例 上海市房地产开发经营条例 上海市房地产转让条例 上海市住宅物业管理规定 上海市公积金管理条例 上海市城市规划条例 上海市房地产税征收条例 上海市不动产统一登记条例	上海市住房保障条例
政府规章	上海市商品住宅维修基金管理办法 上海市房地产抵押办法 上海市房屋安全使用管理办法	上海市保障住房规划建设办法 上海市共有产权住房管理办法 上海市公共租赁住房管理办法 上海市促进养老地产发展的规定 上海市居民购房金融扶持办法

（三）上海住房保障法规框架的基本构想

表4 上海住房保障法规框架表

基本法	民法通则、物权法
专业法	城乡规划法、住房保障法
行政法规	村庄和集镇规划管理条例、城镇住房保障条例、不动产统一登记条例、公积金管理条例
部门规章	含住建部、国土资源部、财政部等国务院有关部门规章（具体法规名录略）
上海地方性法规	上海市住房保障条例、上海市不动产统一登记条例、上海市公积金管理条例、上海市城市规划条例
上海市政府规章	上海市保障住房规划和建设管理办法、上海市共有产权住房管理办法、上海市公共租赁住房管理办法、上海市促进养老地产发展的规定、上海市居民购房金融扶持办法

1.《上海市住房保障条例》主要内容

《上海市住房保障条例》主要规范上海住房保障的重大的基础性问题：一是住房保障范围和标准、住房保障的对象、方式和种类；二是政府投入、社会参与和管理；三是保障住房的规划和建设；四是申请人的申请条件和轮候、保障性住房品种之间的衔接；五是售后管理，包括退出机制等问题；六是监督管理；七是法律责任。

2.《上海市共有产权保障住房管理办法》主要内容

《上海市共有产权保障住房管理办法》作为市政府规章立法，依据即将出台的国务院《城镇住房保障条例》，在《上海市经济适用住房管理试行办法》的基础上修订完成。主要需规范如下几方面内容：一是供应程序。为了适用未来"人等房"的工作需要，拟按照国务院《城镇住房保障条例》的要求，对申请供应程序进行重新设计。二是售后管理。对收益分配份额参照购买共有产权保障住房时购房价格占同地段、同品质商品住房予以一定折让后的市场价格合理确定。购房人之外的其余收益分配份额归政府所有，并由原住房保障实施机构持有。允许购房人取得房地产权证五年后上市转让与通过补缴相应价款取得完全产权，补缴价款数额按照届时同地段、同品质的商品住房市场价格（政府指导价）与政府收益分配份额的乘积计算。售后管理明确，人口导入区的房屋管理部门主要负责共有产权保障住房的房屋使用管理和购房合同管理；人口导出区的房屋管理部门主要负责申请户的人员资质管理，并配合人口导入区有关部门开展相关售后管理相关工作。三是法律责任。处理措施可以采取民事和行政并用的原则。对于一些简便易行的措施，主要采取行政处理；对于一些特殊和复杂的措施，如收回住房，由于规章没有立法权限，在国家层面立法未作出相应规定前，也可先采用民事合同约定的方式进行处理。

3.《上海市公共租赁住房管理办法》主要内容

《上海市公共租赁住房管理办法》作为市政府规章立法，主要规定内容：一是房源筹集。根据《上海市人民政府办公厅关于进一步加强本市保障性安居工程建设和管理的意见》(沪府办发〔2012〕38 号)规定，公共租赁住房同廉租住房一样，也可通过新建、配建、改建、收购、包租转租等各种方式筹集房源。二是准入条件，结合《本市发展公共租赁住房的实施意见》实施情况和实践经验，确定全市基本准入条件。三是申请审核与管理退出机制。五是支持政策，包括建立代理经租补贴政策激励机制，在行政事业性收费、政府性基金减免以及税收优惠方面给予支持等。

4.《上海市促进养老地产发展的规定》主要内容

为 60 岁以上老年人的住房提供养老地产(包括使用权、产权)租赁房屋、产权房。政策予以保护：养老地产(不论使用权、产权)登记，政策规定不得抵押、查封、处分。在过户、分户、继承上予以特别规定，以保护老年人权益。

5.《上海市金融扶持购买保障性住房办法》主要内容

为帮助上海市民购房，采用金融扶持的办法。继续坚持公积金扶助职工买房。金融机构扶持居民购房：一是提供长期、优惠低息的购房抵押贷款；二是组建基金、发行债券，吸收市民存款，采用相当于理财产品利率吸收基金、发展债券，并用平价(或略加手续费的办法)为市民提供购房抵押贷款；三是政府对此类专用购房贷款基金、债券提供保证(即用政府在金融机构中的股权、市国资体系的收益等)，来担保此类基金、债券发行，以鼓励市民积极投资该类金融产品，实现市民互助，政府、企业扶助的买房置业；五是市民买房贷款利息，可适当抵扣个人所得税。

6.《上海市保障住房规划和建设管理办法》主要内容

一是保障住房一般由政府立项，或由政府指定、委托代建，也可以是社会企事业单位、社会团体向政府提出申请，经政府有关部门批准的项目。二是保障住房的项目均应在审批中明确，可以在规划、建设中采用多层、小户型布局。三是保障住房的项目均应向社会公开招标建设，并保证房屋的建筑质量。四是保障住房建成后，政府应公示审批流程，包括登记、公示、轮候、抽签等审批流程。五是物业管理、维修等其他规定。

第五章　上海住房保障立法的基本要求和方法

《中共中央关于全面推进依法治国若干重大问题的决定》是上海推进住房保障法制建设的指导纲领和思想指南，上海住房保障立法应当按照《决定》的要求，以法律法规为依据，努力“形成完备的法律规范体系、高效的法治实施体系、严密的法治监督体系、有力的法治保障体系”，更加有力地推进住房保障工作健康持续发展，当好全国排头兵和先行者。

一、上海住房保障立法的基本要求

习近平总书记指出：“推进科学立法、民主立法，是提高立法质量的根本途径。科学立法的核心在于尊重和体现客观规律，民主立法的核心在于为了人民，依靠人民。”上海住房保障法治建设为体现科学立法、民主立法的原则，还应当把握以下要求。

（一）注重立法决策与改革决策相结合，注重改革的合法性

习近平总书记强调指出：“凡属重大改革都要于法有据。在整个改革过程中，都要高度重视运用法治思维和法治方式，发挥法治的引领和推动作用，加强对立法工作的协调，确保在法治轨道上推进改革。”坚持“重大改革都要于法有据”，既是社会主义法治文明的改革观，又是运用法治思维和法治方式全面深化改革的改革观，也是正确处理改革与法治关系的指导思想和基本原则。

当前和今后一段时期，是上海建设成为“四个中心”的重要时期，是上海经济发展方式转变和产业结构调整的关键时期，是上海住房发展方式、重点和结构实现新突破的重要阶段，也是上海住房保障改革发展继续深化的时期。因此，需要进一步解放思想、更新观念、开阔视野、大胆探索，确保住房制度改革，包括住房保障制度的确立和创新，都要在法治轨道上推进，做到立法决策和改革决策、发展决策相结合。

（二）坚持综合性与层次性相结合，注重立法的综合性

当前，中国特色社会主义法律体系已经形成，这标志着我国全面实施依法治国基本方略进入一个新的阶段。在此背景下，上海住房保障立法应该更加注重立法的综合性，立法要适当考虑整合，对一些交叉的、相关的规定实施整合；立法以修订和制订地方性法规为主，有条件上升为地方性法规的，就应该制订地方性法规。同时，也要突出立法的层次性，使得地方性法规、政府规章、政府规范性文

件互为补充、有机统一。对还不具备条件上升到地方性法规的，就制订政府规章；对还不具备条件制订政府规章的，就制订政府规范性文件。

（三）坚持适应性与稳定性相结合，注重立法的适应性

上海住房保障立法必须考虑长远发展的要求，注意和保持法规的稳定性，又要根据住房保障的实际需要和情况变化，注重立法的适应性，及时修订那些已经不能适应管理需要的规定，及时废止那些已经过时的法规和规章，做到“立、改、废”相结合；同时要做到“急用先立”，根据工作实际需要，对急需要立法的内容，先予以立法。

（四）坚持前瞻性与操作性相结合，注重立法的操作性

习近平总书记指出，加快推进住房保障和供应体系建设，是满足群众基本住房需求、实现全体人民住有所居目标的重要任务，是促进社会公平正义、保证人民群众共享改革发展成果的必然要求。各级党委和政府要加强组织领导，落实各项目标任务和政策措施，努力把住房保障和供应体系建设办成一项经得起实践、人民、历史检验的德政工程。上海住房保障的立法要通过建立健全科学民主的立法决策机制、起草机制、意见征集机制、论证和修改机制、审议机制和表决机制等，广泛听取各相关部门和社会各方面的意见，广泛吸收专家和实际工作者参与有关法规规章草案的起草、修改和论证，切实做到科学立法、民主立法，突出上海地方特色，增强针对性和可操作性，充分体现良法是善治之前提。

二、上海住房保障立法的若干措施

（一）法律是上海住房保障立法的依据

上海住房保障法治建设推进是建立在国家法律法规的基础之上的，即法律法规是上海住房保障立法的依据。因此，全国人大首先要尽快制定住房的基本法律。坚持以人为本的法治理念，通过《住宅法》进一步明确“人人享有适当的住宅”的核心目标，强化对“居住权”的法律保护，确保居民基本住房权利，让住房真正回归居住本质。明确规定政府有责任为居民家庭实现居住权提供帮助和支持，明确政府有义务促进住房保障工作的持续健康发展，为其提供良好的体制与政策环境。

其次，全国人大要尽快出台《住房保障法》，填补我国住房保障法律的空白。通过立法明确住房保障范围、保障对象和保障标准。充分考虑我国工业化、城市化发展趋势，根据城市新增人口因素，实现对城镇常住居民的保障层次之间的有

效衔接。要建立长效、规范的保障性住房支持体系，尽快弥补现行财税、金融以及土地法规中的空白和不足。

再次，国家有关部门要总结经验，将符合我国国情、行之有效的住房保障政策上升为法律或行政法规。对自住型、改善型和投资型住房消费，建立差别化的支持体系，对住房保障的持续发展并形成良性循环，建立进入和退出机制，并以法律形式确定为国家调控住房市场的价值取向。通过利率、规划、税收等方面的法规修订，鼓励开发企业提供中小套型、中低价位的住房。通过法律形式建立稳定的住房调控体系，引导住房价格形成合理水平。

国家有关部门还要强化住房法律监督和执行机制。提高住房执法效率的根本在于，进一步明确住房开发、交易、中介服务、物业管理等环节的法律监督机制，依法建立专业的住房执法机构，并赋予相应的权力和职责，切实维护住房法律的权威性。

（二）吸收国外（地区）一切有益的立法经验

法律作为一种文化是人类共同创造的精神财富，我国住房保障立法应当吸收国外（地区）一切有益的立法经验。邓小平同志指出："社会主义要赢得与资本主义相比较的优势，就必须大胆吸收和借鉴人类社会创造的一切社会成果，吸收和借鉴当今世界各国包括资本主义发达国家的一切反映现代社会生产规律的现代经营方式、管理方式。"即凡是反映现代市场经济的共同规律的概念、原则、制度的立法经验都要大胆借鉴。因此，我国的立法不仅要借鉴欧美等发达国家的经验，还要借鉴与我国有相似文化传统和人口规模的东亚地区的经验，其中中国香港和韩国住房保障的立法，可为我国立法提供参考。

（三）循序渐进推进上海住房保障立法

立法是实践发展到一定阶段的产物，住房保障立法有一个"实践——认识——再实践——再认识"的发展过程。因此，立法框架设计的前瞻性往往受客观实际的限制，即当事物尚未发展到某一阶段时，难以有准确的判断，否则就是闭门造车的主观想象。由于实践发展决定立法的广度和深度，因此，当前的上海住房保障立法框架设计应当循序渐进，主要从现实的工作需要提出目标。

根据上海住房保障实践，提出住房保障法规体系框架，以显示立法的方向趋势，是必需的。但就这个法规体系框架是否能够列入上海人大和市政府的立法规划、具体立法项目是否进入立法程序，则需把握立法的时机和条件。从我国住房保障工作实践分析，虽然国家和地方对住房保障出台了不少政策措施，但由于此项工作实践时间不很长，积累的经验也有限，某些环节尚显薄弱，某些制度设计尚不够合理,运行中的矛盾和问题尚未充分暴露或被透彻认识,因此,对住房保障制度予以全面立法尚不成熟。上海的住房供应制度中立法的薄弱环节是住房保障制度,立法框架中需要重点突破的是住房保障内容和方式的完善,这也是上海住房供应制度立法的重点。只有注重抓主要矛盾和矛盾的主要方面,注重抓重要领域和关键环节,才能对全面建立上海住房供应制度起到牵引和推动作用。因此,建议上海依据《城镇住房保障条例》实施一个阶段,并在近一二年内拟定《上海市共有产权保障住房管理办法》《上海市公共租赁住房管理办法》《上海市保障住房规划和建设管理办法》、依据修订后的《公积金管理条例》修改《上海市公积金管理条例》等法规,待条件成熟时,制定《上海市住房保障条例》等法规。

(四)充分发挥地方立法的积极作用

由于当前对住房保障法律制度全面进行立法的时机和条件尚不成熟,因此,强调和侧重地方性立法对于推进住房保障工作有举足轻重的作用。地方立法在住房保障方面有一定空间,《立法法》修订决定在赋予所有设区的市地方立法权的同时,明确设区的城市可以对"城乡建设与管理,环境保护,历史文化保护等方面的事项"制定地方性法规,住房保障工作属于"城乡建设与管理"范畴,地方人大和政府应当依据宪法和新修订的《立法法》的规定,按照地方性法规与其上位法的关系适用"不抵触",规章与其上位法的关系应当遵循"根据"原则,针对本地住房保障工作中出现的新情况、新问题,制定地方性法规和规章。地方人大还可以授权政府部门进行住房保障工作领域的一些"试点",充分发挥"试验田"的作用。试验成功,或者试验结果有缺陷或不成功,都能适时启动立、改、废程序,及时完善法规,不仅可以推进本地的住房保障工作,还可以为国家立法探索道路,积累经验。根据上海市地方立法的经验,对住房保障工作出现的新问题、新情况可以由系统性立法变为问题引导立法,采取"一事一法"的体制,有几条就规定几条,真正体现地方立法"短、平、快"的效率和发挥实用、管用的功能。

(五)建立住房保障立法评估制度

党的十八大报告提出,坚持科学决策、民主决策、依法决策,健全决策机制和程序,发挥思想库作用,建立决策问责和纠错制度。上海的住房保障立法应当建立公共政策评估制度,以提高决策的科学性和准确性。

住房保障立法的公共政策评估主要体现在四个方面的要求:即专家论证、公众参与、风险评估和合法性审查。正如习近平总书记所说的,"对涉及群众切身利益的重大决策,认真进行社会稳定风险评估,充分听取群众的意见和建议,充分考虑群众的承受能力,把可能影响群众利益和社会稳定的问题解决在决策之前”。住房保障立法的公共政策评估工作不仅立法部门需要认真去做，还要建立独立的第三方评估机构积极参与，即通过第三方机构客观独立、严谨科学的评估，让立法部门和政府予以参考、吸收、借鉴，使住房保障立法更合理、政府的执法水平更高、政府的责任能够追溯并问责，实现政策运行和决策的科学化，提高政府正确履行职责的能力和水平。公共政策评估实际上也是一种监督机制，第三方机构对公共政策进行评估的过程，其实也是对政府决策以及执行政策的一种监督。

项目负责人：庞　元　李　东　李国华

项目参加人员：张　冰　江　丹　田汉雄　钱　飞　王永刚　季彦敏　严　荣　江　莉　周　明

上海市住房租赁市场发展和监管问题研究

上海市房产经济学会

租赁市场是房地产市场的重要组成部分，从世界主要国家大城市的实践看，租赁居住是解决住房问题的主要手段之一。上海作为超大城市，所有人都通过购买解决住房问题，既不现实，也不需要。上海必须在租赁市场发展上，进一步创新思路，建立规范有序、充分保障承租人权益的住房租赁市场，使为城市发展做贡献的常住人口，能通过租房安居乐业。

发展住房租赁市场是深化住房制度改革的重要内容。党的十九大报告提出，未来要“坚持房子是用来住的、不是用来炒的定位，加快建立多主体供给、多渠道保障、租购并举的住房制度，让全体人民住有所居”。租赁居住是大城市解决住房问题的重要手段，更能体现“房子是用来住的”定位。住房制度改革以来，我国以销售为主的住房市场得到了快速发展，也有效满足了多数城镇家庭的住房需求，但住房租赁市场发展不充分、不平衡，租赁市场呈现以民间私人租赁供应为主，社会上对住房租赁市场发展关注不够，法律保障不足。因此，未来要通过租赁住房的供应与需求两方面加大支持力度，发展租赁市场，使租赁住房更好地解决人民的安居问题。

上海租赁住房市场发展相对较早、市场规模较大，但仍存在发展不充分、不平衡的问题。20 世纪 90 年代后，随着社会主义市场经济的建立和本市房地产市场的迅速发展，特别是住房制度改革的不断深入，市场化的房屋租赁关系日益增多，租赁居住成为常住居民解决住房问题的重要手段，根据人口抽样调查数据，约三分之一的常住人口通过租赁解决住房问题。但租赁市场发展总体也不充分，特别是新市民的租赁居住需求不能得到满足。租赁住房的供应结构、区域结构、主体等还有待完善。

近年来，国家从完善住房供应体系，深化住房制度改革，以及配合新型城镇化的角度，都提出了加快租赁住房市场建设的要求。如 2015 年，国家住房城乡建设部发布了《关于加快培育和发展住房租赁市场的指导意见》，指出“培育和发展住房租赁市场，有利于完善住房供应体系，解决不同需求居民住房问题；有利于拓宽公共租赁住房房源渠道，完善住房保障体系；有利于盘活存量房源，提高资源利用效率；有利于新型城镇化建设，促进人口有序流动；有利于加强和改进社会管理和服务，提高社会治理能力”。并要求“发挥市场在资源配置中的决定性作用和更好发挥政府作用，积极推进租赁服务平台建设，大力发展住房租赁经营机构，完善公共租赁住房制度，拓宽融资渠道，推动房地产开发企业转型升级，用 3 年时间，基本形成渠道多元、总量平衡、结构合理、服务规范、制度健全的住房租赁市场”。

因此，研究上海住房租赁市场发展现状、存在的主要问题和制约因素，未来发展租赁市场需要关注的政策要点，是完善上海住房供应体系，促进上海城市发展，提高常住人口居住水平的重要的问题。

一、住房租赁市场发展现状

（一）住房租赁市场发展概况

上海住房租赁市场发展相对较快，逐步形成了公有住房、保障性租赁住房和市场化租赁住房等多种形式的租赁市场，解决了上海三分之一以上常住市民的住房问题。

其中，公有住房是最早的租赁住房。上海市目前还有未售公房 80 万套左右，由承租对象“租用”，这些住房虽是住房租赁体系的构成部分，但又不同于一般的市场化住房租赁。

保障性住房租赁市场主要是公共租赁住房和廉租住房，主要针对上海常住人口中的住房困难家庭。目前上海市和各区都建立有公共租赁住房运营机构，至 2017 年上半年，上海建设筹措各类公共租赁住房（含原有廉租住房、单位租赁住房）约 15 万套，供应约 11 万套，已供应房源平均出租率 87%左右，房源退出和循环使用平稳有序，已进入良性发展轨道。

市场化的住房租赁主要是私人住房租赁市场，规模较大，分散性强，准确数量缺乏统计。但根据 2015 年上海市 1%人口抽样调查数据，全市约有 36%的家庭通过租赁解决住房问题。在城镇居民家庭中，34.7%的家庭通过租赁解决住房问题，其中 4.9%的家庭租赁廉租住房或公共租赁住房，29.8%的家庭租赁其他住房。市场化租赁住房市场中，还有一部分是机构代理经租的房源，将社会分散住房统一管理、规范租赁，有的公司手中的房源已达到数万套，对于租赁市场的规范发展起到了较好作用。

总体而言，我市住房租赁市场发展较快，但由于仍以分散的家庭供应为主，租赁市场的规范发展还较滞后，表现为租赁关系稳定性较差，租赁双方特别是承租人权益保护不够，租赁信息不完善、不准确，政府对租赁市场的监管缺乏有效的手段等。

从全国看住房租赁市场也方兴未艾。一方面城镇化水平持续提高，对租赁房需求逐年增加。另一方面，可以长期租赁房源供给不足，且规范的租赁市场和长租公寓亟待发展。据有关企业估计(2016 年链家研究院发布的《租赁崛起》研究报告)，目前我国房屋交易中租金规模大概在 1.1 万亿。预计到 2025 年，我国租赁市场规模将会增长到 2.9 万亿。目前，我国住房租赁市场租金交易额主要集中在一线城市，2015 年我国北上广深 4 个一线城市的租金交易额超过 2 900 亿元。但对标纽约、香港、东京这样的国际城市而言，“住房租赁市场尚处于发育不足的阶段”。

(二) 住房租赁法律法规建设现状

我国的住房租赁法律法规建设总体比较滞后，且缺少专门针对住房租赁的立法，相关规定散见于相关法规，且未成体系。其中，主要有 1995 年的《城市房地产管理法》，对住房租赁作专门的一节规定。同年，原建设部出台的《城市住房租赁管理办法》，是第一部较系统的住房租赁法规。1999 年实施的《合同法》对住房租赁确定了两项有针对性的规定：一是“买卖不破租赁”；二是“优先购买权”。2011 年《商品房租赁管理办法》开始施行，是现时关于住房租赁较完备的一部法规。

上海的住房租赁市场的发展，实际上就是住房租赁政策逐步放开、逐步规范的过程，大致分为三个阶段：

第一个阶段，《城市房地产管理法》发布前的有关住房租赁法规，主要是对公有房屋租用和私有住房租赁行为进行规范，其中公有房屋租用法规主要有：《上海市公有住房租赁管理办法(试行)》《上海市城镇公有房屋管理条例》等。私有住房租赁法规主要有：《城市私有房屋管理条例》《关于加强私有出租非居住用房管理意见》《上海市私有居住住房租赁管理暂行办法》等。这期间住房租赁政策法规的主要特点是：强化行政管理，对住房租赁活动进行严格管制。以适应计划经济时期福利性住房分配制度，着重解决居民家庭的租住需要。

第二个阶段，是指《城市房地产管理办法》颁布后至《上海市住房租赁条例》发布前。如根据原建设部《城市住房租赁管理办法》制定了《上海市实施〈城市住房租赁管理办法〉的意见》,并先后下发了《关于印发上海市职工所购公有住房上市出租试行办法的通知》等政策规定。其间的政策法规主要特点是:规范、放开和搞活,及时对住房租赁政策进行了调整,培育发展住房租赁市场,全面启动居民住房消费,实现租售并举。

第三个阶段,是《上海市住房租赁条例》发布后出台的有关政策法规。随着本市住房租赁政策的逐步放开,市场化住房租赁活动日趋活跃,公有住房租赁也通过转租和差价交换逐步过渡到市场化租赁的轨道。市人大制定了《上海市住房租赁条例》。需要注意的是,在该条例中,凡涉及公房租用,特别是公有住房租用的,均用"但书"表示例外。为加强本市的人口综合调控工作,制定了《上海市居住住房租赁管理实施办法》。2011 年 7 月,我市出台了新修订的《上海市居住住房租赁管理办法》。2014 年,出台了《关于加强本市住宅小区出租房屋综合管理的实施意见》,并同步修订了《上海市居住住房租赁管理办法》。明确了综合管理目标,从深化人口服务管理综合调控出发,以合法稳定就业、合法稳定居住为基准。严格了"群租"认定标准,梳理了"群租"综合治理流程,同时强化住房租赁相关主体责任,包括重申出租人应对出租房屋的安全负责,转租人转租住房不得以营利为目的,承租人应对出租房屋的使用安全负责等。

(三) 住房租赁政策支持情况

为加快培育和发展住房租赁市场,中央及各地方政府相继出台了一系列支持政策,旨在通过规范化的租赁市场满足居民住房需求,构建更加完善的住房体系。

1. 国家层面

2015 年,国务院、住房和城乡建设部先后出台了两个指导性文件,1 月份出台了《关于加快培育和发展住房租赁市场的指导意见》,要求地方建立住房租赁信息政府服务平台,积极培育经营住房租赁的机构,支持房地产开发企业将其持有房源向社会出租;计划 3 年内建成渠道多元、总量平衡、结构合理、服务规范、制度健全的住房租赁市场。11 月出台的《关于加快发展生活性服务业促进消费结构升级的指导意见》则要求重点"发展短租公寓、长租公寓等细分业态",并首次将公寓出租定性为生活性服务业。

2016 年 5 月,国务院常务会议提出培育和发展住房租赁市场,以满足新型城镇化住房的多样化需求。

2016 年 6 月,国务院办公厅发布关于《加快培育和发展住房租赁市场的若干意见》,从"培育市场供给主体""鼓励住房租赁消费""完善公共租赁住房""支持租赁住房建设”“加大政策扶持力度”“加强住房监管租赁”六个维度全面部署加快培育和发展住房租赁市场工作。

2017 年 4 月，住房和城乡建设部、国土资源部印发《关于加强近期住房及用地供应管理和调控有关工作的通知》提出：“在租赁住房供需矛盾突出的超大和特大城市，开展集体建设用地建设租赁住房试点。”

2017 年 7 月，住房和城乡建设部、国土资源部等九部委联合印发的《关于在人口流入的大中城市加快发展住房租赁市场的通知》再次提出：“超大城市、特大城市可开展利用集体建设用地建设租赁住房试点工作。”还要求各地加大对住房租赁企业的金融支持力度，鼓励开发性金融等银行业金融机构加大对租赁住房项目的信贷支持力度。

按照上述文件要求，2017 年 8 月 21 日，国土资源部、住房和城乡建设部联合印发《利用集体建设用地建设租赁住房试点方案》，确定第一批在上海等 13 个城市开展利用集体建设用地建设租赁住房试点，旨在增加住宅用地来源和租赁住房供给。

在较短的时间内，国家各部委发布一系列重要文件，显示了国家非常重视住房租赁市场发展。国家层面的住房租赁支持政策可归纳为以下三类：

（1）供给类：供地上，加大租赁用地供给、利用集体用地建设租赁住房等；房源上，鼓励房企转型开展住房租赁业务、培育专业化住房租赁企业。

（2）金融类：允许提取住房公积金支付房租、对租赁企业给予融资支持、推进 REITs 试点。

（3）财政类：税收优惠、公租房货币化（市场提供租赁房源、政府发放租赁补贴）。

2. 上海市层面

近年来，上海也在加快落实建立租购并举的住房制度，大力发展租赁市场。

一是推进住房公积金支持职工租赁住房。该项政策始于 2009 年 10 月，其间分别于 2010 年 9 月、2014 年 8 月和 2015 年 4 月经历了三次修改，不断完善、简便手续。从廉租房扩展到公租房和商品房，包括集体宿舍和白领公寓；从设定扣除家庭收入 20%的比例到取消比例；从提取设定限额到公租房取消限额，商品房提高限额；办理要件从繁复多样到简便单一；支付手段从柜面领取到自动转账支付。2016 年，上海提取住房公积金支付房租政策的主要条件修改为：连续缴存满 3 个月、无公积金债务或其他约定性提取、在本市无产权房、无不良信用记录；本人和配偶在 2 000 元限额内提取。

二是大力推进租赁住房供应。为“盘活”部分存量房源，增加市场供应量，2015 年 1 月，上海市住房保障和房屋管理局、市发展改革委等七个部门联合出台了《关于鼓励社会各类机构代理经租社会闲置存量住房的试行意见》，明确提出可通过代理经租拥有合法权属证明，并符合安全、消防和卫生等要求的居住类社会闲置存量住房。2017 年 7 月初发布了《上海市住房发展“十三五”规划》，提出“十三五”时期预计新增供应各类住房约 170 万套，其中租赁住房约 70 万套，占新增市场化住房总套数超过 60%。2017 年 8 月，上海住建委明确将研究制定“商业用房改建为租赁住房”的实施细则，对于“类住宅”清理整治过程中尚未销售的项目，也都将其考虑转型为租赁住房。

三是加大住房租赁用地供应。上海 2017 年加大了租赁住宅用地的供应，总计出让 21 幅租赁用地，并且土地供应的位置较好，这些地块主要分布在租赁热点区域：浦东新区、长宁区、徐汇区以及嘉定区。从环线分布来看，其中内中环占 10 幅，中外环占 4 幅，外环外占 7 幅。其中，11 月份前出让的 15 幅土地情况如下表 1 所示。

表 1　上海租赁土地出让情况表

序号	地块名称	建设用地面积(m^2)	规划建筑面积(m^2)	套数下限(套)	成交楼面价(元/m^2)	受让单位
1	浦东新区张江南区配套生活基地 A3-06 地块	65 007.6	130 015.2	1 226	5 567.96	上海张江(集团)有限公司
2	嘉定区嘉定新城 E17-1 地块	28 513.4	71 283.5	671	5 950.47	上海嘉定新城发展有限公司
3	徐汇区漕河泾社区 196a-08 地块	7 745	13 941	170	6 465.81	上海地产(集团)有限公司
4	浦东新区南码头街道滨江单元 06—05 地块	17 522.2	43 805.5	540	7 872.06	上海地产(集团)有限公司
5	浦东新区北蔡社区 Z000501 单元 03—02、03—03 地块	53 108	132 770	1 650	6 747.98	上海地产(集团)有限公司
6	长宁区古北社区 W040502 单元 E1—10 地块	9 316.4	27 949.2	300	12 762.07	上海地产(集团)有限公司
7	虹桥商务区 G1MH-0001 单元 Ⅲ-T01-A02-02 地块	10 370.2	20 740.4	850	6 183.1	上海地产(集团)有限公司

续 表

序号	地 块 名 称	建设用地面积(m^2)	规划建筑面积(m^2)	套数下限(套)	成交楼面价(元/m^2)	受让单位
8	浦东新区上钢社区Z000101单元11-3地块	38 223.2	114 669.6	1 430	6 643.96	上海地产(集团)有限公司
9	长宁区古北社区W040502单元E1—06地块	38 131.7	83 889.74	950	13 463.03	上海地产(集团)有限公司
10	浦东新区上钢社区Z000101单元10-2地块	27 111.1	81 333.3	1 010	6 643.03	上海地产(集团)有限公司
11	浦东新区世博会地块政务办公社区控详15-01地块	49 165.2	147 495.6	1 860	7 718.06	上海地产(集团)有限公司
12	浦东新区孙桥社区单元(部分)10-01地块(张江南区配套生活基地A7-01地块)	26 623.2	31 947.84	113	6 001.02	上海张江(集团)有限公司
13	浦东新区孙桥社区单元(部分)09-05地块(张江南区配套生活基地A6-05地块)	28 496.4	56 992.8	350	5 500.17	上海张江(集团)有限公司
14	浦东新区孙桥社区单元(部分)08-01地块(张江南区配套生活基地A5-01地块)	29 662.4	35 594.88	127	6 001.14	上海张江(集团)有限公司
15	浦东新区黄浦江南延伸段前滩地区Z000801编制单元41-01、42-01、47-01、53-01地块	42 266	94 150.48	785	7 365.02	上海陆家嘴(集团)有限公司

二、住房租赁市场发展中存在问题

(一) 政策法律层面

1. 现有法律法规与市场管理需要不适应的地方

(1) 法律法规建设体系有待健全

国外针对住房租赁的立法形式主要以单行法或在民法典中以一节或一章规范住房租赁。而我国《合同法》及相关法律并未严格区分住房租赁与其他租赁形式,导致有关规定缺乏针对性。《城市房地产管理法》等法律法规虽涉及有关住房租赁相关问题的规定，但仍不适应我国住房租赁实践的发展。为此，需进一步对住房租赁法律制度进行完善。

(2) 住房租赁市场管理的法律依据不足

目前，《住房租赁条例》赋予管理部门的管理权限仅限于对违反条例规定的出租或转租行为等客体方面，对于住房租赁的主体管理和行为管理都未涉及，导致管理部门无法直接介入且缺乏有效的管理抓手。目前存在的突出问题：一是住房租赁管理与人口住房管理无法紧密衔接；二是对出现的新情况、新问题，无法及时提出有效的应对举措，如群租现象。

2. 住房租赁法律法规中需要重点完善的方面

一是租赁双方及相关利益人的权利与义务界定。我国原有住房租赁法规主要是约束租赁双方的经济利益，但对租赁双方的其他相关权利与义务的约束较少，还不能适应实践的需要。比如：(1) 对租赁期间住房维修、安全使用责任、相关费用支出等如何界定？(2) 为保护承租方住房使用权及隐私权，是否要设立"合同签立后承租方享有对物业的专属使用权"？(3) 承租方能够享受哪些公共服务的权利？(4) 对承租人支付租金、正当使用和妥善保管租赁房屋等义务如何界定？(5) 对出租人相关权利的保护，如出租人经济利益、房屋客体安全等利益如何界定？(6) 如何维护相邻业主或使用人的权益？

二是承租人权益保护相关问题。在住房租赁中，由于双方当事人在经济实力、市场地位、合同利益等方面具有明显的不对等性，在客观上需要法律对承租人的利益给予适度倾斜性保护。

(1) 租赁期限问题。法律对承租权保护的一个重要方面是居住的稳定性，比如在出租人希望长期租住的情况下，是否要规定最短的合同期限？又如出租人收回住房的正当理由问题。

(2) 租赁价格调整问题。租金控制是许多国家保护承租权的一个重要手段，一些国家对租金提高的水平进行了较详细的规定，我国在这方面还没实践。

(3) 买卖不破租问题。现有的法律中，虽已有明确，但在实践中住房的"买卖破租"现象却时常发生，因此需要进一步完善相关法规，丰富该项制度。

(4) 优先承租权问题。关于优先承租权是否应该定位为法定权利，一直存在着争议。"法定权利说"认为优先承租权应是承租人的一项法定权利，而"立法留白说"则认为优先承租权并非承租人的法定权利，只有当租赁合同中有明确约定时，承租人才享有此项权利。

(5) 优先购买权。实践中，民商法学在社会学的影响下，加强了对社会弱者的保护。虽然承租人优先购买权已被许多国家确立为一项民事制度，但在我国如何设置还是需要进一步讨论的问题。

（二）市场发展层面

1. 企业投资新建租赁住房的投入—产出失衡

企业投资建设是上海租赁住房实现集约化、规模化建设与供应的重要渠道，但租赁住房由于投资回收周期长、资金沉淀多、租金回报低等，使租赁住房的投入—产出失衡，不利于企业持续投资。

2. 企业市场化运营管理租赁住房尚缺乏竞争力

租赁住房属市场性住房，企业在市场化运营方式、科学技术管理手段、运营管理效率等方面，尚缺乏市场竞争力。

3. 企业投资建设租赁住房的持续性较差

主要问题：(1) 供地不足、布局不均。目前租赁住房土地数量有限，全市分布不均，占比明显偏少。(2) 筹资难、成本高。租赁性住房商业银行贷款规模小、成本高、周期短，难以满足租赁住房长期投资的需要。(3) 租金缺乏有效的定价与调价机制。由于缺失权威机构对本市各区域租金信息的定期发布机制，使得企业运营机构对市场租金水平的判定不够全面和准确，在无形中增加了企业整体经营租赁住房投资回收的难度。(4) 运营管理内容多，责任重。一是保修期结束后，房屋及设备的维修需求也将增加。二是到退租期时，还会遇到有少数承租人"不及时退租"问题。

（三）市场监管层面

目前我国大中城市的住房租赁占比仅20%左右，与发达国家比仍是个薄弱环节，而且住房租赁市场运行很不规范，存在问题很多，监管缺失是其重要原因。

1. 出租人的不规范行为

主要包括：不主动办理租赁合同登记备案；随意涨租金和赶走租客；无正当理由克扣押金；部分企业机构运营商存在以租代售问题。

2. 承租人的不规范行为

主要包括：随意改变房屋内部结构；损坏屋内设施设备；拖欠租金和公用事业费；挂户口到期后不肯腾退等。

3. 房地产中介机构的不规范行为

主要包括：房源信息发布不规范；租赁合同不网签；房地产交易资金监管不到位；中介机构备案管理不完善；从业人员不规范，传递虚假信息，欺诈客户，乱收中介费；信用信息系统缺失；日常监督检查力度不够等。

三、完善住房租赁市场发展对策研究

（一）明确上海住房租赁市场发展目标

按照党的十九大报告中提出的"坚持房子是用来住的、不是用来炒的定位，加快建立多主体供给、多渠道保障、租购并举的住房制度，让全体人民住有所居"要求，加快上海租赁市场建设。

未来上海的租赁市场发展必须实现三个目标：

一是租赁住房除满足阶段性住房需求外，还可以满足长期的住房需求。使租赁住房成为解决住房问题的长期手段。

二是通过租赁住房促进住房的使用率提高，空置率减少，"住房是用来住的"，自己不住，要有经济激励给别人租赁居住。

三是租赁市场行为规范有序，人口管理与租赁管理相衔接。解决目前租赁市场中不规范现象，包括群租的整治、转租的规范、租赁合约的备案、租金的调整。

上海目前住房租赁率约在35%左右，这部分总量是基本够的，但缺乏稳定的机构经营的租赁住房。通过"十三五"的努力，增加机构经营的租赁住房75万套，则到"十四五"期间，上海的住房租赁率将略超过40%，各类机构经营的租赁住房在25%—30%左右，则上海租赁市场规范稳定发展的基础将可以基本实现。

（二）拓展供应渠道，解决好租赁住房的供需矛盾

1. 创新思维，积极拓展土地供应渠道

解决租赁住房的土地来源问题，需要新思路、新办法。建议在继续挖潜企业存量土地的基础上，将租赁住房用地有选择地拓展到租赁集体土地、传统工业区转型、厂房改造改建等方面。

(1) 继续挖潜企业存量土地，并将公租房捆绑供地政策延伸到租赁住房中，允许企业在存量土地上建设租赁住房时，捆绑建设一定比例的经营性项目，弥补租赁住房投资回收期长的亏损。

(2) 利用农村集体用地建设租赁住房。在完成整治的土地中，选取具有一定交通和配套条件的集体建设用地，创新方式，增加可用于城镇人口租住的租赁住房。

(3) 允许企业在符合区域规划前提下，将厂房或建筑物改建为租赁住房，满足企业自身或周边区域的租住需求。政府需给予规划、消防等方面的支持。

(4) 结合污染整治，选择具有一定区位条件的老工业区布局租赁住房，如宝钢。宝钢距市中心（人民广场）约 18 公里，与江湾距市中心距离相同，交通相对便捷。宝钢外迁后，能否在其原厂区地块上合理布局一定量的租赁住房？

(5) 针对商业物业结构化过剩的部分区域，根据 2016 年的《关于加快培育和发展住房租赁市场的若干意见》，可以考虑允许“商改住”，土地使用年限和容积率不变，土地用途调整为居住用地，调整后用水、用电、用气价格应当按照居民标准执行。既有利于全面部署加快培育和发展住房租赁市场工作，又给进一步盘活商业物业带来机会。

(6) 加大住宅租赁土地供应。上海虽不在 2017 年 7 月住房和城乡建设部、国土资源部等九部委联合印发《通知》中的 12 个试点城市内，但在新增租赁住房用地上，仍要不断加大用地供应。

2. 创新建设理念，建设符合市场需求的租赁住房

租赁住房满足的是阶段性居住需求，其建筑设计不应与长久居住的商品房一样，需要创新租赁住房的建设理念：

(1) 适当提高租赁住房项目的用地效率。在满足居住功能前提下，适当提高租赁住房用地的建设密度；酌情降低对朝向、日照的要求，增长点状、蝶状建筑，以尽可能在有限的土地上增加租赁住房供应量；

(2) 制定针对小户型的设计指标。租赁住房以小户型为主，很难达到现行住宅厨卫全明的要求。建议允许租赁住房的厨卫“不全明”。同时，小户型也使得总户数增多，不宜简单按总户数比例来配置机动车位数量，应酌情降低车位配比的比例；

(3) 配套设施应符合租赁对象年龄特点。如可以采取围合式，一梯多户，便于沟通互助；又如以体育活动设施如跑步道、小型篮球场、羽毛球场等替代观赏型绿化，方便健身活动；

(4) 装修标准模块化。租赁住房装修标准应予以模块化、标准化。进行房屋装修或设备安装时，要兼顾成本控制与设备维修的方便快捷。

3. 出台激励政策，鼓励企业参与租赁住房建设经营

(1) 积极培育专业化、规模化住房租赁企业。鼓励各类投资者和自然人依法依规发起设立住房租赁企业，提供专业、规范的租赁服务；鼓励房地产开发企业、经纪机构、物业服务企业依法依规设立子公司拓展住房租赁业务；支持相关国有企业依法依规转型为住房租赁企业。

(2) 加快研究出台税收优惠和金融支持政策。对依法登记备案的住房租赁

企业，按规定享受国家发展生活性服务业的各项支持措施和有关税收优惠政策支持。

一是加大税收优惠。对于社会企业将租赁房源向公共租赁住房保障对象供应的，取得的租金收入可享受公共租赁住房税收优惠政策。向社会供应的，建议纳入营业税转增值税改革的范围，免收营业税。

二是加大金融支持。鼓励开发性金融等银行业金融机构在风险可控、商业可持续的前提下，加大对租赁住房项目的信贷支持力度，通过合理测算未来租赁收入现金流，向住房租赁企业提供分期还本等符合经营特点的长期贷款和金融解决方案。通过再贷款、再贴现等政策措施，引导和支持金融机构创新针对住房租赁项目的金融产品和服务，鼓励住房租赁企业和金融机构运用利率衍生工具对冲利率风险。

4. 多渠道筹集低成本资金

租赁住房的建设和运营是一项较为长期的投资，商业银行贷款期限短、成本高，容易出现“短贷长投”和融资成本高的问题。解决租赁住房的融资问题，需要多元拓展融资渠道。

(1) 利用保险资金。保险资金尤其寿险资金，资金量大且稳定，适合长期投资。馨宁公寓的建设资金即源于保险资金，保险资金不参与租赁管理，只要求5%的资金回报率。但运营成本与资金成本的“倒挂”，需要有额外的补贴资金(贴息)才能满足险资5%资金回报的要求。因此，建议政府或直接给予公共租赁住房专项资金补贴；或通过给予企业退税、优惠等政策，间接补贴公共租赁住房。初步估算，若政府每年补贴20亿—30亿元，则可融通保险资金1 000亿—1 500亿元建设租赁住房。

(2) 发行债券。建议地方政府可在发行债券规模上划出一块，专门用于建设租赁住房。发行债券需报经国务院批准。

(3) 发行信托理财产品。近期上海租赁住房政策中提出了加快试点的要求，有条件的企业可以先行先试。如项目可控、回收可期的租赁住房项目，可酌情选择银行发行信托理财产品(如浦发银行、上海银行、农商银行等发行理财产品要求年收益不低于4%)。对银行、信托这类产品要严加管理，维护租赁住房项目的信誉。

(三) 建立联席会议制度，强化政府市场监管职能

强化政府市场监管职能，理顺住房租赁管理机制，理清住房租赁多部门综合治理思路，奠定住房租赁齐抓共管基础。

第一，由政府主管部门牵头成立专门机构，负责住房租赁的综合管理工作，由公安、房管、工商和税务等多部门联合履职，充分整合管理资源，形成合力、齐抓共管，强化社会治安综合治理，建立平安、和谐、稳定的社会环境。

各相关部门单位应加强协调配合，建立联席会议制度和信息交流制度。定期对住房租赁管理中出现的问题进行会议研究。房屋管理部门为出租住房办理租赁登记备案证明后，应定期将有关情况通报给公安、工商、税务等部门；工商部门在办理工商营业执照、公安部门在办理暂住户口登记及暂住证时，对于生产、经营、居住场所为出租住房的，应查验房屋管理部门出具的住房租赁登记备案证明。对发现没有办理住房租赁登记备案的，应将有关情况定期通报给房屋管理部门。广泛宣传住房租赁管理的重要性，寻求各相关部门和新闻媒体的支持，加大住房租赁管理的宣传力度，在做好宣传报道的同时，我们要积极借势、迎难而上、推进工作。

第二，强化政府对住房租赁行为的市场监管职能。一是建立政府监管的押金专用账户，可以有效解决出租人不按时返还押金或者随意克扣住房押金问题。二是设立解决争议的绿色通道，可以快速有效解决双方的争议。

（四）严格监管，强化住房租赁合同登记备案

一是进一步通过法律强化住房租赁合同登记备案的效力，促使承租人主动登记。进一步明确住房租赁合同登记备案的法律效力，对承租权的保护内容。包括明确只有经过租赁合同登记备案后的租赁权，才能得到法律保障，才享有“买卖不破租”“优先承租权”“优先购买权”等物权性特权对抗第三人的条件。未经过租赁合同登记备案的租赁权，在法律上有“瑕疵”，在相关权益的保护上难以得到法律的保障。在法律进一步明确了住房租赁合同登记备案后的法律保障后，将会有利于提高承租人登记备案的积极性。

二是依托互联网技术，使住房租赁合同签订、登记备案更加便捷。可考虑结合租赁平台的建设，通过平台进行房源核验、租赁双方身份核验，在租赁住房合同网上签订时，可以由承租人直接在网上申请完成登记备案，自动完成住房租赁合同的网上登记备案手续。避免了目前去受理部门提交大量材料的烦琐过程。

（五）依托互联网，尽快建立全市统一的住房租赁信息化管理平台

建立全市统一的住房租赁信息化管理平台，便于管理租赁手续（合同登记备案），以及流动人口、社保等。建设政府搭台、各方支持、企业参与、政策扶持的住房租赁平台管理模式，尽快建立起全市统一租赁住房信息化管理平台。

“政府搭台”，指通过市政府出台的有关住房租赁业务规范文件，由政府主导搭建住房租赁信息平台，由公租房运营机构以及社会企业共同组成住房租赁合作联盟，并进行统一监督管理，主导并打造良性健康的住房租赁市场。

“各方支持”，指建交、规土、金融、税收、土地、人口管理等政府相关管理部门对住房租赁业务进行支持，同时，各街镇政府、社会机构都可从不同角度支持，共同推进住房租赁平台建设。

“企业参与”，指社会专业机构、物业服务管理企业等住房租赁运营机构，以及装修企业、材料供应商、家具家电供应商等服务商，通过政府统一准入条件参与住房租赁业务。

“政策扶持”，指政府通过出台一系列财政、税收和租金等优惠政策，对将租赁住房提供公租房房源的运营机构和相关社会企业进行扶持。如图1所示。

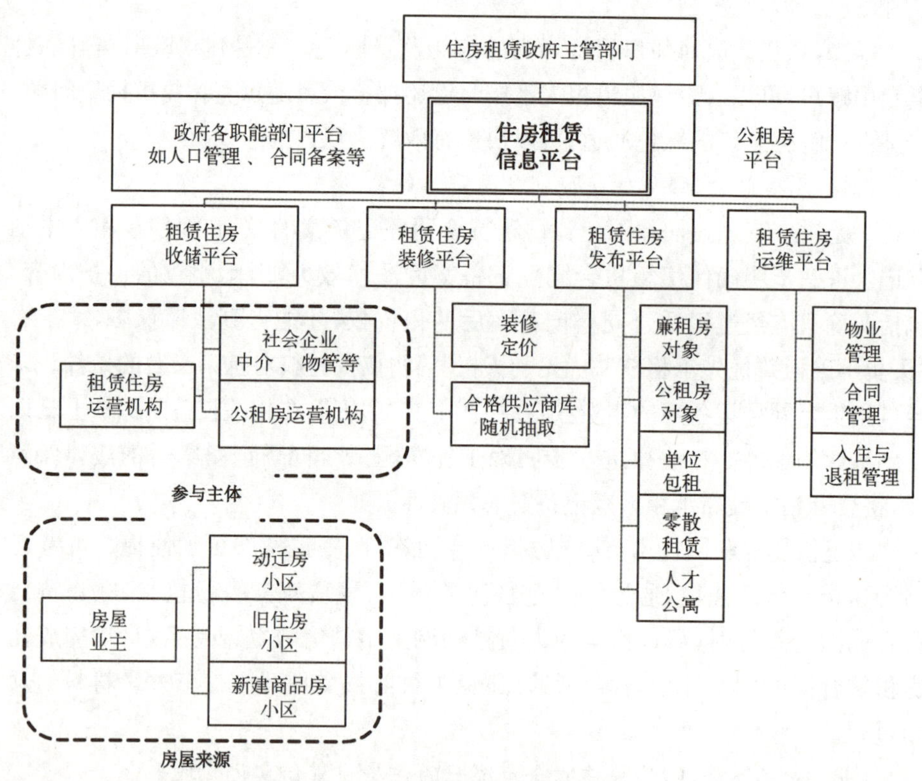

图1　住房租赁信息化管理平台

该平台应能够具备信息共享、业务办理、行政监管三项功能。建议先期可将平台建设为全市统一的租赁住房信息共享平台，将与租赁住房有关的房源信息、租金标准、政策法规、投资方、建设方、中介机构等所有数据都汇聚在平台上，供社会各方共享。主管部门应加强对平台数据的监管，规范平台数据的采集与发布机制，确保数据的及时性、准确性、科学性。今后，待条件成熟时，再将平台建设为业务办理平台。首先，租赁合同必须在平台上进行网上签约、网上登记备案；其次，经租管理情况也体现在平台上，如租赁使用情况、租金收缴情况、租赁期间问题处置等。这样，主管部门能及时了解租赁住房供需情况、掌握实际租赁数据，既有利于行政监管，也能为政策制定提供依据。

（六）完善立法，解决好住房租赁中的法律问题

1.《住房租赁条例》可考虑单独立法

从前期《住房租赁和销售管理条例》（征求意见稿）看，住房租赁与销售管理虽然都从属于住房市场的管理，但住房租赁是一个非常特殊的行为，对住房租赁的立法宗旨与销售管理的立法宗旨差异明显。销售管理主要是为了体现规范市场交易行为，是基于销售双方平等的经济地位考虑的。而住房租赁的立法宗旨更多是为了强调对承租人利益的特别保护。将两个不同宗旨的立法问题，放到同一个法律文件中，可能产生框架难以合理设定的问题，因此，建议将两者分开立法。

2. 针对国家住房租赁立法内容的设想

一是增加住房租赁市场行政管理的内容。加强住房租赁管理的目标与维护租赁当事人的民事权益应该是一致的，保障租赁双方的合法权益是必需的，但如果排除或削弱行政管理的力度，既不利于住房租赁市场的健康发展，也会损害租赁当事人的合法权益。通过行政手段加强住房租赁市场的监督与管理，也常常是各国的做法。住房租赁管理不仅是房管管理，同时也是人口、治安、公共服务等管理，建议在全国层面上，通过立法，协调好相关职能，并落实住房租赁管理职能。

二是进一步明确住房租赁买卖不破租。对于租赁合同未到期租赁，卖买不破租要进一步落实，如和租赁合同备案结合起来。如果已经备案的租赁合同，在住房买卖交易中，要有保证已备案的租赁合同继续履行的技术手段。

三是明确租赁期限管理。对于有长期居住需求的承租人，规定最低居住合同年限，并且规定出租人单方面解除合同的条款。

四是明确“优先承租权”为法定的规定。鉴于在我国租赁关系不稳定、承租人弱势地位明显，租赁合同约定不明确的情况下，建议法规将“优先承租权”明确为法定权利。

五是推进机构化、规模化租赁企业发展。将鼓励机构化、规模化的住房租赁经营加入立法内容，对机构经营租赁的行为、税收优惠等以立法的形式确定。

3. 地方租赁法规建设宜明确的主要内容

一是有条件的地区可以进行租金引导或管理。对于租赁市场比较发达，管理手段比较先进的地区，建议立法由政府或非营利机构公布租金的指导价格，并对租金价格进行适当的引导。

二是设定具体的居住安全，最小居住面积标准。地方应设立租赁住房使用的具体标准，对房屋使用中禁止性条款，以及对居住空间、最小居住面积等设定。

三是明确承租对象可以享受的公共服务。在我国户籍制度需要深化改革、大城市人口导入明显，公共教育等资源不平衡的背景下，地方政府应对承租对象，特别是有稳定居住、稳定合法就业的常住人口承租家庭，在教育、公共卫生等公共服务方面给予较大的享受权。

项目负责人：沈正超　严　荣

项目参加人：郭树清　田汉雄　杨华凯　冯　越　江　莉　黄程栋　汤婷婷　蔡　鹏　刘端怡

上海物业管理市场化模式研究

——在市场化条件下居住物业管理运行和风险防范

上海市房产经济学会　上海青蓝物业管理咨询有限公司

一、我国物业管理发展历程及特性

(一) 物业管理是改革开放产物

1. 物业管理的起源与发展

我国物业管理正式的起步，源于 20 世纪 80 年代初改革开放背景下，城市经济体制改革与房地产业的复苏、崛起和发展。1981 年 3 月中国最早涉外商品房管理的专业公司——深圳市物业管理公司宣告成立，标志着我国城市房地产管理工作开始摆脱传统的管理模式，走上社会化、专业化、企业化、经营型的市场运作轨道。时至今日，伴随着全国房地产经济的持续发展，公有住房向售后公房逐步转型，沿海地区国际化大都市不断兴起，第三产业经济的快速增长，物业管理已经成为一个家喻户晓的新兴行业。

物业管理作为一个社会公认的固定行业，除了传统意义上的房屋建筑设施设备的维修、养护、更新改造，以及公共环境的保洁、公共秩序的维护之外，物业的管理与服务内容已延伸到工程咨询和监理、物业功能布局和划分、市场行情调研和预测、目标客户群认定、物业租售推广代理、智能系统化服务等专业领域。物业管理覆盖的范围已经从早期的住宅小区和写字楼物业，逐步向商业大楼、体育场馆、文化展馆、医院学校、交通枢纽、城市综合体、产业园区等城市化高端建筑方面发展。

2. 物业管理社会贡献价值

30 多年的发展历程表明，我国物业管理不仅有利于改善人居和工作环境，维护社区稳定，提高城市管理水平；同时，对促进第三产业发展，吸收城乡剩余劳动力，解决日益加重的社会就业问题，以及在扩大住房消费、拉动经济增长等方面都起着不可忽视的作用，为全面建设小康社会和构建社会主义和谐社会做出了积极贡献[①]。

① 谢家瑾会长：中国物业管理协会第三次会员代表大会工作报告(2010 年 6 月 26 日)。

(1) 不断改善人居和工作环境

目前我国物业管理已经覆盖到不动产管理的所有领域,包括从商品房到保障性住房;从住宅物业到办公物业;从工业物业到商业物业;从文化休闲物业到公共交通物业;从医疗机构到教育院校;从古建寺庙到城市街道;从奥运场馆到世博展馆;从小型配套到大型公建;从单门独院到大型社区;从单一类型物业到综合性建筑等多种多样的物业类型。截至 2008 年,我国城镇物业管理覆盖率已达到 60%以上,在管房屋建筑面积达到了 125.46 亿平方米[①]。近年来,物业管理还呈现由城市向村镇延伸,物业管理在城市化过程中展现出强大的渗透力,为改善全国居民的居住环境和生活品质,提高非居住物业职工的工作效率和生产效能发挥着积极作用。

(2) 有效地维护社区和谐稳定

我国物业管理已经成为社区服务的重要组成部分,通过物业管理与社区建设的协调发展,初步形成了具有中国特色的推进社区建设的整体合力,既有利于为居民创造良好的居住环境,也有利于促进社区的和谐氛围与社区精神文明建设。物业管理对公共秩序的维护及协助政府开展安全防范职能的发挥,在减少刑事发案率,防止可能发生的火灾、燃气泄漏、爆炸等恶性事故中起到了重要作用。在 2008 年春节前冰雪灾害和"五一二"汶川大地震降临之际,物业服务企业及时组织人员疏散和秩序维护,抢修公共设施和设备,保障了业主正常生活。北京奥运会期间,物业服务企业承担大量保稳定、促和谐的工作,为奥运会各项活动的顺利开展做出了贡献。2010 年上海世博会期间,上海市 26 万物业管理从业人员,为世博会运营保障、全市一万多个住宅小区和近两千个商业办公楼宇提供了安全运营保障服务。物业服务中的秩序管理,不仅促进了社区安定有序,而且减轻了政府治安管理的压力;物业服务中的社区文化建设,不仅丰富了居民的文化生活,而且增进了业主的和睦与社区的和谐。

(3) 促进和提高城市管理水平

目前我国物业管理服务领域已经从住宅拓展到办公、工业、医院、学校等多种业态。上海市 2003—2008 年间,用于城市基础设施建设的投资累计达到 6 487.99 亿元,占同期全社会固定资产投资的比重为 29.1%,相继建成了一批跨黄浦江的大桥、隧道、高架路、高速公路、轨道交通,以及国际机场、洋山深水港等标志性重大城市建设工程;2010 年上海世博会期间,世博园区、虹桥综合交通

---

① 国家统计局:第二次全国经济普查的统计数据。

枢纽、辰山植物园、十六铺观光码头等一系列市政工程项目相继建成；北京市在奥运会期间完工投入使用的水立方、鸟巢、首都机场第三航站楼等大型公共建筑。城市的快速发展，重大市政工程项目的相继竣工，均选聘物业服务企业负责管理并提供服务。此外，杭州、武汉等城市通过政府补贴、企业运作，基本实现了老旧住宅小区物业管理和准物业管理的全覆盖；2006 年广东东莞率先在村镇实施物业管理，近几年深圳市政府在全市推进“村改居”小区的物业管理，成都市政府在农民集中居住区全面引入物业管理新体制，使得物业管理在城市化过程中展现出强大的渗透力，发挥着积极作用。物业管理的全面推进，不仅改善了人居和工作环境，促进了城市管理水平的提高，对我国城镇化发展做出了积极贡献，而且通过对房屋及其设施设备的专业化管理，使得既有物业处于良好的使用和运行状态，带来了房屋的保值和增值，在为业主创造资产价值的同时，也为整个社会创造了财富。作为现代城市管理的重要组成部分，良好的物业服务，有助于提升城市管理水平，也在一定程度上降低城市管理的运行成本。

(4) 有效地缓解城乡就业难题

以劳动密集型为特征的物业管理行业，是现阶段我国城乡剩余劳动力的重要就业途径。据统计，目前我们物业管理从业人数超过 300 万，过去几年里每年有 20 万—30 万的新增就业人员加入我们的物业服务队伍。如果加上清洁、绿化、秩序维护等专业分包出去的一并计算，全国物业服务从业人员应该在 500 万—600 万，其中秩序维护员、清洁工、工程维修人员、车辆管理人员、绿化养护人员、其他勤杂工种等一线操作工人占 80%以上，吸收了大量机关企事业单位分流人员、大中专毕业生、部队复转军人、下岗待业人员、农民工和残疾人。伴随着房地产业的快速发展和物业管理覆盖率的不断提高，今后物业管理行业仍然是吸纳新就业劳动力的重要渠道。

(5) 有利于推动国民经济增长

根据国家统计局的数据，2008 年全国除保洁、保安、绿化、设备养护等专业队伍之外，仅物业服务企业的主营业务收入已超过了 2 000 亿元人民币。上海市物业管理行业经营总收入占全市 GDP 的 2.5%左右；北京占全市 GDP 的 2.48%；成都市占全市 GDP 的 3.55%；深圳占全市 GDP 的 2.14%。物业管理行业受经济周期波动影响较小，随着城镇化进程的加快和服务产业的发展，物业管理行业的逐步壮大，将有利于推动我国经济的持续增长。

3. 全国物业管理持续发展

近年来，我国物业管理行业无论是政策环境，还是市场环境，都发生了深刻变化。我国房地产市场持续发展，国家新型城镇化规划推进实施，为新型城市群建设注入活力，也为物业管理行业发展提供了广阔的市场。

中国物业管理协会最新发布的资料表明①，近两年，我国物业管理行业积极应对管理成本攀升，从业队伍人才匮乏，经营理念滞后，管理方式粗放，地域发展不平衡，市场机制不完善等行业发展过程中存在的阶段性问题，在基础服务、管理规模、企业数量、经营收入、从业人员和转型升级六个方面取得了显著成效。

（1）基础服务取得新提升

近两年，在全行业的共同努力下，基础服务水平有较大提升。一是各地行业主管部门、协会和物业服务企业纷纷开展“物业服务质量提升年”活动，宣传并实践“固本”“守正”的经营理念，认真做好物业管理本职工作。二是更多企业认识到行业设施设备管理的核心价值，注重技术能力的培训提升和先进设备体系的引入，提升服务技能。三是关注物业服务用户体验，增强与用户的交流互动，精细管理的同时简化服务流程，提高服务品质。调查显示，2014 年物业服务企业业主满意度较 2012 年有较大提高。扎实的基本功带来了经济效益和社会效益的外溢，物业管理行业在协助维护社会稳定、处理社会突发事件和抗击自然灾害中所发挥的重要作用，得到了社会的高度评价。

（2）管理规模取得新增长

截至 2014 年底，全国 31 个省市自治区物业管理面积约为 164.5 亿平方米，相比 2012 年的 145.3 亿平方米增长了约 13.5%，在管规模持续扩大（图 1－1）。

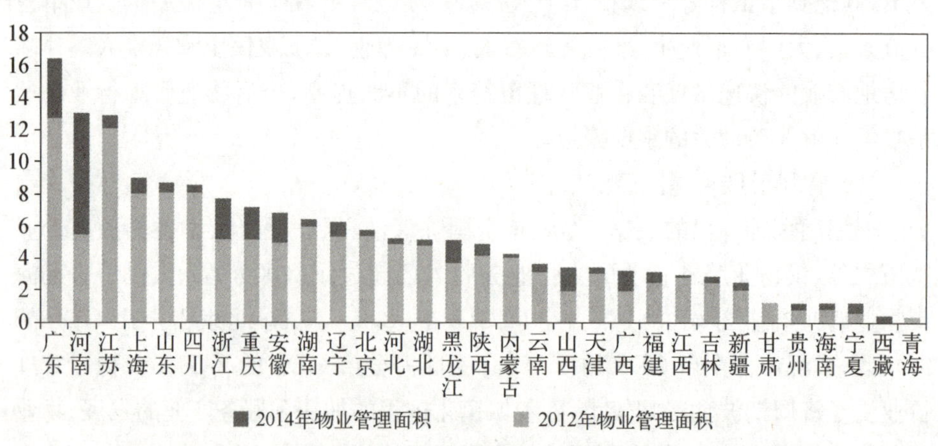

图 1－1　各省、自治区、直辖市物业管理面积（亿平方米）

① 中国物业管理协会：《2015 全国物业管理行业发展报告》（2015 年 9 月 24 日）

广东、河南、江苏三省物业管理面积位居前三，上海位居前四。

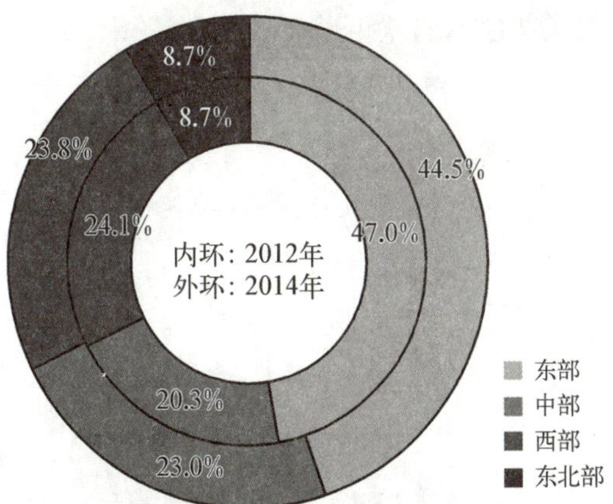

图 1-2　全国各地区物业管理面积占比

从区域分布来看，经济较发达的东部地区在物业管理规模方面依然走在全国前列，约占全国管理面积的 44.5%，较 2012 年下降 2.5 个百分点；中部物业管理规模快速增长，约占全国的 23%，较 2012 年增长 2.7 个百分点，地区间差距呈现收缩态势；东北部和西部地区占比与 2012 年持平(图 1-2)。值得注意的是，河南省和重庆市 2014 年物业管理面积相比 2012 年均有较大幅度的上涨，一定程度上表明中部崛起、西部开发等因素对地区物业管理行业发展起到了积极作用。

(3) 企业数量取得新增长

截至 2014 年底，全国物业服务企业 10.5 万家，与我国第三次经济普查数据基本持平，较 2012 年调查的企业数量 7.1 万家增长了 48%。广东、江苏、山东企业总数位居前三，上海位居第十四(图 1-3)。

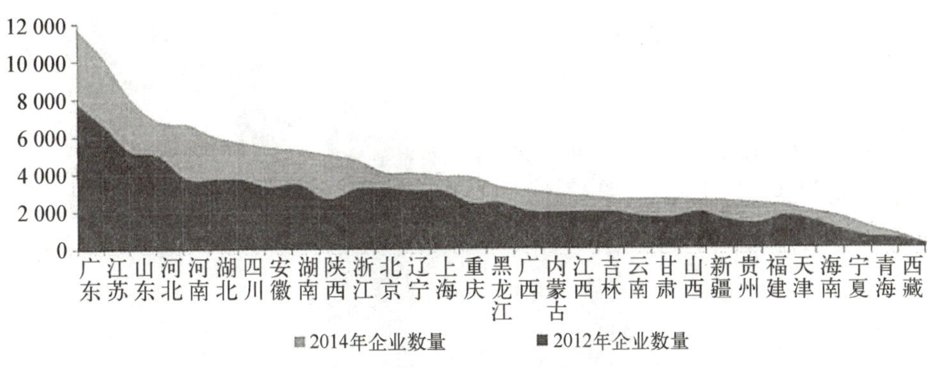

图 1-3　各省、自治区、直辖市物业服务企业数量(家)

从区域分布来看，东部地区物业服务企业数量仍远高于其他地区。四大区域里，东部地区物业服务企业 4.8 万家，占全国物业服务企业的 44%；中部地区 2.5 万家，占全国的 22.8%；西部地区 2.8 万家，占全国的 25.4%；东北部地区 0.9 万家，占全国的 7.8%。综合来看，中西部区域物业服务企业数量增长较快，与东部地区的差距进一步缩小(图 1-4)。

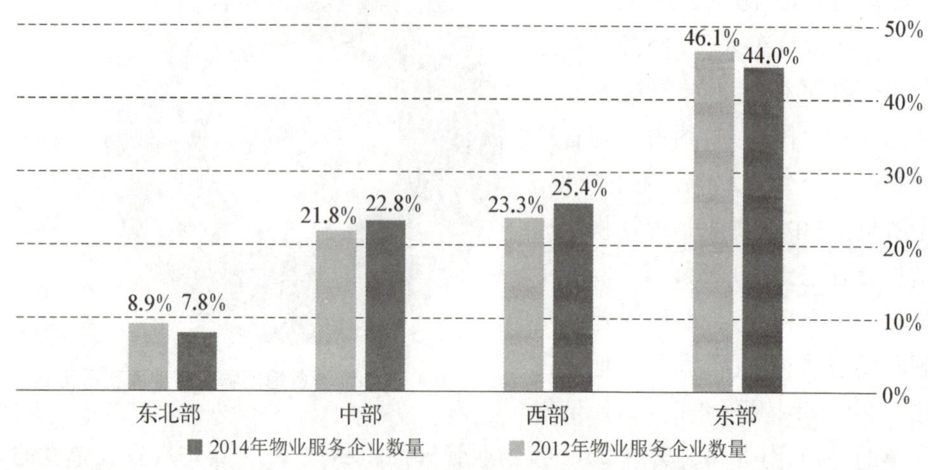

图 1-4　全国各地区物业服务企业分布情况

(4) 经营收入取得新增长

全国物业服务企业 2014 年经营总收入约为 3 500 亿元，较 2012 年全国 3 000 亿左右有较大增幅，增长了 16.7%(图 1-5)。一方面物业在管面积持续增加，主营业务收入稳步增长；另一方面物业服务企业在互联网时代拓展多元营收渠道，行业经营总收入实现了较大程度的上涨。

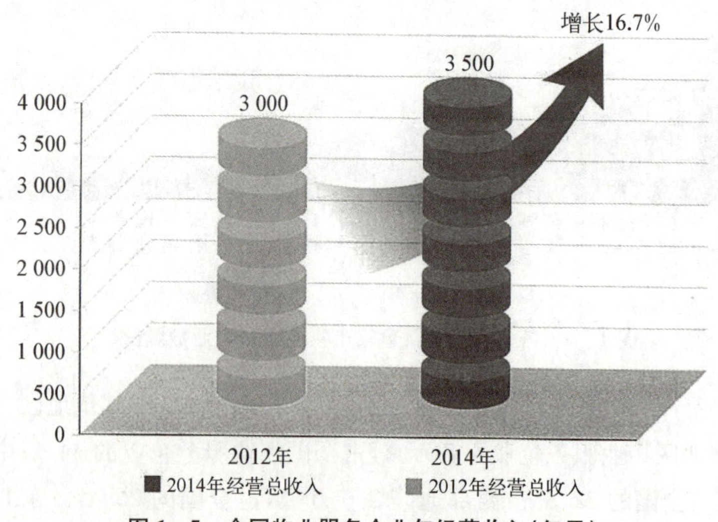

图 1-5　全国物业服务企业年经营收入(亿元)

(5) 从业人员数量取得新增长

截至 2014 年底，物业管理行业从业人员为 711.2 万人，较 2012 年的 612.3 万增长了 16.2%，人员数量增长速度较快(图 1-6)。广东、江苏、河南从业人员总数位居前三，上海位居第五。

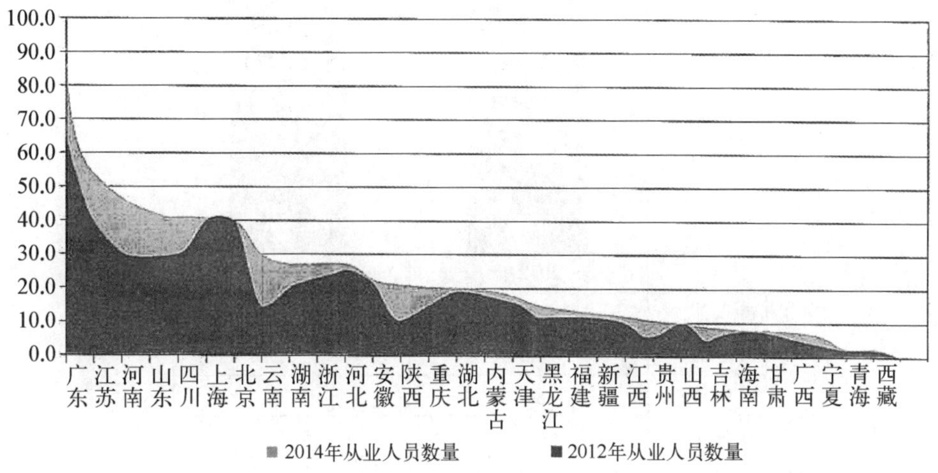

图 1-6　各省、自治区、直辖市物业管理行业从业人员数量(万人)

从数据中可以看出，物业管理行业发展地域差异仍较为突出。东部地区物业管理行业从业人员 353.2 万人，占全国从业人员的 49.7%；中部地区 136.8 万，占全国的 19.2%；西部地区 179.6 万人，占全国的 25.2%；东北部地区 41.6 万，占全国的 5.9%。值得关注的是，从业人员数量反映出中西部加快增长的态势，尤其以河南、陕西等省市增速尤为明显，区域间差距有所缩小(图 1-7)。

(6) 商业模式创新取得新进展

物业服务企业一直积极创新商业模式，并成功取得新进展。最具代表性的是，彩生活以 3.3 亿元收购深圳开元国际 100%股权，此次并购增强了彩生活在中高端社区物业管理方面的实力，彩生活社区 O2O 增加 30 多万户家庭、100 多万用户，涉及超过 130 个物业管理项目。万科物业向行业输出“睿服务”解决方案，先后与金隅集团、北京首创置业等企业签约合作，全面进入市场化发展轨道。截至 2015 年 6 月底，长城“一应云”联盟伙伴已达到 75 家企业，覆盖全国 1 500 多个物业管理项目，服务面积超过 3.3 亿平方米，“一应云”平台聚合了约 320 万户家庭，超过 1 000 万人口。通过并购、联盟，扩大管理规模，增加服务客户数量，有利于发挥集约和规模效应，增加经营性收入，推动行业快速发展。

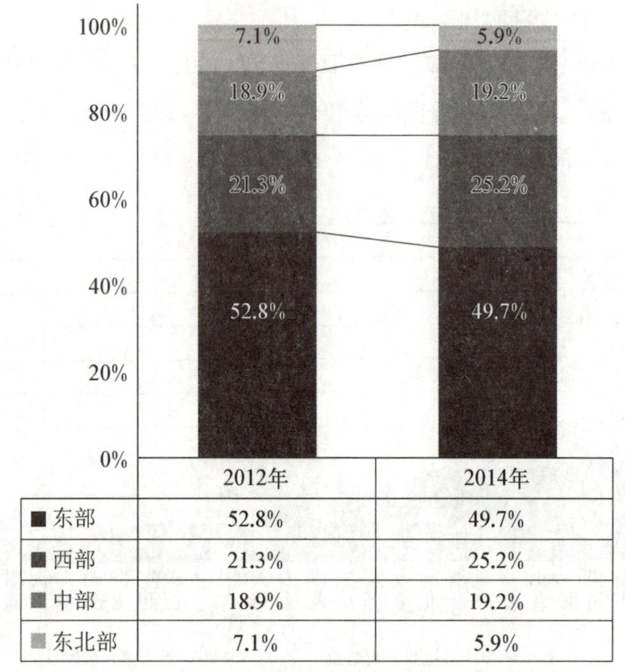

图 1－7　各地区物业管理行业从业人员分布情况

4. 全国物业管理行业发展趋势

(1) 互联网与物业管理行业深度融合

第三次工业革命开创了信息时代，云端应用、电子商务、物联网成为支撑大数据、智慧城市的重要技术应用。互联网与传统物业的跨界融合，催生了物业管理行业全新的服务模式，赋予物业服务新的内涵，促进了行业的高附加值化，为行业发展带来新的经济增长点。物业服务企业顺应社会经济的发展和居民生活消费需求结构的升级，一方面，积极借助“互联网＋物业”的模式，应用移动互联网、云平台等新技术，整合社区周边餐饮、房屋经纪、物流等商业资源，渗透到衣食住行等与生活息息相关的领域；另一方面，探索“物业＋互联网”模式，通过手机 APP、微信公众号等打造一站式综合服务平台，提供便捷、周到的高品质物业服务。

另一方面，物业管理所具有的最后一公里连接点、社区客户资源、轻资产运营模式三大特点，已备受互联网和投资公司所青睐，物业服务企业的价值被重估。例如：中国民生投资股份有限公司收购了明华物业，易居中国与锐翔上房联手打造 O2O 移动互联网平台，万科地产集团、复星集团、新长宁集团等企业都开始将自身旗下的物业公司作为发展“互联网+”的重要资源。

(2) 物业管理行业集中度稳步提升

受到政策环境、市场竞争和技术水平等因素的影响,物业管理行业集中度有较大程度的提高。政策因素方面,新型城镇化、西部开发和东北振兴规划实施,国内城乡和区域发展趋于平衡。行业市场竞争日趋激烈,大批品牌企业凭借其优质物业服务输出能力,在开拓物业市场、提高市场份额等方面的优势日益显现。产业结构优化和产业融合加剧,企业间兼并重组等经济行为持续进行,优胜劣汰竞争机制作用凸显。规模企业投入资金研发互联网技术平台,聚合企业成立发展联盟,规模效应显著增加,也将进一步促进行业集中度的提升。

从 2015 TOP100 企业来看,虽仅占行业企业总量的 0.2%,但年营业总收入 850 亿元,占全国物业服务企业年总营收的 24.3%;管理面积 32.18 亿平方米,占全国物业管理总面积的 19.5%,行业集中度较 2013 年进一步提升。然而,本市物业服务企业无论在跻身 2015 年全国 TOP100 企业的数量和企业产值规模方面,还是在企业的转型升级和资本市场运作方面,都与其他沿海发达省市存在着较大差距。

(3) 物业管理行业价值逐步兑现

随居民不断增长的多层次、高品质生活需求,物业管理行业的价值日趋凸显。一方面,技术变革和产业融合引发行业主动谋求变革,改造管控体系和运行流程,创新商业和服务模式,现代服务业转型升级趋势明显。“互联网+”、轻资产等优势吸引资本市场的关注,使得物业服务企业的经济价值升高。另一方面,优质的物业管理成为提升楼盘居住价值和投资价值的重要砝码,具有前瞻性的房产开发商已经逐渐意识到物业服务在房产竞争中的重要性;在万科的所有客户中,60%以上的客户是因万科的品牌和物业而来。物业管理的行业价值在市场化过程中逐步得到有效兑现。

(4) 借助资本市场加快转型升级

2014 年以来,我国经济正在向形态更高级、分工更复杂、结构更合理的阶段演化。经济发展进入新常态,增长速度从高速增长转为中高速增长;经济结构不断优化升级,第三产业消费需求逐步成为主体;增长动力从要素驱动、投资驱动转向创新驱动。

物业管理行业客观上讲,总体还处于低水平运行状态。物业服务企业盈利空间相对狭窄,服务内容和质量与广大业主的需求相比还存在一定差距。引入新技术、新业态和新方式,开创新的商业模式,提高物业管理的技术含量和产品附加值，实现从传统服务业向集约型现代服务业的转变，是物业管理科学发展的必然选择。近两年来，以万科物业、绿城物业、长城物业、彩生活物业、上房物业、龙湖物业、蓝光嘉宝、民召物业为代表的品牌物业服务企业，正在积极探索商业模式、服务方式、管理方法的创新与转型，并取得了显著成效，必将带动更多的企业认识到行业向现代服务业转型升级的紧迫性，创新与转型发展将成为未来物业管理行业发展的必然趋势。

在加快物业服务企业战略布局，利用资本市场助力企业发展方面，全国已经涌现出一批领先企业。调查资料显示，深圳彩生活已于2014年在香港证交所成功上市，北京东光、浙江开元、珠海丹田、青岛仁华物业、河南索克、克拉玛依城投鹏基六家公司将登陆新三板市场，在物业高管理与服务的主业基础上，进一步拓展多元化、多层次的商业创新模式。

（二）我国物业管理的基本属性

1. 物业管理的定义

2007年8月26日修订版《物业管理条例》中第二条明确指出：物业管理，是指业主通过选聘物业管理企业，由业主和物业管理企业按照物业服务合同约定，对房屋及配套的设施设备和相关场地进行维修、养护、管理，维护相关区域内的环境卫生和秩序的活动。

所以，物业管理可以概括为：对物的管理和对人的服务。

（1）管理对象

“物业”，在国外，特别是在东南亚地区一般作为房地产的同义词而广泛使用。随着中国房地产经济市场化、住房商品化以及产权的多元化，“物业”已成为房地产经济中的一个专有名词。

物业主要包括以下三个组成部分：

① 已建成并具有使用功能的各类供居住或非居住的建筑物；

② 与这些建筑物相配套的设备和设施；

③ 相关的场地。

因此，对“物”的管理，就是对物业——房屋、设施、设备以及建筑物配套设施的管理，确保物业硬件的保值增值。

（2）服务对象

物业的顾客一般根据物业的不同性质和实施物业管理的不同阶段发生相应的变化。从狭义的角度来讲，通常是指《物业管理服务合同》中的委托方（甲方）——单一业主或业主委员会；但从广义的角度而言，亦可以包括物业的业户

(业主和使用人)以及业户的顾客。

因此,物业管理的服务对象是指物业业主(房产所有者)、物业使用人(房产使用人)、业户顾客(有权进入物业的其他相关者)。

物业管理服务的目的是确保管辖范围内公共环境符合合同约定的安全、秩序、整洁、舒适,满足并超越业户的合理需求,使业户满意。

由此我们从狭义的角度,可以概括地对我国物业管理做出以下定义:物业管理是指物业服务企业在业主委托范围内,对人和物提供服务和管理的履约活动。

2. 物业的主要类别

一般来说,广义的物业分为两大类,即:居住物业和非居住物业。

居住物业,通常指住宅小区、单体住宅楼、公寓、别墅等用于居住目的的物业。非居住物业,通常指建造与设计的用途,不是用来满足人们居住需求的建筑物。通常情况下,非居住物业可以细分为:办公楼物业、商业物业、公众物业、医院物业、学校物业、工业园区等。

根据国务院办公厅《关于做好稳定住房价格工作意见的通知》(国办发〔2005〕26号)和市房管局《关于调整本市普通住房标准的通知》(沪房管规范市〔2014〕6号),将目前本市的居住物业分为普通商品房、非普通商品房、廉租房、公共租赁房、经济适用房和其他六大类型(表1-1)。

表1-1 居住物业六大类型汇总

序号	物业类型	居住物业的性质
1	普通商品房	经政府部门批准,由房地产开发经营公司或企事业单位开发建设的,用于市场出售的房屋,并满足以下3项条件的商品住宅: ① 五层以上(含五层)的多高层住房,以及不足五层的老式公寓、新式里弄、旧式里弄等; ② 单套建筑面积在140平方米以下; ③ 实际成交价格:低于同级别土地上住房平均交易价格1.44倍以下,坐落于内环线以内的低于450万元/套,内环线与外环线之间的低于310万元/套,外环线以外的低于230万元/套
2	非普通商品房	超过普通商品房标准的商品住宅。通常情况下,其主要包括: ① 别墅(花园住宅); ② 酒店式公寓; ③ 联列住宅; ④ 单套面积在140平方米以上的多高层住房

续 表

序号	物业类型	居住物业的性质
3	廉租房	政府或机构拥有，用政府核定的低租金租赁给低收入家庭。低收入家庭对廉租住房没有产权，是非产权的保障性住房。廉租房属于只租不售，出租给城镇居民中最低收入者
4	公共租赁房	通过政府或政府委托的机构，按照市场租价向中低收入的住房困难家庭提供可租赁的住房，同时，政府对承租家庭按月支付相应标准的租房补贴。其目的是解决家庭收入高于享受廉租房标准而又无力购买经济适用房的低收入家庭的住房困难
5	经济适用房	政府以划拨方式提供土地，免收城市基础设施配套费等各种行政事业性收费和政府性基金，实行税收优惠政策，以政府指导价出售给有一定支付能力的低收入住房困难家庭。这类低收入家庭有一定的支付能力或者有预期的支付能力，购房人拥有有限产权
6	其他	主要指简屋

上述六大类居住物业中，普通商品房涵盖中低价位、中小套型的商品房、售后公房等，是目前在上海市内数量最多、分布最广的居住物业，也是目前本市物业管理中矛盾和问题最为集中和突出的物业类型。

3. 物业管理的服务内容

物业管理的基本服务内容，可以按服务的区域或契约性质分为公共服务、专项服务和特殊服务三类。

(1) 公共服务

常规性的公共服务是物业管理企业面向所有住宅提供的最基本的管理与服务，目的是确保物业完好与正常使用，保证正常的工作生活秩序和美化环境，是物业内所有业主每天都能享受到的服务。其内容和要求在物业管理委托合同中有明确规定，物业管理企业有义务按时按质提供这些服务。这些管理的基本项目具体包括：

——房屋建筑主体的管理及住宅装修的日常监督；

——房屋设备、设施的管理；

——环境卫生的管理；

——绿化管理；

——配合公安和消防部门，做好住宅区内公共秩序维护和安全防范工作；

——车辆道路管理；

——公众代办性质的服务等。

(2) 专项服务

针对性的专项服务是物业管理企业为改善和提供业主的工作生活条件，面向广大业主，为满足其中一些住户和单位的一定需要而提供的各项服务，其特点是物业管理企业事先设立服务项目，并将服务内容与质量、收费标准公布，当住户需要这种服务时，可自行选择。主要内容有：

——日常生活类服务：代购日常用品、为业主收洗缝制衣物、代购代订车船飞机票等；

——商业类服务：开设小型商场、美发厅、修理店等；

——开办各种文化、教育、卫生、体育类场所；

——经纪代理中介服务，如物业销售、租赁等；

——提供带有社会福利性质的各项服务工作等。

(3) 特殊服务

委托性的特约服务是为满足业主的个别需求，受委托而提供的服务。实际上是专项服务的补充和完善。

4. 物业管理的基本属性

(1) 服务属性

物业管理属于第三产业，具有服务性行业的显著特征。从物业管理服务内容而言，却处于“附带服务的有形商品”和“纯粹服务”之间的模糊界面。例如：物业提供的房屋、设施设备的修缮具有很大的有形因素，属于“附带服务的有形商品”；物业提供的保洁服务、客户服务和秩序维护则更多的具有无形因素。

法国学者菲利普·布洛克①曾把商品和服务总集分成了四类：① 纯有形商品；② 附带服务的有形商品；③ 伴随少量产品的服务；④ 纯粹服务。从纯有形商品到纯无形服务之间存在着一个连续谱，我们可以通过示图来表示这种连续性(图 1-8)。就服务本身而言，一般具有四个基本属性，即：无形性、不可分离性、差异性和不可贮存

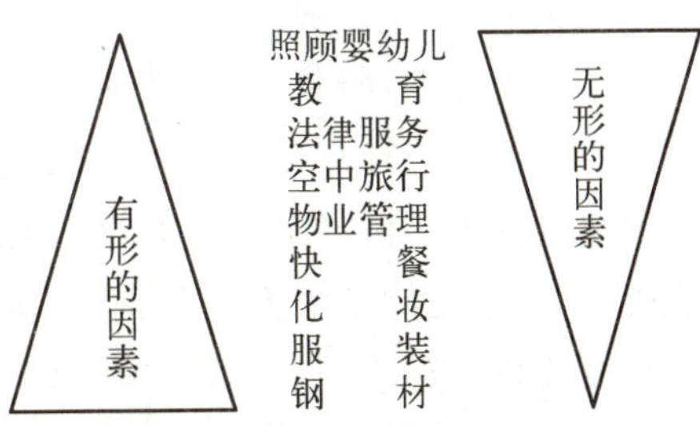

图 1-8 有形与无形商品连续谱

① 《西方企业的服务革命》(法) 菲利普·布洛克，北京旅游教育出版社，1989。

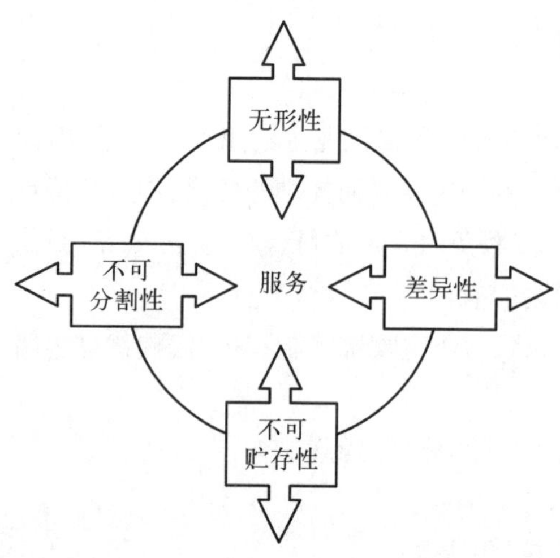

图1－9 服务的四大基本属性

性（图1－9）。

——无形性，服务在很大程度上是抽象的和无形的。与有形商品不同，服务是看不见摸不着的，有时甚至品味不到、听不到的。由于服务具有无形性的特征，使得服务的结果在发生交易结束之前是难以把握的。对于顾客来说，就具有较大的购买风险，这就使得他们在购买服务之前，会努力地去寻找服务质量的标志和论据，通常他们会根据服务人员、企业形象、设备设施、周边环境以及自身或亲朋好友的经历来预估服务质量的好坏。为此，服务提供者应尽量在这种无形的和抽象的供应上增加有形呈示，通过培训员工、服装和标识，配备先进的设备设施等内容，来化无形为有形增加顾客的购买信心。

——不可分离性，典型服务的生产和消费是同时进行的，并且消费者是参与这一过程的。一位业主在办理房屋入住手续时，物业管理的接待人员将与业主提供面对面的服务，如：手续办理的说明、相关文件和资料的交接、房屋的验收、费用的交纳、最后钥匙的提交等。由此表明，提供顾客的服务不可能像有形产品一样，在提交顾客之前能得到严格的检验，确保服务质量完全符合规定要求。另一方面也表明，物业管理的服务过程是对住户开放性的，在服务结果出来之前，任何过程的差错都将导致服务对象的不满。例如，某个业委会组织了几位小区退休居民，像监督钟点工一样，尾随清洁工打扫楼道，按自已的主观意识指责评判清洁工的清扫过程。

——差异性，服务没有固定的条件和标准，一般情况下是非常可变的，因而具有较大的差异性。很显然，一名受过专业培训的设备维修人员提供的维修服务明显要优于一位刚刚大学毕业的机械专业的大学生。差异性不仅来源于提供服务的人，也可能是由于时间、地点、环境的不同所致。鉴于差异性的存在，企业往往需要投入资金通过选聘或培训一支熟练掌握服务技能的员工队伍，并不断改善服务环境来减少服务的差异性。

——不可贮存性，服务的不可分离性决定了服务不可能像有形商品那样可以保存。服务的不可贮存性对物业服务企业而言，在居民报修服务上体现得尤为明显，住户报修数量集中时，往往不可能随叫随到，影响报修的及时率和满意率。此外，某个物业项目的人员配置基本上是相对固定的，员工队伍流动率提高还直接导致服务质量的下降。

综上所述，由于物业管理存在着服务的基本属性，打造一支稳定的、具有良好的服务操作技能的员工队伍，管好人并留住人，对物业服务企业来说是极为重要的，是为居民提供满意服务的基本条件。

(1) 管理属性

物业管理过程存在着两个基本主体——物业公司和业户(业主和使用人)，两者在国家法律法规的约束下行使和履行各自的权力、职责和义务。其中物业公司既是业户聘请的服务单位，受到业户(隐管理者)的监督，又是按照合同行使对广大业户的管理与监督职能(显管理者)；同时还必须按照政府有关法律法规赋予的职责行使对业户的监督和协助政府有关部门实施管理的职能(图1-10)[①]。

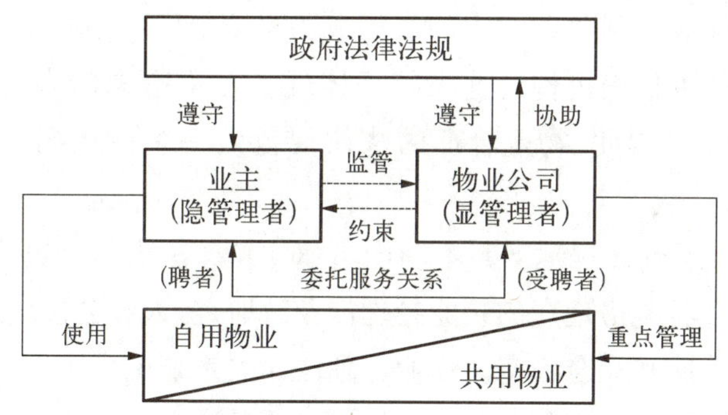

图1-10 业主、物业公司、政府三者关系

由此可见，物业服务企业兼具服务居民和监督居民的双重身份，肩负着管理和服务的双重职能。“寓管理于服务之中”这句话充分体现了物业管理的艺术哲理，但是如何将管理职责蕴含在对住户的服务形式中，对物业管理企业来说是一项非常艰巨的任务，也是区分项目经理人优劣的衡量标志。

(2) 法律属性

物业管理与法律关系具有主体广泛性、权属基础性和行政干预性三大基本属性，特征体现在以下几个方面[②]：

---

① 《物业管理导论》王青兰，P21，中国建筑工业出版社，2000。

② 《物业管理法规》林德钦，武汉理工大学出版社，2010。

——主体广泛性。物业是城市化及人民生活的基本物质条件，任何组织单位和个人都要与房地产物业管理发生各种联系，并通过这种联系形成人与人之间的社会关系。物业管理法律关系主体包括自然人、法人、国家和其他组织。自然人中又有中国公民和外国人，产权人和非产权人；法人中有建设单位，也有物业服务企业和其他物业专营服务企业；国家主要指房地产行政主管部门及物价、公安、税务等其他部门；其他组织包括基于物业管理行业特殊性而产生的特殊主体业主大会和业主委员会以及物业管理协会。因此，可以说物业管理法律关系的权利主体和义务是非常广泛的。

——权属基础性。物业管理的对象主要是房地产。房地产是不动产，但不动产的转移并非实际物体发生位移，而是权利的主体发生变动。房屋的出售、租赁实际上是权利的交易和转让。现代物业管理所体现的建筑物区分所有权制度，要求将多元化的产权主体意志有效地集中统一行使。作为物业管理法律关系一方的业主，具有的个体业主分散和意志多样的特征，使得组成一个统一代表全体业主利益和意志的机构成为必要，业主大会及其常设机构业主委员会就是这种代表机构。这一特征体现了业主意志的多元化与业主大会代表性的统一。因此，物业管理的法律规范是一个以权属为基础的法律规范。

——行政干预性。房地产是不动产，它对国家、法人和公民来说都是一笔很重要的财富；同样，房地产的物业管理涉及政府、法人和公民的各方面利益，它关系到经济发展和社会稳定。物业管理法律关系是由多重关系共同组成的统一体，物业管理法律关系并非仅指某一对主体之间的关系，而是人们在取得、利用、经营和管理物业的过程中形成的多重关系的组合。在这多重关系中，物业管理法律关系的内容即主体间的权利、义务既有平等主体间的民事关系，又有不平等主体间的行政管理关系。如物业服务公司与业主委员会的关系是平等主体之间的民事关系，在物业管理过程中，双方的权利义务体现在物业管理服务合同中；政府行政主管部门或司法机关为维护物业管理的规范，使其有序运作，就要对物业管理法律关系主体在物业使用、维护、监控等方面进行监督，并颁布了从中央到地方所有立法机关、行政机关制定的法律法规、行政规范、地方性法规、部门规章和司法解释等各类规范性文件（表 1-2）。因此，国家对这一领域的行政干预显著，国家建设部专门成立了建设与房地产业司来指导物业管理工作的开展。

表 1-2　全国及上海市物业管理相关法律法规及行政规范

序　号	法　规　类　别	法 规 数 量
1	综合法规	6
2	业主、业主大会、业主委员会	6
3	物业管理服务企业与物业管理师	5
4	物业管理招投标、物业服务合同与收费	10
5	专项维修资金	14
6	行政执法与行业监督	10
7	房屋、设备设施养护、维修与管理	14
8	绿化养护、环境卫生与秩序维护	24
9	突发事件应急处置	11
10	房屋管理与住房保障	20
11	它类	5
合　计		125

数据来源：上海市物业管理行业协会《物业管理法律法规汇编》

(3) 社会属性

物业管理作为我国第三产业的组成部分，与我国当前政治稳定、社会和谐、经济发展具有十分密切的关系，其不但具有服务和管理的基本属性，法律责任的属性，同样具有重要的社会属性。物业管理的社会属性突出表现在以下三个方面。

——实现全民资产的保值增值。造成物业贬值有三种主要因素：物质性贬损、功能性贬损及受经济宏观调控和国家相关政策的影响而使物业贬值。通过物业服务企业对物业提供专业化管理和系统化服务，能够最大限度地降低或延缓贬值速度保证物业处于良好的适用状态，以及住户获得良好的生活环境，延长物业的使用寿命并提高其知名度和美誉度，从而实现整体物业的保值增值。物业管理对私有产权业主而言是家庭资产的有效保障，对公有产权的地方政府或机构而言是防止国有资产损失的重要手段①。

——有效地维护社区和谐稳定。社会的和谐，必须要求社会机制的科学合理、社会政治经济的均衡发展以及人民生存环境的不断优化。作为人们生存环

① 《中华人民共和国物权法》第五十七条：履行国有财产管理、监督职责的机构及其工作人员，应当依法加强对国有财产的管理、监督，促进国有财产保值增值，防止国有财产损失；滥用职权，玩忽职守，造成国有财产损失的，应当依法承担法律责任。

境基本内容的各类居住和工作环境，占据着全社会最为基础的重要位置。物业服务企业作为社区管理和社区服务的重要力量，以及社区管理服务的直接提供者，它所从事的保安、保洁、绿化、房屋及设施设备维修养护等工作，正是社区建设中卫生、治安、环境等最基本的职能范畴。同时，物业服务企业在社区文化建设中协同街道居委会开展形式多样、健康有益的社区文化活动，不仅有利于丰富居民的精神文化生活，而且有助于促进邻里和睦，增强业主的认同感和归属感。通过文明社区建设，在社区广泛提倡文明、科学的生活方式，使社区成为培养居民正确思维方式、行为准则和健康向上、积极汲取的精神园地。

——提升现代化城市管理水平。第一，物业管理转换了城市管理机制。物业管理是建立在市场经济基础上、由业主和物业服务企业以合同为纽带的经营型管理模式，从而以市场化、专业化、社会化的管理取代了行政性的单一管理，并形成公众自下而上地参与和政府自上而下地管理的合力，不仅理顺了财产权和管理权的关系，转换了房屋管理机制，也减轻了政府的负担。政府从管理一切、包办一切，转变为监督服务，强化了城市管理的其他功能；而市民则从被管理的对象，成为了管理的资源和主体，真正做到了“以人为本”。第二，物业管理是城市管理的延伸。物业管理小区是城市经济活动、社会活动、文化活动以及各种创建活动的微观地理单位，通过物业管理将城市管理中分散的管理职能集中在一起，由物业服务企业实行统一有效的管理。小区的内部宣传教育、安全防火、治安、环境、卫生、文化等工作大多由物业管理公司承担或协助政府完成，企业与业主、社区共同开展的爱绿护绿、保护环境、文化娱乐、爱心捐助等活动，填补了政府对公共环境和公共设施以外的社区生态环境和人文环境的空白，完善和发展了城市管理功能。第三，物业管理是城市管理的缩影。物业管理几乎涵盖了人们工作生活的方方面面，物业服务企业将这些遍布全市、建筑面积和规模较大的区域，规范地管理起来，提升了城市品位，有效地推动城市从“重建设、轻管理”向“建管并重，重在管理”的阶段发展，在创建全国卫生城市、环保模范城市等活动中，起到了十分重要的作用。世界卫生组织提出了“健康城市”的十项标准①，其

① 1996年世界卫生组织提出的“健康城市”标准为：(1) 为市民提供清洁和安全的环境；(2) 为市民提供可靠和持久的食品、饮水、能源供应，具有有效的清理垃圾系统；(3) 通过富有活力和创造性的各种经济手段，保证满足市民在营养、饮水、住房、收入、安全和工作方面的基本要求；(4) 拥有一个强有力的相互帮助的市民团体，能够为创立健康城市而努力工作；(5) 能使市民一道参与制定涉及他们日常生活，特别是健康和福利的各项政策决定；(6) 提供各种娱乐和闲暇活动场所，以方便市民之间的沟通和联系；(7) 保护文化遗产并尊重所有居民的各种文化和生活特性；(8) 把保护健康视为公众决策的组成部分，赋予市民选择健康行为的权利；(9) 作出不懈努力，争取改善健康服务质量，并能使更多市民享受到健康服务；(10) 能使人们更健康长久地生活和少疾病。

中大部分内容同物业管理的文明、卫生小区建设相符合，所以，物业管理是建设现代城市的基础。整体而言，作为现代城市管理的重要组成部分，良好的物业服务，有助于提升城市管理水平，也在一定程度上降低城市管理的运行成本。

（三）上海物业管理发展与现状

上海物业管理起步于1991年，比深圳晚了整整十年。但随着上海市房地产业的发展和住房制度改革的深化，上海物业管理的工作重心，一直放在建立规范的市场机制，加速同国际先进水平接轨上。具有起步虽晚，发展迅猛；基础扎实，立法及时；切合实际，模式多样；引导得法，发展健康；目标明确，开拓性强等特点。

1. 本市物业管理现状与分析

（1）物业管理规模[①]

截至2014年底，上海市现有房屋建筑总面积11.53亿平方米。物业管理总面积9.21亿平方米，占全市建筑总面积的79.91%，其中居住类6.11亿平方米，物业管理覆盖率96.74%；非居住类5.42亿平方米，物业管理覆盖率59.76%(见表1-3)。

表1-3　2014年上海市各类房屋构成情况(万平方米)

业态	类　别	建筑面积	业态	类　别	建筑面积
居住房屋	花园住宅	1 790	非居住房屋	工厂	23 964
	公寓	56 429		学校	3 226
	联列住宅	1 241		仓库堆栈	1 762
	新式里弄	311		办公楼	6 860
	旧式里弄	1 312		商场店铺	6 468
	简屋	11		医院	615
				旅馆	1 233
				影剧院	58
				其他	10 063
	小　计	61 094		小　计	54 249

表注："公寓"包含原分类中的公寓、新工房、职工住宅、宿舍等；"其他"中包含饭店、福利院、公共设施用房、会所、寺庙教堂、体育馆、文化馆、文化体育娱乐用房、站场码头、宗祠山庄、车库、综合楼、农业建筑、其他、公园用地、业务用房等。

① 数据来源：《上海市住房保障和房屋管理局年报》(2014年)。

数据分析表明，本市纳入了物业管理范围的房屋建筑面积 9.15 亿平方米，居住物业管理面积 5.91 亿平方米（占 64.58%），非居住物业管理面积 3.24 亿平方米（占 35.42%）；在管理面积 5.91 亿平方米的居住物业中，普通商品房和售后公房为 3.49 亿平方米，占 50.1%，其中普通商品房 4.84 亿平方米，售后公房 1.1 亿平方米。

(2) 物业服务企业

截至 2014 年底，在本市政府部门登记注册的物业服务企业共 3 277 家，其中本土企业 3 238 家，外省市在沪分公司 39 家[①]。3 277 家企业中，一级资质 108 家，二级资质 528 家，三级（含暂定）2 641 家（见表 1－4）。与往年相比，上海物业服务企业总量呈快速回升的态势。

表 1－4　上海市物业服务企业资质分布状况(2014 年 12 月)

资质等级	总　数	本地内资	外资/合资	外省市
一　级	108	79	7	22
二　级	528	506	11	11
三　级	2 641	2 574	61	6
合　计	3 277	3 159	79	39

表注：2015 年 1—10 月份，本地二级资质企业中已有 17 家企业晋升一级资质，目前一级资质总量已达到 108 家。

分析数据表明，2010 年起上海市物业服务企业总数出现回升迹象（图 1－11），2014 年创出了历史新高。同时，外资企业进驻上海的数量也从 2007 年国际金融

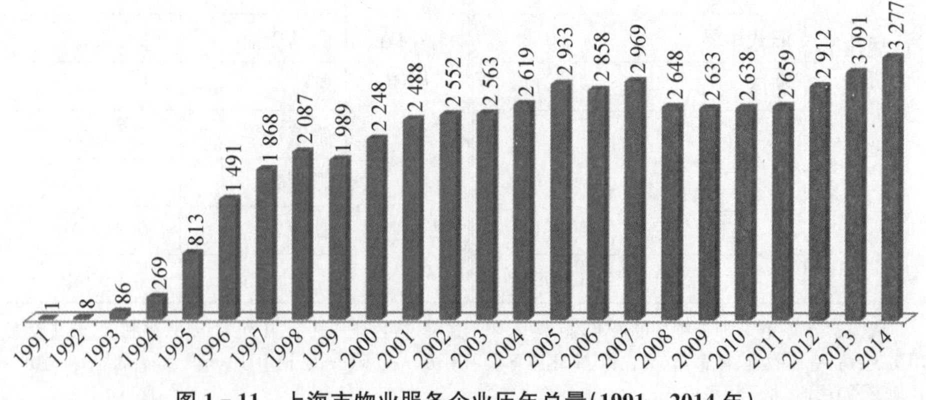

图 1－11　上海市物业服务企业历年总量(1991—2014 年)

① 数据来源：上海市住房保障和房屋管理局官网数据整理(2015 年 2 月)。

风暴之后，于 2009 年起稳步递增(图 1－12)，外省市企业进驻本市的数量从 2004 年起每年都在稳步提高(图 1－13)。

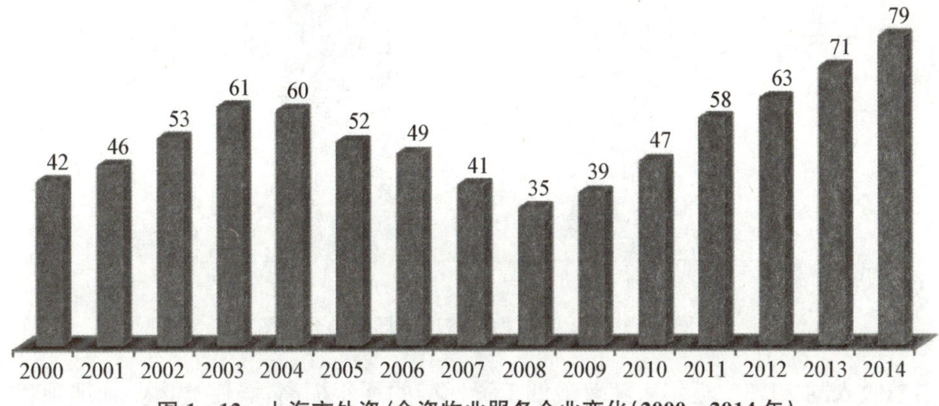

图 1－12　上海市外资/合资物业服务企业变化(2000—2014 年)

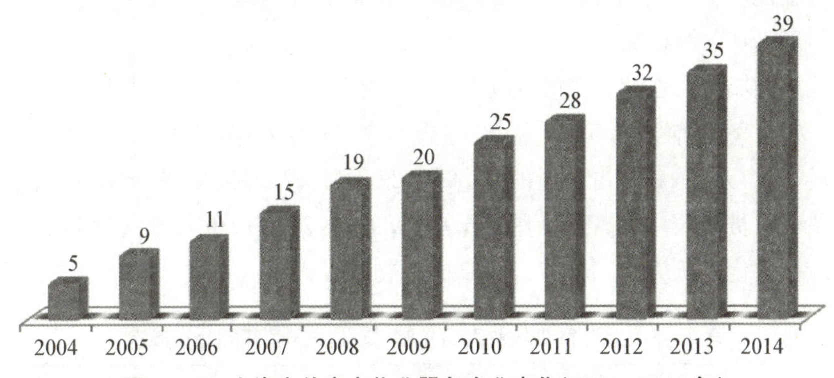

图 1－13　上海市外省市物业服务企业变化(2004—2014 年)

由此表明，近年来随着上海市宏观经济和城市建设的快速发展，本市物业管理市场越来越受到国内外物业服务企业的高度关注，市场竞争日趋激烈。从企业数量和市场占有率情况来看，目前上海市物业管理市场已初步形成了由一、二级企业为主的垄断格局(图 1－14)，占企业总量 18.16%的一、二级企业垄断了约 81%的市场份额。市场的“二八”格局基本形成。

(3) 行业经营情况

2014 年本市物业管理行业经营总收入为 591.35 亿元，占上海 GDP 总量的 2.5%左右，主营收入 461.25 亿元，占经营总收入的 78%。平均利润率为 2.29%，总利润为 13.54 亿元。由此可见，本市物业服务企业仍然处于保本微利状态。在主营业务成本方面约占 55%为用工成本，其中居住物业的用工成本约

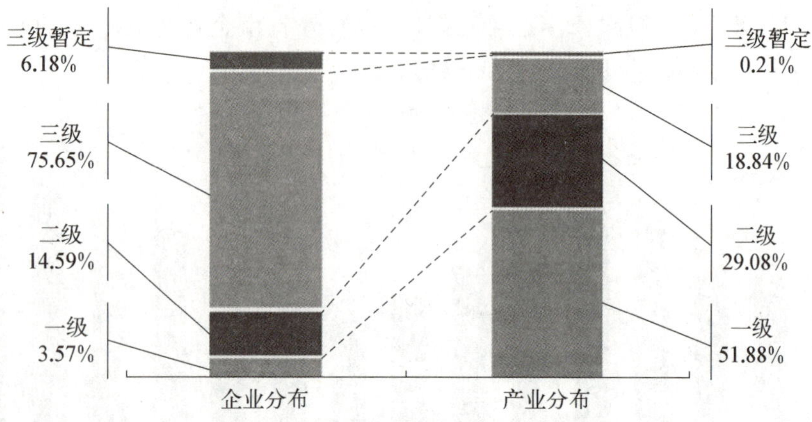

图 1－14 上海市物业管理市场份额分布图

占总收入的 75%。近年来随着最低工资标准的逐年提高，居住类物业管理项目的利润呈逐年下降的趋势。

(4) 从业人员状况

截至 2014 年底，上海物业管理行业从业人员 41.03 万人，其中：秩序维护 19.94 万人，环境清洁 9.52 万人，设施设备 7.33 万人，客户服务 1.82 万人，管理人员 2.42 万人，分别占总量的 48.6%、23.2%、17.9%、4.4%和 5.9%。

从业人员队伍中，55 岁以上人员占 20.96%，30 岁以下人员仅为 7.51%(表 1－5)；在文化学历方面，86.47%为高中或初中及以下人员；技能等级方面，具有

表 1－5 上海物业从业人员年龄、文化、技能、薪酬分布概况

项 目	分 项	数值(万人)	项 目	分 项	数值(万人)
年龄结构	30 岁以下	3.08	技能等级	初级职称	1.85
	30—40 岁	8.31		中级职称	1.63
	40—50 岁	12.05		高级职称	0.018 7
	50—55 岁	8.99		初级工	0.61
	55—60 岁	7.36		中级工	0.34
	60 岁以上	1.24		高级工	0.07
文化结构	初中及以下	23.11	工资结构	3 000 元以下	81.45%
	高中	12.37		3 000—5 000 元	13.66%
	大专	3.98		5 000 元以上	4.89%
	本科以上	1.57			

数据来源：上海市物业管理行业协会《2015 上海市物业管理行业发展报告》。

初、中、高级职称人员为8.53%，具备初级、中级和高级岗位技能人员为2.49%；年均人员流动率约22%，其中秩序维护人员的流动率最高达到35%—46%；工资标准3 000元/月以下占81.45%，5 000元/月以上占4.89%。由此可见，物业从业人员队伍庞大、年龄结构偏高、文化程度偏低、专业技能薄弱、薪酬待遇低下，已成为整个行业的一个显著特点。

2. 物业管理行业发展主要成果

上海9.22亿平方米的在管物业管理小区中，居住物业约占总量的64%以上，覆盖了全市约1.2万个居住小区，其中约有50%以上为售后公房及普通商品房。住宅物业管理的好坏直接影响到广大普通市民的切身利益，以及社会的稳定与和谐，关系到上海市城市综合管理能力的重大问题。

(1) 进一步加强行业制度建设

2010年起，上海市政府把解决本市住宅物业管理中的突出矛盾、营造社会和谐作为制度建设的重点内容。为了规范住宅物业管理活动，维护业主和物业服务企业的合法权益，根据《中华人民共和国物权法》、修订后的国务院《物业管理条例》和其他有关法律、行政法规，2010年12月23日上海市第十三届人民代表大会常务委员会第二十三次会议修订通过了《上海市住宅物业管理规定》(以下简称《规定》)；2011年5月31日，为了进一步贯彻实施修订后《规定》要求，市政府发布了《关于实施〈上海市住宅物业管理规定〉的若干意见》(沪府发〔2011〕23号)；上海市住房保障和房屋管理局六个配套的行政规范文件也于2012年7月下旬集中出台①。

上述行政法规及规范性文件，从理顺管理体制、完善业主自我管理、强化物业行业监管、完善物业的使用和维护等方面，在制度安排层面进行了重大调整和创新。突出表现在以下五个方面：① 建立住宅小区综合管理体制；② 明确乡镇人民政府和街道办事处对业主大会组建的工作职责，完善了业主委员会组建办法；③ 明确了业主自我管理的规范要求；④ 明确了强化行业监管的主要手段；⑤ 明确了物业使用和维护制度要求。

(2)"十一五"期间的发展成果

住宅物业管理关系到民生、社会和谐，关系到广大居民居住质量和环境。

---

① 配套文件包括：《上海市住宅小区物业服务项目经理管理办法》(沪房管规范物〔2012〕24号)、《上海市物业服务企业和项目经理信用信息管理办法》(沪房管规范物〔2012〕25号)、《上海市物业服务企业和项目经理信用信息评价试行标准》(沪房管规范物〔2012〕26号)、《上海市物业管理招投标管理办法》(沪房管规范物〔2012〕27号)、《上海市物业管理招标代理机构管理规则》(沪房管规范物〔2012〕28号)、《关于调整公有住宅售后物业服务费收费标准的通知》(沪房管规范物〔2012〕29号)。

2006年以来，上海市房管局主管部门面对物业管理存在的种种难题，积极转换观念，开拓思路，研究制定《上海市住宅小区综合管理三年行动计划（2007—2009年）》，明确了具体的工作目标、主要任务和措施，使本市住宅物业管理工作取得新进展。上海市住房保障和房屋管理局协同有关部门，通过以下三项措施，使本市物业管理机制日益完善，有效提升了物业服务水平。

一是积极探索，逐步建立起住宅小区综合管理机制。从健全物业管理法规建设入手，创新制度、运作机制。建立了市、区（县）、街道（乡镇）三级住宅小区综合管理联席会议制度，共同推进住宅小区综合管理工作。逐步加强制度建设，先后制订和建立了维修资金监管、物业行业"四查"和物业管理满意度测评等制度，着力提高住宅物业综合管理水平。二是通过加强指导，不断提高业主自我管理能力。结合《物权法》实施，相继出台了一系列配套性文件，明确业主委员会成立、维修资金使用、物业服务企业选聘规则和业主委员会日常工作制度，增强业主自我管理能力；通过深化社区物业管理党建联建工作，强化街道、居民区党组织对业主委员会组建、换届和日常运作的指导，形成了物业管理和社区管理紧密配合、相互协调的良好局面。"十一五"期间，全市共组建业主委员会7 155个，占符合成立业主大会条件住宅小区的83.62%。三是不断转换管理模式，加大行业行政管理力度。加强物业服务企业资质管理，将物业企业资质和物业管理要求紧密挂钩，提高物业企业的综合服务水平。积极推进物业管理招投标制度，初步形成公平、公开、公正的市场竞争机制。截至2010年末，全市实施物业管理招投标项目789个，建筑面积达7 006万平方米。创建962121物业服务平台，通过服务热线，全天候为居民提供服务，居民的满意度有了明显提高。同时，从标准化、制度化和信息化三个方面着手，积极推进基层建设，提高基层物业行政管理能力，更好地推进属地化管理体制和机制的转化。

（3）"十二五"期间发展成果

"十二五"期间，上海住宅物业管理行业的发展成果，主要体现在政府紧紧围绕与百姓生活密切相关的住宅物业管理领域，通过加强物业管理行业的建设，全面提升居住质量和居住环境。根据《上海市住房发展"十二五"规划》的要求，市房管局不断推进"建管并举"，不断深化物业管理体制改革，加强居住物业管理，使广大市民安居乐业创造更加良好的环境。在总结经验的基础上，按照住宅小区综合管理的要求，进一步完善业主自我管理机制，提高业主自我管理能力；加强物业行业管理和行政监管力度，不断规范物业行政管理行为，提高行政监管效能；充分发挥社区党组织和居民委员会对业主委员会、业主大会和物业服务企业的指导和监督作用，建立健全相应的协调机制，及时协调解决物业服务纠纷，维护各方合法权益；逐步理顺物业服务收费机制，形成"质价相符、按质论价"的价格形成机制，确保物业服务顺利实施，全面提升广大市民对物业管理服务的满意度。具体工作的成果着重体现在以下四个方面：

——建立行业信用信息管理系统。建立覆盖全行业的物业服务企业和项目(小区)经理信用信息系统，将信用信息作为物业服务企业和项目(小区)经理业绩考评、资质等级和执业资格评定、项目招投标和评优的依据。

——完善962121物业服务热线功能。构建市住房保障房屋管理局、区住房保障房屋管理局(应急维修中心)、房管办和物业服务企业之间的信息网络，完善物业信息数据库和信息系统的功能，优化操作流程和运行机制，将热线作为受理物业服务投诉、反馈处置情况和接受居民监督的平台。

——建立"质价相符、按质论价"的住宅物业服务价格机制。建立政府指导价与市场调节价相结合的物业服务收费价格形成机制，将物业服务收费标准与服务内容、水平相挂钩，解决"同一小区同等服务、不同收费"问题，制定与物业服务等级对应的基准价格和浮动幅度，建立物业服务价格与物业服务成本联动的调价机制，为业主大会与物业服务企业协商确定物业服务内容和收费标准提供参考依据。

——制定了新一轮《上海市加强住宅小区综合管理三年行动计划(2015—2017)》。力争至2017年：完善住宅小区管理体制机制，进一步明确落实相关行政管理部门和专业服务单位的职责；形成以住宅小区为基础单元的居民自治和社区共治机制，业主自我管理能力和社区共治能力明显增强；建立"质价相符、按质论价"的物业服务收费协商和监督机制，推动物业服务市场社会化、专业化、规范化建设，物业服务水平和行业满意度明显提高；基本解决住宅小区中涉及民生的突出问题，广大居民的居住生活环境明显改善。

二、上海物业管理业态的基本特征

(一) 本市物业管理业态分布情况

本市房屋建筑整体业态主要由6.1亿平方米的居住房屋和5.4亿平方米的非居住房屋组成(图2-1)。

根据《关于调整本市房屋建筑类型分类的通知》(沪房地资市〔2003〕141号)，目前本市房屋分类主要按照建筑结构和使用性质或用地性质来进行划分的(参见表1-3)。

但是，物业管理行业为了便于区分管理的专业要求、政策要求和价格与收入来

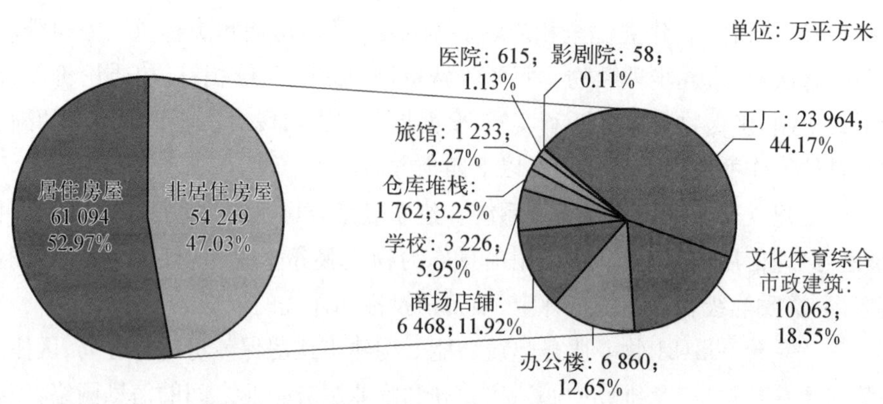

图 2－1 上海市房屋建筑分布概况（2014 年）

源，在居住类物业和非居住类物业分成两大类的基础上，将非居住物业这部分业态按照物业管理专业难度和物业财政支付来源区分为八大类（图 2－2）；居住类物业按照物业管理收费标准的不同、产权性质不同，可以分为非普通商品房（收费标准每月大于 2.30 元/平方米的别墅公寓楼）、普通商品房（收费标准小于等于每月 2.30 元/平方米的多层住宅）、经济适用房、公共租赁房和其他五大类（图 2－3）。

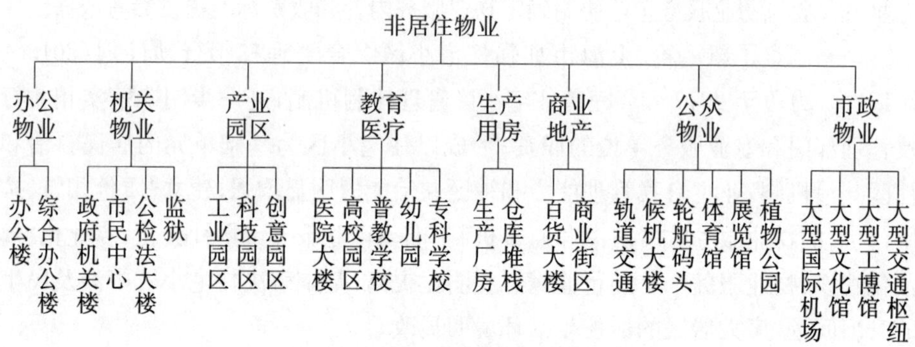

图 2－2 非居住物业类型分布示意图

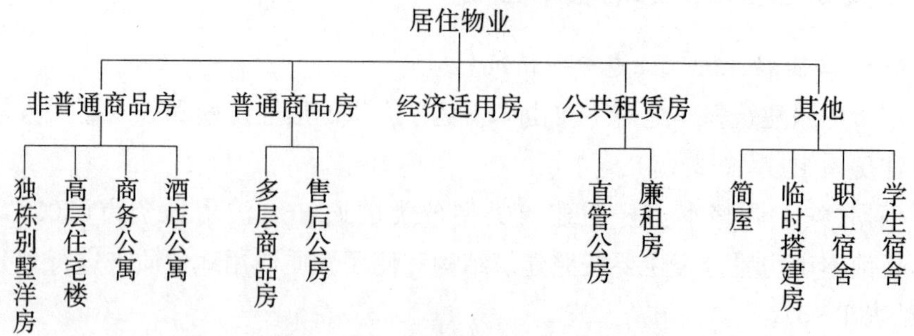

图 2－3 居住物业类型分布示意图

（二）各业态物业管理价格机制情况

上海市物业管理价格机制，在居住物业和非居住物业两大业态来看，存在着很大的机制差异。突出表现在：非居住物业管理的价格机制基本上按照市场化的准则，物业管理费价格与服务成本的优劣直接挂钩，整体上满足“质价相符”的价格原则；居住物业管理的价格机制，长期依赖于政府定价和指导价，物业管理费价格与服务成本严重背离，成为了本市物业管理中的一大难题。

1. 非居住物业管理的价格机制

目前本市非居住物业占全市房屋建筑的47%，约为5.4亿平方米。这部分物业的管理费价格，整体上是按照市场化原则，通过以下三种方式加以确定。

（1）政府采购平台

国家产权所有的房屋建筑或者财政支付占比大于等于50%的，按照政府采购的要求，由市采购中心实施公开招投标，确定中标人和中标价格；部分国家产权所有或财政支付占比小于50%的，由所在区政府采购中心或财政局认可的中介机构实施公开招标。当公开招标时，投标人不足三家的可以进行竞争性谈判或采取单一来源议标的方式确定中标人和中标价格。

（2）房地局招标平台

不涉及国家产权或财政预算的非居住建筑物业，现行法规要求建设单位必须在申办租赁许可证或预售许可证之前确定物业服务企业。如果建设单位自用物业或单一产权，可以通过邀请招标或商务议标的方式确定中标人和中标价格；如果非单一产权或有租售的非居住项目，则必须通过市房地局招标平台进行公开招标，特殊情况下经所在区房地局批准可以采取邀请招标的方式，确定中标人和中标价格。

（3）业主自行招标

非经营类建筑物业（如厂房、场库、企事业自用房）或国家规定的特殊建筑（军事用房等），可以由产权所有人或管理者采取商务议标的方式确定物业服务企业和服务价格。

2. 居住业态的物业管理价格机制

本市居住房屋类的物业管理价格，长期实施政府定价和政府指导价相结合的原则，仅有部分非普通商品房（中高档居住小区）在物业管理价格方面符合“质价相符”的要求。截至2014年末，本市共有6.11亿平方米的居住类房屋，根据房屋所有权性质（图2-4），其中88.4%为个人产权房（包括普通商品房、中高档非普通商品房和售后公房），1.8%为有限产权房（经济适用房），9.7%为公共租

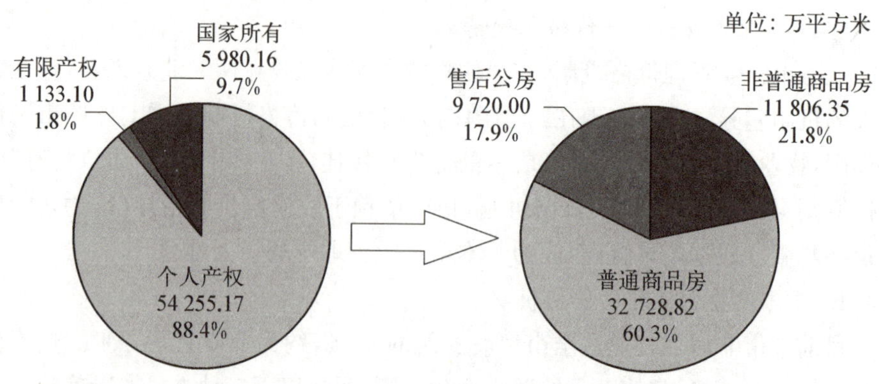

图 2－4　上海市居住房屋业态分布情况

赁房（直管公房和廉租房）。

在三种业态的居住房屋中，直管公房和廉租房的租户除了交付房屋租金之外，物业管理费由产权人从租金中提取支付。

经济适用房属于有限产权性质的商品房，在物业服务管理费方面，基本上采取政府最低指导价，不足部分由建设单位和所在地区政府予以补贴。物业提供的服务标准也相对降低，随着入住率的趋于饱和，物业运行财政亏损问题越发严重。

个人产权部分约占居住房屋总量的 88.4%，这部分主要由 21.8%的非普通商品房（中高档住宅）、17.9%的售后公房和 60.3%的普通商品房构成。在 2014 年市房地局放开物业价格政策出台之前，这三类个人产权房屋的物业管理费分别实施以下三种不同的政策。

(1) 售后公房价格机制的形成

1994 年 5 月 18 日，上海市人民政府发布了《关于出售公有住房的暂行办法》（沪府发〔1994〕19 号），提倡将公有住房由承租居民或职工购买后变为售后公房的住房改革方针，加快了城镇住房改革的同时，推动了物业管理走向市场化的步伐。1994 年 12 月 17 日，市府发布了《上海市公有住宅售后管理暂行办法》（沪府发〔1994〕59 号），在确定了物业管理组织基础上对物业管理基本内容作了明确的规定，并首次提出了住宅管理费的概念。

1995 年 9 月 21 日，根据《关于出售公有住房的暂行办法》中住宅管理费的规定，上海市房屋土地管理局和上海市物价局联合发布了《关于公有住宅售后管理服务费和房屋修缮人工费等收取标准的通知》（沪房地物〔1995〕522 号），在通知内正式明确了住宅管理费（分高层和多层）、电梯水泵运行费（仅高层）、服务费

(包括保洁服务费、保安服务费)的收取标准和支付方式。

1996 年 8 月 30 日,市房地局和市物价局对售后公房管理费和修缮人工费等标准进行了调整,并从新发布了《关于调整公有住房售后管理费和房屋修缮人工费等收费标准的通知》(沪价房〔1996〕第 219 号)。之后针对售后公房开始出现上市交易的情况,市物价局联合市房地局再次发布了《关于本市以职工住宅立项建造的小区内已售公房上市交易后等的物业管理服务收费问题的通知》(沪价商〔2002〕038 号),在通知中规定,职工住宅立项小区的已售公房上市交易后,业主的管理费、保洁费、保安费均按"沪价房〔1996〕第 219 号"规定的标准执行。这一收费标准从发布之日起一直沿用至今,直到 2012 年市房管局和市物价局,才再一次对该收费标准进行了重新的核定和调整。

2012 年,市房管局颁布了《关于调整公有住宅售后物业服务费收费标准的通知》(沪房管规范物〔2012〕29 号)。在通知中决定,用三年时间,通过逐年调整物业服务收费标准,逐步使物业服务收费标准与物业服务实际运营成本接轨,从而迈出了售后公房市场化价格机制改革的步伐。

(2) 普通商品房价格机制的形成

在 20 世纪 90 年代初,尚未形成商品房的统一的概念,为规范市场的收费行为,市物价局和市房管局于 1996 年 5 月 15 日发布了《上海市商品房住宅物业管理服务收费暂行办法》,提出了服务收费实行政府指导价。这一政策的目的旨在让物业服务企业和业主在物价部门规定的价格及幅度内,协商确定具体收费标准和服务收费的构成内容。

2003 年 9 月 1 日,国务院《物业管理条例》正式颁布。2003 年 11 月 13 日,国家发展和改革委员会、建设部发布了《物业服务收费管理办法》(发改价格〔2003〕1864 号),提出物业服务收费实行政府指导价格和市场调节价,可采用包干制和酬金制的方式收取物业服务费用,并确定了物业服务成本支出包括 9 项目内容。

2005 年 6 月 13 日,由市物价局和市房地局制定了《上海市住宅物业服务分等收费管理暂行办法》(沪价商〔2005〕011 号),从包括物业服务分等收费标准的制定、物业服务项目和等级的划分、收费标准的确定等方面,明确了上海市住宅小区物业服务收费五个级别的统一参考标准和最高收费标准。从分等收费标准的设计初衷来看,其中 1 级、2 级标准适用于售后房,3—5 级适用于普通商品房。由于最终该标准作为政府相应法规出台,使原本作为市场指导性价格规范被广大业主普遍认知为政府指导价格标准,因而 1—2 级标准并未在市场上得到普遍推广和应用，售后公房仍然普遍沿用按户收费的原有标准。此外，即便在商品房的价格方面，本市原郊县等区域则普遍采取同等服务标准降级收费的方法，使该地区的物业管理收费标准低于市中心地区，形成了“同市不同标准”的局面。

这种收费标准从发布之日起一直沿用了近 16 年。2015 年，国家发改委宣布放开 24 项商品和服务价格，该标准随之取消。

(3) 非普通商品房价格机制的形成

《上海市住宅物业服务分等收费管理暂行办法》(沪价商〔2005〕011 号)的出台，虽然解决了个人产权房屋中 60.3%的普通商品房物业收费价格的问题，但仍有 21.8%的中高档非普通商品房的价格难以适用。为此，市房地和物价部门联合决定，为中高档居住房屋超出“分等收费标准”限价(大于每月 2.30 元/平方米)的住宅小区，提供由住宅建设单位申报或业主大会自行协商定价的，并通过市物协组织专家评审的超标准物业管理费价格机制。

这一“超标准评审”价格形式，从当时的居住物业价格机制来看，无疑摆脱了“分等收费标准”的束缚，体现了“质价相符”的收费原则，但经过“超标准评审”价格仍然受到了“分等收费标准”的牵引，难以形成真正的市场化价格机制。

(三) 居住物业管理领域的主要特征

1. 本市直管和售后公房住宅占总量 55%以上

2014 年上海市常住人口总数为 2 425.68 万。据不完全统计，在 6.11 亿平方米的居住房屋中，约 70%普通居民居住在超过 55%的直管公房、售后公房、简屋，以及 2000 年前后兴建的大批普通商品房。

截至 2014 年的统计数据表明：直管公房建筑面积为 2 200 万平方米，售后公房为 1.1 亿平方米，简屋约为 11 万平方米。约 70%的普通居民居住在 3.3 亿平方米的普通商品房、售后公房、直管公房和棚户简屋内，这部分住宅的日常管理、清洁卫生、公共治安和房屋修缮等工作，以及百姓日常生活和社区和谐稳定，成为了本市物业管理的一大重要特征。

2. 有 50%普通住宅物业费处于入不敷出境况

有调查显示，在 3.36 亿平方米的普通商品房、售后公房、直管公房等普通住宅中，普通商品房和售后公房两种类型的小区物业管理费的收支状况约有 50%出现亏损，其中售后公房小区亏损率达到 90%以上。据不完全统计，本市 1.1 亿平方米售后公房小区，平均每平方米亏损金额为 5.25 元/年，全年亏损总额达到 5.78 亿元。究其原因是因为 10 年未变的物业管理费收入难以跟上急剧上涨的用工成本支出。主要问题出在以下几个方面：

(1) 10 年来政府定价机制未作调整

1996 年 8 月 30 日，市房地局和市物价局对《关于公有住宅售后管理服务费和房屋修缮人工费等收取标准的通知》(沪房地物〔1995〕522 号)进行了调整，并从新发布了《关于调整公有住房售后管理费和房屋修缮人工费等收费标准的通知》(沪价房〔1996〕第 219 号)。这一收费标准从发布之日起一直沿用至今，直到 2012 年市房管局和市物价局，才再次对这一收费标准进行了重新的核定和调整。

2005 年 6 月，由市物价局和市房地局制定的《上海市住宅物业服务分等收费管理暂行办法》(沪价商〔2005〕011 号)和《上海市住宅物业服务分等收费标准》，确定了上海市商品房住宅小区物业服务收费的统一参考标准和最高收费标准。2015 年 1 月发布的《关于加强住宅小区综合治理工作意见(沪府办发〔2015〕3 号)》和《上海市加强住宅小区综合治理三年行动计划(2015—2017)》(沪府办〔2015〕13 号)，提出了坚持市场化方向，按照“按质论价、质价相符”的原则，引导业委会和物业服务企业协商确定物业服务内容和收费标准。使本市商品房住宅小区物业服务收费价格逐步放开。

虽然本市售后公房物业服务收费标准从 2012 年至 2014 年 12 月进行了三次调整，但仍然跟不上年均 11%最低工资标准和年均 5%—6%CPI 的增长速度。商品房领域价格放开之后，由于业主和物业服务企业长期依赖于政府价格指导政策，物业服务费市场化进程举步维艰。

(2) 10 年来最低工资标准增长 6 倍

物业管理是一个劳动密集型行业。上海目前从业人员 41.03 万人，其中：保洁和保安人员共有 29.46 万人，约占总量的 71.8%，这部分员工工资标准基本上都贴在最低工资标准线上。本市每月最低工资标准从 1993 年的 210 元，增加到 2015 年的 2 020 元，增长幅度达到了 648.15%，平均每年增长 11%(图 2-5)。

不考虑水、电、煤等 CPI 对物业服务材料成本的影响因素，单是每年最低工资上涨因素直接促使企业工资性支出成本大幅增长。有统计资料显示，政府最低工资标准上涨 10%，企业间接工资增长幅度至少为 35%。因为清洁和保安岗位人员工资上调后，使得维修、客服、管理等一系列基层岗位工资“水涨船高”，以保持企业薪酬体系的整体平衡。由于物业管理支出成本与物业费价格严重背离，导致物业服务企业入不敷出，物业服务质量不断下滑，物业费收缴率逐年下降，广大业主利益遭受严重损害。

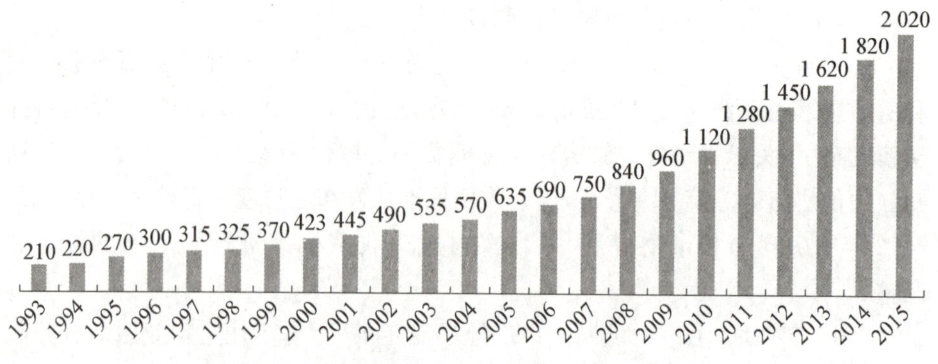

图 2-5　上海市最低工资标准调整情况(1993—2015)

2011 年 7 月中央电视台对沪上物业公司收缩情况进行了实地调查，并在《新闻直播间》节目中播发了“上海知名物业公司纷纷弃盘”的新闻报道。报道称，上海陆家嘴物业三年来已连续退出了 40 多个物业项目累计达 600 万平方米建筑面积，上海科瑞物业、申城物业等十几家企业两年来也相继推出了 50 多个项目，累计面积接近 1 000 万平方米。另据本市各区县房管部门掌握的情况来看，从 2012 年迄今，上海物业服务企业主动退出管理的小区约 220 个。一级企业退盘，二、三级企业接管，在涨价无望的情况下唯有选择明里或暗里降低服务标准的手段确保企业有利可图，最终引发了众多业主的强烈不满，业主与接管物业公司之间的矛盾日益激化，带来了一系列社会问题。

(3) 普通住宅物业费收缴率仅为 74%

有调查显示，由于售后公房和普通商品房的物业服务企业出现大面积的亏损，小区物业服务质量不断下降，使得大量业主因抱怨而拒交物业管理费，售后房居住小区物业管理费的收缴率从 2012 年的 80%下降到 2014 年的 74%，普通商品房收缴率从 2012 年的 90%下降到 2014 年的 85%，在住宅领域业主与服务企业之间的矛盾不断上升。

据抽样调查统计，2014 年本市售后公房欠缴物业费 2.65 亿元，普通商品房 3.63 亿元，累计全年度物业管理费欠收总额达到 6.28 亿元。

3. 商品房和售后公房维修资金缺失 23.6 亿

上海 1996 年 6 月颁布《上海市商品住宅物业管理服务收费暂行办法》(沪价房〔1996〕116 号)并开始设立商品住宅维修资金。迄今为止，在 1996 年 6 月 10 日前涉及 2 000 万平方米商品住宅维修资金缺失约 14 亿元，1996 年 6 月至 2000 年底期间缺失的 127 个小区应交未交维修资金余额 2.33 亿元。

1993年12月25日上海市人民政府转发《上海市关于出售公有住房的暂行办法》(沪府发〔1993〕44号),规定从1994年5月8日起开始归集售后公房“三项维修资金”。1994年12月17日上海市政府发布了《上海市公有住宅售后管理暂行办法》(沪府发〔1994〕59号),自1995年1月1日起,规定售后住宅的道路、照明路灯等在公共设施修缮资金中列支,不足部分在城市维护费中列支。《上海市公有住宅售后管理暂行办法》虽然已于2001年1月9日被《上海市人民政府关于废止等72件规章的决定》所废止,但相关管理体制一直未作调整沿用至今。因此,当前本市面临着街坊公共设施修缮资金余额明显不足,资金缺口高达7.24亿元,涉及3 994个住宅小区,严重影响了设施修缮和售后公房的安全使用。

4. 仅15%已建小区业委会保持有效运作状态

截至2014年,本市共有住宅小区约12 000个,其中商品房约3 800个,售后公房约4 100个小区,已经成立业主委员会的小区达到7 115个,占符合成立条件住宅小区总数的83%。有调查显示,上海虽然80%以上的社区成立了业主委员会,但真正有效运作的仅占15%左右,70%的业委会处于维持状态,另有15%与物业服务企业存在突出矛盾。

2007—2009住宅小区综合管理三年行动计划实施期间,在各区县房地局主管部门大力推动下,符合成立业主委员会的小区组建率大幅提高,为维修资金的使用,以及住宅小区综合治理创造了条件。本市业主委员会组建率虽然高于全国,但在业主委员会的实际运作过程中,各级主管部门在指导和监管方面却没有更多创新措施和方法,以至于大部分业主委员会的工作处于维持或停止或瘫痪状态,实际现状不容乐观。

2015年6月《中国新闻周刊》(第712期)发表的《中国“业主委员会”发展史:从维权到自治》一文中对上海的业主委员会做出了如下评说:上海市是一个强政权城市,有点类似新加坡,有着强权政府干预的基因。在这个城市,业主委员会几乎都是由基层政府组织成立,这在一定程度上削弱了业主委员会的维权属性,也不可能形成权力制衡。上海的业主委员会中专业知识结构和自发维权素养也较低于其他省份。有专家认为,在业主现有的意识和能力下,业主的组织很容易呈现一种循环的状态:当外部势力入侵,到了一定程度,大家开始组织对抗,就有了业主委员会。而一旦有了业主组织,发展商就不太敢侵权。业主一看发展商不再来了,就容易作鸟兽散。而业主委员会一旦不存在,物业公司就又开始来欺负业主,到了一定的程度后,就又组织业主委员会。专家同时指出,业主组织发展的一个突出问题是可持续性的问题。“一个可持续的小区的评价机制，是业委会能不能正常更换，正常选举。一个小区是不是成熟，要看小区有没有发生过对业委会的罢免。”但是现状不容乐观，大多数业主组织都遇到了可持续发展的瓶颈，定期选举无法实现，参与者后继无人。华远地产董事长任志强在一次受访时说：“年轻人连业主委员会的责任都不愿承担。”

5. 社区治安和环境公共职能使企业负担加重

在行业调查过程中，有不少专家指出：中国物业管理与国外相比最大的特点就是小区“封闭式”管理模式。在世界各发达国家以及香港和台湾地区住宅小区基本上是开放式的，除了大楼内部安全、保洁、设施设备之外，其余外部公共区域的治安和卫生都与整个城市连成一体，属于市政公共区域的管理范畴。从深圳市第一个商品房小区建成起，全国几乎所有小区都采取规划区域内通过围墙的方式将小区形成一个相对封闭的环境，这种小区封闭式的管理模式，对维护城市公共安全、净化社会治安秩序、提供百姓安居乐业和创建城市文明小区起到了十分重要的作用，但同时也造就了一支非常庞大的物业保安和清洁人员队伍，使物业管理的成本大幅度提高。

本市目前约 12 000 个居住小区中，共有 19.94 万保安人员和 9.52 万清洁人员，共创建了 2 234 个文明小区。这部分保安人员的小区秩序维护和清洁工对道路、绿化和垃圾清运工作，客观上承担了大量的社会职能。

调查资料显示，本市长宁区共有售后公房小区 353 个，分布在区内 10 个街坊，总建筑面积为 182.24 万平方米，共有保安人员 1 966 人，清洁工 695 人，平均每个小区配备保安 6 人、清洁工 2 人。在 353 个售后公房小区中收不抵支的小区有 326 个，亏损小区占 92.4%，全年亏损总额为 5 261 万元。为此，2010 年 8 月长宁区人民政府办公室签发了《关于进一步提高长宁区居住小区物业管理水平的实施意见(试行)》，推行物业管理一体化激励机制，每年从区财政上投入 2 000 多万售后公房物业管理考核激励资金，迄今已连续开展了五年。据保守估计，全市 15 区 1 县针对售后公房小区每年投入激励或补助财政资金约 3.3 亿元(每月补贴单价 0.25 元/平方米)。但政府投入的这部分激励资金，对本市 1.1 亿平方米的售后公房小区总亏损额而言，仍然显得捉襟见肘。为此，物业服务企业承受着很大的经济压力。

除此之外，物业服务企业在协助各区和街道创建文明小区、创建全国文明社区、配合全市节假日建筑景观照明、2000 年和 2010 年全国人口普查工作、解决下岗失业人员再就业、2001 年上海 APEC 峰会、2010 年上海世博会等重大社会活动中,投入了大量的人力和物力,承担着一系列社会公共职能。

三、上海物业管理行业亟待解决的问题

(一) 如何在政府职能转变阶段完善法制化建设

2014年,上海市建设管理委、上海市住房保障和房屋管理局牵头开展住宅小区综合治理调研工作。在充分调研、分析问题成因的基础上,上海市政府出台了《关于加强本市住宅小区综合治理工作的意见》(沪府办发〔2015〕3号)和《上海市加强住宅小区综合治理三年行动计划(2015—2017年)》(以下简称"三年行动计划")两个文件,从政府、市场、社会和民生四个层面,提出理顺管理体制机制、完善物业服务市场机制、形成社区共治合力、解决民生突出问题四项措施,为加强本市住宅小区综合治理工作,建立与特大型城市相适应的治理模式提出了行动指南,明确了工作目标、主要任务和职责分工(表3-1)。市政府此次出台"三年行动计划",对本市住宅小区的综合管理无疑是具有非常重要的意义和作用。纵观文件的具体内容不难发现,"三年行动计划"的重点是以落实政府主管部门的主体责任和基层基础,通过解决居民热切关注的住宅小区突出问题为突破口,达到提升居民居住满意度为目标。通过这一系列措施我们不难发现政府的职能重心正在发生转变,尤其是提出了"发挥市场作用,促进物业行业健康发展"。

表3-1 2015—2017"三年行动计划"措施一览表

四大措施	分项措施	措施要求	具体内容
1. 完善管理体制机制,提高住宅小区综合管理水平	1.1 细化完善住宅小区综合管理职责清单	明确监管分工;明晰管理边界	谁监管行业谁负责;谁主管市场主体谁负责;谁收费谁负责
	1.2 做实住宅小区综合管理联席会议制度	市、区县、街镇	
	1.3 建立健全街镇城市综合管理平台	建立街镇城市网格化综合管理机构;建立完善住宅小区综合治理工作机制	
	1.4 城市网格化管理模式向住宅小区延伸覆盖	建立快速发现机制;畅通信息报送渠道;快速处置热点难点问题	长效常态的多部门工作协同机制;事前事中事后的持续跟踪机制;全面集中的数据共享利用机制

续　表

四大措施	分项措施	措施要求	具体内容
1. 完善管理体制机制，提高住宅小区综合管理水平	1.5　健全住宅小区综合执法模式	执法进驻小区；城管综合执法；市场监管；治安；交通等	
	1.6　强化考核督查力度	形成市、区县、街镇分层考核督查机制；形成由行政监察部门负责的跟踪督办和问责机制；形成将考核督查的结果与相关部门绩效挂钩的奖惩机制	
2. 发挥市场作用，促进物业行业健康发展	2.1　完善物业服务市场机制	促进收费公开透明；建立物业服务市场信息发布机制；发挥社会中介机构专业化服务作用；建立物业服务收费及相关事务的协商协调、指导监督和应急处置机制；对酬金制物业服务计费方式予以支持	
	2.2　研究落实物业服务行业税收政策	研究物业服务行业“营改增”后各类运营模式的税收衔接工作；鼓励住宅小区内物业服务开展专业服务外包；研究完善业主自行管理物业模式的物业服务收费票据管理等配套政策	
	2.3　强化物业行业监管	加大物业服务企业资质管理力度；继续完善和推行物业管理招投标制度；加快完善物业服务企业及从业人员信用信息管理	
	2.4　推动物业行业创新转型发展	推动物业服务企业的整合、改制、兼并和重组；加快培育专业服务市场；探索物业管理的增值服务新业态和多元发展新模式	
	2.5　促进本市劳动力在物业行业就业	适度提高对吸纳特定人员就业的物业服务企业补贴；增加对特定人员在物业服务企业就业的个人补贴	

续 表

四大措施	分项措施	措 施 要 求	具 体 内 容
3. 发挥居民自治和社区共治作用，增强住宅小区综合治理能力	3.1 进一步发挥居委会在业主自治管理中的作用	对业主委员会提供指导、监督和服务	
	3.2 优化完善业主自我管理规制	修订完善示范文本；推进实施上海市文明居住行为规范；提高业主大会组建率和业委会运作规范率	
	3.3 建立教育培训长效机制	在全市设立东、西、南、北、中五个公共实训基地，基地建设、场地租金和管理经费由市、区县政府予以支持	业委会；居委会；街镇及房办；社会中介机构
	3.4 建设住宅小区基础信息平台	加快推进"一库三系统"建设：构建覆盖全市统一动态更新的房屋数据库；建立跨部门、跨领域的住宅小区业务协同办理系统；完善行业行政监管系统功能；拓展住宅小区综合服务系统功能	
	3.5 建立居住领域信用管理制度	将违法违规行为纳入本市公共信用信息平台	拒不续筹专项维修资金；违法搭建；破坏房屋结构；"群租"；擅自"居改非"；拒交物业服务费
	3.6 积极发挥人民调解组织作用	实现街镇层面调解工作的全覆盖；充实人民调解专业力量，配足调解人员；提升调解人员的专业水平；经费支持保障	
	3.7 培育专业社会中介组织参与住宅小区管理事务	通过政府购买服务的形式，实行项目化操作，形成专业社会中介组织提供公共服务和解决事项的社区治理模式	业主大会组建；业委会换届改选；物业选聘；维修资金使用；物业矛盾纠纷化解
4. 整合各方资源，解决住宅小区民生突出问题	4.1 推进住宅小区电力设施改造和理顺供电管理体制	市电力公司负责制定改造方案，2017 年底全面完成改造工作	明确产权关系和设施设备维修养护责任分界点； 实施电力设施更新改造，三年完成 300 万户改造任务； 调整住宅供电配套费收费标准

续　表

四大措施	分项措施	措施要求	具体内容
4. 整合各方资源，解决住宅小区民生突出问题	4.2　加快住宅小区老旧电梯安全评估和改造更新	制定《住宅小区老旧电梯安全评估三年行动计划》，建立健全住宅小区电梯使用安全管理、维护保养、安全评估、修理改造更新的长效机制	用3年：实施住宅小区老旧电梯安全评估改造，完成2 600台老旧电梯安全评估任务； 用5年：力争解决使用年限超过15年的早期商品房、"售后房"、直管公房和系统公房以及混合型住宅等小区老旧电梯存在的安全风险问题
	4.3　加快住宅小区老旧消防设施改造更新	不断提升消防安全管理水平	实施住宅小区消防安全整治三年行动计划；修订完善相关法规规章和技术规范
	4.4　加快二次供水改造和理顺管理体制机制	2015—2017年，每年完成2 000万平方米左右的老旧住宅二次供水改造	供水企业接管居民住宅二次供水设施后，供水企业承担的管养经费列入供水成本，并纳入供水企业成本规制、成本监审范围，通过价格机制逐步解决；物业服务企业相关服务支出及水泵运行电费仍按原渠道由业主承担；在水价调整到位前，研究过渡阶段的解决措施
	4.5　加快住宅小区积水点改造	2017年底前，基本完成600多个住宅小区积水点改造工作	水务部门牵头改造外围地势较高导致积水；区县街镇督促改造内部设施不完善导致积水
	4.6　完善住宅质量的投诉处理	提高住宅质量管理和投诉处理效能	制定处理办法，明确专职管理部门负责调处投诉；推行实施工程质量保险办法；落实分户验收复核抽检制度；建立工程保修节点质量评定制度；修订完善《建设工程质量管理条例》《房屋建筑工程质量保修办法》等相关法规

续 表

四大措施	分项措施	措施要求	具体内容
4. 整合各方资源，解决住宅小区民生突出问题	4.7 加大老旧住宅小区绿化建设力度	提升老旧住宅小区绿化布局和绿化品质	提高住宅小区绿化养护专业化水平；拓展专业养护覆盖面；妥善处置住宅小区大树遮阳挡风、损绿毁绿等问题
	4.8 加大违法建设、“群租”等顽症治理力度	整治一批违法违规用房行为，源头遏制“群租”现象蔓延	完善发现、报告、劝阻、处置机制；整合法律、行政、社会和社区规范等资源；增加公共租赁住房供应机制
	4.9 努力缓解住宅小区“停车难”问题	多策并举缓解住宅小区停车难问题	制定实施缓解住宅小区停车难专项计划；利用闲置地块、绿地的地下空间新建停车场(库)；研究选择合理区域集中建设大型停车场(库)；修订调整相关法规在住宅小区停车场(库)建设土地获取、容积率、绿化率等方面的规定；研究设立停车设施建设专项资金；制定住宅小区停车设施建设和管理办法；鼓励有条件的住宅小区与周边共享停车资源，实施错时停车；推广住宅小区机械式停车
	4.10 加快解决商品住宅专项维修资金历史遗留问题	1996年6月10日前涉及的约2 000万平方米商品住宅维修资金缺失问题，参照政策出台后的筹集标准，按照“业主出资为主、政府补贴为辅”的原则，解决商品住宅专项维修资金问题	按照制度实施后约14亿的筹集总额，业主自筹与政府补贴金额按6∶4比例承担，其中政府支持部分市、区比例按照50∶50承担，其中市级财政承担部分从公有住宅净归集资金中予以安排，区县政府承担部分由区县政府予以落实
		1996年6月至2000年底期间缺失的127个小区，由相关区县负责追缴，无法追缴的由区县政府支持解决	应交未交问题，相关区县政府督促小区业主做出补建决定，自行筹集0.96亿元；应由开发企业缴纳的1.37亿元缺失无法追缴的，由区县政府支持解决

续 表

四大措施	分项措施	措 施 要 求	具 体 内 容
4. 整合各方资源，解决住宅小区民生突出问题	4.11 加快解决"售后房"小区的"三项维修资金"历史遗留问题	"售后房"小区维修资金部分由市、区县政府承担补足，使"售后房"小区维修资金与商品房住宅小区并轨	市级财政承担 40%部分从公有住宅净归资金中予以安排，区县承担 60%部分由区县政府予以落实

然而，"三年行动计划"在四大措施及 29 个分项措施中，具体实施的过程和方法还是显得比较笼统，要能实实在在的落地，则需要政府主管部门进一步开展深入研究和分步实践与探索。特别是在政府职能转变过程中如何解决现行法规中存在的系统性滞后和缺陷，逐步健全完善的、系统的法制环境，是关系到"三年行动计划"提出的"建立与特大型城市相适应的治理模式"能否实现的根本保障。

政府行政主管部门或司法机关为维护物业管理的规范，使其有序运作，对物业管理法律关系主体在物业使用、维护、监控等方面进行监督，并颁布了从中央到地方所有立法机关、行政机关制定的法律法规、行政规范、地方性法规、部门规章和司法解释等各类规范性文件。然而，分析现有人大及各级政府部门出台的相关法律法规和行政规范文件，可以发现以下几大阻碍物业管理市场化发展的缺陷。

2007 年 3 月，第十届全国人民代表大会第五次会议高票通过了《中华人民共和国物权法》，明确了物权所有人的权利和义务，为物业管理相关法规的制定奠定了基础。2007 年 8 月国务院修订版《物业管理条例》，理顺了物业管理活动过程中相关利益方的法律地位和关系，明确了物业服务企业的具体责任和要求。仔细梳理物业管理所依据的《物业管理条例》以及各地方政府所制定的各类行政规范文件，可以清楚地发现，这些法规性文件都突出强调了物业管理活动中各行为主体间的活动规则，即物业管理活动中业主、物业服务企业、政府部门的权利和义务。缺乏一部较完整的针对房屋建筑物管理的核心法规，目前对房屋建筑物管理的相应条文散见于各行政法规中，严重影响了物业管理活动相关各方对物业提供有效的管理、服务和监督。

通过对国内外物业管理的法律法规进行比较可以发现(表 3－2)：① 我国物业管理相关法律法规在立法思想和管理模式方面都缺乏"以建筑物全寿命周期"的统筹思想；② 我国法律法规中基本没有强制性技术标准，规范中常采用标准"下限"的表述方式，同时缺乏强制检测鉴定标准；③ 由于我国幅员辽阔，各地自然和社会环境迥异，加上我国立法制度上地方性法规不能超越上法的原则，使得像上海、深圳等沿海发达地区的地方性法规远远滞后于城市本身的快速发展需求。

表 3－2　国内外房屋建筑物管理法律法规的比较汇总

内容	中国大陆	中国香港	中国台湾	新加坡	美　国
体系	梯形结构	金字塔结构	介于中国大陆和中国香港之间	金字塔结构	分散结构
法律层次	I. 法律 II. 行政法规 III. 部门规章和地方法规规章	I. 法例 II. 规例	I. 法律 II. 法规命令 III. 行政规则和地方法规命令	I. 法令 II. 规章	I. 联邦法律 II. 州法律 III. 州县市地方法规（参照非政府专业机构的推荐文本而制定）
法律结构	章节式结构，整体修订，修订周期较长	活页式结构，逐条修订，修订周期很灵活	章节式结构，逐条修订，修订周期较灵活	活页式结构，逐条修订，修订周期很灵活	活页式结构，逐条修订，修订周期很灵活
管理模式	以建筑物所处阶段为单位在多部法律法规中分别管理	以建筑物全寿命周期为单位在一部法例中统筹管理	以建筑物全寿命周期为单位在一部法律中管理，仅简单加合	以建筑物全寿命周期为单位在一部法令中进行统筹管理	以建筑物全寿命周期为单位在综合性法律中进行管理
管理对象	按照建筑工程类型划分管理对象	按照所有权种类划分管理对象	按照建筑物用途划分管理对象	按照所有权种类划分管理对象	按照所有权种类划分管理对象
核心法律	缺乏一部较完整的房屋建筑物管理法规，目前相关条文散见于各行政法规中	以《建筑物条例》的相关条文为房屋建筑物管理的核心法例	以《建筑法》等的相关条文为房屋建筑物管理的核心法例	以《建筑管理法》等的相关条文为房屋建筑物管理的核心法令	联邦层面没有有关建筑物管理的核心法律，但存在由非政府组织 ICC 推荐的《国际建筑物标准》示范文本系列，这些示范文本系列经各州批准成为地方法规，因此在一定程度上，ICC 条例起着对核心法律的替代作用

续 表

内容	中国大陆	中国香港	中国台湾	新加坡	美 国
强制标准	法律法规中基本没有强制性技术标准，规范中常采用标准“下限”的表述	在法例规例中分散制定了大量强制性技术标准，通常采用标准“上限”表述	在法规命令中集中制定了大量具体的强制性技术标准，有利于执法和法制宣传	在法令法规中分散制定了大量强制性技术标准，以及强制检测规定	各州县市镇的建筑物条例中既包括大量技术标准，也包括各种管理规定，具有地方法规的强制力，仅联邦建筑物对其享有豁免权
立法思想	为照顾各行业特点和便于建设行政主管部门监督管理而分别对不同类型建筑物进行管理	以建筑物全寿命周期的思想进行管理	源于中国大陆传统的行政体制文化，部分吸收借鉴了香港和新加坡的特点	以建筑物全寿命周期的思想进行管理	以建筑物全寿命周期的思想进行管理
法制环境	法制环境不够成熟，中央法律法规在地方不能完全顺畅执行，立法工作起步较晚	法制环境非常成熟，法例规例能够得以顺畅严格执行，立法工作起步很早	法制环境比较成熟，法律法规比较完善，立法工作起步比较早	法制环境非常成熟，法例规例能够得以顺畅严格执行，立法工作起步很早	法制环境非常成熟，联邦法律和各州法律复杂而严密，立法工作起步很早

资料来源：《国内外房屋建筑物管理制度的比较和借鉴》李睿，清华大学，2010。

综合以上分析，我们可以发现目前本市物业管理相关的法律法规和地方行政规范文件的数量之多、范围之广，在其他任何行业领域中都是具有代表性的。但这些法律法规并没有真正提高物业管理行业的整体水平，许多矛盾和顽症十分突出。因此，我们认为有必要对现有本市各类行政规范性文件进行梳理和甄别，在政府职能转变的同时，切实解决现有法规系统性滞后和缺失的问题；“以建筑物全寿命周期”的统筹思想，补充和修订各类与建筑物管理相关的强制性技术标准。

（二）如何提高业主消费意识，提升业委会能力

市场调研结果表明，本市居住物业小区业主与物业服务企业在价格认知上存在着较大的差异，由于长期以来政府在物业管理收费价格方面实施的指导价格政策，导致业主和物业服务企业对政府定价和指导价格具有较强的依赖性。

1. 业主对物业管理费价格构成缺乏认识

本市现行住宅物业管理活动中，业主和服务企业由于所处的立场不同，对物

业管理的价格认知程度存在着较大的差异。

调查数据显示，业主自我感觉对物业服务成本的构成情况“了解”和“有些了解”的比例约有 80.7%(图 3－1)，认为“不清楚”或“没必要知道”的占 19.2%。但是，在确认小区目前物业管理收费标准高低状况时，选择“过低”的物业公司占 75.3%而业主占 27.1%(物业公司高于业主 48.2 个百分点)，选择“适中”的物业公司占 21.7%而业主为 45.3%(物业公司低于业主 23.6 个百分点)，选择“过高”的物业公司为 2.7%而业主为 6.5%(物业公司低于业主 3.8 个百分点)，另有 21.1%的业主则选择“说不清”(图 3－2)。

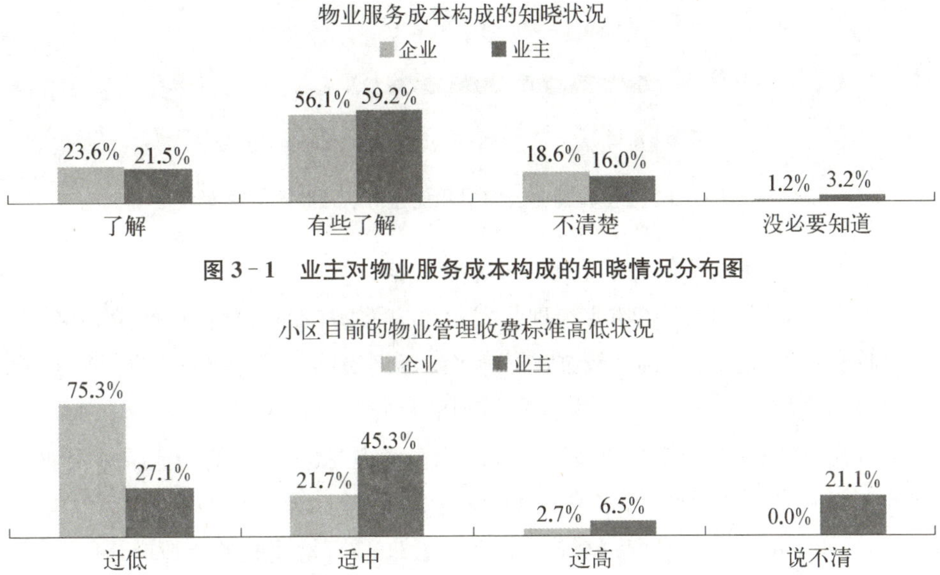

图 3－1　业主对物业服务成本构成的知晓情况分布图

图 3－2　业主和物业公司对物业收费标准认知情况分布图

在物业小区是否盈亏情况的调查中，可以发现接近四成的调查对象认为本小区物业管理费用能够“勉强保本”(物业公司 38.6%，业主 41.4%)，而在亏损或盈余方面物业公司与业主之间存在着很大的认知差异，有 24.4%物业公司认为亏损很大有退盘的考虑，有 31.6%的业主认为是有盈余的。更有 22.4%的业主认为“没必要知道”是否盈亏，而物业公司则表示靠政府补贴勉强维持现状(图 3－3)。

进一步调查发现，上述供需双方虽然对成本构成的了解程度上差异不大，但在具体价格的构成上所体现的较大差异之根源，主要是业主对物业费用中的显性成本具有较清晰的了解，而对于隐形成本(如公用设施设备运行养护成本、服务人员的从业资格等)方面缺乏足够的认识。

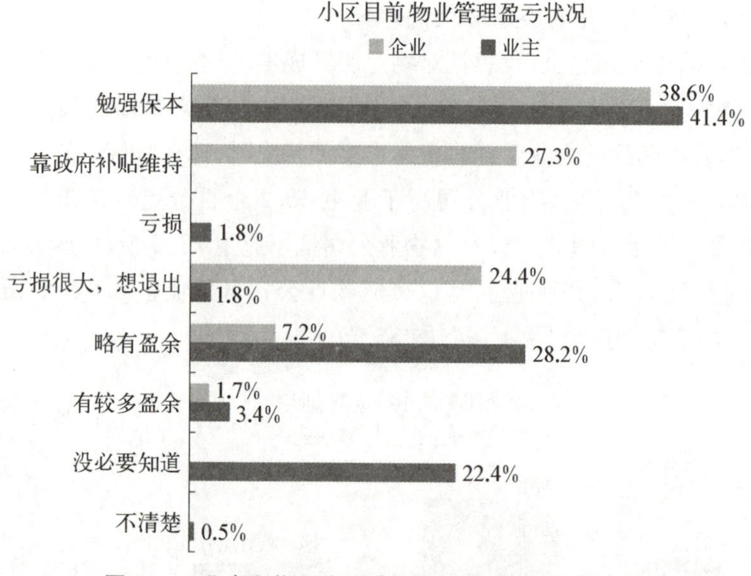

图 3-3 业主和物业公司对物业盈亏认知状况分布图

2. 长期依赖政府使业主不愿认可市场价格

由于长期以来政府在物业管理收费价格方面实施的指导价格政策，导致市场对政府定价或指导价具有较强的依赖性。调查结果显示，住宅小区一旦遇到管理费亏损情况时，50.5%业主首先想到的是找“政府补贴”(图 3-4)，23.7%业主认为应“提高物业服务收费”，13.9%则会考虑“找一家新的物业服务企业”。在调查物业管理如何“确定合理价格的方式”问题时，63.7%物业公司和61.15%业主都选择了由“政府统一定价”(图 3-5)，物业服务企业有 14.9%选择“公开账目让业主决定是否提价”、10.6%选择“由市场决定，如亏损则退出”；业主方中有 28.2%选择委托“第三方中介机构评估定价”、22.4%选择由“市场竞争定价”。由此可见，无论是物业公司还是业主，在处理本小区物业亏损或考虑物业费定价时，更多依赖于政府补贴或政府统一定价。长期政策管控制度严

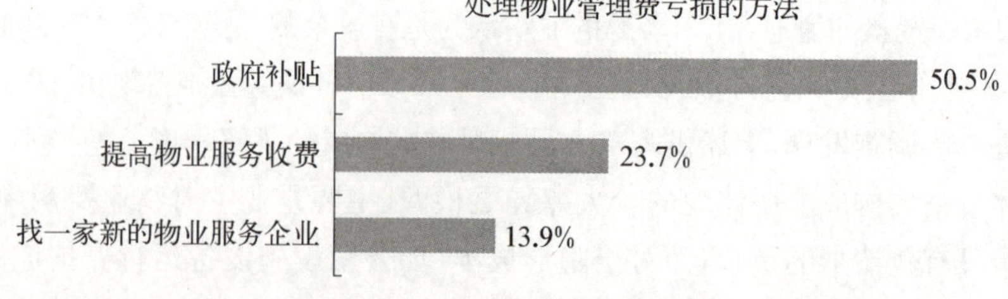

图 3-4 业主应对物业管理费亏损的方法排序图

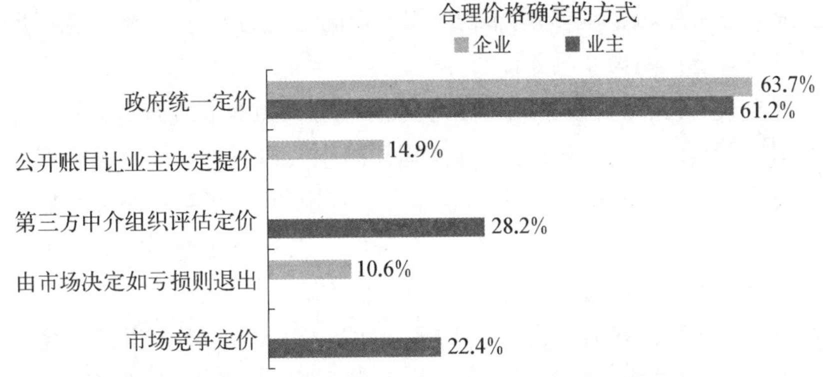

图 3－5　业主和物业公司确定供需合理价格选项分布图

重阻碍了物业管理市场化价格机制形成。

另一个值得重视的问题是，无论业主还是物业公司，对通过市场化招投标竞争手段来合理确定价格的方式认同的比例并不高，业主仅为 22.4%，物业公司仅为 10.6%(图 3－5)。在价格问题上，物业公司在“提高物业服务收费”未果的情况下会选择退出管理，业主方则不太愿意涨价而会更多的考虑另选新的物业服务企业。

3. 推行酬金制模式能有效改变业主消费观念

国家发改委和建设部于 2003 年 11 月联合下发的《物业服务收费管理办法》中提出了“业主与物业服务企业可以采取包干制或者酬金制等形式约定物业服务费用”。经过十多年的实践证明，推行物业管理酬金制模式不仅能够有效提高业主消费观念，同时也能促进业主委员会的自治管理能力。

包干制、酬金制是物业管理计费的两种不同方式。包干制是指由业主向物业服务企业支付固定物业服务费用，盈余或者亏损均由物业服务企业享有或者承担的物业服务计费方式。现在，多数住宅小区实行的都是此计费方式，原来各级物价部门制定的物业服务收费标准，也是采用包干制制定的。包干制简便易行，对业主的要求不高，适合于规模较小、没有业主委员会的小区。包干制不仅会存在更多的非市场行为，不利于业主与物业之间的沟通和谅解，同时也会导致业主或业主委员会疏于对物业服务企业的财务预决算管理，稀里糊涂消费，极易造成“既然包干了就应涨价”的错误观念。对物业服务企业提高技能和专业化发展有一定的阻碍，业主委员会对物业服务企业的监管能力也难以提高，一定程度上制约着行业的发展。

酬金制是指在预收的物业服务资金中按约定比例或者约定数额提取酬金支

付给物业服务企业，其余全部用于物业服务合同约定的支出，结余或者不足均由业主享有或者承担的物业服务计费方式。酬金制是一种半自治与专业服务相结合的管理模式，实质是实报实销制，物业服务企业按照双方协商确定的预算预收基本费用，一个会计年度结束后进行决算并向业主多退少补。酬金制更体现了市场经济的要求，更透明化，有助于企业自我管理，有利于物业服务企业专业化水平的提高。但是酬金制对业主的要求较高，可以有效促进小区业主委员会增强消费意识和成本核算监控能力，提高小区整体管理水平。

目前全国各地都在试行物业管理酬金制模式，酬金制不仅提高了物业收支情况的透明度，促进物业服务企业和业主协商机制的形成，进一步增强企业的管理水平、提升业委会的监督能力、提高居住小区服务质量的持续稳定与发展，同时在未来税制改革方面也有十分积极的作用。

(1) 有效地提高物业收支情况的透明度

采取酬金制模式，需要物业服务企业定期公布物业管理财务账目，提高了物业财政运作的透明度，可让业主对小区的花费和收益都真正享有知情权和决定权，业主通过财务账目与所享有的服务质量比较，能够直观地感受到“质价相符”的程度。虽然酬金制施行的一个基本条件是居住小区需要成立业主委员会，但对上海目前情况而言，80％的组建率无疑对推行酬金制模式具有非常有利的条件。

(2) 促进企业和业主协商机制的形成

酬金制实行过程中需要建立一个从财务预算到决算的关键过程。因此，在外部因素发生变化的情况下——如员工最低工资标准的调整或业主服务要求的提升，业主都能在企业每年提交年度财政预算的时候，就能充分了解和掌握预算调整的具体情况，在协商一致的情况下，对新年度的物业管理财政预算做出合理的安排，减少情况变化时候扯皮的矛盾。

(3) 进一步增强企业的管理水平

酬金制的实行需要企业不断增强自身的管理水平，在提交财政预算和决算的时候必须精打细算、严格按照相关政策法规的要求、遵循“合理必须”的基本原则，制定相应的财务预算计划。在具体财务计划实施过程中企业必须真正做到专款专用，对财务决算中的任何主观偏差承担相应的责任。因此，对物业服务企业而言，酬金制不仅要求企业具备扎实的财务预算能力，同时在预算执行过程中每笔款项都能真正做到“精准”，每分钱都要用到实处，最终经受全体业主的检验。

(4) 有助于提升业委会的监督能力

包干制情况下，一旦业委会与企业商定了包干总价，业主就丧失了对财务的知情权，从某种意义上来看业主也没有必要有太多的财政监督能力和要求。酬金制模式则要求业主委员会必须代表全体业主，对物业服务企业的财政预算和决算实施有效监督。要达到真正的监督效果，业委会必须全面了解和掌握小区物业管理的具体情况，具备一定的财务知识和审核判断能力，才能对物业收支的每一笔费用心知肚明。当业委会确实不具备这方面能力时，也可以聘请外部中介机构对财务预决算进行专项审核，切实保护全体业主的切身利益。因此，酬金制模式不仅对物业服务企业的管理能力的监督与制衡，也对提升业主委员会的监管能力有一定的促进作用。

(三) 如何形成物业管理市场化价格机制

1. 现行价格机制所存在的问题

(1) 价格管理权限仍然集中在政府部门

当前上海市住宅物业管理价格机制主要由两部分组成，一是依据《上海市住宅物业服务分等收费管理暂行办法》和《关于调整公有住宅售后物业服务费收费标准的通知》为核心的普通商品房和售后公房政府主导价格机制，二是由住宅建设单位申报或业主大会自行协商定价的超标准物业管理费价格机制。从目前住宅物业市场情况来看，政府价格机制政策覆盖率占到了整个市场总量的68.1%，超标准或业主自主定价的只占不到4%，其余不到27.9%属于建筑容积率小于0.5和部分业主自主定价。因此，本市物业管理价格机制绝大部分依赖于政府定价或指导价，无论是主观意愿还是客观现实情况表明，住宅物业管理费价格的管理权限是政府部门而非消费者。

(2) 价格形成途径难以造就合理的价格体系

有序市场经济环境下的价格形成机制有两个主要特点：一是企业自主制定价格；二是由市场形成价格。也就是说企业经营者依据商品和服务的价值，根据市场供求变化和竞争情况，自主制定价格。在物业服务行业，物业管理费的价格形成机制一方面通过服务企业依据提供物业管理与服务的市场平均成本加上社会平均利润自主报价，另一方面则通过与业主的协商或市场竞争，由业主或招投标评审进行选择。但现实情况下，物业管理价格主要由三种途径形成，即：建设单位前期物业招标、业主委员会物业管理招标和超标准价格评审。这三种途径的价格形成方式都有几个共同的特点：一是招标人都将政府指导价作为选择招标价格的主要依据，但政府指导价的通用性太强，只考虑到一般住宅小区共性的服务需求，而无法涵盖整个市场上不同住宅类型的个性化服务内容与特征，这部分内容无论建设单位还是业主委员会基本上都是刻意回避的，从而导致价格的失真。二是招标人都希望在较低的价位选择较高的服务，建设单位为了便利销售、业主委员会则更多考虑小区稳定，随着时间的推移价格成本不断上涨，物业收支亏损或服务标准下滑的矛盾日益凸显，最终侵害了广大业主的利益。三是超标准评审仅仅是通过比较的方式评定申报资料所提出的收费价格，而对申报标准及价格是否切合小区业主和使用者的实际需求则往往难以确认，在判定申报资料的真实性和客观性方面同样存在着较大缺陷。

(3) 价格调控机制与市场经济发展脱节

1994 年出台的公有住宅售后物业服务费标准和 2005 年发布的商品住宅物业服务收费标准，长期以来作为政府指导价格一直被行业沿用到现在。住宅物业服务价格中有 60%—75%是人员成本，本市最低工资标准近 10 年来持续增长，加上水、电、煤市政公共费用也在逐年提高，不考虑 CPI 对物业服务材料成本的影响因素，单单人员最低工资上涨因素直接促使物业公司工资性支出成本大幅增加，致使本市 50%以上的普通住宅物业管理费处于入不敷出的严重困境。

目前行业的价格调控机制与市场经济发展严重脱节，由此导致了物业服务企业入不敷出，物业服务水平难以提高，物业服务费收缴率低，优秀企业抛盘情况频发，广大业主利益遭受严重损害。

(4) 供需双方在价格认知的矛盾阻碍市场化价格形成

本市现行住宅物业管理活动中，业主和服务企业由于所处的立场不同，对物业管理的价格认知程度存在着较大的差异。供需双方虽然对成本构成的了解程度上差异不大，但在具体价格的构成上所体现的较大差异之根源，主要是业主对物业费用中的显性成本具有较清晰的了解，而对于隐形成本(如公用设施设备运行养护成本、服务人员的从业资格等)方面缺乏足够的认识，再加上长期以来双方形成的不信任感，往往在价格形成上无法达成一致。

2. 急需建立有效价格调节机制

本市物业管理价格机制的矛盾突出体现在售后公房和普通商品房这两大业态的居住小区。政府对直管公房和廉租房的物业管理费定价机制从制度上保障了社会低层贫困人群的客观居住问题，但在个人产权性质的居住房屋的物业管理费价格急需建立有效的价格调节机制，逐步健全完善的市场化竞争价格体系。

(1) 竞争价格是价格调节的重要手段

鉴于目前上海物业管理市场价格机制所存在的问题，需要从整体上思考如何建立有效的价格调节机制。

所谓价格调节机制，是指价格与供求之间的内在联系。其具体含义是指价格与供给的同向变化和需求同价格的反向变化。或者说，价格上升时，供给扩大，需求下降；价格下降时，供给减少，需求增加。在商品经济条件下，要使价格的调节机制真正有效地发挥作用，使价格能够有效地起到调节和平衡供求的作用，必须具备两个条件：(1) 价格的灵活性，即价格能随着价值、供求的变化而变化。(2) 供求对价格的敏感性。

从价格调节机制所需的第一个条件，我们可以看出，要充分地发挥价格的调节作用，必须改革我们物业管理现有的以政府指导固定价格为主要价格形式的价格管理体制，实行以市场竞争价格为主要价格形式的价格管理体制。因为影响价格、供求的主要因素有：劳动生产率、货币发行量、消费者的收入水平和人们对商品的偏好，等等。这些因素都是在不断变化的，统一的政府指导固定价格一定几年不变，无法反映这些因素的不断变化。当然，我们可以对指导价格进行及时的更新，即所谓的计划浮动价格。计划浮动价格虽然比起计划固定价格来说是一种进步，但仍受到轴心和幅度的限制，只能在一定的范围内和一定的时间内反映这些因素的变化，因而也不是理想的。竞争价格，它的最大特点是由市场供求所决定的，能够灵活地反映价值和供求的变化。需要特别指出的是，这里所说的竞争价格不同于不受控制的市场竞争价格，它是受到政府控制的，是一种间接计划价格。政府可以通过各种不同的政策控制市场主要业态的物业管理服务的供求关系，在控制了总供求和主要部类供求的前提条件下实行竞争价格，一方面可以充分发挥价格的积极调节作用，另一方面又可以避免价格总水平和主要部类价格水平的异常波动而产生的不稳定影响。

(2) 打破传统观念建立市场化价格机制

从 1995 年《关于公有住宅售后管理服务费和房屋修缮人工费等收取标准的通知》，1996 年《上海市商品房住宅物业管理服务收费暂行办法》，到 2005 年制定《上海市住宅物业服务分等收费管理暂行办法》和 2012 年新颁《关于调整公有住宅售后物业服务费收费标准的通知》，再到 2014 年政府决定取消政府定价机制，使售后公房和商品房的物业服务收费标准与物业服务实际运营成本接轨。这一过程充分体现了政府主管部门正在尝试逐步打破传统的定价观念和模式。

《上海市加强住宅小区综合治理三年行动计划(2015—2017)》的主要任务中，提出了发挥市场作用、完善物业服务市场价格，通过促进收费公开透明，建立物业服务市场信息发布机制，发挥社会中介机构专业化服务作用，对酬金制物业服务计费方式予以支持等一系列举措，使本市物业管理市场化价格调节机制的建立有了一个总体实施指南。但如何形成业主、企业和区县街镇等社会各方普遍接受的具体方案和操作流程方面，仍然存在着许多不确定因素。政府主管部门需要从根本上破除传统的价格管制思维，在守住直管公房和廉租房的物业管理费底线情况下，发挥物业服务企业、业主委员会、物业管理协会和社会专业机构的作用，研究制定一套完整的可行性方案，确保在2017年真正实现售后公房和商品房小区物业服务收费市场化的目标。

四、上海居住物业管理市场化风险防范及对策

（一）市场化发展中可能面临的三大风险

基于风险的决策原则，我们需要围绕当前上海市政府及市住建委主管部门政策导向，探索政府政策层面、消费市场层面、服务企业层面不断适应市场化发展需求的情况下，政府主管部门可能面临的各种风险。

1. 市政府简政放权情况下将面临监管失控的风险

李克强总理在全国推进简政放权放管结合职能转变工作会议上提出：当前和今后一个时期，深化行政体制改革、转变政府职能总的要求是：简政放权、放管结合、优化服务协同推进，即“放、管、服”三管齐下，推动大众创业、万众创新，充分发挥中央和地方两个积极性，促进经济社会持续健康发展，加快建设与社会主义市场经济体制和中国特色社会主义事业发展相适应的法治政府、创新政府、廉洁政府和服务型政府，逐步实现政府治理能力现代化。同时指出：一方面，政府一些该放的权还没有放，手伸得还是太长；另一方面，已出台的简政放权措施尚未完全落实到位，“中梗阻”现象大量存在，“最后一公里”还没有完全打通。

本市最新推出的《上海市加强住宅小区综合治理三年行动计划》中，将“以落实主体责任和基层基础为重点”作为实施重点，体现了市政府主管部门简政放权、放管结合、职能转变的改革意识。突出表现在以下几个方面：

——形成了一个以政府监管、市场主导、社会参与和居民自治“四位一体”新格局。

——确立了“加强领导，合力推进；市场主导，专业服务；问题导向，聚焦民生；居民自治，社会参与”四个基本原则。

——明确职责分工和明晰管理界面上，提出了“谁监管行业谁负责、谁主管市场主体谁负责、谁收费谁负责”思路，为细化完善管理职责清单提供了方向。

——在执行城市网格化管理模式向住宅小区延伸覆盖方面，提出了长效常

态的多部门工作协同、事前事中事后的持续跟踪、全面集中的数据共享利用三项机制。

——在考核、督查、问责、奖惩方面提出了三大机制，即：市、区县、街镇分层考核督查机制；行政监察部门负责跟踪督办和问责机制；将考核督查的结果与相关部门绩效挂钩的奖惩机制。

以上“三年行动计划”制定的指导思想，尤其是 11 项解决住宅小区民生突出问题举措，充分体现了“履行好政府保基本的兜底责任”这理念，与《上海市人民政府关于印发本市 2015 年推进简政放权放管结合转变政府职能工作方案的通知》(沪府发〔2015〕38 号)文件精神高度一致。

仔细解读“三年行动计划”可以发现，在整体实施计划安排上具有三大明显特征：一是具体责任重心下沉到各区县和街镇；二是具体工作扩展至企事业部门(财政、税务、电力、供水、消防、水务)；三是工作事项涉及居民、业主委员会、物业服务企业、社会中介机构等。在如此庞大的系统工程实施过程中，仍然需要在具体策略和方法上进行研究与实践。其中包括如何切实有效地制定以下具体的保障措施：

(1) 加强住宅小区综合治理的组织领导；

(2) 完善住宅小区综合治理的制度建设；

(3) 研究落实物业服务行业税收政策；

(4) 推进住宅小区基础管理信息平台建设；

(5) 强化物业相关人员的教育培训；

(6) 加大考核督查和问责力度。

综上所述，“三年行动计划”为代表的政府简政放权工作在具体贯彻落实过程中，必然涉及各方面权责利的重新调整和再度分配，能否在 15 区 1 县所属 210 多个街镇“最后一公里”完全打通，确保实施过程得到有效监控，有效推进本市物业管理行业向市场化方向发展，这是市政府主管部门将面临的一项艰巨任务，也是在市场化条件下政府职能转变过程中所面临的一大政策性风险。

2. 推进价格市场化情况下将面临社会稳定的风险

上海市房地局和市物价局于 1996 年颁布《关于调整公有住房售后管理费和房屋修缮人工费等收费标准的通知》起，到 2012 年再次对这一收费标准进行了核定调整，整整经历了 16 年的时间。2014 年 12 月 26 日上海第三次上调售后公房物业服务收费标准，涉及 4 500 余个住宅小区，共计 180 万户家庭，预计每年物业服务费比 2013 年调整价增加总额约 2.2 亿元。

根据 2012 年下发的《关于调整公有住宅售后物业服务费收费标准的通知》，上海计划用三年时间，通过逐年调整物业服务收费标准，逐步使物业服务收费标准与物业服务实际运营成本接轨。今年发布的“三年行动计划”中提出：在未来三年时间内，通过“促进收费公开、建立物业服务市场信息发布机制、发挥中介机构专业化服务作用、完善政府扶持政策、鼓励酬金制物业服务计费方式”等措施，把物业服务收费逐步向市场化方向调整，至 2017 年底前基本实现售后公房小区物业服务收费市场化。

经过调查和研究显示，所谓共有住宅售后公房，是本市房改政策的“产物”。房改之前，这些房屋是职工的福利分房，职工按照相应标准进行租赁。从 1994 年开始，上海实行公有住宅售后房改政策，承租人可以将自己的承租房屋按照房改政策买下来，也就成为售后公房。在现实生活中，售后公房一直存在物业服务费收缴率低，物业服务企业入不敷出，物业抛盘情况频发，物业服务质量普遍低下等现象。

时至今日，随着劳动力成本持续上升，水、电等能耗和维修材料费用不断上涨，导致物业服务成本逐年增加，售后公房小区出现了物业服务企业经营普遍亏损，大部分小区服务标准降低，物业服务得不到正常维持，人民群众满意度较低。据初步统计，本市售后公房物业服务收费标准第三次调整之后，已有 90%的小区物业服务收费价格得到了相应调整，物业服务企业经营亏损的状况得到了一定程度的缓解，售后公房小区的物业服务质量有了一定程度的提升。但是，2014 年收费标准调价幅度虽然比 2013 年提升了 30.9%，从原来的每月每平方米 0.61 元单价增加到 0.80 元，但仍然跟不上物业服务成本持续增长的速度。此外，自 2015 年 9 月 1 日起，本市公有住宅售后维修资金不再列支物业服务费相关费用，绿化养护和共用部位、共用设备设施日常运行、保养、维修等物业服务费用收费标准由业主大会与物业服务企业协商确定。无疑使售后公房小区物业服务企业的亏损范围进一步扩大。事实上有专家测算，2015 年 4 月份之后的售后公房小区物业服务质量，如不考虑居民日益增长的生活需求和住宅小区实际更新等因素，仅达到 2005 年《上海市住宅物业服务分等收费管理暂行办法》中的二级服务标准要求①，实际测算的售后公房物业服务收费标准平均单价至少为每月每平方米 1.20 元。

① 《上海市住宅物业服务分等收费标准》中一、二等级服务标准适用于售后公房，三至五等适用于商品房。

由此可见，本市售后公房住宅小区物业服务收费价格虽然近年来经过连续三次调整有了大幅度的提升，但与持续变化的外部市场环境相比仍然存在着很大的差距。市场上劳动力成本的逐年上涨、企业职工利益保护政策(年休政策、节日加班工资等)的持续强化、各类水电等能耗和维修材料等费用也在不断上涨这些可确定因素，加上当前物价指数整体上涨、居民各方面的负担日趋加重、居民长期以来习惯于享受“政策红利”和长期依赖政府指导价格等不确定因素，无疑对本市售后公房和普通商品房住宅小区物业服务收费价格市场化发展过程中形成了很大的阻力，也是本市住建委主管部门在物业服务收费市场化进程中必将面临的一大市场性风险。

3. 企业转型升级情况下将面临服务质量下降风险

2010 年 8 月，中国物业管理协会发布了《物业管理行业生存状况调查报告》，揭示了我国物业管理行业生存与发展所面临五大主要问题：① 社会评价方面：行业地位不高，行业偏见普遍，舆论导向存在偏差，居民对物业服务消费观念不强等；② 政府监督方面：地方立法跟不上、相关政策不配套，政府协调执法不力、与相关专业部门关系不顺，物价部门干预过度、政府定价(指导价)适用过宽，现行税赋政策不合理、企业经济负担太大等；③ 开发单位建设方面：建管不分掩盖和转嫁前期矛盾给物业服务带来隐患和纠纷，利用物业服务促进房屋销售和拖欠空置房物业服务费，住宅项目配套设施不全、不到位而增加了物业服务的难度等；④ 业主和业主团体方面：公共意识不强、守约观念淡薄，配合支持不够、欠费现象严重，业主大会制度落实不力、运作程度可操作性不强，业主委员会运作不规范、矛盾问题呈上升趋势；⑤ 物业服务企业方面：企业经济效益较低、行业发展后劲不足，人员素质较低、专业人才缺乏，服务市场不成熟、行业竞争不规范等。

特别需要指出的是，在物业服务企业方面的三项问题中“企业经济效益较低、行业发展后劲不足”这一部分，反映连年亏损的企业占被调查企业总数的 31.4%，反映企业效益低、发展缓慢的占 57.8%，反映企业发展后劲不足的占 27.8%。这一调查结果和比例基本上反映了上海市 3 000 多家物业企业的实际现状。

2012 年起，中国物业管理协会呼吁各地区物业服务企业主动寻求摆脱困境，积极探索行业的转型升级。近年来，全国物业管理行业在反映困难、呼吁有关政策支持的同时，更多地通过创新求变、自救自强、砥砺前行。通过引入新技术、新业态和新方式，探索全新的商业模式，致力于提高物业服务的技术含量、增值服务和产品附加值，实现从粗放型传统服务业向集约型现代服务业的转变，正逐渐成为物业服务企业寻求转型发展的趋势。从企业的角度而言，行业的转型升级不仅是外部环境、形势发展的倒逼，也是企业摆脱当前困境、寻求可持续发展的内在要求。这几年，全国各地包括上海出现了不少物业服务企业，在积极探索物业管理向现代服务业转型升级的实践过程中取得了初步成效。他们通过开拓多渠道服务延伸、创新商业模式、运用网络技术等方式，加速企业转型升级，使企业摆脱了发展困境、提高了经济效益。

值得我们关注的是，任何新生事物在成长与发展过程中都会伴随不同的矛盾和问题，尤其是在未来物业管理行业踊跃尝试转型升级、追求企业更多经济增长的同时，能否继续保持各项基础服务质量的稳定，不断满足小区居民对公共环境、社区治安、房屋及公共设施设备维修养护等那些基本的日常居家服务需求。2014 年 6 月 30 日，深圳市彩生活服务集团有限公司在香港证交所成功上市，轰动了整个物业管理行业。彩生活物业在 2010—2013 年间，通过百城千万计划的启动，已完成企业并购业务 28 例，服务已覆盖华南、华北、华东、华中、西南、西北、东北七大区域、55 个城市、914 个项目，管理面积 1.33 亿平方米。通过巨大优势客户资源的整合进入，使在管规模成倍扩大，快速完成战略布局，扩充发展实力，扩大品牌效应，提高市场议价能力和竞争力。不过，在彩生活快速扩张过程中，大量使用自动设备，在降低人工成本的同时，也降低了彩生活的服务品质。2014 年 7 月，有南方都市报记者走访彩生活管理的“花样年花郡”“城市东座”等住宅小区，及“香年广场”“美年广场”等写字楼发现，业主对于彩生活的基础服务颇不满意。由此导致了彩生活未能进入 2014 年全国百强企业服务质量前 10 名。虽然 2015 年彩生活在一些主要城市的管理水平和服务质量得到了改善，但行业在发展中的经验和教训是需要引以为戒的。

另外一个值得我们关注的是，企业在追求快速发展的同时，会不会产生社会不稳定因素。以本市长宁区为例，区内共有 353 个售后公房小区，一级企业管理了 33 个占总数的 9.4%，二三级企业管理了其余 320 个占 90.6%。当部分一级企业成功转型升级之后，随着物业管理规模急剧扩张、必将快速挤压市场份额，大部分二、三级企业将遭受腹背受敌的境遇。大批住宅小区快速换手，能否确保市场的平稳过渡，社区居民的和谐稳定。

以上两个关注点，是政府主管部门在推动行业有序发展过程中有必要评估的一个行业性风险。

综上所述，根据本节三个方面风险的分析，我们认为有必要从本市物业管理行业健康有序发展的角度，针对当前和未来物业管理行业面临的各种问题，系统的研究和综合考虑应对风险的对策和措施，配合市政府“三年行动计划”，达到标本兼治的效果。

(二) 政府在职能转变过程中的风险防范

我们知道目前政府实施深化行政体制改革、转变政府职能总的要求是“简政放权、放管结合、优化服务协同推进”。新华时评指出:简政放权两年来,本届政府削减三分之一行政审批项目的目标已完成,市场活力大大激发,政府行政效能也得以提升。但是改革实践中也存在一些问题:一些地方、部门简单地认为,简政放权就是“一放了之”,后续监管和服务没有跟上,减弱了简政放权的实际效果。

从目前上海物业管理行业来看,同样存在着简政放权情况下,基层各方权责利的重新调整和再度分配,能否在 15 区 1 县所属 210 多个街镇“最后一公里”完全打通,确保实施过程得到有效监控,这直接关系到“三年行动计划”目标的实现,以及有效推进物业管理行业向市场化方向发展进程。因此,有必要对行业内部各相关方的风险因素进行分析和了解,针对原因采取切实有效的措施,降低政府监管失控的风险。

1. 完善市级区街镇三级综合管理体系

目前政府主管部门对物业管理行业实施市、区县、街镇三级组织结构(图 4-1)。本市住宅物业管理领域通过综合治理,实现市场化发展,势必需要进一步完善管理体制和机制,充分协调和发挥社会各方的作用,围绕住宅小区广大业主的根本利益,提供有效的服务。通过以下几个方面的系统管理可以配合“三年行动计划”,达到标本兼治的作用。

(1) 完善市、区县和街镇三级职责

针对市住建委物业主管部门、区县住建部门和街镇三级政府职能部门的分级管理原则,本研究课题中提出了以下各级基本职责的参考建议。

市住建委物业主管部门的职责包括:

a) 完善地方行政法规和政策;

b) 制定整体发展规划和目标;

c) 确定各级部门职责与权限;

d) 制定行政审批与权力清单;

e) 提供基本公共服务、社会贫困阶层保障;

f) 建立绩效考核体系完善考评机制。

区县住建部门的职责包括:

a) 结合区域实际,落实和制定实施计划;

b) 组织各项资源配置,明确职责和目标;

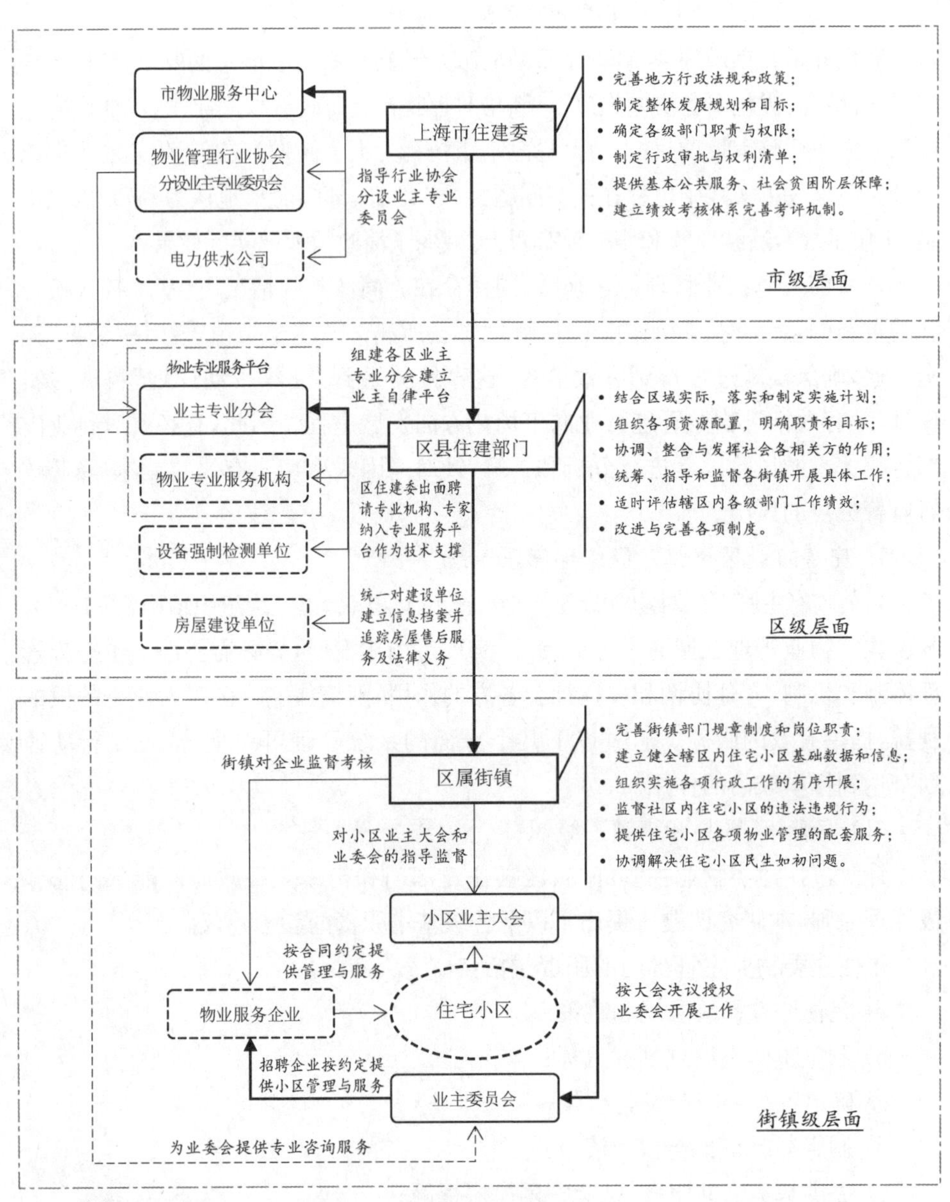

图注：
①上图实线直角框是政府直属部门，实线圆角框为非政府直属部门，虚线圆角框为社会机构；
②实线为直属领导关系，虚线为业务或指导监督关系。

图 4－1　市属三级部门物业管理综合管理系统示意图

c）协调、整合与发挥社会各相关方的作用；

d）统筹、指导和监督各街镇开展具体工作；

e）适时评估辖区内各级部门工作绩效；

f）改进与完善各项制度。

街镇的职责包括：

a）完善街镇部门规章制度和岗位职责；

b）建立健全辖区内住宅小区基础数据和信息；

c）组织实施各项行政工作的有序开展；

d）监督社区内住宅小区的违法违规行为；

e）提供住宅小区各项物业管理的配套服务；

f）协调解决住宅小区民生突出问题。

（2）在市物协下设业主专业委员会

上海市物业管理行业协会目前增设了三个专业委员会，即：电梯维保专业委员会、设施设备专业委员会、白蚁防治专业委员会。事实上目前市物协成员单位不仅是物业服务企业，逐渐成为会员单位甚至理事单位的有设施设备养护单位、高校科研机构、咨询单位等。原则上讲，凡是跟物业管理相关的领域和部门都可以自愿参加。

市场调查发现，业主委员会目前在私下里确实存在互相联络沟通交流的活动，这种非正式的交流方式虽然存在着一定的政治风险并不被政府所认可，但这种行为确实是市场的一种客观需求。考虑到目前住宅小区业主委员会的特殊性，它既不是单一个体的消费行为，可以纳入消费者保护委员会的管理范畴，又不是具备独立法人资格的组织。因此，我们研究认为：与其堵不如疏——有必要通过某种方式将其客观需求加以引导，为物业管理健康有序发展提供帮助。

为此，我们建议参考市物协分设专业委员会的模式，设立“业主专业委员会”（暂名）作为市物协的分支机构，吸纳具有规范意识的业主委员会主任作为专业委员会成员，共同协商物业管理专业事宜，提高物业管理专业水平。这不仅可以增强业主消费意识、正确的维权意识，同时也能学习和掌握物业管理的专业要求和特殊性质，改善供需双方的合作环境，更能成为全市各社区众多小区业主委员会技术交流和服务、共同提高业务技能、正确掌握国家法律法规和行政规范的平台。

设立市物协分属的“业主专业委员会”的可行性与方式有待于进一步研究和探讨，但这种方式在理论上应该是有借鉴依据的。如果用创新思维方式来考虑，诸如我国改革开放时期设立的深圳特区，1997 年设立的香港特别行政区，2013

年6月国务院批准设立中国(上海)自由贸易试验区等,都是在特殊情况下的改革发展成果。

如果能够设立"业主专业委员会",那么在市物协专业委员会的基础上,可以在各区设立业主专业分会,通过区级部门的指导和帮助,使业主委员会体会到归属感,感受到政府的关怀与帮助,能有效带动各基层社区业主委员会的健康发展。

(3) 在各区县搭建物业专业服务平台

调查显示,近年来各区县积极探索通过专业中介机构、社会公益服务组织或个人,为社区住宅小区化解各类矛盾、解决突出问题。但这种形式具有一定的局限性,难以成为一种持续发展的模式。因此建议,由区县住建部门出面,搭建一个物业专业服务平台,聚集业主(业主专业分会)、物业专业服务机构、律师事务所、房屋设施设备维保公司等单位,组成一个常设机构,为区属街镇所属的各个住宅小区业主委员会提供专业服务。具体咨询服务可以包含以下内容:

a) 物业项目交接查验、物业服务费用评估、物业服务质量评估、其他需要评估监理的事项;

b) 业主大会的筹备组建、业主委员会的换届、物业服务企业的选聘、维修资金的使用、物业矛盾纠纷的化解等;

c) 危房检测、设备设施强制检测、公共设施设备更新改造方案评估;

d) 小区业主违章违规事项的巡查、违规违章事项的处置;

e) 法律法规宣讲、业主或业主委员会法律维权;

f) 业主委员会专业知识培训、业务技能交流;

g) 优秀业主委员会或个人(主任)的评选表彰。

此外,作为上述综合管理系统的保障,我们提出了以下三项基本措施:① 增强主管部门服务意识和专业能力;② 发挥物业管理行业协会的作用制定行业标准;③ 大力培育物业标杆企业和中介机构。

2. 增强主管部门服务意识和专业能力

建议政府主管部门加强基层一线工作人员的业务知识培训,提升专业能力。在有条件的情况下,应该鼓励和支持部分工作人员取得物业管理师或助理物业管理师的资格。

在本市各区县抽样调研时可以发现,长期以来各区县及街镇的基层工作人员非常辛苦,奔走在街镇的各个住宅小区,出席不同的会议,处理各种不同的问题和纠纷。他们反映比较集中的困难是,在面对业主或业主委员会与物业服务企业一起讨论工作、研究问题时，既要讲解各种法律法规和工作流程，又要有的放矢的提出解决问题的意见和建议。但业主或业主委员会和物业服务企业成员往往对他们的讲话内容看作是政府的意见，记录甚至录音的情况时有发生，一旦表达错误或口误就会被抓住不放，让基层干部倍感压力，左右为难。由于物业服务企业的小区经理都是需要持证上岗，不仅具备物业管理师或助理物业管理师资格证书，而且经过专业知识的培训具有实操经验。基层工作人员在面对这部分人时，往往感觉比较被动。因此，基层物业管理开展具体工作时，除了导入社会专业中介机构帮助业主直接开展工作之外，街镇物业管理工作人员十分有必要在增强服务意识的同时，进一步增强物业管理的专业知识、熟悉物业管理实务技能。

例如：2012 年，徐汇区徐家汇街道对原房办从事物业管理业务一线的工作人员，要求参加物业管理师资格考试。经过专业培训考试之后，这部分人员不仅熟悉和掌握了物业管理基本制度及政策、物业管理实务、物业管理综合能力、物业经销管理等方面的专业知识，提升了个人素质，在工作上也感到十分有底气，对开展街镇内小区工作有很大的帮助，转变了以往“外行领导内行”的局面。

3. 发挥物业协会的作用制定行业标准

建议政府主管部门充分发挥上海市物业管理行业协会的作用，成立标准化专业委员会，尽快制定本市住宅物业管理行业分类标准，其中包括：住宅物业管理分类服务规范、物业管理岗位类别划分和用工配置规范、物业服务价格测算标准、房屋及设施设备检测标准等。

近年来，本市以一级企业为代表的众多企业，在住宅和非住宅领域中依据自己的实力不断对市场进行细分，采取制定相应的企业标准并推进相应的行业标准，通过提高技术壁垒以确立自身在细分市场上的领袖地位。2001 年上海陆家嘴物业公司率先建立了“住宅物业企业标准”。截至 2010 年 10 月，金茂—英泰“高档办公楼标准”、复瑞物业“住宅分等标准”、新独院“别墅标准”、明华物业“公众物业标准”、德律风物业“电信设施管理标准”、漕河泾物业“工业园区物业标准”、上实物业“大型会展类公众场馆”和“物业设施设备管理标准”、申能物业“行政办公楼物业标准”都相继建立和实施。

2006—2011 年间，上海市物业管理行业协会和市技监局相继发布了以下六个种类的物业管理服务规范：

《住宅物业管理服务规范》DB31/T360—2006

《办公楼物业管理服务规范》DB31/T361—2006

《公众物业管理服务规范》DB31/T456—2009

《商业物业管理服务规范》DB31/T429—2009

《医院物业管理服务规范》DB31/T502—2010

《工业园区物业管理服务规范》DB31/T562—2011

上述这些服务规范标准虽然对本市物业管理规范化运作和标准化发展起到了一定的推动作用，但是在行业具体推广运用方面却存在很大的问题。调查发现，上述这些规范发布之后，仅仅局限在参与起草的单位中得到了部分运用。特别是《住宅物业管理服务规范》的编制和实施情况并不乐观。主观上是因为住宅服务规范中的分级概念比较模糊（由高到低分一级、二级、三级），实际运用上并没有给出明确的规定，具体等级的选用和内容上很难满足现有中高档和普通商品房、售后公房、直管公房等不同类型的使用；客观上由于住宅物业管理服务标准与物业管理费的收费标准具有很大的关联性，在市场价格与服务要求严重背离的情况下，很难得到绝大多数物业服务企业和市场的认可与执行。

因此，在目前情况下有必要对住宅物业管理服务规范标准，按照不同的物业类别制定不同的标准。同时，要按照市场化发展趋势，制定各类配套标准。例如：

——物业管理岗位类别划分和用工配置规范。按照不同类型的物业明确岗位类别划分规则，以及用工岗位基本配置的规范要求。避免目前行业内部岗位类别五花八门、划分不清，也能有效防范企业在用工上采用岗位缺失、“缺人不缺岗”等“偷工减料”现象。

——物业服务价格测算标准。规范物业管理费成本和价格测算中的基本准则，包括测算依据、计算口径与公式（工时核算标准、加班费支付比例）、收支结算方式（酬金制或包干制）、单价的构成（服务分项的单价）等要求。

——房屋及设施设备检测标准。按照不同类型的房屋、不同型号规格种类的设施设备、使用年限等内容，提出明确的强制检测和非强制检测的标准要求。

住宅小区物业管理标准建设工作，应该由政府引导、协会牵头、企业和业主代表共同参与，通过行业标准化建设，不仅能够提高住宅物业管理的整体服务质量，而且能够帮助政府基础部门指导工作，真正做到“有法可依、有章可循”，推动物业管理行业逐步向市场化方向发展。

近两年来，不少企业还依据国家颁布的《服务业组织标准化工作指南》（GB/T24421—2009）实施了换版工作。今年中国物业管理协会标准化工作委员会也即将于11月底前成立，进一步推进全国物业管理企业标准化建设工作迈上一个新的台阶。

4. 大力培育物业标杆企业和中介机构

(1) 大力培育本市物业服务标杆企业

建议政府主管部门应加大力度，积极扶持和培育本市在普通居住物业和非居住物业两大领域的物业服务标杆企业，以全面提升企业综合实力和市场竞争力为基础，以同心同德配合政府引领物业管理行业为己任，以进军全国百强企业前十名为目标，建立本市物业管理行业的中流砥柱，为整个行业的改革与发展奠定基础和保障。

2012年浙江省政府在全国率先制定了《浙江省关于加快发展现代物业服务业的若干意见》(浙政办发〔2012〕19号)，在总体要求中提出：加快培育一批具有较强核心竞争力、较高品牌美誉度的物业服务企业，努力构建业务完备、服务优质、竞争有序、管理规范的现代物业服务业体系。在目标任务中提出了三项针对性内容，其中包括物业服务行业综合实力和竞争力明显增强：培育年营业收入1亿元以上的物业服务企业10—20家，其中若干个骨干企业年营业收入力争达到10亿元以上，一级资质物业服务企业年营业收入占行业总量的30%以上，实现物业服务企业上市零的突破；物业服务行业年营业收入达到220亿元以上，累计新增就业岗位30万个，对经济发展和就业的贡献率稳步提高。

结合上海市的实际情况，需要培育两个维度方面的标杆企业。第一个维度，上海作为国际6大世界级城市群——长江三角洲城市群之首，凭借高度发达的经济、交通、科技、工业、金融、会展和航运等产业优势，集聚了众多的历史建筑和现代建筑，应该在现代建筑和历史建筑领域培养一批高端物业管理服务企业，体现国际现代化大都市的卓越管理水平。

第二个维度，需要培育一批以管理普通商品房、售后公房和直管公房为主的大型物业服务企业。上海是一个历史悠久的城市，从上海解放初期“23片区改建规划”的改造计划启动，到90年代“365”危棚简屋改造，到2000年起全市“新一轮旧区改造”，以及2005—2007年“十一五”旧改计划的实施，上海居民居住条件得到了有效的改善。随着时代的发展与进步，居民对居住环境要求也在同步提升。截至2014年底，上海仍有七成以上的居民生活在普通商品房、售后公房、直管公房和棚户简屋之中，这部分房屋的总建筑面积约为4.68亿平方米，占上海居住房屋总量76.6%。现实问题在于，这部分房屋80%以上是由二、三级企业提供的物业管理服务，一级企业从2008年起大量退出售后公房和普通商品房的管理项目。调查发现，为此类物业提供服务的一级企业绝大部分是各区地产集团下属物业公司，如新长宁集团仙霞物业、西部集团维斯特物业、浦房集团物业、中星集团申城物业、杨浦区延吉物业等；二级企业大多数为原各区房管所转制单位；其余的三级企业则以民营企业为主。此类房屋管理中，除了一级企业规模较大将售后公房的管理作为集团计划指定任务来完成之外，二、三级企业的管理状况可以用“惨淡经营”来形容。

因此，我们建议政府应大力扶持和培育一批以区属地产集团背景的大型物业服务企业，借助住宅物业价格市场化机会，帮助这部分企业转型升级、做大做强，通过规模效应，成为具有中低端房屋物业管理特色专业化、规范化标杆企业。

目前上海市售后公房和普通商品房在管一级企业中，上海新长宁集团仙霞物业公司依托集团的优势和支持，已借助移动互联网技术开发了“慧生活”社区物业服务平台和“物业服务”网络管理平台，为促进物业服务企业从管理向服务转变，实现产业与服务全面升级，做出了积极的探索并取得了一定的成效。同样，上海上房物业管理有限公司企业转型升级方面也在积极的探索，开发了基于移动互联网的“99 生活”，将住宅小区物业管理的居民报修、付费、投诉、生活等内容纳入手机用户端，为用户打造一站式的社区生活服务平台。

(2) 大力培育物业管理专业中介机构

建议政府主管部门在物业服务收费价格方面导入社会第三方评估机制，配合市场供需双方共同解决物业服务定价矛盾，协助政府的相关政策落实到位。

从整个市场化经济角度来看，但凡比较成熟的产业或行业领域，其第三方中介服务需求都比较丰富，咨询服务机构的数量也相对较多。就房地产行业为例，房地产咨询服务主要是应投资者、消费者和房地产经营者(土地、房产开发商，经营者)的要求，就投资环境、市场信息(供求信息、客户资信等)、项目评估、质量鉴定、测量估价、购房手续、相关法律等提供咨询服务。房地产咨询是对知识的“扩大再生产”，是情报和信息的交流。凭借掌握的理论知识、信息和实践经验，对房地产投资决策、风险规避、市场现状及其发展趋势预测等提出较为权威性和指导性的意见，可帮助房地产商提高投资效益。

目前本市物业管理领域的咨询机构并不多，从近几年发展情况来看，已有二十多家企业纷纷成立，并开展了相应的咨询服务。从市房管局掌握的数据来看，有 17 家企业从事物业管理招标代理服务。经不完全统计，本市目前开展物业管理相关咨询服务的社会中介机构不到 30 家，其中绝大部分咨询机构都从事诸如物业管理招标代理等技术咨询服务，提供综合类的管理和技术咨询的企业相对较少。市场调查显示，目前整个物业管理行业对专业的咨询服务需求呈快速增长趋势，而物业管理行业咨询企业发展速度仍然偏慢。究其原因主要有两个方面：一方面是整个行业的高端专业人才比较匮乏，大多被大型一级资质的企业所拥有；另一方面是物业服务企业仍然属于微利企业，大部分二、三级企业虽然有很大的咨询需求，但即便相对其他行业咨询费用并不算高的情况下，对企业而言也算是一笔较大的支出。所以，物业咨询企业中有一句戏言：我们都是在为"穷人"提供咨询服务。仔细算来，即便是3万元的咨询服务费，但对中小型物业服务企业来说，那也是需要收取至少30万的物业服务费所剩余的毛利。

但是无论如何，作为一个新兴的服务行业，在向现代服务业转型发展过程中，必然需要更多的社会专业咨询机构的参与，尤其是在物业服务价格市场化发展过程中，中介机构的作用是显而易见的。这种作用突出表现在三个方面：第一，有利于发挥政府宏观监管职能；第二，有利于缓解市场供需双方矛盾；第三，有利于推进行业的市场化进程。

关于如何导入社会第三方机构进行物业服务费价格评估的具体建议，将在本报告后续部分进一步表述。

(三) 扶持标杆企业以推动行业转型升级

在之前的章节中，我们提出了建议政府主管部门大力扶持和培育本市在普通居住物业和非居住物业两大领域的物业服务标杆企业。其中非住宅物业管理领域的企业在相对市场化的环境中，有了比较快速的发展，形成了非住宅物业各种业态的代表企业。例如在一级企业中：公众物业的上海明华物业公司和上海浦江物业有限公司，高档办公楼的东湖物业和上实物业，高校领域的生乐物业和紫泰物业，商业物业的百联物业，医院管理有吉晨后勤，产业园区有漕河泾物业和新市北等。

比较而言，在住宅物业领域的代表企业相对较少，总体还是处于低水平的运行状态，不少问题都制约着行业的健康发展，成为行业的"重灾区"。因此，本章节我们主要研究和探讨住宅领域如何扶持一批标杆企业，帮助这部分企业通过创新求变、自救自强、砥砺前行，率先走出困境。

1. 扶持住宅领域标杆企业的必要性

在本市500多家二级物业服务企业中，有相当一部分属于原房管所转制过来的企业，保守估计约占本市50%以上的直管公房和售后公房都是由这部分企业从原来的房管所带过来后管理至今。这部分企业的干部职工常年工作在陈旧住宅小区一线，对上海市的社区和谐、环境治安、吸纳就业和城市综合管理发挥了积极作用。但从客观上看，这些企业整体经营状况并不容乐观，大部分企业长期处于亏损的边缘。这部分企业一般都存在以下几个方面的共同特点：

第一，职工年龄普遍较高。对抽样的5家二级转制企业的数据表明，公司中50岁以上职工占总人数的70%，在文化程度方面高中及以上学历仅为23.4%，而且一线操作岗位人员绝大部分都是“4050”协保人员。

第二，领导经营理念陈旧。企业领导班子基本上都是原房管所事业单位的职工，思想观念比较落后保守，对行业的了解程度很低，虽有从市场上找项目的意愿，但没有市场竞争的冲动和行动。责任心普遍较强，工作勤勤恳恳、任劳任怨。

第三，管理方式比较粗放。近年来随着物业管理行业的不断发展，部分企业的管理方式和服务意识逐渐提高，但整体上管理方式比较粗放，很少采用ISO9001质量管理体系，甚至有些企业至今还游离在行业协会之外，内部组织架构不健全，主要采取人盯人的管理模式。

第四，经营利润普遍亏损。随着用工成本的逐年增长，缺乏开源节流的方法和手段，主要靠小区停车费等公益性收入、靠转制时预留的部分存量房产“吃老本”或政府补贴及充分利用三项维修资金等方式，贴补物业管理费的不足。

由此表明，传统的物业管理运作模式，劳动密集型和简单服务提供者的现状，限制了行业发展，决定了物业服务企业的经济运营和盈利空间十分狭窄，服务内容和质量与人民群众的要求还有较大差距。当前情况下，唯有政府和行业协会给予大力引导和扶植，选拔部分具有改革意愿的企业，通过各种方式提高他们的思想意识，通过引入新技术、新业态和新方式，开创全新商业模式，不断提高物业服务的技术含量、增值服务和产品附加值，实现从粗放型传统服务业向集约型现代服务业的转变，才是本市低端住宅物业管理科学发展的必然选择。因此，推动住宅领域二级企业的转型升级不单是外部环境、形势发展的倒逼，也是行业摆脱当前困境、寻求可持续发展的内在要求。

2. 中小企业实施转型升级的可行性

市场调查发现，在本市物业管理行业中，一方面不少中小型企业经营效益低下，管理方式落后，发展遇到瓶颈，这部分企业有扩大管理面积的需求，但缺乏必要的手段和方法；另一方面，一些早期房管所转制过来的物业服务企业在激烈的市场竞争环境下勇于进取，排除种种阻力、千方百计从市场上获取增量项目，做大做强，跻身一级资质企业的行列。后者在拓展本市市场方面同样也面临着重重阻力，相比其他具有开发商背景的企业在中高端住宅物业方面缺乏竞争优势，于是只能另辟蹊径向江浙两省的住宅物业市场拓展。如何将这两个方面的市场需求有效地整合，是我们值得研究的关键问题。

目前在低端住宅物业管理领域，不少物业服务企业“资质偏低、规模偏小、管理分散、服务质量低下”是其主要特征。因此，可以将本市低端住宅物业领域作为一个特殊的市场来看待，在那些发展规模较大、具有一定综合管理能力、较强市场竞争意识和住宅管理经验的一级资质企业中，在各个行政区县中选拔一两家具有代表性的企业加以统筹，在全市范围内形成住宅领域的企业发展联盟。政府主管部门借助这些企业的上级房产集团公司的力量，支持这些企业通过资本运作的方式，通过吸收、兼并、整合、重组等方式，打造一批住宅领域的标杆企业，甚至成为具有集团性质的全市大型住宅物业服务股份制企业。

(1) 大型国企混改成功案例分析

通过本市 2015 年最大国有企业推进混合所有制基于绿地集团借壳金丰投资上市的案例分析，我们可以从中发现绿地借壳金丰投资上市实现国有企业混合所有制改革成功的步骤与途径。

第一步，引入外部投资者，增资扩股。2013 年 11 月绿地集团原有股权结构中包含了本市几大国有企业：绿地集团国有股份和职工持股会、上海市城市建设投资开发总公司、上海地产(集团)有限公司、上海地产集团全资子公司上海中星(集团)有限公司、天宸股份。为符合上海证券交易所《上市规则》中“社会公众持股比例不低于 10%”的规定，绿地集团又以增资扩股的方式引进战略投资者(图 4－2)。

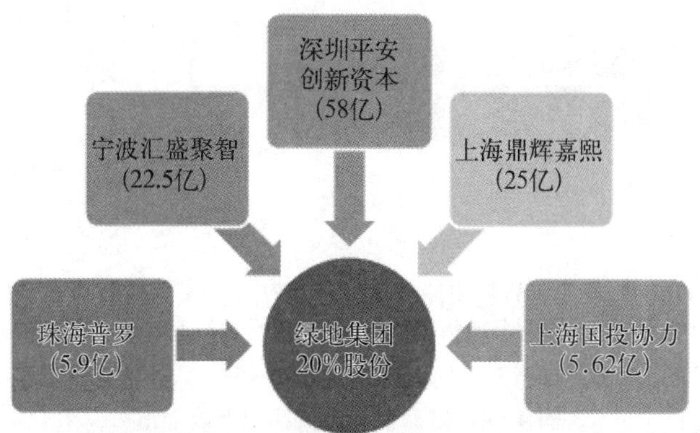

2013 年 11 月 25 日，绿地集团通过上海联合产权交易所发出公告，挂牌出售 21 亿股(约 20%股权)的增资扩股。底价 5.62 元/股，实际认购价 5.62 元/股，总融资 117.29 亿元。

图 4－2　引入外部投资者实施国企混改

第二步，成立上海格林兰，保护职工持股会。为保护职工持股会的利益，由三十二个小合伙企业作为有限合伙人共同设立“上海格林兰”投资企业（图 4 - 3），同时，大小所有合伙制公司均以格林兰投资作为管理人。“上海格林兰”公司的成立不仅保证了管理层对集团的控制，维护了职工的股权利益，提高了运行效率，同时也成功规避了证监会对职工持股会上市的限制，为集团实现上市打下了坚实的基础（图 4 - 4）。

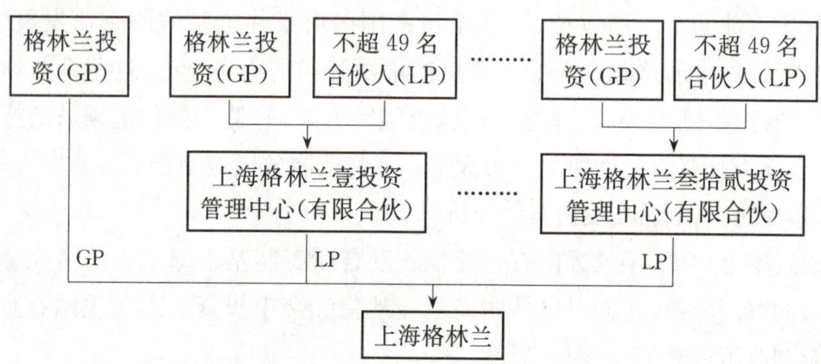

2014 年 1 月 27 日，绿地集团管理层出资 10 万元成立上海格林兰，目的是为了在此次混改中绿地管理层及员工股权不至于被吞噬。

以 32 个小 LP 加上一个 GP 的形式，控制 3 766.55 万元内部人持股权，重组后占新绿地 28.83%的股份。

图 4 - 3　上海格林兰投资公司股东构成

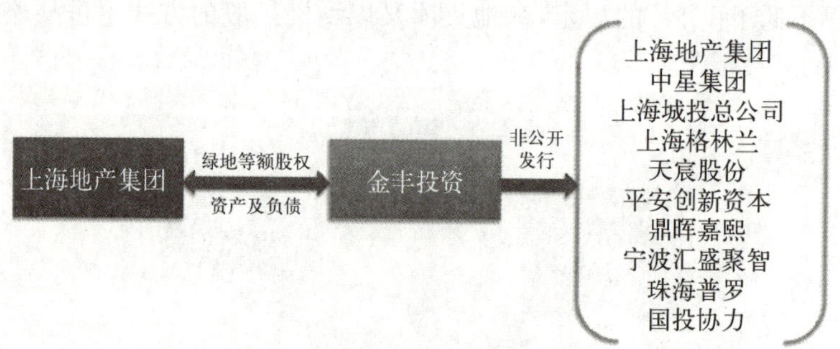

2014 年 3 月 17 日，金丰投资置出原有 23 亿元资产，注入预估值为 655 亿元上海地产集团所持绿地集团股份，又通过为绿地集团股东发行股票购买其持有绿地集团股份，已完成对绿地集团股份 100%的收购。股票发行价格为 5.58 元/股。

图 4 - 4　借壳金丰投资实现混改上市

第三步，借壳金丰投资上市，完成国资改革。金丰投资是上海市国资委作为第一大股东持有 38.96%的上市公司（图 4 - 5）。此次绿地集团借壳金丰投资完成上市是上海国资改革的重要一步，是积极发展混合所有制经济的有益探索。绿地集团推进企业进行改革的诸多流程能够为国有企业尤其是地方国有企业改革提供许多有益的启示。

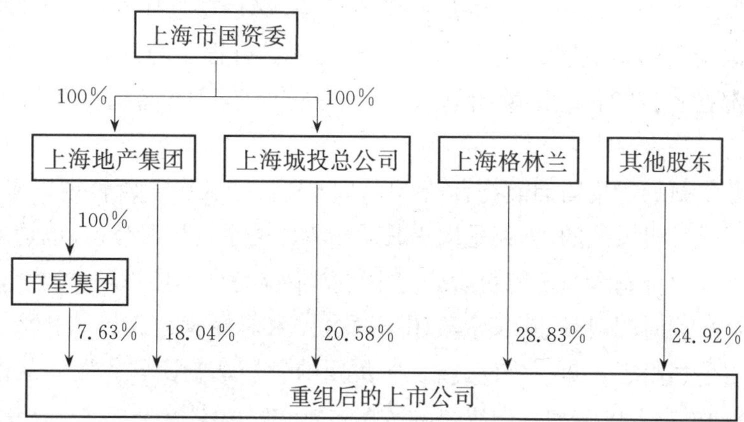

重组后两家国资公司总占股46.25%，对公司已无绝对控制权，代表公司管理层和员工利益的上海格林兰占28.83%成最大股东，公司经营者有更多话语权。

图4-5 借壳后的金丰投资股权结构

通过绿地借壳上市的案例，结合本市住宅领域物业服务企业的转型升级和改革创新，可以总结出以下几个方面的经验借鉴：

——绿地集团借壳上市为地方国资国企改革提供了有益的借鉴。十八届三中全会提出“将现行管资产、管人和管事的国有资产监管框架，转变为以管资本为主”“积极发展混合所有制经济”；2013年末上海出台“国资改革20条”的改革意见，率先拉开了新一轮国资国企改革大幕。从这个意义上说，本市国企房产集团下属的转制物业公司同样可以借鉴此方式，探索进一步股份制改革的方式，解决之前房管所转制后留下的企业发展瓶颈。

——引入战略投资者是发展混合所有制的重要途径。混合所有制就是整合资源，让“国有体制”与“市场机制”充分结合。混合所有制，既能确保国有资本的主导地位，又能有效发挥混合所有制市场化、灵活高效的优势。

——地方政府在国企混合所有制改革中作用巨大。在此次包括引入战略投资者、借壳上市的过程中，上海市政府和国资委在其中发挥了较大的作用。搭线同属国资系的上市公司金丰投资、引入战略投资者、放弃日常集团管理权等，都是地方政府为推进国企改革所做出的重大支持。因此，没有地方政府的支持与参与，住宅物业管理领域的改革发展也是不可能顺利实现的。

(2) 房地集团背景企业的成功经验

在本市区级房地集团下属的物业服务企业中，并不缺乏做大做强的成功企业。据了解，新长宁集团下属的上海新长宁(集团)仙霞物业有限公司、西部集团下属的上海维斯特物业经营有限公司等，都是在近十年的时间内发展成全国一级资质的物业服务企业，在全市范围内具有很高的知名度。而且，这两家企业都在各自的行政区域内承担着大量的售后公房和普通商品房小区的物业管理。

尤其是新长宁集团仙霞物业，自 1994 年从长宁区房管所转制以来，其发展历程并不是一帆风顺的，不仅是因为其属于集团的全资控股公司，也是主要承担集团内部大部分直管公房和售后公房小区的单位之一。其获得全国物业管理企业一级资质的时间，相比新长宁集团下属另一家非控股企业——上海瑞创物业管理有限公司晚了一年。为此，新长宁集团的领导从集团整体发展战略角度出发，给予仙霞物业的转型发展更多的政策扶持和财力支持。经过近十年的发展，仙霞物业不仅物业管理的规模已远远超过了瑞创物业，而且在企业党建文化建设、社区公共服务、企业内部管理和职工培训教育、市场拓展和企业经济效益等诸多方面，已成为行业中的佼佼者。

3. 企业转型升级的五项关键内容

2014 年，中国物业管理协会谢家瑾会长指出：传统物业管理向现代服务业转型升级，是指以现代科学技术特别是信息网络技术为主要支撑，建立在新的商业模式、服务方式和管理方法基础上的物业管理服务产业。旨在通过对传统物业管理的改造，实现向现代物业管理的转型和升级。因此，物业管理企业转型升级的内涵和特征应突出体现在以下几个方面：

(1) 管理升级

依托网络技术建立的涵盖顾客服务、物业管理、财务管理、人力资源管理、办公自动化、在线学习、集中管控、远程监控等方面的 IT 系统平台，正在带来企业管理的全面升级。

(2) 模式创新

网络技术等新技术在物业管理和服务中的广泛应用，智慧社区和智能物业管理的推进，使得传统物业管理运作模式正在发生变革和升级。包括服务集成、集中管控、远程监控、小区出入口智能门禁、车库无人化管理、绿化自动喷灌、清洁机械化操作、业主在线报修与投诉等，都被越来越多的企业采纳，带来企业组织结构扁平化，管理流程再造，标准化工作推进，达到人员配置减少、管理和执行效率提高、企业运营成本降低的综合效果。

除了运作模式变革外，更重要的是商业模式的创新，企业要对商业模式创新做深入研究。长期从事商业模式研究和咨询的埃森哲公司认为，成功的商业模式具有三个特征：第一，要能提供独特价值。有时候这个独特的价值可能是新的思想；更多的时候，它往往是产品和服务独特性的组合。这种组合要么可以向客户提供额外的价值，要么使得客户能用更低的价格获得同样的利益，或者用同样的价格获得更多的利益。第二，商业模式是难以模仿的。企业通过确立自己的与众不同，如对客户的悉心照顾、无与伦比的实施能力等，来提高行业的进入门槛，从而保证利润来源不受侵犯。第三，成功的商业模式是脚踏实地的。此外，创新商业模式的着力点要放在能为顾客提供哪些价值以及企业如何从这些价值提供中获得预期的盈利。设计思路应集中在三个方面：一是塑造商业模式时要突出把握全新的市场机会；二是商业模式再造时要突出产业价值链的整合；三是商业模式调整时要突出企业价值链整合。成功的商业背后一定有一个与之相匹配的管理平台，用以强化商业模式推进的执行力，并实现商业模式各要件之间的互补性，作为其运作制胜的保障。简单举几个例子来支撑以上观点：上海东湖物业依托其设施设备管理的核心竞争力，积聚人才，历练内功，将企业发展定位在“做以银行办公楼为主的精品办公楼管理专家”。经过 10 多年打拼，“以办公楼管理为主，上海第一、全国著名”的愿景基本实现，企业发展取得了良好的经营绩效。上海漕河泾开发区物业坚持只做园区物业，山东明德物业在院校后勤保障的物业管理上下功夫上水平，都体现了他们商业模式的独特性，使得品牌知名度、社会效益和经济效益均得到快速提升。即使不少人仰慕和推崇的“五大行”也不是万能的，他们在境内从开始也参与一些普通住宅小区的管理，到现在逐步调整为主要从事高档住宅的项目顾问和高档写字楼管理，也是不断适应市场环境，以及对自身优劣势的扬长避短。

(3) 人才支撑

一方面，新型企业管理、创新商业模式策划、产品与技术研发、网络化的集中管控，信息平台的客户管理、产业链上延伸服务的拓展等，对懂经济、会经营、善管理、知晓法律，可策划与整合多领域、多业务的、具有创新开拓精神的复合型人才需求激增。另一方面，对现在正在从业的大量基层服务人员通过培训和绩效管理等，提升至有更高劳动生产率、具有更广泛的知识和专业技能的职业劳动者团队，承担多元、便捷、安全、专业的最后一公里服务，将成为行业转型升级的重要支撑。

(4) 高附加值

近些年，随着行业转型升级作用的初现，带来了各方面对物业管理依赖的变化。从房地产开发的角度看，产生了聘请物业企业为其项目开发前期及产品营销全程提供咨询顾问的需求；从消费者角度看，更多的业主不满足保洁、绿化、秩序维护和设施设备维护这四项基础性物业服务，衍生出包括信息咨询、房屋中介、居家养老、家政服务、电子商务等各类特约服务需求，演化为新兴服务业业态。物业服务企业对各类服务的全面介入，受到业主的广泛欢迎，拓宽了行业发展渠道，提升了企业盈利能力，展现了行业在转型升级中可以收获的潜在高附加值。

(5) 高成长性

未来若干年，房地产开发及相关联的投资及产品供应，将呈现更为理性发展与增长速度逐步减缓的趋势。而围绕房地产开发建设阶段的相关服务，以及商品房交付后业主对资产保值增值及与生产、生活相关的服务性需求，将呈现持续增长。这带来了物业管理在转型升级中"纵向延伸至房地产业的整个链条，横向涵盖消费者个性化需求"，将呈现业务范围与收益拓展的高成长性。

4. 政府在企业转型升级中的作用

在社会主义市场经济条件下，政府不仅是重要的政治组织，同时又是重要的宏观经济管理与调控组织。因此，在推进本市物业服务企业转型升级过程中，政府应该加大政策扶持力度。这些政策扶持的内容主要体现在以下几个方面：

——坚持以市场为导向，处理好政府和市场的关系，使市场在资源配置中起决定性作用和更好发挥政府作用。争取从价格机制、税收减负、财政扶持等政策上取得突破。

——不断挖掘业主潜在的市场需求，充分整合和有效利用物业管理相关产业、领域的要素资源，激活和拓展物业管理市场，实现高效、集约的服务过程和倍增的服务效果。

——进一步激发物业服务企业在服务内容、发展方式、商业模式等方面的创造力，加大对资源搜集、统筹、组织和管理的服务集成探索，实现由劳动密集型向知识密集型转变，简单服务提供商向服务组织者转变。

——通过资源的有效配置，引导和鼓励物业服务行业龙头企业、创新型企业和品牌企业的发展，支持物业服务行业人才培养、标准化和信息化建设，奖励和表彰在创新发展、安置就业、社区建设中做出突出贡献的物业管理单位等。

——尊重和运用市场机制，推动企业的整合、改制、兼并和重组，鼓励企业做大做强。要培育一批具有较强核心竞争力、较高品牌美誉度的现代大企业、大集团，提高中型企业的专业服务能力和内部管理水平，引导小型物业服务企业规范发展。逐步形成以示范龙头企业为引领，中小企业协同发展的现代物业服务企业集群，全面提升行业整体发展水平，构建企业协调发展格局。

——建立行业合作共赢的发展体制和机制。充分发挥行业协会的作用，在加强行业自律的基础上，提高整个行业的从业人员职业技能培训、管理能力和创新知识的培训。有条件的情况下应当组织全行业的专家人才开展专题研究，探索和总结行业转型升级过程中的成功经验并予以推广运用。

（四）导入价格评估推进市场化价格机制

1. 物业价格评估方式的实践成果

（1）上海市第三方评估的有效探索

本市物业管理行业中不乏对第三方价格评估机制的有效探索的成功案例。早在 2001 年 11 月，本市某专业咨询公司受托于长宁区美丽华花园业主委员会，就小区物业管理现状及物业管理费价格进行了综合评估，提出了相应的评估报告，促使该小区业委会与物业公司在价格调整方面达成共识，通过业主大会成功地提升了物业管理费价格。

2005 年上海古北新区华丽家族业委会为小区管理费的问题与在管物业公司讨论多次难以达成共识，最后聘用社会专业咨询公司介入，对物业公司提交的财务报告进行第三方评估。依据第三方评估结论，业委会组织召开业主大会通过了物业管理费的价格调整工作，最终管理费从原先单价 2.20 元，调整到 3.35 元。通过同样的方法，2012 年 10 月业委会在充分考虑市场用工成本等因素的基础上，再次将物业管理费从 3.35 元的单价调整到 3.95 元。与此同时，该业委会在专业顾问公司的协助下，将物业管理费的价格调整纳入到常态管理范畴，规定了每三年物业服务合同期届满前对小区物业管理成本进行一次第三方评估，适时调整物业管理单价，确保小区物业管理服务质量满足广大业主的需求，实现“质价相符”。

为举办 2010 年上海世博会，2009 年上海世博事务协调局聘请本市的物业管理专业咨询公司，为世博园区各大展馆的物业管理运营成本进行了全面测算，并为世博会“4 区 2 馆 1 轴”项目的政府财政预算和物业招标工作奠定了基础；同期，上海机场(集团)有限公司也邀请了咨询公司，为其开发建设的虹桥综合枢纽东交磁浮项目进行了整体规划和运营成本测算，在保证项目整体运行服务质量的同时，使得整体财政预算得到了有效的控制。近年来，上海市浦东新区行政办公中心大楼、浦东新区地方税务局、浦东软件园三期、市政府机关事务管理局浦东行政机关办公楼等，都采取聘请第三方专业中介机构为其物业项目的管理成本进行了价格评估与测算，为控制政府财政预算提供了科学依据。

(2) 北京市第三方评估监理机制

由于当前全国物业服务市场均存在较为严重的定价矛盾，各地政府行政部门和行业机构都在积极探索解决方法。北京市经过几年的探索，已经将第三方价格评估机制纳入物业服务定价体系。

2010 年 6 月，北京市住房和城乡建设委员会颁布了《北京市物业服务第三方评估监理管理办法》(京建发〔2010〕383 号)。

办法规定了物业服务评估监理机构接受业主、业主大会、建设单位、物业服务企业或有关部门的委托，依照法律、法规、规章规定和合同约定，对物业服务质量和服务费用、物业共用部位和共用设施设备管理状况等提供专业评估监理服务的活动。

其中，规定对于新建房屋，建设单位应当在销售前确定物业服务事项和标准，从市房屋行政主管部门公布的第三方评估监理机构名录中，随机抽取物业服务评估监理机构对服务费用进行测算，测算结果应当在销售场所予以公示，并写入房屋买卖合同和前期物业服务合同。针对已入住的小区，业主大会首次选聘或更换物业服务企业时，可以委托物业服务评估监理机构进行物业服务费用评估。

该办法的出台是北京市相关行政部门实施厘清政府行政边界，解决物业服务矛盾纠纷，规范物业服务市场主体行为的积极探索的结果。不仅得到了市场的认可，同时也反映出政府行政部门的观念转变，体现了北京物业管理逐步向成熟市场发展的必然趋势。

2. 第三方评估机制的可行性调查

随着我市物业管理市场的不断发展，行业中深层次的矛盾和问题也日益凸显。尤其在物业服务质量与价格方面，当业主与建设单位或物业服务企业发生矛盾纠纷时，双方往往是各执一词、互不相让，很难达成共识，政府则实质性地被推到了第三方的位置，造成了既要制定政策，又要评判履约的尴尬局面。因此，在目前我市物业管理市场已经相对成熟的情况下，引入和培育独立的第三方物业服务评估监理机构，对厘定政府边界，解决物业服务矛盾纠纷，规范物业管理市场主体行为具有积极意义。调查表明，在目前的物业服务市场状态下，单一由业主或物业服务企业出价定价，都较难破解存在的价格难题；完全依靠政府定价也存在较大的局限性。其中的根本原因就在于执行价格政策过程中的诸多不规范因素，为后续各类矛盾的产生埋下了祸根。因此，根据物业服务市场的特点，逐步引入由政府主导的第三方评估机制是一个可选的途径。第三方评估机制的核心就是业主通过聘请独立的社会中介组织，采用科学的方法，对物业服务成本按市场化准则进行测算，从而获得一个合理的被供需双方都能接受的服务价格。

(1) 第三方评估机制具有一定的市场需求

为了确定市场供需各方对导入第三方价格评估机制的需求情况以及认可程度，我们对徐汇区范围内的业主和物业服务企业进行了问卷调查。调查发现，物业服务企业相比业主而言，对第三方价格评估方式的接受程度相对较高(图 4－2)，有 62.5%的调查对象认可这种方式，其中 30.4%认为“可以尝试”，另有 32.1%在认可的前提下担心“较难实施”。而针对业主方的调查结果表明(图 4－3)，除了 61.2%的业主希望由“政府统一定价”外，仍有 28.2%的业主认可“第三方评估组织定价”的方式。

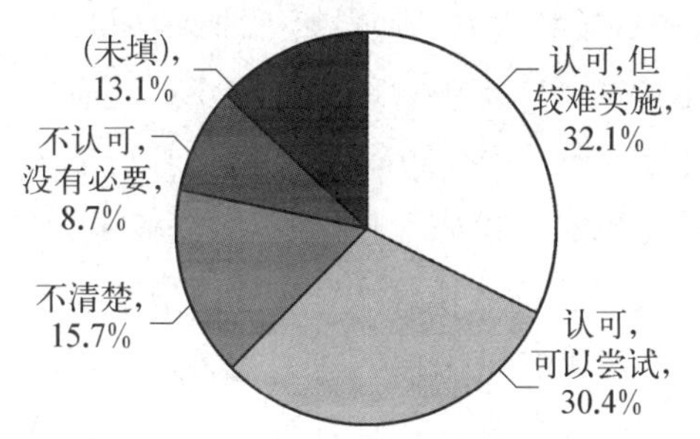

图 4－2　服务企业对第三方价格评估机制的接受度

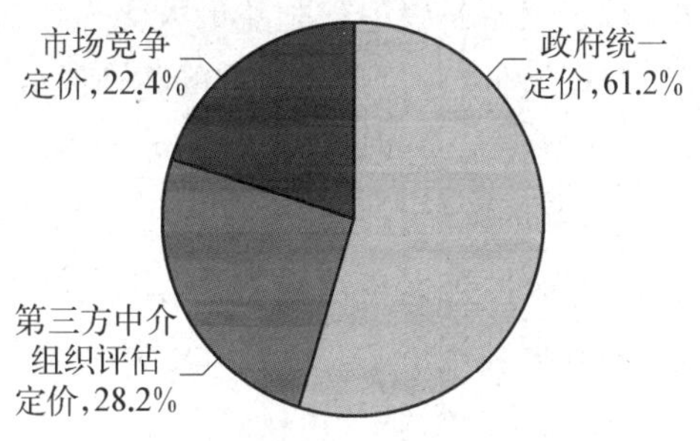

图 4－3　小区业主对确定物业价格方式的选择意向

由此可见，目前在本市物业管理供需双方对导入第三方价格评估机制具有一定的市场需求。

进一步数据分析表明，市场对引入第三方评估机制的认可程度偏低的主要原因，一方面是对这种新型模式缺乏了解，另一方面也担心这种模式是否具有较高的公正性、专业性，以及业主对其的接受程度。在调查物业服务企业对第三方评估机构的重点关注内容时，有 32.9%的调查对象关注“专业性”，25.6%担心业主对第三方评估方式的接受度，另有 21.8%关注第三方中介结构的公正性

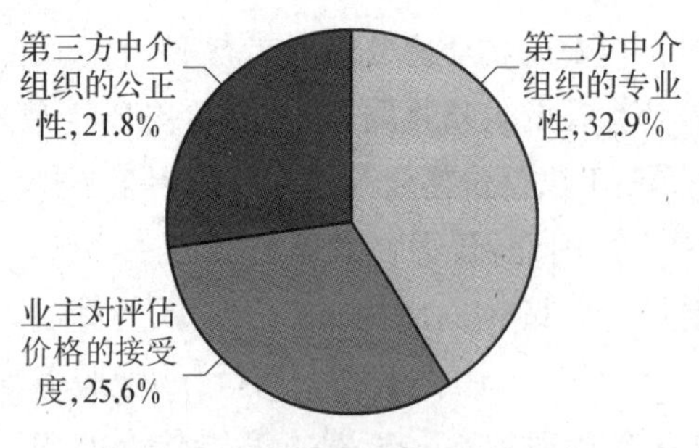

图 4-4 物业服务企业对第三方评估的关注重点

(图 4-4)。

(2) 第三方评估机制具有较大的社会意义

通过对北京市导入第三方评估机制的研究可以发现,北京市物业服务第三方评估监理机制的确立,对物业管理行业的健康发展具有十分重要的意义,其价值突出表现在以下三个方面。

第一,有利于发挥政府宏观监管职能。当前我国的政府职能由全能政府向有限政府转变,政府职能提出了不同于传统政府职能的一系列要求:现代政府职能具有间接管理、宏观管理为主和具有规划、协调、监督和服务的特征要求,这使政府在为经济基础服务的轨道上,产生了新的机制,这种新的机制需要政府向社会分化职能。原来由政府承担这部分职能,在向社会分化之后,则需要社会中一定的载体来承担,从而保证这部分职能的顺利实现。通过引入第三方中介评估的社会中介组织,是最佳的填充介质。它处于政府与社会之间,既不是非赢利的政府,又不是以追求利益最大化为目的的直接利益方。通过第三方评估机制,政府部门可以从复杂而繁重的物业服务定价职能向宏观管理职能转变。政府部门主要发挥其宏观调控的优势,承担起监管职能。中介组织承担起政府与市场联结桥梁的职能,科学、公正地评估物业服务的市场价格。直接利益方(业主、物业服务企业、建设单位)则发挥其利益性和高效性特点来具体完成各项微观经济职能,开展合理的市场竞争,达到经济平衡。通过采用第三方评估模式,在政府—社会中介组织—市场这"三位一体"结构中,作为最高权力的主体——政府行政部门将处于最高位置,更好地发挥宏观管理的作用,通过建立科学的评估体系、培育专业的评估机构、规范评估流程和仲裁评估争议等手段间接管理物业服务价格,避免直接干预带来的负面效应。

第二,有利于缓解市场供需双方矛盾。长期的信息不对称和非市场化行为,扭曲了当前物业服务价格的形成机制。业主和物业服务企业的互不信任,严重阻碍了物业服务市场化价格的形成。限于职能、人力等多方条件的限制,行政主管部门不可能也不适合直接主导物业服务价格的形成机制。引入由社会中介组织主导的第三方评估机制是目前各利益相关方较为接受的一种方法。

中介机构是指依法通过专业知识和技术服务，向委托人提供公证性、代理性、信息技术服务性等中介服务的机构。中介组织一般是介于政府与企业之间、商品生产者与经营者之间、个人与单位之间，为市场主体提供信息咨询、培训、经纪、法律等各种服务，并且在各类市场主体，包括企业之间、政府与企业、个人与单位、国内与国外企业之间从事协调、评价、评估、检验、仲裁等活动的机构或组织。

许多国家的经验表明，社会中介组织是宏观调控与市场调节相结合中不可缺少的环节，具有政府行政管理不可替代的作用。中介组织大多属于民间性机构，有的还具有官方色彩。它们都要通过专门的资格认定依法设立，对其行为后果承担相应的法律责任和经济责任，并接受政府有关部门的管理和监督。

因此，相对于数量庞大的业主群体和物业服务机构，政府主管机构对中介组织的管理更为便利和有效。同时，中介组织属于第三方商业机构，与物业服务价格两大主要利益群体——业主和物业服务企业——均没有直接的利益关系，中立性是其特征，相对业主自行认定的物业服务价格以及服务企业提出的服务价格，第三方机构的评估行为和评估结果更容易获得双方的认可。符合要求的中介组织拥有专业知识和技术人员，评估手段和过程符合国家法规和市场规律，其掌握的实时市场信息有助于评估结果更为贴合市场实际情况，市场化程度较高，符合物业行业市场化进程。

第三，有利于推进行业的市场化进程。中介服务是市场经济的客观需求，中介服务体系在市场经济中具有服务、沟通、协调、公证和监督的重要功能，在建立和完善社会主义市场经济体制中发挥着十分重要的作用。通过中介组织，利于沟通协调各生产要素的供给与需求，促进公平合法交易，降低信息成本和保证履约的成本，进而降低交易成本，为企业生产和发展提供便利。

上海乃至全国的物业服务行业目前还处于由计划模式向市场模式转换的过程中，各利益群体博弈激烈，矛盾十分突出。引入第三方评估机制有利于引导消费者和企业向理性回归，排除各利益群体的干扰，建立合理的价格形成机制，使物业服务价格真正和服务水平相适应。通过第三方评估机制可以达到以下几个方面的目的：

——使业主更清晰地了解物业服务的范围、内容、标准及其价格（服务产生的成本），培育消费理念，以确保服务价格能真实反映服务价值和市场价格波动，真正实现物业管理市场的等价交换原则。

——规范服务企业的行为，引导其严格按照国家颁布的相关法律法规实施服务活动，建立严谨的财务制度和管理流程，保证业主的资金使用合法、合理和科学，促进物业的保值增值。

——调解业主与服务企业的纠纷，以独立机构的专业判断，引导业主与服务企业遵循市场规律，行使自身的权利，维护自身的利益。

(3) 第三方评估机制具有较高的市场优势

根据现有市场情况，我们对政府定价、第三方评估和市场议价这三种方式，按照权威性、专业性、独立性、便利性、及时性和直接成本六个方面进行了如下的比较分析(表4-1)。分析结果表明，第三方评估方式与政府定价和市场议价相比，在专业性、独立性、便利性和及时性方面具有较高的优势。

第一，权威性。政府定价具有强制执行性。有行政手段作保证，权威性最高；第三方评估由政府认可、业主委托、第三方机构实施，利益相关方接受度相对较高；市场议价遵循市场法则，自由竞争，基于当前物业服务行业特征，主体不对等、非理性竞争等行为较多，权威性较低。

表4-1 第三方评估与政府定价和市场定价的对照分析表

序 号	对照分析要素	政府定价	第三方评估	市场议价
1	权威性	高	中等	低
2	专业性	高	高	低
3	独立性	高	高	低
4	便利性	低	高	高
5	及时性	低	高	高
6	直接成本	高	中等	低

第二，专业性。政府定价流程严格、相关行业专家参与、专业性强，但就个体项目而言其针对性较差；第三方评估由第三方专业机构实施，具备必需的技术人员、市场信息和评估方法，专业性强，在针对某一个项目而言，其专业优势能得到充分发挥；市场议价主要通过供需双方谈判进行，业主方专业知识缺乏，物业方专业人员往往容易受人为因素影响，而且各个企业的专业程度良莠不齐，专业性较弱。

第三，独立性。政府定价属于政府行为，不属于利益相关方，独立性较高；第三方评估由第三方专业机构实施，其机构特征决定其行为具有较高的独立性和客观性;市场议价主要由利益相关方决定,在市场化不完全的情况下,独立性相对较低。

第四,便利性。政府定价属于行政行为,必须遵循必要的规定,影响重大,一般而言流程较为复杂;第三方评估由第三方专业机构实施,实施较为便利;市场议价主要通过谈判和招投标流程实现,实施较为便利。

第五,及时性。政府定价流程严格,需要较长的评估时间和论证阶段,一般而言,其价格发布时,所采集的数据与市场有一定的滞后性;第三方评估和市场议价,定价较为快捷,市场数据采集较为及时;市场议价可以在合同协商或招标时同步完成,亦具有较高的及时性。

第六,直接成本。政府定价流程严格、时间长,评估的直接和间接成本较高;第三方评估为商业组织,市场化程度高,评估的直接成本按市场化确定,利益各方均容易接受,无须间接成本;市场议价评估虽然没有直接成本,但来回讨论和协商时间周期会较长,间接成本也相对较高。

3. 导入社会评估机制的必要条件

近几年来,深圳、厦门、北京等地都先后尝试过在物业管理领域引入第三方评估监管机构模式,除了北京之外,其他地方都由于种种原因最终未能取得满意的结果。分析和总结这些失败的原因可以发现,这些地区在导入第三方评估机制过程中没有充分考虑建立这一机制的必要条件,未能从系统上培育和完善必要的外部环境。因此,我们在研究和探索上海市物业服务行业导入第三方评估监理机制时,应充分重视和研究与这一机制相配套的以下几个方面的必备条件。

(1) 有效培养业主的物业服务产品消费意识

厦门实施第三方评估最终失败,一个主要原因是业主对物业服务产品的市场消费意识缺乏,认为住宅物业服务是房屋销售合同的一种廉价的售后服务,尤其在售后公房这块业主把物业服务理所当然地理解为是享受政府给予的福利。

这种心理源于中国计划经济时代的住房分配制度,人们习惯了住公房,一旦住进房子,一切都由单位给包了,个人除了水电费是无须任何付出的。近几年,随着房地产行业的发展,人们才慢慢认识到了物业管理。但是大部分业主对物业管理认识也仅仅停留在最基本的层面上。随着福利分房体制的终结,这一认识在业主心中已略有改观。但是在中国,几千年来,一直有着一种四合院文化和农家大院文化的延续,就是用旧的物权概念来解释现代物业小区的现象。过去的四合院和农家大院,关起门来都是自己的。但是,现在住在了小区,自己的天花板成了别人的地板，自己跟邻居有了很多公用的东西，比如，小区的绿化面积、小区的道路和停车场等。如何分摊费用，自己不太明白，也需要重新了解。

另外，几千年来，中国百姓一直缺乏契约精神，物权概念仍然需要进一步理解和消化。所以，在社会上引入第三方评估监理机构进行评估时，需要不断地提高物业管理的市场化程度，引导物业买受人增强物业服务产品的消费意识。宣传物业服务就是一个产品，住房子花钱买服务是物业保值、增值必经之路，打造一个比较客观的外部发展环境，是成功实施第三方评估监理机制的必要条件。

因此，在导入第三方评估机制的同时，必须加大物业服务消费意识的正确引导和宣传，针对不同住宅性质明确业主（或建设单位）的权利和义务。在商品房物业管理方面应积极倡导市场化消费理念，把房屋销售与物业服务这两个阶段的消费观念加以合理区分；在售后公房物业管理方面应逐步让业主转变对政府补贴的长期依赖思想。

(2) 建立完善第三方评估机制相关配套法规

在物业管理行业中仅仅简单引入第三方评估监理机制是达不到预期效果的，还需要建立健全的相关配套法规，从制度上把关，以免此机制流于形式，甚至给目前已是纠纷颇多的物业管理行业添乱。引入第三方评估机构的相关配套法规、准入退出机制以及相关的责任义务均可以参照注册会计师、执业律师行业的相关配套法规和处罚措施，从制度上引导第三方评估监管机制健康发展，否则引入该机制应该慎行。

另外，第三方评估监督行业的准入门槛不能设得太低，否则局限于从业人员的自身专业素养，很难起到公正的评估监管作用。可以参照注册会计师的准入标准，引进注册物业管理师来从事此行业，提高从业人员素质，使该机制起到真正的评估监管作用，化解物业管理纠纷，真正促进物业管理行业的健康发展。

(3) 确保第三方评估机构具有独立的公信力

从北京市导入第三方评估监督机构的经验可以看到，如何确保第三方评估机构具有独立的社会公信力至关重要。住建委张农科副主任在讲话中谈到，2010 年物业服务的工作重点基本思路是紧抓住一个矛盾，就是物业管理这个纠纷的矛盾，突出规范两个主体，物业服务企业和业主大会，注重依靠第三方力量，来协调物业服务。这就是说物业服务公司、开发商，以及业主产生纠纷时，要请第三方来评估。这个第三方首先要讲信用，这样，第三方出具的评估报告等相关文件才会有公信力，才会对纠纷的解决产生促进作用，才能担负起市场各方利益的平衡与协调作用。那么，怎样才能保证第三方评估监管机构的公信力呢？

首先，要给第三方评估监管机构一个明确的定位，是一个不具备强制性的第三方。它的产生和存在不能依附于任何一方，必须是独立的，是市场化运作的结果。那么它所进行的评估、监管才有可能是公正的，这样才能取得物业服务企业和业主供需双方的信任，才能保证这个第三方机构的公信力。同时，要明确这个第三方评估监管机构责任。这个第三方应在物业管理纠纷中站在一个中立、公正的立场上，以法律法规为准绳、以规范运作为基础，为供需双方搭建一个协商沟通的平台，让双方统一思想，分清责任，理性地处理包括价格纠纷在内的各种矛盾。

第三方评估监管机制是靠信用生存的，如果第三方在评估监理过程中丧失了公正的立场，它就丧失了公信力，也就丧失了评估监管结果的权威性，继而丧失了市场，这个机制也就无法生存下去了。

(4) 从制度上保障第三方评估结果的公正性

第三方评估监管机制服务于整个物业服务市场。而物业服务面对的客户是成千上万的寻常百姓家，这成千上万寻常百姓家庭的和谐与安宁是构建整个和谐社会的基础。所以这个第三方监管机制的顺利运行还需要依赖于整个社会的多方联动机制。

首先，需要政府引导社会各方来共同培育、呵护第三方评估监管机制。一项新生事物的发展都是一个螺旋发展的过程，政府要尊重新生事物发展的客观规律，尽力给这个新生的监管机制一个自由发展的空间，除了在制度上予以科学、严格限制外，不要做更多的行政干预，比如：第三方机构出台了一个公正的报告，但业主不认可，政府不要从社会稳定的角度对报告予以否定，否则第三方机构将没法开展工作。政府应将该第三方评估监理机制的生存、发展以及自我修缮能力完全交给市场，努力营造全社会的各方联动机制，为第三方评估监理监管机构发展、壮大打造一个良好的外部社会发展环境。

其次，政府还需加大业主大会、业主委员会的建设。业主委员会是业主维护自身合法权益的代表，只有成立了业主委员会才具备了与物业服务企业直接对话的主体资格，才能谈得上维护权益；否则连对话的资格都没有，何谈维护自身权益。当业主大会、业主委员会、第三方评估监理机构等各方联动时，将能保证物业管理服务市场在各个环节的公开、公正、透明。

4. 社会价格评估机制的实施建议

物业服务第三方评估机制，应该是以市场化为导向，在政府行政部门宏观控制和政策指导下，通过社会专业机构为实施主体，为业主大会(或业主委员会)和物业服务企业提供“质价相符”的物业服务价格形成机制。这一机制的形成涉及四个方面的利益相关者(图 4-5),其中政府行政部门是这一机制的引导者、培育者和监管者,业主委员会和物业服务企业是市场供需双方,评估机构是社会第三方专业机构。

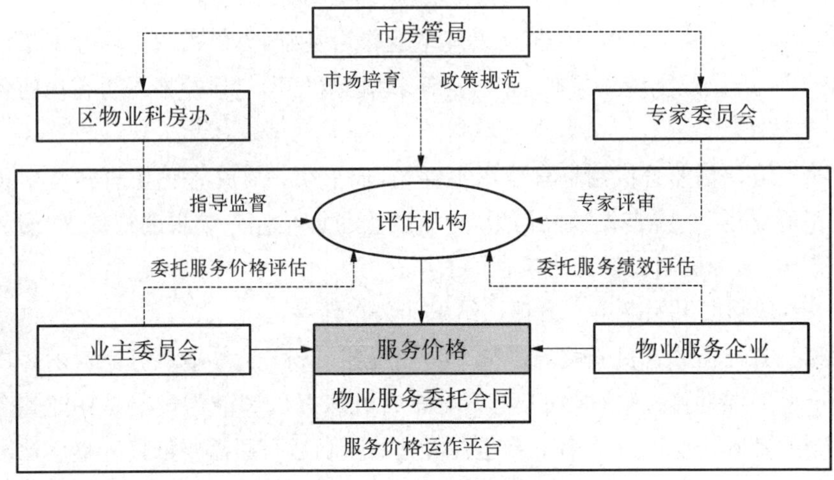

图 4-5　第三方评估机制管理运行系统示意图

物业服务第三方评估机制的形成,有赖于市场各方的共同努力,才能从目前主要依赖于政府价格政策的局面,逐步过渡到以市场为导向的供需平衡协调发展的正常轨道。以下针对第三方价格评估机制过程中所涉及的各方责任做出简要表述。

(1) 政府行政部门的责任

政府行政部门是物业服务收费价格第三方评估机制的管理部门。需要行使下列职责:

第一,制订与第三方评估机制相关的管理办法。为了规范本市物业服务活动,维护业主、建设单位、物业服务企业的合法权益,建立和完善质价相符的物业服务市场机制,促进物业管理行业健康有序发展,应由市住房局出面制定《上海市物业服务第三方评估管理办法》(以下简称“评估管理办法”)。这一办法至少需要明确下列四个方面的主要内容:

a) 第三方评估机构的业务范围;

b) 第三方评估机构的基本条件;

c) 第三方评估机构的运作规范;

d）第三方评估机构的法律责任。

第三方评估是一套全新的服务业服务收费价格形成体系，是市场经济的新兴事物。推出相应的配套政策，有利于规范评估行为，保证评估的专业性和加速市场对第三方评估机制的接受程度。

第二，依法对第三方评估机构实施管理与监督。目前本市物业管理已形成了市房管局、区房管局和房管办事处三级行政管理机制。如何确保“评估管理办法”的有效实施，有赖于政府行政部门对其常态化的管理、监督与指导。为此，我们建议对市场第三方评估机构的管理需要三级行政管理部门的分工与合作。具体可以考虑从以下三个层面进行管理与监督。

——市房管局主管部门负责制订相关政策法规，负责对第三方评估机构的准入资格审查与备案，对不规范运作或违规机构进行处罚直至取消评估资格。

——区房管局主管部门负责辖区内开展物业管理项目第三方评估工作行使监督职责，负责对评估过程和结果予以监督，对第三方机构、业主或建设单位、物业服务企业在评估过程中的不规范或违规行为予以警告或责令纠正，对严重违规违法行为报市房管局主管部门提请处罚。

——各区房管办事处负责对辖区内具有开展第三方评估需求的物业管理项目的相关方提供必要的政策引导，指导业主委员会或建设单位、物业服务企业按照“评估管理办法”规定要求选择第三方评估机构，对评估流程和评估过程的合规性进行监督，监督和协调第三方评估结果的具体落实和实施。

第三，组建价格评审专家库审核价格评估报告。为确保物业服务价格第三方评估机构所出具价格评估报告的客观性、公正性和权威性，建议在物业价格评估机制的最后环节由政府行政部门组建价格评审专家库。第三方评估机构所出具的价格评估报告应由专家库中随机抽取的专家组进行最终评审，以确保物业服务价格第三方评估机构所出具价格评估报告的客观性、公正性和权威性。课题组就价格评审专家的评审环节提出以下三点建议。

——市房屋行政主管部门建立物业价格评审专家库，并定期公布专家名单。物业价格评估机构所形成的价格评估报告，应在提交委托人之前须从专家库中随机抽取专家进行复核评审。

——市价格评审专家应依据委托方提供的物业项目数据和资料，对第三方评估机构所提供的价格评估报告进行合规性复核评审，评审结果应出具专家评审报告。

——市物业价格评审专家所提供的评审报告仅对第三方机构送审的价格评

估结果的合规性负责。

(2) 社会评估机构的要求

第三方价格评估是指物业服务评估机构接受业主、业主大会、建设单位、物业服务企业或有关部门的委托,依照法律、法规、规章规定和合同约定,对物业服务费用等提供专业评估服务的活动。物业价格评估机构是指独立于政府、业主或建设单位和物业服务企业,并具备独立法人资格的社会第三方专业评估机构,是第三方价格评估机制的主要实施者。因此,评估机构应当具备以下几个方面的条件。

第一,第三方评估机构的准入要求。物业价格(服务)评估机构应当具备下列条件:

a) 具有独立法人资格,专业从事物业服务业务;

b) 注册资本 100 万元以上;

c) 有固定的办公场所和开展评估业务所需设施、设备和办公条件;

d) 具有工程、管理、经济等相关专业类的专职管理和技术人员不少于 5 人,具有物业管理师执业资格专职人员不少于 2 人;

e) 法律、法规、规章规定的其他条件。

符合上述条件的物业服务评估机构可到市房屋行政主管部门备案,市房屋行政主管部门将定期公布备案机构名单。

第二,第三方评估机构的业务范围。物业价格(服务)评估业务范围包括:

a) 物业项目交接查验;

b) 物业服务费用评估;

c) 物业服务质量评估;

d) 其他需要评估监理的事项。

上述业务范围中的(a)(c)(d)项,已超出本节的研究范围,仅作为完整市场运作机制设计上的考虑而提出,供政府部门研究参考。

第三,第三方评估机构的主要责任。物业价格评估机构从事物业价格评估监理活动,应当遵循独立、客观、公正的原则。同时具备以下权利和义务:

——物业服务评估机构接受委托从事物业服务评估活动,应当与委托人签订书面评估监理委托合同,约定评估服务内容及费用。评估监理机构出具评估监理报告并对委托人负责。

——物业价格评估按照“谁委托谁付费”原则,由委托人与物业价格评估机构以拟评估的物业服务项目为基础协商确定收费金额。

——物业价格评估业务应当由物业价格评估机构接受委托，个人不得承揽评估监理业务。

——物业价格评估机构及从事评估业务的人员与委托人、第三人或评估事项有利害关系、可能影响公正评估的，应当回避。

——物业价格评估机构应当按照本市相关规定从事评估业务，不得出具有偏向性、虚假内容、误导性陈述和重大遗漏的评估报告。

(3) 物业主体各方的权益

政府应积极培育物业服务独立的第三方价格评估机构；鼓励物业服务各方权益主体在确定物业项目收费标准过程中，委托合格评估机构进行价格评估。物业服务各方权益主体在提出物业服务价格评估需求时，应遵循以下三个方面的要求。

首先，委托方的资格。委托人应当向评估机构提供与委托事项有关的证明材料。

a) 业主应当提供身份证明、房屋权属证明；

b) 业主大会或者业主委员会应当提供备案证明；

c) 建设单位应当提供有关行政主管部门核发的立项、用地、规划等任一许可证明；

d) 物业服务企业应当提供物业服务合同。

其次，第三方价格评估的时机。在下列情况下物业服务各方权益主体可以委托物业价格评估机构进行物业服务价格评估。

——建设单位在实施前期物业管理招标时；

——业主大会首次选聘或更换物业服务企业时；

——业主和物业服务企业等相关利害关系人就物业服务费用发生争议时。

最后，价格评估委托方的责任。建设单位、物业服务企业与相关当事人应当协助物业价格评估机构进行实地查勘，如实向评估机构提供必要的资料，并对其所提供资料的真实性负责。

五、课题研究结论

(一) 本课题研究结论

课题组依据上海市物业管理行业的实际现状、现行政府政策导向，在市场调查和数据分析的基础上，揭示了当前本市住宅物业管理领域所面临的突出问题，以及未来在政府职能转变过程中行业可能面临的市场化风险，提出了部分应对策略和建议，以供政府主管部门参考。

本课题最终得出了以下几点结论：

1. 根据本市物业管理行业的发展历史和现状的研究，本市物业管理行业仍处于非完全市场化环境；占全市住宅总量的50%售后公房和普通商品房的物业管理和服务活动，对整个社会和谐与稳定具有十分重要的保障作用，物业服务企业担负了一定的社会公共职能。

2. 在物业管理行业逐步走向市场化过程中，存在着一些亟待解决的突出问题，同时政府主管部门可能会面临的政策、市场和行业三方面的风险。

3. 针对市场化条件下政府主管部门可能面临的风险，课题组提出了四项应对措施，对其中的部分重点内容提出了对策草案和建议。

（二）本课题研究的局限

在本课题研究过程中，我们深刻地体会到上海市物业管理行业是一个十分庞大的市场，各种错综复杂的问题不仅局限在本市，于全国市场都具有很大的共性。

由于课题组成员对我国物业管理法律法规、地方行政规范和政策的掌握和理解存在着一定的偏差，可能会在课题研究过程中产生思路上的局限性。课题研究过程中虽然开展了大量的市场调研和资料收集，但因数据和样本的有限，在数据分析上会存在某些片面性，导致提出对策和建议的局限性。

此外，本课题中涉及的"市属三级部门物业管理综合管理体系"概念，目前仅属于一种简单设想，有待进一步的研究和完善。

（三）结束语

本课题在市场调研研究过程中得到了不少物业服务企业负责人、业主委员会代表，以及市、区县和街镇主管部门领导的大力支持与帮助，在此表示衷心的感谢！

本课题报告由于研究时间和调查空间的局限，以及课题组成员自身能力的局限，错误之处在所难免。敬请课题审核专家、评委和各级部门领导批评斧正！

项目负责人：李国华　王青兰　张　建

项目参加人员：郭树清　王凯红　伍伏清　周　明　王　炜　周　颖　潘海生

经营性老年住房项目开发运营及相关政策研究

上海市房产经济学会　上海市城市经济学会

第一章　研究背景与基础

一、老年住房的需求

（一）老龄化现实

我国老龄化又快又急，上海首当其冲。养老话题在近年成为新的社会热点，我国正面临着严峻的老龄化考验。截至2014年底，我国60周岁及以上老年人口21 242万人，占总人口的15.5%，65周岁及以上人口13 755万人，占总人口的10.1%。全国60岁以上的老年人口净增加999万，约1 000万，增长6‰，高于自然人口增长率5.21‰，老龄化加速。

作为国际化大都市，上海于1979年就率先进入了老龄化社会，且人口老龄化程度一直位居全国前列。上海市老龄科学研究中心最新预测指出，2010—2025年为人口老龄化快速发展阶段。老年人口总量大，老龄化速度快、程度高，高龄化突出，纯老家庭增多等逐渐成为上海老龄化的显著特点。“十二五”期间，随着第一代独生子女父母陆续进入老年期，上海市人口老龄化将进入加速发展期。据预测，2015年上海60岁以上老年人口达到430万，2020年达到542万，10年内年均增长约20万。其中完全失能老人将分别达到2015年的25.8万和2020年的32.52万，半失能老人将分别达到55.9万和70.46万。随着第一代独生子女成家立业，据预测，到2025年上海老龄化将进入高峰期，将有80%以上的老人和子女“分居”。

上海市在全国又是贯彻计划生育最彻底的地区之一，因而家庭结构的“四——二——一”特征更为突出，一个子女未来最多要赡养六个老人，届时无论从经济上还是精力上将难以为继。

（二）老年居住问题

老年住房是应对养老问题的关键和基础。在世界人口老龄化日益严峻的形势下，老年人居住问题已成为国际社会共同关注的问题。1982年第一届老龄问题世界大会上通过的《维也纳老龄问题国际行动计划》明确指出："住房对于任何国家任何年龄组的生活素质都有至关重要的影响，适宜的住房条件对于年长者甚至更为重要，因为其住所实际上就是其所有活动的中心。"1996年第二届老龄问题世界大会再次强调："住房和生活环境要适应老龄化过程中人们不断变化的住房和行动需求。"2011年9月30日举行的"创建WTO全球老年友好城市网络"会议签署了包括老年人住所在内的《都柏林宣言》，"宣言"为老年人住所制定并细化了房屋设计、房屋改造、房屋维修、房屋选择、老年人承受能力、居住环境、服务可及性及老年人和子女、外界联系的指标体系，强调老年住所和环境要具备"安全性、健康性、便利性、舒适性"的功能，以保持老年人的独立生活和积极参与社会活动的能力。

中国人历来重视居住条件和生活环境，从"上古穴居而野处"到"后世圣人易之以宫室"，居住条件和生活环境在民生中占据着特殊地位。老人精神和身体健康、生活的舒适等许多方面更是与居住密不可分。随着年龄增高，老人对居住空间的特殊需求和依赖程度也相应增加。居住环境不仅涉及老人生存、享受的需求，还关系到老人与家庭和社会在时间和空间上的联系。可见，老年住房是健全养老体系的基本问题之一。

（三）老年住房不足

急速进入老龄化的现实导致老年住房不能满足需求。从目前的住房供应看，众多开发商的地产项目只注重购房者，特别是中青年人的当前需求，而很少关注他们步入老年后的特殊需求，没有考虑到消费者年老时居住不便、家人难以照顾的状况；同时由于商品住宅高昂的价格和老人在住房抵押贷款方面不利的条件，使老人购买住房的门槛很高，不能满足老人对居住的需求。另一方面，国内目前的养老机构绝大多数是公办社会福利型，面向"三无"老人，价位低，设施简陋，服务匮乏，从数量到质量都不能满足高知识层次、高收入的退休人群的需要。

目前，处于大城市市中心的公办养老机构常常一床难求，而在郊区的养老机构则床位大量空置，造成这种冷热不均现状的原因一是远离市区会让老人进一步脱离社会，二是看病不方便为老人增添了后顾之忧。另一方面，由社会力量兴办、条件较好的养老院只面对高端收入的人群，高昂的价格门槛导致中低收入的工薪阶层无处养老。

（四）社会力量参与

未富先老的社会现实决定了养老事业必须借助社会力量来参与开发运营。2011年，国务院在《中国老龄事业发展"十二五"规划》和《社会养老服务体系建设规划(2011—2015年)》中分别提出"充分调动社会各方面力量积极参与老龄事业发展"和"引导和支持社会力量兴办各类养老服务设施"。社会力量参与老年住房项目具有四方面优势：

1. 社会力量不仅仅是参与，而且是必将成为养老市场的主力

现代治理理论倡导，政府并不是唯一的公共产品和服务的供给者，要广泛利用社会资源，如准政府组织、非盈利机构和私人部门等参与其中，形成多元化的投资主体。养老服务事业既是一项公益性事业，又是一项具有市场性的社会事业。由于长期以来养老服务的设施设备建设严重滞后，"未富先老"使得公共财力与养老需求之间的差距极大，仅靠政府远远不能为老人提供足够的养老设施和服务。因此，我国老龄化所带来的养老需求使"银发产业"蕴含着巨大的市场潜力，而我国的社会养老市场仍然处于发展初期，养老产业还没有形成规模。因此，无论从我国社会经济发展需要还是从国际养老发展经验看，不仅要依靠政府的力量，更重要的是鼓励和培育社会上既有能力又热衷于公益事业的个人、企业以及社会组织等利用社会资金投资到养老事业的发展中，实现养老服务投资主体的多元化发展。

2. 社会力量提供多样化服务

由于受自身经济状况、身体健康条件、婚姻状况、受教育程度、子女情况以及生活环境等方面的影响，老年人对养老服务的需求也存在着差异，呈现出多元化、多层次和形式多样化的发展趋势。社会力量能推动各类具备资质、满足文化需求的企业和社会机构参与到养老服务中，竞争的同时必然带来养老服务内容的多样化和贴心化。与公办养老相比，在养老服务市场需求多元化的驱动下，社会力量所提供的养老服务能够更加适合老年人并对养老生活起指导作用。为满足老年人在养、教、学、为、乐等方面的多样化需求，市场应运而生了多样化的养老形式，如养老院、老年公寓、养老社区、老年日托以及度假养老等。此外，一些公益组织或志愿者能根据老年人的不同需求提供多层次的社会化养老服务，不但包括日常生活照料，还包括诸如情感沟通、精神慰藉和社会参与等更高层面的服务。

3. 提高养老服务质量

人口老龄化背景下社会化养老既强调服务主体的多元化和服务对象的公众

化，也强调服务方式的多样化和服务队伍的专业化。社会力量所参与的养老服务虽然属于社会公益事业范畴，但大都也要通过适当的收费来保证其正常运营，根据不同服务内容实行不同等级的收费标准。与公办养老院相比，社会力量兴办养老机构大部分承担的是消费型供养，寄住的老人是花钱买服务，老人本身或是老人的家属对服务内容、质量等方方面面都有更高的要求和期待。因此，社会力量在参与养老服务时，不仅关注老年人自身情况，还会切身关注老年人的真实需求，不断提高服务质量。

4. 整合社会福利资源

随着我国社会主义市场经济体制的逐步建立和完善、市场调节力度的不断加强，一部分社会福利资源从国家的控制中分离出来，进入到社会或市场中，分散到个人、各种社会团体的手中。社会力量在参与养老服务过程中可以根据自己的资源优势发挥其服务作用。这种灵活性的特点一方面让有经济实力、资金充足的企业和个人投资养老服务，补充国家在养老服务方面的投资不足，还可以促进养老市场的良性发展，在竞争中使养老服务更加专业化。另一方面，让有公益事业心和爱心的人参与到养老服务中，如老年服务志愿者，包括大学生、家庭等利用自己的空闲时间有计划、有组织的参与到养老服务中来。

二、老年住房的相关研究基础

（一）国外研究基础

1976 年，由著名经济学家詹姆斯·舒尔茨所著的《老年经济学》出版，被公认是目前最完善的老年经济学理论专著。其中就老人的经济状况、退休和工作、老年社会保障和保障基金的筹措与管理，以及老年消费等方面进行系统论述。随后有《个体老化和群体老化经济学》《老年经济学——退休的前景》《老年社会学》等多本专著出版。

《1982 年维也纳老龄问题国际计划》强调“应设法使年长者能尽量在其自己的家里和住区独立生活”，1991 年《联合国老人原则》强调“老人应该得到家庭和住区根据每个社会的文化价值体系而给予的照顾、服务和保障”。1992 年联合国通过《老龄问题宣言》强调“全世界发生史无前例的人口老龄化现象，老年人需要全面的住区和家庭照顾”。1999 年国际老人年的主题是“呼吁各国在国家、区域和地方制定综合战略，以满足老人在家庭、住区和社会公共机构内得到照顾和供养的更多服务”。

住居学二战后在日本兴起，吉阪隆正在《住居的发现》中对《雅典宪章》关于人类住居的"三分法"进行修订，提出第一生活、第二生活和第三生活，从休养、排泄等生物基本行为，到家务、消费等辅助行为，再到创作、游戏等高层次精神活动。针对老年住房，第三生活更为重要。

（二）国内研究基础

1995年，于学军关于人口老龄化与生产、分配、交换、消费之间的关系的研究，应该算作较早的老龄经济学研究；1996年王爱珠编著的《老年经济学》出版，从退休、再就业、收入、养老等角度刻画了老龄化和经济之间的关系；吴健安在《中国银色市场的潜力和特点》中论述了中国老年市场的潜力和特点，对老年市场的消费结构和消费习惯做了定性的描述；1997年5月，中国老龄办、光明日报社和北京大学联合召开了中国老龄产业座谈会，首次提出"老龄产业"这一概念，将其定义为"为老年人口提供产品或劳务、满足老年人口衣食住行等各方面需求的各种行业，包括生产、经营和服务三个方面"。

2002年在天津召开的国际住房和规划联合会第46届世界大会上，"21世纪中国城市老年居住环境设计"成为大会的热点话题。专家就我国城市老人的居住现状和设计发展趋势进行研讨，认为老年住房是朝阳产业，由于在制度和管理设计等方面存在问题，所以进一步发展存在着困难。关于老年住房方面的论著有罗德启的《世纪之交的老龄居住问题》、胡仁禄和马光的《老年居住建筑设计》、王忠军的《老年住宅　呼唤关爱》、刘美霞的《老年住宅开发和经营模式》等。其中关于老年住房的开发运营特别是相关政策的研究目前较少，对于市场中各种经营模式的法律关系和利益关系等也有待进一步研究。

第二章　经营性老年住房的概念界定和特点

经营性老年住房这一个概念是新的提法，在现存国内外文献中均没有约定俗成的共识，因此本研究必须首先厘清这一概念的边界在什么地方。

一、物质形态与功能配置

老年住房是一个很广的范畴，它应当包含了常用的"老年住宅"和一部分"老年建筑"，学术界的定义可以概括为"在确保老年人基本需求外，针对其特有的生理、心理以及行为特征建造的专供老年人或老年家庭居住的特种住房"。

老年人的身心特点决定了其衰老的发展过程是不可逆的，今天的活力老人也许明天就会变成半自理或不能自理，此外还有失智的困扰。在对住房的要求上，必须考虑轮椅使用和其他无障碍的空间，这样老年住房一般都会比普通住房面积更大（见图1）；此外对于需要介助甚至介护的老人，其住房还要考虑很多特殊的设备：扶手、入户名牌，折叠换鞋椅、换鞋地灯、带拉绳的紧急呼叫按钮、圆角家具、大按键电话机、厨房下拉式储物篮、卫生间电热毛巾杆、暖足机、人体感应灯、不活动检测器、淋浴坐凳、走入式浴缸等。

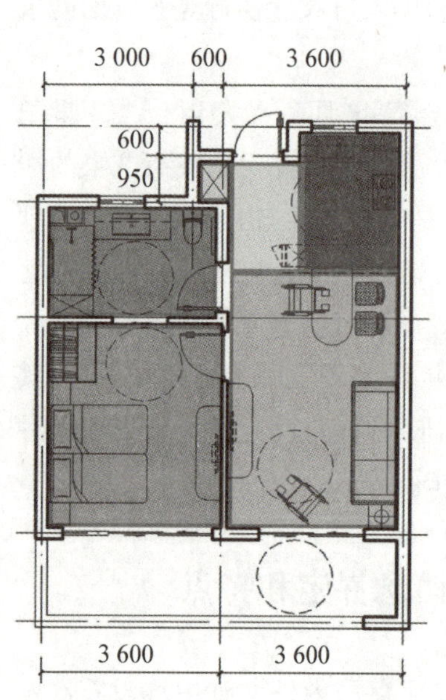

功能分区	使用面积（平米）	设计内容	备　注
门厅与储藏	3.5	普通门，鞋柜，换鞋椅，储藏柜，轮椅回转	凹入式门厅可避免外开时妨碍走廊行人
客厅与餐厅	17.9	餐厅处有餐桌，餐椅，考虑轮椅位置；客厅处有组合沙发，储物柜，电视柜，轮椅回转	调整餐桌方向，与厨房备餐衔接更好
主卧	14.5	两张单人床，衣柜，床头柜，电视柜，轮椅旋转与停放	分床睡觉和轮椅回转会导致老人住宅卧室偏大
厨房	5.4	冰箱，洗涤池，U形操作台面，电磁炉，橱柜，备餐台，轮椅回转	台面下方退进350
卫生间	7.5	淋浴房，坐便器，洗手池，轮椅回转	淋浴区用浴帘隔开，干湿分区
阳台（可选）		洗衣机，洗涤池及台面，储藏柜，休息座椅，绿化，健身器材，轮椅回转	阳台由两个南向房间共享
说明：主卧的面宽轴间距3 500以上即可通过轮椅，这在普通户型里一般都可以达到，进深尺寸4 400已经十分局促，可能的条件下建议放大。			

图1　老年住房的各功能参考设计面积和内容

另一方面相比于普通住房，老年住房强调配备持续和全面的服务和照料功能。合格的老年住房必须具备如下配套服务功能：

表 1　老年住房的服务配套功能一览

<table>
<tr><th colspan="2">养老社区活力文化体系</th><th colspan="2">养老社区生活服务体系</th><th colspan="2">养老社区医护康复体系</th></tr>
<tr><td rowspan="5">活力服务</td><td>文体娱乐</td><td rowspan="5">基础服务</td><td>管家服务</td><td rowspan="3">健康管理</td><td>健康信息收集</td></tr>
<tr><td>旅游度假服务</td><td>财务服务</td><td>健康状况评估</td></tr>
<tr><td>老年大学服务</td><td>能源交通服务</td><td>健康计划的实施</td></tr>
<tr><td>咨询服务</td><td>物业服务</td><td rowspan="3">医疗服务</td><td>急救护理服务</td></tr>
<tr><td>义工活动</td><td>安全服务</td><td>康复医院服务</td></tr>
<tr><td rowspan="7">商业服务</td><td>社区便利店</td><td rowspan="3">餐饮服务</td><td>日常餐饮服务</td><td>专属医疗服务</td></tr>
<tr><td>咖啡西点店</td><td>宴会餐饮服务</td><td rowspan="6">专业护理</td><td>监测预防</td></tr>
<tr><td>风味饭店</td><td>治疗饮食</td><td>专项护理</td></tr>
<tr><td>银行网点</td><td rowspan="4">生活照料服务</td><td>互动交流</td><td rowspan="4">特色护理</td></tr>
<tr><td>邮局网点</td><td>协助服务</td></tr>
<tr><td>SPA,按摩</td><td rowspan="2">康复服务</td></tr>
<tr><td>美容美发</td></tr>
</table>

从量化的角度,以上功能具体需要多大面积目前国内尚无统一的标准和规定。按照中国老龄产业研究院的研究成果和一般的建筑设计经验,各辅助功能规模和面积占比可参考下表：

表 2　各类辅助服务功能面积所占比例

配　套　内　容	占　比
生活服务生活照料	75%
医疗保健	10%
家政服务	5%
精神慰藉服务	3%
文化娱乐服务	5%
法律援助服务	2%

以上海亲和源为例,辅助服务功能面积的总和已占到全园面积的三分之一。可见,老年住房的开发建设无论是从建筑规格还是配套功能上看都是高投入的。

二、经营性老年住房的概念

经营性老年住房是一种社会养老形式，它指的是发挥市场机制的基础性作用，持有和经营并追求营利的老年住房项目。

首先，经营性老年住房区别于居家养老所使用的自宅，也区别于对自宅的简单出租行为。因为自宅属于自有财产，并不具备经营和营利的性质，而出租行为并不包含长期服务，因此不属于这里经营性的范畴。

其次，经营性老年住房区别于政府托底型的敬老院和福利中心。用于托底的敬老院虽然也有经营行为，也必须在一定程度上考虑收支平衡的问题，但其本质上只是针对社会弱势群体老人（包括失能、失智、三无老人，将来这一职能会越来越强化），这一人群的养老必须由政府负责以体现社会公平。托底型的福利中心得到国家财政的大力支持，他们更关心是自己工作的社会效应而不是经济效益。相比之下大量性的达不到政府救助标准的中等收入退休老人则需要社会力量解决养老问题。

第三，经营性老年住房区别于打着养老地产名号的卖房。许多房地产企业希望借由养老名号方便自己拿地。由前文分析可知，判断住房是否为老年住房的标准之一即是否有便捷和长期的服务，也就是说，住房和这些起支撑作用的服务照料功能是打包在一起的。任何追求短平快造房卖房的房地产销售行为都不可能是真正的养老，因此经营性老年住房必须具有持有、经营和服务的属性。

三、经营性老年住房的种类

随着老年人口的增多和社会经济的发展，老年人的需求越来越呈现差异化、个性化。同时，随着经济转型，现阶段不少房地产企业、保险公司等资本大量注入养老地产领域的开发建设。目前我国的养老业态按照市场上的说法可粗略分为敬老院、养老院、护理院、康复院、临终关怀院、老年综合体、候鸟式养老度假村、老年风情小镇、老年城和老年社区等，因此，社会上经营性老年住房五花八门、种类繁多。我们可以从养老人群的生理状况、收入层次、服务需求等方面进行分类。

（一）按养老人群的生理状况分

老年人养老在生理状况上有个循序渐进的过程，即以身体健康状况的差异从自理老人、半自理老人最后到失能失智老人。自理老人指生活完全自理的活力老人，可以继续学习、外出旅游、参加各项活动。半自理老人指生活部分能自理，但有时需护工的帮助，也可参加部分活动。失能失智老人则是生活完全不能自理，需要护工随时随地的护理。有些养老机构如清河源，服务于全过程的养老人群，针对不同阶段养老需求，分区域提供不同的服务功能；有些养老机构如侨园养老，主要针对自理老人，组织老人活动、旅游，丰富老年生活，以满足活力老人的需求为目标。

（二）按养老人群的收入层次分

养老机构按收费标准和提供的服务可分为：中高档、低档养老服务机构。经营性老年住房的机构以营利为目的，一般以中高收入养老人群为自己的目标群，以价格颇高的会员制形式招募养老人群。由于养老人群退休前的工作不同，其收入状况差异也很大。有的老人本身收入不菲，有的老人子女可提供丰厚的养老费用，这些老人往往与同事、朋友结伴入住养老机构，享受中高档的养老服务。

（三）按养老人群的服务需求分

从经营型养老机构向养老人群提供的服务来看，在目的和功能上有些机构更侧重医疗和康复，有些更侧重社交、学习和精神文化，有些则侧重提供日常居家生活内容；在空间维度上可归入在居住地就近养老、异地养老或旅居养老；从营利性方面看有些是慈善性质的，面对弱势低收入群体，有些则是以获取利润为目标，面向高端收入人群。

其实，对这些业态名称的字面意思做出区分意义并不大，只要聚焦于几个关键问题：一是有年龄门槛还是有钱就可以入住？二是以市场化为基础还是靠政府资金的？三是托底福利性质的还是营利性质的？四是长期持有并致力于服务的还是短平快销售的？弄清这些问题即可以明确该项目是否为经营性老年住房项目。至于下一步这些项目根据不同地区、不同企业自身条件而呈现出的不同表现形式，则不在本课题讨论范围之内。

第三章　上海市相关政策的研究和建议

对参与老年住房和社区建设的社会机构及企业而言，目前的主要难题是巨大的养老产业市场和微薄的营利甚至亏本的运营之间的矛盾，这种矛盾背后是各种政策、制度、规划与建设方面的缺陷。从相关文献检索分析，社会各界对于养老的认识基本集中在传统养老观念影响、经济能力弱、福利性养老机构不足和相关制度缺陷等方面。要解决这些问题，政府需要在土地政策、用地配置、设计规范和运营管理等方面制定相关配套政策与制度，降低老年住房和社区开发建设门槛，引入社会和市场力量，共同解决老年人养老问题。

一、相关政策的梳理

目前，部分企业、机构在租售型养老服务机构（养老地产）等方面已有所涉足，但普遍反映还面临前期投入资本大，后期成本回收时间长、生活服务配套要求高等困难。由于缺少明确的界定，又没有针对性的政策支持，大多数项目建设、运营方还处在自我摸索的征途上，对养老服务业的整体发展造成一定影响。

尽管如此，国家、市级层面近年来陆续出台的一些与养老服务相关的政策，其中部分内容还是有一定的参照落实的可行性的。上述政策主要涉及养老服务业发展、养老服务设施建设、服务业税收优惠等内容。包括：《养老服务设施用地指导意见》（2014 年 4 月，有效期 5 年）、《国务院关于加快发展养老服务业的若干意见》（国发〔2013〕35 号）、《关于加强养老服务设施规划建设工作的通知》（建标〔2014〕23 号）、《财政部、国家税务总局关于员工制家政服务免征营业税的通知》（财税〔2011〕51 号）、《财政部、国家税务总局关于对老年服务机构有关税收政策问题的通知》（财税〔2000〕97 号）、《财政部、国家税务总局关于企业年金职业年金个人所得税有关问题的通知》（财税〔2013〕103 号）、《财政部、国家税务总局关于非营利组织企业所得税免税收入问题的通知》（财税〔2009〕122 号）、《国务院关于加快发展服务业的若干意见》（国发〔2007〕7 号）等。上海市层面主要包括：《上海市养老机构条例》（2014 年 2 月）、《上海市人民政府关于加快发展养老服务业推进社会养老服务体系建设的实施意见》（沪府发〔2014〕28 号）、《上海市商业性融资担保机构担保代偿损失风险补偿办法》（沪财企〔2014〕40 号）、《关于上海市鼓励发展家庭服务业的指导意见》（沪府办发〔2012〕21 号）、《上海市促进中小企业发展条例》《关于推进本市小微企业融资服务平台建设的指导意见》（沪金融办〔2012〕256 号）等。政策内容主要聚焦两方面：土地政策和税收政策。

（一）土地政策

从土地政策来说，地方的主动权极少，基本是按照中央的土地政策来严格执行的。最新的有关养老服务设施建设用地的政策，是 2014 年 4 月国土部出台的《养老服务设施用地指导意见》（有效期 5 年）。其中，对养老服务设施用地的范围作了明确界定，明确专门为老年人提供生活照料、康复护理、托管等服务的房屋和场地设施占用土地，才可确定为养老服务设施用地。老年酒店、宾馆、会所、商场、俱乐部等商业性设施占用土地，不属于此范围。

结合“经营性老年住房”的定位，其中可直接落实的政策主要有：一是，在用地性质上，将养老服务设施土地用途确定为医卫慈善用地。养老服务设施用地以出让方式供应的，建设用地使用权出让年限按 50 年确定。以租赁方式供应的，租赁年限在合同中约定，最长租赁期限不得超过同类用途土地出让最高年限。二是，在土地出让方式上，营利性养老服务设施用地，应当以租赁、出让等有偿方式供应，原则上以租赁方式为主。土地出让（租赁）计划公布后，同一宗养老服务设施用地有两个或者两个以上意向用地者的，应当以招标、拍卖或者挂牌方式供地。三是，对营利性养老服务机构利用存量建设用地从事养老设施建设，涉及划拨建设用地使用权出让（租赁）或转让的，在原土地用途符合规划的前提下，不改变土地用途，允许补缴土地出让金（租金），办理协议出让或租赁手续。在符合规划的前提下，在已建成的住宅小区内增加非营利性养老服务设施建筑面积的，不增收土地价款。若后续调整为营利性养老服务设施的，应补缴相应土地价款。

（二）税收政策

在税收优惠政策方面，最近，国家财政部要求加快清理规范税收等优惠政策，对于国家统一规定的税收优惠政策要加快落实，对于违反国家统一规定的税收优惠政策要立即禁止，对于违反国家规定以外的自行出台的税收优惠政策要加快清理、规范。

现有的相关税收优惠，主要包括：一是，根据《中华人民共和国企业所得税法》第十八条，企业纳税年度发生的亏损，准予向以后年度结转，用以后年度的所得弥补，但结转年限最长不得超过五年。二是，根据《中华人民共和国企业所得税法》第三十条、条例第九十五条，企业开发新技术、新产品、新工艺发生的研究开发费用，未形成无形资产计入当期损益的，在按照规定据实扣除的基础上，按照研究开发费用的 50%加计扣除；形成无形资产的，按照无形资产成本的 150%摊销。三是，按照《财政部、国家税务局关于企业年金职业年金个人所得税有关问题的通知》（财税〔2013〕103 号）规定，企业和事业单位根据国家有关政策规定的办法和标准，为在本单位任职或者受雇的全体职工缴付的企业年金或职业年金单位缴费部分，在计入个人账户时，个人暂不缴纳个人所得税。个人根据国家有关政策规定缴付的年金个人缴费部分，在不超过本人缴费工资计税基数的 4%标准内的部分，暂从个人当期的应纳税所得额中扣除。年金基金投资运营收益分配计入个人账户时，个人暂不缴纳个人所得税。四是，按照国发〔2013〕35

号文规定,养老机构使用水、电、燃气、电话,按照居民生活类价格标准收费;养老机构使用有线电视,按照本市有关规定,享受付费优惠。五是,按照国发〔2013〕35号文规定,境内外资本举办养老服务组织和机构享有同等的税费优惠政策。

另外,我国近期针对养老服务和产业的文件有:2015年4月7日发改委的《养老产业专项债券发行指引》,支持营利和非营利养老项目发行养老产业专项债券,并将养老服务当成七类重大投资和六大消费工程之一。2015年4月14日民政部和国家开发银行颁发的《关于开发性金融支持养老服务体系建设的实施意见》,以解决融资难的问题,针对居家、社区、机构、人才培养、养老产品五方面提供贷款。2015年4月22日发改委、民政部、老龄委的《关于进一步做好养老服务业发展有关工作的通知》,提到了落实政策、加大投入、智能养老、医养结合等问题。

随着政府对养老事业的重视程度越来越高,相信更多的政策和法规将在近期持续推出。

二、经营者政策需求分析

课题组基于上海市现有相关政策,访谈了部分老年住房项目的负责人,请他们谈一谈企业是如何开发运营的,并且对将来的政策鼓励和优惠方面有何要求。

(一) 侨园长者公寓

1. 概况

侨园集团创办于1989年,主要从事商业地产投资开发及衍生产品,养老投资产业连锁度假养生酒店、连锁写字楼租赁、高端餐饮以及文化传媒,现有员工600人,全国各地会员4 000人。侨园集团横跨中美两国,总部设在中国上海和美国洛杉矶。在中国的投资经营项目,以上海为中心,辐射长三角。在洛杉矶、上海、苏州、杭州、北京、桂林、云南、内蒙古等地投资数亿元建有多家会员制连锁养生度假酒店。计划未来三年内还将在青岛、南京、海南等地分别建造会员制连锁养生度假酒店。

2. 经营思路:快乐养老、打通行业、网络化经营、社交平台

侨园的目标是"一流的快乐养老,一流的移动养老"。所谓的快乐,按董事长宋连跃的说法是假设把养老定位为60—90岁的老年人群的30年周期产业,那么,前15年可谓"快乐15年",后15年可谓"赡养15年"。侨园养老首先关注的是中高端老年人群前15年的"快乐15年"。快乐通过以下途径实现:

首先打通地域限制。侨园在杭州、海南等地联系那些经营不善的度假村进

行合作和“资源整合”，一方面这些闲置资源得到了利用，一方面侨园自己也可以实现旅游养老，争取实现双赢的局面。例如在旅游旺季，会员可以携带家属以低廉的价格入住杭州龙井村，享受超值服务。

其次营造社交平台。侨园面对政府退休干部和其他中高端客户，客户本身在退休以后社交基本中断，可以在侨园的活动场所中遇到昔日的同事和朋友，并互相提供帮助，延续了工作时的社会关系和角色。

最后，侨园并不局限在养老地产或活动室、俱乐部这些具体的经营范围中，而是注册为养老公司，也就是说，与养老有关的一切产业都可以涉足。公司强调轻资产，通常租赁场地进行经营，自身并不为医院预留床位，仅仅配备少量退休返聘的全科医生。公司充分利用社会资源，客户有什么需求，比如需要旅游或者就医，公司都及时提供联系服务。

对于入住的老人，侨园实行会员制。一次性交纳 50 万元门槛费（保证金），作为开销费用和防止意外之用。目前仅针对 80 岁以下、生活能自理的人群。

3. 对政策支持的看法

侨园长者公寓为连锁型的高端经营性老年住房项目，每月光住宿费用就要 5 000 元，一般的工薪阶层无法负担。负责人认为对于他们来说，争取到客户群是企业竞争力的关键，一方面靠的是口碑，一方面靠现有会员的人脉，有了客户企业就比较容易生存，并不需要国家在开发运营方面有什么政策优惠。

（二）上海亲和源

1. 概况

亲和源位于上海浦东新区康桥镇上，整个社区全部采用无障碍化设计，以老年公寓、健康会所、老年护理院、公共服务大楼、配餐中心、景观花园等完备的设施，加上周到的生活、健康服务，成为一个不脱离社会，既相对独立又不乏开放的老年生活社区。

亲和源老年公寓由 12 幢多层电梯住宅楼组成，共设 838 套居室，可供 1 600 位左右的老人居住。室内全装全配，橱柜床椅、家用电器一应俱全，有线电视、宽带网络、电话全部开通，冷暖水 24 小时供应，老人拎包即可入住。目前全园入住率约 80%。

周边设施包括有功能多样的老年商业街，有理发店、小超市、小饭店，配餐中心。同时拥有健康会所、生活广场、室内游泳池、水疗、美容美发厅、洗浴中心、超市、菜市场、咖啡吧、网吧、影视厅、老年大学等，一应俱全。社区内有与曙光医院（三级甲等）对接，并以老年专科为特色的颐养院。并配有班车将大病患者送往市区曙光医院治疗。

2. 经营思路：养老院——管家式服务——秘书式服务——零服务

亲和源是国内老牌的民营老年住房项目。作为先行者由于缺乏可以借鉴的样板，管理团队一直与时俱进地改变着经营策略，进行运营方式上的创新。

创新一，AB卡制。会员卡制是受到高尔夫球会员制的启发，但后来又在此基础上进行了创新。入住的老人可以购买两种卡，其中A卡较贵，是可继承转让的，具有投资潜力；B卡相对便宜适合于无子女的老人，类似于一次性消费，不可继承(预设老人平均入住后寿命为15年)。毕生积蓄经过养老就会被耗尽这一点让中国老人难以接受，因此A卡制度符合中国人心理并得到老人拥戴，也是运营管理层引以为豪的创新。

创新二，零服务理念。亲和源最初成立时是希望能学习公办养老院的经验，从而做成"中国最好的民办养老院"。在意识到养老院中缺乏居家氛围的集体化生活的弊端后，才转向养老社区模式。先借鉴英国的"管家式服务"，发现老人在交钱后并不希望自己被管而损失了自由，因此转变为"秘书式服务"，即由秘书和老人打交道，听从老人调遣。目前亲和源宣称自己是"零服务"，意思是并不主动提供服务。比如食堂并不实行包餐，老人不需要服务时也不去主动打扰，形成以老人为主导的供需模式。

3. 对政策支持的看法

首先，各种性质的用地都可以做养老这个政策最好。

其次，如果政府要对社会资本进行政策上的优惠，那最为关键的就是土地价格的优惠。亲和源当初的土地价格还算优惠，对于企业来说在土地上投入的资金永远是最多的，所以只要土地优惠了其他优惠政策都是次要的。

第三，认为医保是整个项目能否顺利经营的关键性前提条件之一。亲和源自营的医院之前一直没有医保，而不能使用医保会直接影响入住率，所以只能暂时由企业拿自己的钱在贴医保，直到去年医院才刚开始实现盈利。

最后，民营老年住房项目正处于和公办养老机构的不对等竞争中。老人往往会觉得前者价格特别离谱，却意识不到后者的低价是国家无偿大量注入资金才能实现的，在这种不合理的期望值之下对民营养老机构的收费意见很大。负责人认为政府应当对老人进行评估并将钱补贴到人头，而非不同的经营实体上，让老人拿着这些钱选择入住不同机构。这样，无论公办还是民办，其标出的价格都相对真实，也可以实现公平竞争。

（注：根据全国老龄办"全国民办养老服务机构基本状况调查"的调查数据

分析，有接近三分之二(60%)的民办养老机构认为自己与公办养老机构和集体办养老机构存在着竞争关系，并且57%的民办养老机构认为政策倾斜是造成这种不公平竞争的主要原因。由于缺乏公办养老机构在政策、资金、用地、人员队伍以及价格方面的优势，民办养老机构的发展道路更加艰辛。)

三、未来的政策建议

本课题涉及的政策大致针对五方面内容：土地、财政支出、税收、慈善募捐和保险，其中最关键的是土地。实际上这五个方面彼此之间又是紧密相关的。基于上文提出经营性老年住房开发运营中显现出来的问题，以及全国的政策和上海市推出的相关规定这一现实，课题组对下一步制定的政策思路有如下建议：

(一) 供地上减负

目前国内各路养老地产在建设用地的类型上是各显神通，有城市建设用地，也有集体建设用地，有住宅用地、商业用地，也有医疗用地、旅游用地，更有甚者是工业用地。在传统的拿地方式中，走拍卖挂、协议出让还是直接划拨，对用地成本的影响是不言而喻的。

土地优惠政策除了划拨等传统方式外还可以有三种途径，其焦点在于性质、年限和产权三个概念：

从土地性质上看，养老用地目前归于C9系列，其原因是我国长期以来没有意识到养老是需要高度重视的、牵涉人数众多、时效又特别长的社会事业。养老首先是居住问题，而且是更高层次的居住。根据建筑设计规范，老人居住建筑对日照时间的要求超过普通住宅，老人在房间安排上同样需要得到优待；除了居住以外，养老还涉及更多的服务和供应，可以说老年住房是一种升级版的住房形式。另一方面，经营老年住房并没有高额利润，其商业性因此也是非常特别的，全世界都公认经营性老年住房是带有公益色彩的微利行业。因此用于经营的老年住房区别于其他纯商业，其长期运营和用于居住这两点更多符合R类(居住用地)的特征。

对应到土地使用年限上，养老用地使用年限短是当前困境的症结之一。保险公司不愿涉足养老住房领域也是有土地年限过短的顾虑，而保险公司的介入对于解决问题又特别重要(诸如泰康之家的系列项目，是自己为自己保险，不在此范畴之内)。由于养老用地不属于居住用地而造成的使用年限过短这个问题，在制定新政策的时候应当引起重视。

从土地产权上看，经过研究课题组发现，经营老年住房的企业并不认为土地划拨这一形式是很大的政策优惠,其原因一是无法抵押,二是等同于把资产放到别人的篮子里。因此,很多企业更希望拥有土地产权。土地划拨对于企业是双刃剑,节约了前期投资的同时带来了未来经营的后患,这一点在杭州金色年华项目中非常明显(见附件)。

综上所述,第一,在新的政策中可以设法延长(比如等同于居住用地)甚至取消养老用地的使用年限。作为约定的一部分,企业需要保证该用地将来不做其他用途,如有变更则取消这一优惠政策等。第二,土地产权可以既不招拍挂也不划拨,而是采用入股分红的形式,减轻企业前期投入的负担。如深圳最新推出的在用地供应方式上可以采用协议出让免地价、产权归政府的方式,非常适合长期持有经营的养老地产项目。第三,通过将项目的公益性部分独立包装,将医院、老年大学、休闲娱乐中心、福利性养老院等综合养老设施作为非营利性机构独立运营,争取一部分公益性划拨土地,也是降低成本的可选途径之一。

(二) 注重前期培育

养老产业的长期性和微利性决定了它在资金上回报一定不是立竿见影的,这一特点有两重含义:一是经营性老年住房的项目初期很可能是赔钱的;二是随着项目运营到一定的时候它又是有利可图的。因此通过"延迟"注入资金与周期长的特点吻合,以"延迟"思路应对前期投入大、资金回报慢的困难,也是制定政策的可能思路之一。

按照发达国家的经验,养老产业的"培育"有两个层面的所指,在宏观上指的是作为微利行业需要政府和社会的支持,也需要较长时间的摸索经验才能发育成熟;在个别企业上看则指的是企业从赔钱到营利需要较长时间,而在此时间段内非但不能营利还会处于持续亏损,亲和源就是例子。经营者一旦跨过这个节点,就有希望实现营利,也就可以处在与其他行业经营者相对公平的竞争平台之上了。

按照上述研究发现可知,问题不在于企业没钱用于前期投资,而在于资金回笼慢导致其暂时性的无力应对庞大的前期开销。"延迟"就是把节奏调整到符合这一行业发展规律的做法。"延迟"思路可以包含所有牵涉到前期投入的方面,比如以土地产权入股并延迟分红(等过了项目培育期实现营利后再分红),延迟交纳出让金,延迟收税(在前期亏损阶段采用税收优惠政策)等。"延迟"既不同于政府直接贴钱给企业,也不同于放任不管,而是孵化和培育、授之以渔的策略。

(三) 盘活存量

从盘活"存量"出发,多渠道供应土地和房屋。我国正处于剧烈的城镇化进程中，现在遇到了土地有限的瓶颈，相应地城市建设也转为内向型开发，开始关注和寻找存量。存量也是一次土地和资源的再分配，把握住机会就可以在很大程度上解决老年住房问题。目前上海市已经出现了不少有益的探索，可以为我们提供一些启发。“存量”一般可来自以下方面：

1. 城市更新产生的空置街区和房子。如上海闻名全国的石库门街区改造和再开发，改造后的街区可以用于各种用途，例如新天地就是用于商业；但是在很多具体的例子中，也许用于老年住房更为合适，一方面因为老人也是城市记忆的一部分，他们对于传统文化也更有体会和更加珍视；另一方面改造后的街区停车位等硬件条件的先天缺失，也意味着它更适合于老年人居住。

2. 可以结合新城镇和适老性住宅的建设，开展经营性老年住房项目。

3. 可以利用农村集体用地，如青浦的天地健康城项目。

4. 可以利用老工业用地的二次开发。可以规定工业区整体转型释放的公共服务设施用地，应优先用于养老设施建设用地。

5. 可以利用现存的配套公建。上海市的新建住区都有明确的公共建筑面积的配套标准，现状中很多住区的配套功能使用并不充分。由于老龄化问题日益突出，用于老年住房的配套公建又严重不足，因此可以考虑将这些面积的主要部分用作服务老人的用途，如托老所等。

另外，政策上可以提供其他方面的便利，比如对利用存量建设用地从事老年住房项目建设的，允许可以办理只改变土地用途不改变用地性质相关手续，并免交土地差价；出让土地取得的市本级土地出让收入在根据国家及本市规定计提各项专项基金（资金）后的部分余额，优先用于养老服务设施的配套建设等。

（四）税收政策

1. 经营性老年住房项目纳税年度发生的亏损，准予向以后年度结转，用以后年度的所得弥补，结转年限最长不超过五年。

2. 经营性老年住房项目取得的收入直接用于改善养老条件的，其后五年缴纳的税收地方留成部分由同级财政给予减半补助。

3. 经营性老年住房项目缴纳城镇土地使用税确有困难的可以给予定期减免。配套费等方面给予适当优惠。

4. 经营性老年住房项目使用水、电、燃气、电话，按照居民生活类价格标准收费；有线电视，按照本市有关规定，享受付费优惠。

（五）金融政策

1. 鼓励在沪银行业金融机构对信用评级良好的养老设施项目开放信贷，并逐步扩大信贷规模。对部分信用评级良好的经营性“养老社区”项目可适当延长贷款偿还期限。

2. 加大对经营性老年住房项目的融资担保力度，优先为从事养老社区的组织、机构和企业提供融资担保。

3. 支持开发经营性老年住房项目的经营者上市融资。同时鼓励发展银发投资、养老信托等金融产品。

4. 加快研究制定经营性老年住房行业规范。特别是对会员制养老社区制定相关的融资、发售、服务等规范性文件，促进养老服务业规范化、标准化建设。

5. 建议加快经营性老年住房信用体系建设。可依托市级社会信用体系平台，增设养老社区信用记录，进行信用信息的采集和管理，为相关金融、税收、土地等政策的施行提供依据。

（六）完善社会评估体制

评估是制定政策的基础之一。我国老年人的社会评估体制的建设还处于起步阶段。无论是居家养老，还是机构养老，十几年之前评估一个老年人的身体状况，都是用年龄和生活是否能自理等界限模糊的标准来简单划分的。例如 2008 年 9 月北京市民政局关于印发《北京市特殊老年人自理能力评估管理办法（试行）》的通知；2013 年 2 月上海市民政局发布了全国首个“老年照护等级评估”地方标准——《老年照护等级评估要求》，并于 5 月 1 日起正式实施。这些相关的评估标准都由地方政府制定颁布，通过主要参数项目分值量化评定老年人的身体状况，其结果与老年人申请服务补贴相挂钩，也为公办养老机构如何托底提供指导。如《老年照护等级评估要求》中将生活自理能力、认知能力、情绪行为、视觉设为主要参数，综合社会生活环境等背景参数，对老年人日常生活能力进行基础判断，并进行分值量化，设定每一项参数的权重比例，加权处理后得出“正常”“轻度”“中度”“重度”四种结论，作为老年人补贴与否、补贴多少的判断依据。然而，在地方开展的评估工作多具有一定的局限性，评估工作的人员配备在一定程度上缺乏专业性，导致评估结果缺乏权威性，这些都是下一步需要完善的。

（七）房屋差价养老

以房养老的做法来自全生命周期理论，它的原理是将老人最有价值的自有住房进行盘活，以房换钱养老，也常被称为“反按揭”。保监会公布的《中国保监会关于开展老年人住房反向抵押养老保险试点的指导意见》指出，自 2014 年 7

月1日起至2016年6月30日，在北京、上海、广州、武汉开展“反向抵押养老保险”试点。在我国目前这一做法推行得并不理想，比如上海老人的接受度不到10%，究其原因有着复杂的社会和经济因素的综合影响。

针对上海市的实际情况，可以以一种变通的做法予以替代，即利用上海与周边小城市的房价之间的落差，以价高房屋置换价低房屋，以大房置换小房。一方面，随着老人的生活模式改变，住在大城市或拥有大房变得不再是重要问题，另一方面，小城市的自然环境优于上海，更适合养老。

这一做法有两个前提，一是医保的使用必须方便，二是迁入地的社会服务特别是医疗条件要能够满足需要。在此基础上，政策上可以提供更多便利，一方面简化手续，另一方面在房屋交易方面不再收取费用。

（八）PPP模式

2015年5月13日，国务院常务会议上，李克强总理要求在养老等领域积极推广运用PPP模式。

政府和社会资本合作（PPP）提供了另一个养老服务供给途径。PPP是基于绩效的公共服务的交付方式。PPP模式下，政府部门和社会资本方（包括营利性的和非营利性的）根据各自的相对优势，可灵活分配责任，包括建设、运营和融资方面。根据亚行东亚局首席PPP专家Craig Sudgen的观点，PPP的模式可分为全套服务的PPP（建设服务全部交由市场，政府负责补助）、设施PPP（投资方负责建设，政府提供服务）、混合PPP（建设和服务分别PPP）、溢价回补PPP（政府供地，投资方利用高端老人收益回补低收入老人）、优化激励机制（如提供养老券，实现公平竞争）、战略联盟（所有环节分包给不同资本方）等。其中较为简单易行、符合当前国情的是混合PPP。

PPP模式充满了政府和企业之间的博弈，从经营者的出发点还是希望尽量私有化，目前PPP较多用于机构养老模式（如公建民营），应用于经营性老年住房项目中还需要方法上的探讨和验证。

最后，在我国，特定的国情产生特定的问题。我们不可能像一些西方福利国家那样拿出可支配收入的五分之一来做福利，也不可能向人民征收占收入一半的所得税，我们也缺乏强大的保险制度用以提高老人自身的消费能力，因此同样地，对于养老质量改善的期许也不可拔得过高。作为他山之石的外国做法仅可作为参考，言必称国外如何如何会误导我们自己的政策；从政策的受益面上看，目前人数众多的中等收入老人由于既够不上托底，也住不起高端养老社区而沦为经营性老年住房项目中被漠视的一群，出台什么样力度的政策将是决定将来是否有经营者会考虑服务这一人群的关键因素，他们的养老问题亟需新政策来帮助解决。

项目负责人：庞　元　李　东　李国华

项目参加人员：郭树清　王凯红　殷志刚　吴　涌　倪成才　邓春阳　田汉雄　胥和生　周　明

后　　记

2015年以来，我国房地产业发展进入了新的历史时期。根据中央经济工作会议的要求，上海市房产经济学会组织会员围绕我国经济发展新常态、供给侧结构性改革和发展住房租赁市场等内容开展了积极的研究，取得了丰硕的成果。

2018年，恰逢我国改革开放40周年。学会以纪念住房制度改革为内容组织开展了一系列征文、学术研讨会和专家座谈会等活动，认真回顾我国住房制度改革取得的历史性成就，总结房地产业发展的经验，取得了一批新的学术成果。为了更好地推介、宣传这些成果，决定编辑出版《新时代　新挑战　新对策——2015—2017上海市房产经济学会优秀论文集》。

《论文集》分上、下编两个部分。上编为房产经济论文选，包括纪念改革开放40年的优秀征文和2015—2017年在《上海房地》发表的住宅与房地产优秀论文，共计30篇。内容涵盖住房建设、住房保障、房地产市场、住房金融、物业管理、城市更新等。下编为房产经济研究报告选，收录了2015—2017年学会组织完成的4篇学术研究报告。这些论文和研究报告体现了这一阶段上海市房产经济学会开展房产经济研究的水平，欢迎读者提出批评和意见。

《论文集》的出版得到了中国房地产业协会的支持，刘志峰会长为本书写了《序》，在此表示感谢。

编　者

2018年12月